国家社科基金项目结项成果

光明社科文库
GUANGMING DAILY PRESS:
A SOCIAL SCIENCE SERIES

·历史与文化书系·

清末清理财政与
国地财政分权制度研究

张佩佩 | 著

光明日报出版社

图书在版编目（CIP）数据

清末清理财政与国地财政分权制度研究／张佩佩著. --北京：光明日报出版社，2022.3
ISBN 978-7-5194-6457-8

Ⅰ.①清… Ⅱ.①张… Ⅲ.①财政制度—财政史—中国—清后期 Ⅳ.①F812.952

中国版本图书馆 CIP 数据核字（2022）第 031116 号

清末清理财政与国地财政分权制度研究
QINGMO QINGLI CAIZHENG YU GUODI CAIZHENG FENQUAN ZHIDU YANJIU

著　　者：张佩佩	
责任编辑：杨　茹	责任校对：王思渝
封面设计：中联华文	责任印制：曹　净

出版发行：光明日报出版社
地　　址：北京市西城区永安路 106 号，100050
电　　话：010-63169890（咨询），010-63131930（邮购）
传　　真：010-63131930
网　　址：http://book.gmw.cn
E - mail：gmrbcbs@gmw.cn
法律顾问：北京市兰台律师事务所龚柳方律师
印　　刷：三河市华东印刷有限公司
装　　订：三河市华东印刷有限公司
本书如有破损、缺页、装订错误，请与本社联系调换，电话：010-63131930
开　　本：170mm×240mm
字　　数：395 千字　　　　　　　印　张：22
版　　次：2022 年 3 月第 1 版　　　印　次：2022 年 3 月第 1 次印刷
书　　号：ISBN 978-7-5194-6457-8
定　　价：99.00 元

版权所有　　翻印必究

前　言

清理财政从而确立国地财政分权制度在清末是非常必要的。首先，这种必要体现在财政制度需要变革上：清末遭遇数千年未有之大变局，原有财政制度已经无法适应时代发展的需要；如此不合时宜的财政制度也已经被破坏而千疮百孔，最终名存实亡；财政制度和政治制度是一致的，政治制度发生变化，财政制度必然也随之发生变化。其次，财政困难是引发清政府清理财政的直接诱因。再次，财政紊乱不堪，需要进一步厘清和整顿。最后，西方财政理论的传入，为清末的财政制度改革提供了镜鉴。

清理财政作为由度支部统一部署的一项全国性行动，需要具体的机构来承担，而国地财政的分权同样会体现在国地财政机构的设置和权力的划分上。因此，从中央、省到府厅州县，逐级都设有相应机构，包括度支部、清理财政处、各省清理财政局等，来承载具体的清理财政事宜。清政府对这些机构的设置和运作都做了明确的章程规定，清理财政过程中，机构的成立一定程度上起到了统一财权的作用，有利于清理财政的进行。但是，机构的运作是由具体的人负责，并且机构的运行需要具体的实施环境。因此，各种相关机构之间的关系和各种复杂的利益纠葛都会影响到清理财政机构的职能运作。

清理财政以调查全国财政确数为入手办法。因为财政确数是预算和划分国地税的基础。而对财政确数的调查，最为重要的是对外销和规费这些隐匿财政的清查。但是，在清查的过程中，出现了州县对行省、行省对中央的逐级隐匿，由于各方都固守自身利益导致清查并不彻底。与此同时，通过调查财政确数，一定程度上了解了外省财政状况；查出一部分隐匿款项，使得财政收入有所增加；一面清查、一面整理，使得收支稍显明晰；财政确数的调查为预算的制定提供前提；在调查财政确数的过程中，各省清理财政局并编订各省财政说明书，详明财政利弊沿革，为改革提供良策。

在预算的制定过程中，充满了各种龃龉，主要包括各行政层级之间、行政与立法之间的冲突。在预算的制定和实施中，为了维护自身的利益，在中央与行省之间、行省与府厅州县之间矛盾纠葛不断。在预算案的审核阶段，有临时议会性质的资政院和咨议局担负了审议预算的职责。但是由于种种原因，他们对预算的审议和监督遭到各级行政机构的抵制，在行政与立法之间也出现了冲突，影响到预算的权威性。

国地财政分权制度的确立，需要建立在对财源的合理划分上。国地税的划分是有效理顺中央与地方之间财政关系的重要途径，也是近代财政制度的主要标志之一。但在两税划分的过程中，在本国没有可依循的例子，而被认为可资借鉴的西方各国模式又纷繁多样，导致主持两税划分的度支部无所适从，在两税划分的时间顺序、划分标准、税项层级等方面都存在一定的问题。并且，不论中央，还是行省，抑或是府厅州县，对税收划分的预设前提都是尽可能维护自身的利益。因此，不可避免地出现各方力量对税源展开争夺。虽然最终由于种种原因，中央与地方的财政关系仍然没有理顺，中央与地方的矛盾也未能得到消解。但是，清末清理财政中的国地税的划分是中国分税制改革的开端，也是国地财政分权制度建立的关键性一步。

清末清理财政是中国近代历史上第一次真正试图从制度上实现国地财政的分权，也是从集权财政制度向分权财政制度转轨的连接点。因为是新旧制度的转轨，没有成例可循，再加上各种主客观的原因，并没有真正实现制度的根本革新，但是此次改革踏出了新旧制度转轨关键的第一步。

目 录
CONTENTS

导 论 ·· 1

第一章 清理财政和确立国地财政分权制度的必要性 ············ 10
第一节 清理财政是制度建设的需要 10
第二节 清理财政是解决财政困难的需要 22
第三节 清理财政是整顿财政紊乱的需要 31
第四节 借鉴西方财政制度 38

第二章 国地财政机构的设置和权力划分 ······················· 45
第一节 中央财务系统趋于统一 46
第二节 地方财务系统趋于统一 49

第三章 财政确数的清查 ·· 68
第一节 调查财政确数的重要性 69
第二节 外销和规费清查的方式 71
第三节 度支部清理财政的清查原则和部署 75
第四节 清查外销 78
第五节 清查规费 100
第六节 清查的效果评估 130

1

第四章　国地财政预算的制定和实施 ························· 186

第一节　朝野对于预算的认知　186
第二节　度支部对于预算的总体安排和部署　189
第三节　预算中行政层级之间的龃龉　191
第四节　行政与立法的冲突　225
第五节　预算的评价　241

第五章　国地税的划分 ······································ 246

第一节　国地税划分的源起　247
第二节　国地税划分的标准　260
第三节　税源的争夺　286
第四节　国地税划分的评价　302

结　语 ··· 310
参考文献 ··· 334
后　记 ··· 340

导 论

一、研究缘起

（一）理论意义

中国从建立中央集权制度开始实行的就是集权财政制度。现代财政制度的基本特征之一是分权，而从财政集权制度到财政分权制度的转变，关键性的第一步就是清末实施的清理财政。清理财政是清末财政改革的基础，作为"立宪第一要政"，它的主旨是以预算的实行来实现厘清收支、厘清中央与地方的财政关系，是中国近代历史上第一次真正试图从制度上实现国地财政的分权。因此，本文就重点研究清末的清理财政与国地财政的分权。

整个晚清时期，财政的乱源就是中央与地方的财政关系紊乱。清承明制，实行中央集权的财政制度。但是，从太平天国运动之后，这种财政制度受到了冲击，中央与地方的财政关系开始变得紊乱不堪，中央财权下移，地方取得了实际上的财权，使中央集权"有名无实"，地方财政"有实无名"。这种紊乱的财政关系，不仅加剧了中央与地方的矛盾，更是财政困难的重要原因之一。到了清末，如何理顺早已紊乱不堪的国地财政关系，关键就是要通过分权理顺权力、明确权限，让权力受到法律的制约，使得分权制度化，既保障中央的财权，又使得地方财权合法化，使财政的分权有法律和制度的保障，建立国地财政分权制度。

借鉴西方建立国地财政分权制度，是清末财政改革的重要诉求之一。清末的最后十年是全方位改革的十年，新政、宪政改革相继展开。但是，财政困难成为改革的绊脚石，中央与地方财政关系紊乱不堪成为改革的负累。因此，财政改革成为宪政改革的基础，财政改革刻不容缓成为各方共识。但是如何进行财政改革，也成为考验清政府改革者的重要难题。由于此时旧的财政制度已难以适应时代的发展，并且因遭到破坏已经千疮百孔，规复旧制已是无望，构建新的财政制度成为必然选择。但是，构建新的财政制度对于清政府来讲没有先例可遵循，只能援引西方制度。因此，西方的财政制度成为清末财政改革的重要借鉴因素。但是，规复中央集权仍是清政府的重要诉求，所以向西方学习的功利性工具性层面的目的大于体制的构建。在此背景下，新旧杂糅、中西结合的财政制度改革拉开帷幕。

通过清理财政与国地财政分权复杂的情况可以反映出清末众多关键的问题。第一，清理财政作为财政改革的基础，又因清廷向西方学习使得财政制度体现着近代转型，是近代财政分权改革的第一步，因此重要性不言而喻。第二，在利益诉求下的清理和分权的过程中，不论是各省财政确数的清查、预算的制定还是国地税的划分，中央、行省与府厅州县因固守自身利益而明争暗斗，因此涉及各行政层级之间的财政关系问题。第三，在预算的制定和实施中，作为立法机构的资政院和各省咨议局与各级行政官员之间也存在着矛盾和冲突，因此行政权与立法权的纠结关系亦有体现。第四，清理财政是在以分权制衡为主要特征的宪政改革背景下进行的，宪政的思想和宪政改革的进行都深深影响着清理财政的进行。因此，清理财政与宪政改革的关系也有所呈现。此外，清理财政作为对既有权和利的调整，交织着各方利益之争，又交织着新旧思想之争，最后的成效也在一定程度上反映出影响改革成败的因素。

本文以国地财政分权为切入点对清理财政进行更全面、深入和动态的研究。这是一次借鉴西方试图建立近代财政制度的改革。但是，最终的结果和制度的设计出现了很大的背离。因此，本文主要是通过更为细致的研究，以期能立体和动态地呈现清末清理财政的过程；把制度的改革纳入复杂的权和利的纠葛之中，分析人事的纠葛、权和利的冲突对改革产生的影响；从制度设计和实际的操作两个层面相结合，从而全面客观辩证地分析清理财政的意义和失败的原因。通过以上研究，希望能对清末清理财政有一个更为全面细致的认识；对行政层级之间的关系、立法与行政的关系、利益诉求与改革成败的关系、国地财政分权问题、近代财政制度转型问题等有更深的理解；对影响改革成败的因素有更为客观的分析。

(二) 现实意义

清理财政与国地财政分权是清末财政改革的基础，是财政制度近代转型的重要改革。改革是一项系统工程，是对权力和利益的再分配，交织着新思想和旧思想的博弈。因此，影响改革成败的因素有很多，需要进行统筹规划。政策的科学性、策略的灵活性、改革者的权威和合法性、改革者的能力和魄力、如何处理集权与分权的问题、如何处理中央与地方的关系问题、如何处理改革轻重缓急的关系、如何处理改革面临的外部压力、如何在各级政府之间和行政与立法机构之间构建良好的互信基础……从而建立健全制度性沟通和协商的机制，进而形成良性博弈的问题等，清末改革在这些问题上的经验教训有一定的借鉴意义。

二、学术史回顾

学术史的回顾拟从国外和国内两方面来梳理。从研究的重点来看，对清理财政的研究最近十多年有一个重要的变化。之前多是对清末的财政进行整体研究，因此，清理财政只是其中的一个部分。虽然多数的清末财政研究对清理财政多有所涉及，但是并不是重点研究，因为这只是对其过程进行叙述和评价。近十多年来，专门针对清理财政问题的研究越来越多、越来越详细。从不同的视角来看，一是侧重制度研究，从清理财政看财政制度的变迁；一是从现代化的角度来审视该项举措。

（一）国外的研究

国外的研究中，从制度的角度进行研究的主要是分析中央与地方的财政体制。滨下武志①等人都认为清政府没能恢复财权的集中，权限从中央转向地方，到晚清地方财政已形成。此观点和国内大部分学者的论断相似。从现代化的角度看待清末财政改革，如罗兹曼②认为清廷在危机面前采取的犹豫保守的对策无法推动财政经济的现代化。

近十多年有了一些新的变化。比如，岩井茂树③在制度上不仅关注到中央与行省的关系，还注意到行省和州县之间存在着相似的关系，认为清代财政收支呈现出多重性和分散性，中央与外省的关系、行省与州县的关系是相同的。

（二）国内的研究

国内对清理财政的研究，首先，阶段性比较明显。清末至民国时期，多数学者是出于对清朝覆灭原因的分析和对民国财政的借鉴而对清理财政进行研究；改革开放后，多数研究把清理财政纳入改革的范畴加以考量；近十多年对清理

---

① ［日］滨下武志. 中国近代经济史研究：清末海关财政与通商口岸市场圈［M］. 高淑娟，孙彬，译. 南京：江苏人民出版社，2006.
② ［美］罗兹曼. 中国的现代化［M］. 国家社会科学基金"比较现代化"课题组. 南京：江苏人民出版社，1995.
③ ［日］岩井茂树. 中国近代史财政研究［M］. 付勇，译. 北京：社会科学文献出版社，2011.

财政的专门研究比较多。其次，和国外研究一样，从研究视角看，基本是两个：一是制度变迁，一是现代化的视角。最后，从研究内容上看，一是对清理财政做总体叙述和评价；一是对清理财政的具体内容，包括财政确数调查、预算和国地税的划分等进行专项研究。

1. 研究视角

从制度变迁的角度来研究清理财政。首先，有从整体的制定变迁研究。周志初的《晚清财政经济研究》① 在对晚清财政管理体制演变的探讨中有对清理财政的叙述。刘增合的《"财"与"政"：清季财政改制研究》② 主要从制度变迁的角度，探讨新制度与旧制度、新知识新观念和旧理念旧制度之间的关系，分析了"财"与"政"的互动，作者认为，最终形成了"不新不旧"的过渡样态的制度。张九洲③从财政体制改革的角度进行探讨，认为清理财政一定程度上加强了中央的财政权力，促进了晚清财政制度现代化的发展。其次，对于督抚权限和地方财政的形成与否是制度研究的重点，对此学者有不同的看法。彭雨新④等多数学者认为军兴之后解协款制度开始没落，督抚专权和地方财政地位逐步形成，最终造成外重内轻的局面，这也是清末各个省份财政关系调整难以成功的重要原因。但何汉威⑤等人提出异议，认为不应过分夸大督抚的权限。因为即使到清朝灭亡之前，清政府还是可以借着硬性摊派成功地从各省抽提到大量收入，即中央对各省仍能维持一定程度的掌控，而相对应的督抚对各州县的控制也是有限的。因此，只用督抚专权的视角来解释中央与地方的关系是不够的。刘广京⑥也有相似的论断。李细珠⑦则认为到清末中央集权效果不明显，反而是随着各种矛盾的激化中央权力有削弱之势；与此同时，督抚的权力也明显削弱，最终清末形成的是"内外皆轻"的权力格局。陈锋⑧认为清末随着中

---

① 周志初. 晚清财政经济研究 [M]. 济南：齐鲁书社，2002.
② 刘增合. "财"与"政"：清季财政改制研究 [M]. 北京：生活·读书·新知三联书店，2014.
③ 张九洲. 论清末财政制度的改革及其作用 [J]. 河南大学学报，2002 (4).
④ 彭雨新. 清末中央与各省财政关系 [J]. 社会科学杂志，1947，9 (1).
⑤ 何汉威. 从清末刚毅、铁良南巡看中央与地方财政的关系 [J]. "中央研究院"历史语言研究所集刊（第68本第1分册），1997；清季中央与各省财政关系的反思 [J]. "中央研究院"历史语言研究所集刊（第72本第3分册），2001.
⑥ 刘广京. 晚清督抚权力问题商榷 [C] // "中华文化复兴运动推行委员会". 中国近代现代史论集（第6编）. 台北：台湾商务印书馆，1985.
⑦ 李细珠. 晚清地方督抚权力问题再研究——兼论清末"内外皆轻"权力格局的形成 [J]. 清史研究，2012 (3).
⑧ 陈锋. 清代中央财政与地方财政的调整 [J]. 历史研究，1997 (5).

央财政的运转失灵和财权的下移，中央与地方财政出现混乱格局，并系统论述中央与地方财政关系的多次调整。

用现代化理论审视清末的财政改革与清理财政。从现代化的角度论述的，如台湾"中央研究院"近代史研究所《中国现代化的区域研究》系列，对湖南①、湖北②、江苏③、山东④等省份进行研究，其中多涉及清末的财政改革和清理财政。该项研究从现代化的角度对清理财政总体上进行了肯定，认为此举顺应了现代化发展的趋势，但对具体措施多有批评。另外有对清理财政的具体问题，如清理财政局的成立、划分国地税、预算制度等的研究。

2. 研究内容

在财政史著作中涉及对清理财政的整体研究。首先，大部分财政史的著作对清理财政的过程和成效进行总体叙述和分析。如贾士毅在《民国财政史》⑤中论述光绪朝的财政情形时对预算、国地税的划分等都有涉及，但是认为预算和国地税划分还是存在较大的问题。而胡钧在《中国财政史讲义》⑥中也论述了清理财政，并且认为财政的清查和预决算等都取得了较大的成绩。赵丰田的《晚清五十年经济思想史》⑦对晚清的经济思想进行了梳理和分析，其中对预算学说在中国的传播和实践以及对国人的影响等进行了较为详细的论述。改革开放之后，财政史的著作也多涉及清理财政，但是评价经历了一个变化的过程。周伯棣在《中国财政史》⑧中给予清理财政较差的评价，特别是预算，认为其只是各省数字的杂凑与拼合，并没有实现预算的统一。左治生的《中国近代财政史丛稿》⑨对清代后期财政的收支情况和财政管理制度进行研究，涉及中央集权财政管理体制变迁和预决算制度等，评价也偏低，认为预算只是七拼八凑

---

① 张朋园. 中国现代化的区域研究（湖南省：1860—1916）[M]. 台北："中央研究院"近代史研究所，1983.
② 苏云峰. 中国现代化的区域研究（湖北省：1860—1916）[M]. 台北："中央研究院"近代史研究所，1981.
③ 王树槐. 中国现代化的区域研究（江苏省：1860—1916）[M]. 台北："中央研究院"近代史研究所，1984.
④ 张玉法. 中国现代化的区域研究（山东省：1860—1916）[M]. 台北："中央研究院"近代史研究所，1982.
⑤ 贾士毅. 民国财政史[M]. 上海：商务印书馆，1917.
⑥ 胡钧. 中国财政史讲义[M]. 上海：商务印书馆，1920.
⑦ 赵丰田. 晚清五十年经济思想史[M]. 北京：哈佛燕京学社，1939.
⑧ 周伯棣. 中国财政史[M]. 上海：上海人民出版社，1981.
⑨ 左治生. 中国近代财政史丛稿[M]. 成都：西南财经大学出版社，1987.

的一纸空文而已。周育民的《晚清财政与社会变迁》① 对清理财政进行了研究，特别是详细分析了预算的意义和存在问题及原因。申学锋的《晚清财政支出政策研究》② 对财政行政机构和预决算制度等方面都进行了研究，认为其是对传统的财政制度进行了大刀阔斧的变革。项怀诚主编、陈光炎著的《中国财政通史》（清代卷）③ 对晚清财权的下移、中央和地方实行分税制改革、清理财政的效果等进行了分析。其次，有些论文也从整体上对清理财政进行研究。罗玉东在《光绪朝补救财政之方策》④ 中对清理财政进行了大概的描述。王家俭在《晚清地方行政现代化的探讨（1838—1911）》⑤ 中对清理财政的情形进行了粗略的叙述。张朋园⑥则从现代化的角度肯定了清理财政对财政沿革与利弊的讨论、划分国地税和试办预算等措施。周志初⑦认为清理财政使得清末财政收入迅速增长。甘于黎⑧重点论述了派官设局和预算制度，对其进行较为全面的评价，认为清理财政标志着清政府财政向现代转型的开端；但是由于时间太短，改革还没有进入更深的层次。

对清理财政的内容进行专项研究，包括整体研究、区域研究、预算、国地税划分、监理官、财政确实调查、清理财政局和改革者等方面。第一，针对清理财政进行整体研究。叶青、黎柠⑨把清理各省财政作为清政府财政监督的一种手段。郭军芳的《从清末清理财政看近代财政体制的萌芽》⑩ 主要从清理财政的背景、活动和意义三个方面展开，对清理财政进行了较为详细的论述，肯定了清理财政中显现出近代财政的一些因素。因为是从近代财政体制的角度进行意义分析，所以活动部分只是涉及财政机构、预算和国地税的划分，没有对财政确数的调查进行论述。孙金玲⑪对整理财政的范围界定更为广泛，包括印花税的实行、币值改革、整顿盐务、国地税的划分、预算的制定和公债等方面，

---

① 周育民. 晚清财政与社会变迁 [M]. 上海：上海人民出版社，2000.
② 申学锋. 晚清财政支出政策研究 [M]. 北京：中国人民大学出版社，2006.
③ 项怀诚，陈光炎. 中国财政通史（清代卷）[M]. 北京：中国财政经济出版社，2006.
④ 罗玉东. 光绪朝补救财政之方策 [J]. 中国近代经济史研究集刊，1933，1（2）.
⑤ 王家俭. 晚清地方行政现代化的探讨（1838—1911）[C] // "中华文化复兴运动推行委员会". 中国近代现代史论集（第16编）. 台北：台湾商务印书馆，1986.
⑥ 张朋园. 预备立宪的现代性 [G] // "中华文化复兴运动推行委员会". 中国近代现代史论集（第16编）. 台北：台湾商务印书馆，1986.
⑦ 周志初. 清末财政若干问题简论 [J]. 江海学刊，2002（6）.
⑧ 甘于黎. 清末的财政改革 [J]. 历史教学，2006（12）.
⑨ 叶青，黎柠. 近代财政监督制度与思想 [J]. 财政监督，2007（3）.
⑩ 郭军芳. 从清末清理财政看近代财政体制的萌芽 [D]. 杭州：浙江大学，2005.
⑪ 孙金玲. 清末财政整理研究（1908—1911）[D]. 天津：天津师范大学，2011.

涉及中央与地方的矛盾、度支部和各部之间的矛盾等。第二，针对具体省份展开清理财政区域研究。李琼秀[①]以广西省财政说明书为中心，对广西省清理财政的过程进行了简要的论述。汪廷奎[②]主要是简要介绍了《广东省财政说明书》的内容。刘显琨[③]以江苏省苏属财政说明书为中心，对江苏省苏属进行的清理财政进行了论述，其中对外销、国地税和预算等都有分析，对意义的分析比较简单。第三，对预算进行专项研究。沈鉴[④]主要对清末陆军的财政预算进行了深入的阐述，也从总体上肯定了清理财政的作用和意义。沈晓敏在《清末浙江谘议局与行政官厅的关系——以谘议局议案为中心》[⑤]中主要分析了浙江咨议局与行政官厅的斗争，可以看出谘议局在权限受限情况下的行政立法权。刁振娇[⑥]以江苏省谘议局在该省预算案的制定中与行政官员的争论和冲突等，展现行政与立法之间的关系。邹进文[⑦]主要分析了清末财政思想的近代转型，认为此次转型有两个标志：一是西方近代预算思想在中国的传播与运用，一是中央与地方财政分权思想的产生与发展。陈锋在《晚清财政预算的酝酿与实施》[⑧]中对预算的酝酿过程和实施中的矛盾进行了细致的分析，该文认为各省的预算与全国预算的试办，基本上是按照度支部的章程办理。刘龙华[⑨]主要论述湖南宣统三年预算案的制定中谘议局的作用及其与行政官员的冲突等。第四，关于国地税划分的研究。张神根[⑩]认为财政分配受到政府职能划分的影响，清政府实行的预算和国地税的划分等，都是依据西方近代财政制度。因此，清末国地

---

① 李琼秀. 清末广西财政清理初探——基于《广西省财政说明书》的研究 [J]. 大众商务，2010（7）.
② 汪廷奎. 民国以前唯一的广东财政钜篇——喜见清末《广东财政说明书》整理本问世 [J]. 广东史志，1998（2）.
③ 刘显琨. 清末江苏苏属清理财政——基于《苏属财政说明书》的研究 [D]. 上海：上海师范大学，2013.
④ 沈鉴. 辛亥革命前夕我国之陆军军费 [M] // 包遵彭，吴相湘，等. 中国近代史论丛（第2辑第3册）. 台北：中正书局，1958.
⑤ 沈晓敏. 清末浙江谘议局与行政官厅的关系——以谘议局议案为中心 [J]. 近代史研究，1998（2）.
⑥ 刁振娇. 清末地方议会制度研究——以江苏咨议局为视角的考察 [M]. 上海：上海人民出版社，2008.
⑦ 邹进文. 清末财政思想的近代转型：以预算和财政分权思想为中心 [J]. 中南财经政法大学学报，2005（4）.
⑧ 陈锋. 晚清财政预算的酝酿与实施 [J]. 江汉论坛，2009（1）.
⑨ 刘龙华. 湖南咨议局与宣统三年预算案研究 [D]. 湘潭：湖南科技大学，2012.
⑩ 张神根. 清末国家财政、地方财政划分评析 [J]. 史学月刊，1996（1）.

财政划分是我国首次具有近代性质的财政改革。段艳①认为清末仿照西方实行国地财政的划分,但是因为财权"外移"和"下移"的现状导致国地财政的划分表现为中央与地方之间的博弈。刘增合②认为,各方力量对西式税制学理认知的角度存在差异,再加上固守本省利益的需要,因此在国地税的划分中,中央与各省在两税划分标准、税制分级等问题上都有争论,展现出新制度和旧制度之间的复杂关系。付志宇、章启辉③也重点关照到国地税划分中表现出的中央与地方矛盾,对此进行了详细的论述。第五,关于监理官的研究。刘增合在《光宣之交清理财政前夕的设局与派官》④中主要分析了各省清理财政局的设立和监理官的简派,重点从监理官的简派看中央与地方的角力。此外,刘增合还把对监理官的研究上升到制度的层面,研究财政监理制度,在《纾困与破局:清末财政监理制度研究》⑤中,认为监理官在遇到诸多压力的情况下,基本实现了督责各省调查财政确数、建立近代预算制度的目标,还分析了清末财政监理制度的缺陷。第六,财权确数的调查。刘增合在《清季中央对外省的财政清查》⑥中主要分析了行省外销和规费的清查,从各省财政说明书中列举的外销款目进行了规模评估。但是,对府厅州县规费和外销的清查着墨较少。第七,清理财政机构的研究。牛桂晓⑦主要以清理财政局为中心,涉及清理财政局的成立和职责的行使等,并对清理财政局清理的效果进行了简要的评价。刘增合⑧则系统论述了清末行省财政机构的变动,他认为因为传统观念制约和各省风气等原因导致外省财政机构改制中出现新旧杂糅的乱象。此外,还有涉及改革者的研究。比如,杨猛⑨从载泽清理财政和整顿盐务两个方面分析了少壮派亲贵求制度之新和集权的两个层面,认为少壮派亲贵掌权改变了晚清的政治常态,深深影响着改革效果。

通过梳理可以看出,国内外学者都对清末清理财政着力甚多,研究成果卓

---

① 段艳."双头博弈"——清末的国地财政划分[J].玉林师范学院学报(哲学社会科学),2007-1.
② 刘增合.制度嫁接:西式税制与清季国地两税划分[J].中山大学学报(社会科学版),2008(3).
③ 付志宇,章启辉.清末政府税收政策调整探析[J].宁夏社会科学,2008(5).
④ 刘增合.光宣之交清理财政前夕的设局与派官[J].广东社会科学,2014(2).
⑤ 刘增合.纾困与破局:清末财政监理制度研究[J].历史研究,2016(4).
⑥ 刘增合.清季中央对外省的财政清查[J].近代史研究,2011(6).
⑦ 牛桂晓.浅谈清末的清理财政局制度[J].黑龙江史志,2014(19).
⑧ 刘增合.由脱序到整合:清末外省财政机构的变动[J].近代史研究,2008(5).
⑨ 杨猛."求新"与"谋权":试论载泽与清末财政改革[J].北京社会科学,2015(12).

著。从时间上进行归纳，20世纪的研究，更多的是把清理财政作为晚清财政的一个组成部分进行研究，因此，对清理财政的过程和评价着墨更多。但是，没有专门针对清理财政的著作，论文也多是从中央与地方财政关系的角度进行研究。21世纪近十多年来，研究的针对性更强，专门针对清理财政进行研究的越来越多。有了著作，并且论文涉及清理财政的方面越来越广，包括清理财政的整体研究、区域研究、预算制度、国地税划分、监理官、财政确数调查、清理财政局和改革者等方面，这些研究成果都为笔者的研究提供了很好的基础和借鉴。但是，已有的研究、专著较少；在论文中又大都限于某一方面，不但缺乏对清理财政的整体关照，也缺乏对具体细节和过程更加细致的分析，比如，府厅州县外销和规费的清查、府厅州县预算的制定过程中与行省的讨价还价、国地税划分中州县与行省之间的矛盾等，还有待于进一步深入研究。因此，通过对前辈研究的梳理，笔者认为对清理财政还有继续深入细化研究的必要和空间。

三、概念界定

本文研究的清理财政是按照度支部所颁布的清理财政章程的规定[①]，包括调查财政确数、划分国地税、制定预决算和分析财政沿革利弊等。清理财政经过了长期的酝酿和准备工作，但是正式开始于1908年，一直持续到清朝覆灭。

---

① 故宫博物院明清档案部. 清末筹备立宪档案史料（上册）［A］. 北京：中华书局，1979：1027-1033.

第一章

清理财政和确立国地财政分权制度的必要性

清理财政从而确立国地财政分权制度在清末是非常必要的。这种必要首先体现在财政制度需要变革上：清末遭遇数千年未有之大变局，原有财政制度已经无法适应时代发展的需要；如此不合时宜的财政制度也已经被破坏得千疮百孔，最终名存实亡；财政制度和政治制度是一致的，政治制度发生变化，财政制度必然也要随之发生变化。其次，财政困难是清政府清理财政的直接诱因。再次，财政紊乱不堪，需要进一步厘清和整顿。最后，西方财政理论的传入，为清末的财政制度改革提供了镜鉴。

第一节 清理财政是制度建设的需要

从制度上看，清末财政改革是非常具有必要性的。旧有制度需要变革、新的制度需要确立是时代发展的要求。

一、僵化呆板的财政制度遇到数千年未有之大变局

清朝原有财政制度已经无法适应时代发展的需要，商品经济的发展、强敌环伺、大规模的改革等，都使得清政府的财政制度面临严峻的考验。财政制度需要与经济形态相适应，资本主义生产方式的出现，使得经济基础发生巨大变化，财政制度必然要随之发生变化；外敌入侵下的巨额赔款、大规模的改革等，都导致财政收支规模的急剧扩大；地方财政的脆弱导致事权与财权的不统一，严重影响地方政务的开展，必然寻求制度外的自主性，这种自主性的发挥又瓦解了原有的财政制度。所以清末财政制度的变革刻不容缓。

在清末新的形势下，清朝原有财政制度的缺陷越发显现：高度集权，不能适应新的时代发展需要。清代的财政制度没有国地财政的区分，是中央集权式的，由中央统收统支，统一管理。"在清代的中前期，清政府通过户部统一控制

并管理全国财政。当时地方财政尚未形成，清政府采取财政中央集权制：通过田赋征收制度、钱粮考成制度以保证国家的大宗财政收入；通过奏销制度，审核与管理全国的赋税收支；同时凭借解、协饷制度，掌管和调节全国财税的分配。"① 中央通过这种集权式的财政制度全面掌控全国财权。但是，这种财政制度存在重大缺陷，那就是僵化、呆板。而晚清之后，局势的变化非常大。僵化呆板的财政制度遇到了数千年未有之大变局，改革势在必行。

首先，商品经济的大规模发展，资本主义生产方式的出现，要求与经济形态相适应的财政制度的确立。"由于大部分财权集中于中央，清代前期的经济生活又是分散稳定的，所以预算制度没有给预算外资金以及发展变化的经济生活留有太多的空间。"② 清朝是以小农经济为基础，经济规模有限并且变动相对较小。但是，晚清时期，商品经济的发展使得经济规模扩大，财政收支变化极大，不仅收支规模极度扩张，收支款目也溢出原有名目，原有僵化、静态的财政制度受到巨大的挑战。财政制度需要与经济形态相适应，经济基础发生变化，财政制度必然随之变革，形成与新的经济形态相匹配的财政制度。

其次，晚清时期，频繁的战争和多次大规模的改革，导致财政收支规模的急剧扩大。晚清政府处于内忧外患之中，从1840年鸦片战争开始，到1900年八国联军侵华，清政府面临着强敌的多次入侵，产生了大量的军费开支和沉重的战争赔款；国内频发的农民起义对清政府也形成严重的内耗；同时，清政府还面临着边疆的平定、海防的巩固等浩大支出。面对着内忧外患的加深，清政府不得不开展大规模的改革，比如，洋务运动、戊戌变法、清末新政和宪政改革等。以上种种，都需要清政府扩大财政规模。大量的财政收支同样挑战着原有僵化静态的财政制度。

最后，脆弱的地方财政需要寻求制度外的自主性。在清朝保守而僵化的中央集权财政管理制度下，整个财政缺乏弹性从而比较脆弱，特别是地方财政，不仅规模小，更是缺乏自主性和弹性，经不起任何大的变故，只能适应承平时期的常例，很难应对突发性的大宗款目的收支。但是，咸同军兴之后，地方财政压力空前，不得不扩大财政规模。因此，新的大宗款项诸如厘金和捐输等因应出现。这样大规模经制外的收支严重挑战着清政府旧有的财政奏销制度。脆弱的地方财政只能设法突破这个僵化制度的束缚，寻求自主性，大量经制外的财政因此出现。

---

① 刘增合. 西方预算制度与清季财政改制 [J]. 历史研究，2009（2）.
② 王海明. 清代奏销制度浅析 [J]. 安徽文学（下半月），2008（2）.

户部的奏销旧例太过僵化陈旧，不知变通，不能适应形势发展的需要是外销产生的制度原因。虽然各省的财政规模早已经扩大，但是各省为了方便报销从而把收支款项分为内销和外销。内销部分报部，外销部分隐匿，自收自销。"由于实行一元管理模式，留给地方财政的空间有限。从奏销上看，没有了中央财政与地方财政的划分，地方行政费用腾挪的余地非常之小，导致许多地方支出不能奏销，所以完整性和包括性就不断遭到外销的挑战，所谓不能'尽度支之全'，地方财政不得不采取虚报、冒销、外销等各种形式来维持日常运转"①。原有的奏销制度，要求各省和中央各部将收支清册以"旧管、新收、开除、实在"四柱的格式报给户部，等待销算。但是，户部用这种陈旧事例要求各省和各部的财政奏销册与之榫卯相合，必然的结果就是早已扩大规模的各省财政实际的收支款目无法符合户部旧例的要求。因此，大量经制外的财政出现了，这部分财政就变成了外销，游离于中央的掌控之外。

清朝财政的高度集权，导致地方财政脆弱而不完整。地方财政缺乏自主性、机动性和弹性，更是无法达到事权与财权的统一。这不仅抑制地方的政务开展，也无法满足社会经济发展的需要。

事权与财权的严重不一致是地方财政寻求自主性的又一重要原因。从洋务运动直到清末宪政改革，清朝的改革多是以地方为主要推动力量，地方是各种改革的主要承担者。但是，地方却没有与之相适应的财权支撑。财权制度的集权，导致各省只是承担着替中央政府征税的责任，收支都须听从中央的安排，没有独立的财权。这就导致地方财政不仅规模极小，而且脆弱不堪，严重违背了事权和财权相一致的原则。脆弱的地方财政无力有效支撑各项改革的进行。到了晚清时期，这种负面影响更为凸显，严重窒碍地方政务和改革事业的进行。为了破除这种窒碍，地方财政只能自寻出路，各省开始在体制外寻求突破，使得清政府旧有的财政制度受到冲击。特别是随着厘金等新式税源的出现，地方实际上自己有了一定的财权。但是，这种财权只能处于隐匿的状态。

总之，脆弱的地方财政突破原有集权制度的束缚是必然的。但是，这个突破逐渐走向了"失控"，使得中央与地方的财政关系走向了无序状态。理顺中央与地方财政关系的清理财政就成为必然的要求。

二、原有财政制度已经千疮百孔

中央财政由集权到旁落，地方财政由脆弱到失控，使中央集权"有名无

---

① 王海明. 清代奏销制度浅析[J]. 安徽文学（下半月），2008 (2).

实",地方财政"有实无名",分权格局已然成为事实。但是,如何让它制度化和法制化是清末财政改革的重要诉求。

原有的财政制度,使得户部能调控并管理全国财政,是一种中央集权的财政体制。但是,太平天国运动之后,这种集权财政体制受到冲击,并逐渐被解构,财权逐渐下移。这主要体现在户部无法做到对全国财政的周知,也无法调控全国财政,特别体现在解协饷制度的失灵。各省财政开始逐渐"地方化"。

(一) 中央无法掌握全国财政实情

奏销制度是户部了解和控制各省财政的重要方式,但是随着军兴之际各省开始寻求经制外的收入,并且这种收入项目日益增加,规模越来越大,奏销制度受到极大破坏。大量的款项处于经制之外,户部难以知晓,更谈不上掌控各省的财政收支情况,奏销制度已经名存实亡。

刚开始是战乱省份不办奏销,或者由于外销的存在而造报不实,这本是战时的非常态,但是却慢慢演变成为一种常态,导致财权下移,户部已经无法全面掌控全国财政。"户部虽为总汇,而各处之虚实不知之。外省所报册籍,甲年之册,必丙年方进,已成事后之物,更有任催罔应者。"各省对中央的催促置若罔闻,户部无从知晓各省真实的财政情况。因此,更难以事实为基础筹划各省财政的收支,导致"孰应准、孰应驳、孰应拨、孰应停、孰应减、孰应止,皆未闻部中下一断语,皆以该督酌量办理、兼筹并顾一笼统之词而已"①。这不仅仅使奏销制度受到冲击,更体现出中央已经失去了统领全局的权力和能力,相应的各省督抚的主动权日益增强。随着形势的发展,财权下移的趋势一发不可收拾,"自军兴以来,各督丁漕等款,纷纷奏留,供本省军需,于是户部之权日轻,疆臣之权日重"②。逐渐形成相对独立的省财政。

户部难当大任后,清政府将其改组为度支部,虽然度支部尚书载泽锐意进取积极改革,但是无法掌控财权实情的局面也没有能够得到改变。度支部成立后,多次要求各省按时奏报销案。但是,各省仍多置之不理,展限成为常态,甚至有些应销之案积至一两年还不奏报,有些省份的销案竟然从军兴以来就从未奏报过。③从中央各部、各行省到各府厅州县,大都各自为政,所需经费自筹自用,自收自支,相互蒙蔽,结果不仅中央对全国财政不能全面掌控,督抚

---

① 金安清. 生财不如理财论. 皇朝经世文四编(卷17)[M]//沈云龙. 近代中国史料丛刊(正编,第77辑). 台北:文海出版社:290.
② 曾国藩. 江西牙厘请照旧征收[M]//李瀚章编,李鸿章校勘. 曾文正公全集(第2部,卷20)长春:吉林人民出版社,1995:944.
③ 度支部奏覆预算决算表折(续)[N]. 盛京时报,1907-03-19(第2版).

对各省财政也是无法详知，导致全国财政一团乱麻。此种情形遭到哲美森嘲笑，"中国财政统计表，除海关税每一年或十年报告外，各省财政从无与中央政府直接造册公示天下者。故论各国丰啬，皆据国民纳金多寡为断，而中国则不然。试据其奏案，就各省督抚及度支大臣等，问人民所出、国库所入，亦难自信无参差也。盖其财政蒙蔽侵耗、纷无纪律，故通国财源通塞未由稽考。"①

从中央到地方，各方都自收自支，又相互欺瞒，报送到部者尽属虚文，外销部分又被大量隐匿，使得户部和度支部难符全国财政总汇机关之名。清政府中央已经难以通过户部和度支部掌握全国财政实情。

（二）解协饷制度失灵

清政府通过解协饷制度控制和调配地方财政，保证财政收支平衡。但是，随着地方财权的坐大，这种制度也逐渐失灵。最先表现为解饷制度失灵，各省纷纷欠解或者拒解，导致中央财源不足，严重依赖地方。

中央经常收不到或收不足额地方的京饷解款。比如，江西省多项解款都属于欠解状态。从光绪元年奉文拨解南、北洋海防经费，每年额定二十万两，但是，该省因为历年厘金收数递减，而各项拨款又迭增，"未能按年如数筹解，然尚解及十万两。近来以司库财力已竭，是以二十七年之北洋经费无术挪移，仅行筹解银四万两"②。中央指拨给江西的海军经费每年应解开办经费16.5万两，常年经费13万两，共计29.5万两，但是宣统元年该省只解了认定数目的一半左右。③ 外务部专使经费中央给江西指拨了6万两，该省声称腾挪凑解，但是后来此项经费由非常年解款改为常年解款的新加各衙门办公经费和法部审判经费，该省不想长期承担，就表示"赣省库空如洗，实属挪无可挪"④，度支部虽然屡屡催解，但最终该省却仍表示无从筹措，拒绝中央指拨的款项；浙江省对于中央的各项指拨也多是历年欠解甚多。该省杭州关应解筹备饷需每年奉派拨银2万两，还有东北边防经费实应解银16万两，加之顺天备荒经费应解银1.2万

---

① 请制定预算决算表整理财政疏. 赵柏岩集（谏院奏事录卷二）[M]//沈云龙. 近代中国史料丛刊（正编，第31辑）. 台北：文海出版社，1969：971-972.
② 江西各项财政说明书[M]//陈锋. 晚清财政说明书（6）. 武汉：湖北人民出版社，2015：232.
③ 江西各项财政说明书[M]//陈锋. 晚清财政说明书（6）. 武汉：湖北人民出版社，2015：218.
④ 江西各项财政说明书[M]//陈锋. 晚清财政说明书（6）. 武汉：湖北人民出版社，2015：227.

两，均因无款可动，全数未解。① 练兵经费该省每年认解银 30 万两，因各种原因导致历年均未能照数解足。该省请求将练兵经费核减，但是遭到度支部的反对。② 此外，专使经费和北洋海防经费等，都是历年欠解。③ 山西省指拨的东北两路边防经费每年应解银 10 万两，而光绪三十四年该省实解的数量仅 4 万两。④ 可以看出，各省欠解中央解款和指拨任务已经非常普遍，成为常态，并且欠解数量巨大。比如，1904 年，各省报部可供拨解的银两只有 190 余万两，而户部历年指拨各省的定额是 800 万两，两者相差甚远。⑤ 从实际的解款额看，1909 年 11 月"各省欠解款项竟至四百七十四万两之多"⑥。

  面对着中央的京饷解款和各种指拨任务，各省督抚应对之法层出不穷。第一是延迟。"度支部查各省应征地丁课款多有延欠，实属有意稽迟。"⑦ 延迟成为督抚的惯用手段。第二就是以财政困难为托词变相拒绝。"度支部因赔款磅亏一项为数甚巨，不能尽由部认。前曾通电各省分筹在案，今闻各省纷纷电覆，俱以财力支绌无法筹认为词。"⑧ 收不敷支，款归无着、无从腾挪等是各省惯用的托词。比如，新疆，该省藩司巡抚咨请度支部，将该省从光绪二十七年起至三十四年未解的减平银两免其解缴。⑨ 理由就是新疆百端待理，财政困难。第三是指出度支部的责任。浙江省清理财政局就指出对于各省短绌解款度支部也有一定的责任。度支部只是因循旧例，按照原本指定的数目摧提，但是，现实情况已经发生极大变化，特别是需要筹还洋款、赔款等，"外省点金乏术，惟有短解以拖延。此为事实上必然之弊，至近年而益甚"⑩。对于认解各部院之款，新疆省对中央各部也多有微词，理由是各部院没有具体考虑各省的实际情况，

---

① 浙江全省财政说明书［M］//陈锋. 晚清财政说明书（5）. 武汉：湖北人民出版社，2015：687.
② 浙江全省财政说明书［M］//陈锋. 晚清财政说明书（5）. 武汉：湖北人民出版社，2015：688.
③ 浙江全省财政说明书［M］//陈锋. 晚清财政说明书（5）. 武汉：湖北人民出版社，2015：690、703.
④ 山西财政说明书［M］//陈锋. 晚清财政说明书（3）. 武汉：湖北人民出版社，2015：5.
⑤ 项怀诚，陈光焱. 中国财政通史（清代卷）［M］. 北京：中国财政经济出版社，2006：280.
⑥ 度支部催解欠款［N］. 大公报，1909-11-27.
⑦ 电催欠解税款［N］. 大公报，1909-05-19.
⑧ 筹议抵补磅亏［N］. 大公报，1909-09-08.
⑨ 新疆全省财政说明书［M］//陈锋. 晚清财政说明书（4）. 武汉：湖北人民出版社，2015：849.
⑩ 浙江全省财政说明书［M］//陈锋. 晚清财政说明书（5）. 武汉：湖北人民出版社，2015：687.

把财政困难地处边陲的新疆与内地视同一律，只要是其他省份有的解款门类，新疆都需要一并认解；日本五校游学经费一项，新疆省没有合格学生咨送日本，但是学部要求新疆代出此项经费，并且逐年递增，为数甚巨。所以，新疆要求将此项经费改为咨送留学生较多的省份自行按年摊解。①

中央让地方认筹款项，地方不仅纷纷不接招，以财政困难为托词拒绝认筹，更有甚者，直接明确反对。比如，光绪二十四年，清政府为举借续英德借款，拟以七处盐货厘共计约500万两作抵，遭到两江总督刘坤坚决反对，他表示，"将应解京协各饷截留备抵"，理由是"以本省之款，供本省之用，理势宜然"②。

各省不仅拖欠解款，不认筹中央指拨，还以财政困难为由反过来向中央要救济。如江苏税务司以该省"水路各军饷源顿竭"，要求户部"迅速接济"③。特别是在清末新政和宪政改革时期，各省所办事务更为繁多，比如，练兵、实业、教育、警务等，所费甚巨，各省就经常以财政困难为由向度支部请款。

以上种种就导致清政府中央所经管的财政收入规模远不如各省。如到1908年，"清政府财政收入已超过两亿两，但部库仅收入一千六百五十余万两，加上专储专用之练兵经费等款七百三十余万两，也不过二千四百万两，仅为全部财政收入的12%"④。清政府中央财源严重不足，有难以为继之势，只能越来越依赖于地方，一切兴革之举只能仰息于各省财政的支持与否。在清理财政中任资政院预算股股长的刘泽熙指出地方督抚掌控着诸如田赋、盐、茶等一切征权，从而使得中央只是有稽核的虚名。中央对各省的掌控能力下降，无法从地方汲取收入，只能越来越依赖地方，这样就处于极为被动的地位，中央"应增应减——电询督抚，若无回复悬为未决"⑤。

另外就是表现为协饷的欠解缓解。正是因为各省已经把地方财政收入作为自己的囊中之物，地方利益已经形成，再加上各省财政确实本已窘迫异常，因此向中央的解款都不能及时如数到位，对于其他省份的协饷就更是能拖就拖、

---

① 新疆全省财政说明书［M］//陈锋. 晚清财政说明书（4）. 武汉：湖北人民出版社，2015：856-857.
② 千家驹. 旧中国外债史资料［M］. 北京：财政经济出版社，1955：26.
③ 两江总督刘坤一、江苏巡抚奎俊光绪二十四年六月二十二日奏. 转引自周育民. 晚清财政与社会变迁［M］. 上海：上海人民出版社，2000：368.
④ 清政府清理财政处编. 光绪三十四年部库出入款目表. 转引自魏光奇. 清代后期中央集权财政体制的瓦解［J］. 近代史研究，1986（1）.
⑤ 刘锦藻. 清朝续文献通考（卷68·国用6用额）［M］. 影印本. 杭州：浙江古籍出版社，1988：考8244.

能欠就欠，各种托词敷衍，欠解、缓解成为常态，各省都存在拖欠协饷的情况。因此这也是一种普遍现象。

新疆省地处边陲，是受协省份，但是经常收不到协饷，各省积欠越来越重。从光绪二十五年起，截至宣统元年，各省关欠饷"统计欠解库平银五百八十四万四千九百八十六两八钱四厘"①。严重影响到新疆新政的推行，并且影响到解款任务的完成，致使新疆省地方长官不得不多次请求朝廷督催。宣统二年各省关应解的甘新协饷，除了陕西、江苏按照要求如数报解外，其余各省关的报解均不足额，而伊犁又急需款项，所以"恳饬各省关迅将本年未解饷项，于年内清解"②。该省清理财政局在清理的过程中也同样提及此问题，希望度支部考虑到新疆边防紧要，"查照各省欠解新饷数目，代催扫解，俾得揩柱阽危大局"③，但是收效甚微。

和新疆省相似，东三省财政也严重依赖协款，但是各省协饷却经常不能到位，使得协款成了无法兑现的空头支票，严重影响东三省的政务，"凡政务之已办者皆将有累卵之危，未办者亦徒作画饼之叹"④。以黑龙江省为例，封禁时期所需俸饷一直依赖部库筹拨和外省协济，但是日积月累本已力渐不支；军兴以后更是无年不欠、无省不欠，致使从前的协济款项有名无实，可望而不可即。特别是庚子以后，各省财政一体艰窘，本就自顾不暇，对他省的协济更是无从顾及。到光绪三十四年腊月，各省历年来积欠东三省的俸饷银已达4035170余两⑤，并且多数协济省份对东三省都有欠解，比如，直隶、两江、闽浙、山东、河南、江苏、安徽等省份。如山东省，协拨奉天省、黑龙江省俸饷，按照度支部要求，需要拨奉天协饷11万两，黑龙江协饷5.6万两，但是因为山东省亦是常年入不敷出，很难照数协拨，"每年认解奉天、黑龙江两省俸饷银五六万两不等，下短银两虽屡奉咨催，迫于款绌未能续解"⑥。可以看出，即使度支部屡次

---

① 新疆全省财政说明书[M]//陈锋.晚清财政说明书（4）.武汉：湖北人民出版社，2015：846.
② 清实录·宣统政纪（卷44）.北京：中华书局，1987：791. 转引自郭芳芳. 清末新政时期新疆财政研究[D].兰州：兰州大学，2012.
③ 新疆全省财政说明书[M]//陈锋.晚清财政说明书（4）.武汉：湖北人民出版社，2015：846.
④ 度支部奏议覆东督等奏吉林财政困难情形折[N].吉林官报，第十六期，宣统元年五月二十一日，折奏汇编，3-4.
⑤ 不准增拨奉黑两省的饷[N].申报，1909-03-05（第1张第5版）.
⑥ 山东财政说明书[M]//陈锋.晚清财政说明书（2）.武汉：湖北人民出版社，2015：274.

催促，该省仍然未能续解。

其他受协省份也多是如此。甘肃省也是严重依赖协饷的省份，但是协饷不济的情况也非常普遍。各省关岁协甘肃省关内外新饷定额为440万两，但是光绪三十四年解到349.8万两，宣统元年解到315.4960万两，宣统二年实解262.8524万两。① 可以看出，积欠越来越多，从光绪三十四年的90.2万两，到宣统元年的124.504万两，到宣统二年多达177.1476万两。安徽也存在协饷不济的情况。比如，历任海州分司未能按批扫解淮北四成盐课，积欠至十余万两②。虽然多次催促，始终没有回应。江苏省江北作为受协之区，协款短绌甚巨，导致多项支出无着。以各省协解河饷为例，"于同治十三年经部议定，每年额协银八万五百两。嗣因山东省、两浙藩、运各司解不足数，历年积欠至三十余万"③。云南省所需的各项协饷多收不足数。像湖南省协滇月饷、新拨协饷、滇越铁路经费等多有短缺。滇越铁路两次指拨银70万两，但是多省多有欠解，比如，湖北省欠银1万两，河南省欠银1万两，闽海关欠银1万两等。④ 各省常年协滇铜本银两积欠数目更多，从光绪三十年起截至宣统元年年底，山西省共欠解银28万两、江西省共欠解银2万两、江苏省共欠解银13万两、安徽省共欠解银2万两，总共欠解银多达45万两。⑤ 贵州省清理财政局也称"比年以来，各省协饷欠解太多，以致出入不敷，惟以粮库历年节存暂为挪补"⑥。而浙江省所收协饷近乎无，"近年来，他省之协浙者，并小数而无之，徒存其名于总收入之一款中。"⑦

各省拖欠协款的理由基本是一样的，即本省财政困难异常，无力支持他省。比如，广东省声明，该省对于江南淞沪货厘和南河协饷两款的积欠实在无力清

---

① 甘肃清理财政说明书［M］//陈锋. 晚清财政说明书（4）. 武汉：湖北人民出版社，2015：565.
② 安徽财政沿革利弊说明书［M］//陈锋. 晚清财政说明书（6）. 武汉：湖北人民出版社，2015：33.
③ 江苏财政说明书［M］//陈锋. 晚清财政说明书（5）. 武汉：湖北人民出版社，2015：517.
④ 云南全省财政说明书［M］//陈锋. 晚清财政说明书（9）. 武汉：湖北人民出版社，2015：13.
⑤ 云南全省财政说明书［M］//陈锋. 晚清财政说明书（9）. 武汉：湖北人民出版社，2015：5.
⑥ 贵州省财政沿革利弊说明书［M］//陈锋. 晚清财政说明书（9）. 武汉：湖北人民出版社，2015：536.
⑦ 浙江全省财政说明书［M］//陈锋. 晚清财政说明书（5）. 武汉：湖北人民出版社，2015：532.

偿。主要原因就是该省认摊各种赔款、洋款和兴办新政，导致该省开支倍增，终至入不敷出之境地，实在没有余力顾及他省。①

各省纷纷拒绝中央指拨任务，解协饷制度遭到破坏，说明中央对地方的调控几近失灵，"是部中虽有统辖财政之专责，并无转移调剂之实权"②。所以，对于度支部来说，清理财政就有了周知全国财政的诉求。正如浙江省清理财政局所言，度支部应该周知各省财政状况，"此后各省之财力，大部宜无不知之，知之而何省力能担负，何项京饷若干，必可为适当之分配而无虑其不公平。"③虽然该局的重点在说各省承担的公平性问题，但是，这种公平性是建立在度支部对全国财政周知的基础上。因此，度支部寄希望于清理财政加强对各省财政的掌控，改变财权下移的现状。

相对于中央财政困难无着的情况，地方财政在中央不得已的默许下形成。从中央对地方财政的调配手段就可证明这一点。从中央要求各省"报部候拨"，到度支部向"各省指拨"④，再到向各省硬性摊派。可以看出，度支部的举措看似越来越强硬，实际是越来越无奈，并且到后面就已经变相承认了各省已经有了对除了中央摊派之外的款项自收自支的权力。

清政府中央对财政的调控能力降低，并且严重依赖地方，地方财政就拥有了相应的主动权，以督抚为首的地方财政实际上已经形成。在中央统一调控失灵的情况下，各省开始各自为政，纷纷建立各种财政局所，新成立的财政机构直接向督抚负责，消解了度支使的权力，进而削弱了中央通过度支使掌控地方财政的效力；巧立名目开拓税源，就地筹款，自收自支。清政府的国地财政关系日益紊乱，逐渐走向无序。地方外销财政的存在逐渐侵挪中央、中央无限摊派而掠夺地方，中央与地方财政的矛盾也就日益加剧。

理顺紊乱的国地财政关系，缓和国地财政矛盾，就需要清理财政，建立国地财政分权制度。

三、政治制度变革的必然要求

财政制度和政治制度一致，政治制度发生变化，财政制度必然也随之发生

---

① 广东财政说明书［M］//陈锋. 晚清财政说明书（7）. 武汉：湖北人民出版社，2015：405.

② 刘锦藻. 清朝续文献通考（卷71·国用9）［M］. 影印本. 杭州：浙江古籍出版社，1988：考8282-8283.

③ 浙江全省财政说明书［M］//陈锋. 晚清财政说明书（5）. 武汉：湖北人民出版社，2015：687.

④ 魏光奇. 清代后期中央集权财政体制的瓦解［J］. 近代史研究，1986（1）.

变化。清末实现宪政改革，政治制度即将发生重大的改革。财政制度的改革是宪政改革的需要，另外财政改革也为宪政改革提供财政保障，两者相辅相成。"夫财政者，万事之毂也，无毂则推行不利。而吏治者，财政之本也，本不立则枝叶亦不能发达。"①

（一）财政制度改革是宪政制度的要求

面对国内日益高涨的革命浪潮，受到日俄战争中日本胜利的冲击，清政府下定决心实行宪政。从君主专制到宪政体制，是一种从集权到民主的政治制度变革，政权形式发生变化，财政制度的设计必然要经历从集权到分权的转变。

宪政需要分权制衡、权力监督、法律制约。财政分权，是在宪政的大背景下进行的，也要符合宪政原则。所以，实行预算、划分国地税，建立国地财政分权制度，对财权进行划分，实现财政权力的监督和制衡，也是题中应有之义。"宪政成立，以整理财政为最重要""清理财政者，为筹备宪政之权舆"②。清末清理财政和国地财政分权，是在宪政改革的框架下进行的。

宪政改革，政府要取信于民，能承受民众监督，必须把财政权纳入宪政制约之下，这一点在清查财政确数、预算的实行上表现最为明显。从报刊舆论到朝堂之上都有这种认知。

舆论有这种认知。比如，《论中国于实行立宪之前宜速预算法》就谈到了预算是"示民以信用之契据也"，"授民以监督之凭证也"；还谈到了行政权与立法权的关系，"发案权属于政府，定议权属于议会"。财政权应纳入宪法规定下，"预算之法，须经宪法规定，议会协赞"③。

朝堂之上这种认知也很普遍。作为清理财政最主要负责人的载泽，在出洋考察给清廷的奏折中，说："试举议会之权能中之一端以论之，即如有所谓监财权者，乃一国中财政上岁出岁入当有几何，政府必与议会谋之。每年以收入之数，制定预算表。以何理由而既为此支出，必报告于议会，而当得其承认。"认识到议会作为立法机构对财政的监察权力。载泽还认识到人民有权知晓预算，所以要公开预算。"各国宪法中，无不以此监财权属于议会者，职是故也。"④

---

① 甘肃清理财政说明书 [M] //陈锋. 晚清财政说明书（4）. 武汉：湖北人民出版社，2015：379.
② 度支部奏陈清理财政办法六条折 [A] //故宫博物院明清档案部. 清末筹备立宪档案史料（下册）. 北京：中华书局，1979：1019.
③ 论中国于实行立宪之前宜速行预算法 [J]. 东方杂志，1906，3（13）.
④ 出使各国考察政治大臣载泽奏请宣布立宪密折. 故宫博物院明清档案部. 清末筹备立宪档案史料（上册）. 北京：中华书局，1979：174.

对清理财政有重要影响的福建道监察御史赵炳麟从立宪的角度谈"君民共治"目标如何达成。他认为要改变财政紊乱的状况，就需要学习西方，实行预算决算制度，许国民监察之权，才能"国民知租税为己用，皆乐尽义务。官吏知国用有纠察，皆不敢侵蚀，所谓君民共治"①。各省清理财政局也多把清理财政纳入宪政改革的范畴内考量。"国家用财行政，即以政生财。自预算决算至国库统一、会计法行，个人皆有国民之资格，方为立宪时代之财政。"②

最终清政府也认识到"宪政成立，以整理财政为最要，而整理财政必以确定全国预算决算为最要"③。可以看出，财政制度的变革是在宪政改革的框架内进行的，财政制度的变革是宪政改革的要求。

（二）宪政改革需要财政保障

财政为庶政之基。没有财政支持，任何改革都无法进行。"国民维系之端以财政为密切，故宪政筹备之事亦惟财政为权舆，财政不清，则计臣徒负总领财赋之名，国民终少信服政府之望，于立宪前途大有阻碍"④。

宪政改革头绪纷繁、举措多端、用费浩繁，因此亟须财政支持。实行宪政改革，各省都设立各级审判厅以实现司法独立，编练军队加强国防，兴办学校普及教育提高民智，开设咨议局作为立法机构等，每一项都需要大量的经费。以新疆为例，为了司法独立，该省拟于宣统二年在省城内设高等审判厅，以高等检察厅附之，预算岁需湘平银17604两；设立地方审判厅一所，以地方检察厅附之，预算岁需湘平银17676两；初级审判厅一所，以初级检察厅附之，岁需湘平银5628两。另外，在疏附、塔城、宁远三处商埠各设地方审判厅一所，以地方检察厅附之，预算岁共需湘平银53028两；三处各设初级审判厅一所，以初级检察厅附之，预算岁共需湘平银16884两。"合计岁需湘平银十一万八百二十两。"⑤ 新疆省兴办巡警，设立总分各局，仅仅各局的员弁薪工、兵丁夫役口粮和油烛纸张、修理街道等费，每年就需要湘平银23570余两，此外还有由

---

① 御使赵炳麟奏整理财政必先制定预算决算以资考核折 [A] //故宫博物院明清档案部. 清末筹备立宪档案史料（下册）. 北京：中华书局，1979：1016-1017.
② 甘肃清理财政说明书 [M] //陈锋. 晚清财政说明书（4）. 武汉：湖北人民出版社，2015：663.
③ 度支部奏陈清理财政办法六条折 [A] //故宫博物院明清档案部. 清末筹备立宪档案史料（下册）. 北京：中华书局，1979：1019.
④ 宪政编查馆奏核议清理财政章程酌加增订折 [J]. 甘肃官报（第11册），宣统元年闰二月第3期，7.
⑤ 新疆全省财政说明书 [M] //陈锋. 晚清财政说明书（4）. 武汉：湖北人民出版社，2015：900.

21

外销支用的员弁、兵丁、夫役薪工口粮及油炭各费,每年需要湘平银15160余两。① 新疆在各省中改革规模并不算大,甚至有些因陋就简。即使如此,仅这两项经费每年就需要158550两,可想而知,改革的用度极大,财政的压力空前。

在亟须财政支持的情况下,清末的财政却纷乱不已,早已显现出难以支撑宪政改革局面。"官制、兵制虽改,而俸饷不匀,赋则、税则议增,而商民生怨,经费无出,则教育、实业各美政,亦有理想而无事功。"②

没有财政支持,宪政改革将没有根基而万事不立。因此,政治制度改革是财政制度改革的重要推动力之一。

第二节　清理财政是解决财政困难的需要

财政是庶政之基,因此,财政困难往往成为各种改革的直接诱因。清朝的财政困难在甲午战后日益加剧,在庚子之役后本息合计将近10亿两、旷古罕见的巨额赔款,使得本已支绌异常的财政雪上加霜。随之而来的新政和宪政改革又耗费巨大,使得财政艰难竭蹶。中央财政困难重重,地方财政亦是窘迫难支。财政困难成为清理财政、建立新型财政制度的关键原因。并且,财政困难一直伴随着清理财政的进行,也成为影响清理财政效果的重要因素。

一、中央财政困难

晚清对于清政府来讲是多事之秋,多次战争及随之而来的大量军费和巨额赔款成为清政府财政的重大负累,使得国家财政元气大伤,"百废待举,茫无头绪,加以赔款之多,洋债之巨,各项新政经费之繁,内而司农,外而疆吏,几于罗掘一空"③。

清政府为应对多重变故而不得不进行各种改革,特别是新政、宪政改革,兴革举措甚多,导致开支浩繁。各种新机构成立导致行政费用大增。比如,法

---

① 新疆全省财政说明书[M]//陈锋.晚清财政说明书(4).武汉:湖北人民出版社,2015:877-878.
② 御史赵炳麟奏清理财政必先制定预算决算表以资考核折[A]//故宫博物院明清档案部.清末筹备立宪档案史料(下册).北京:中华书局,1979:1018.
③ 给事中王金镕奏预备立宪宜罢亩捐禁驳审定军装禁游荡折[A]//故宫博物院明清档案部.清末筹备立宪档案史料(上册).北京:中华书局,1979:199.

部称其初办需款就要20万两,后因不敷用,又追加了开办经费8万两,以后每年还需12万两。其他各种新旧衙署用款亦属不少。而行政费用只是新政开支的一小部分,其他诸如兴办教育、创办实业、编练新军、兴办警务等更是款项支出的重头戏。比如,军谘处经费共需要银1189000余两。

开支浩繁导致清政府财政赤字逐年增大。对于清政府财政收支的统计,各方数据有所出入。根据赫德的调查,清政府在庚子赔款之前的财政岁入为8820万两,岁出为13492万两①,财政赤字4672万两。

巨大的财政压力,让总管全国财政的度支部屡次沥陈财政困难情形。因大宗用款之处甚多,"甲午、庚子两次赔款元气因之顿伤。近因新练陆军,各省除派认中央各镇练饷外,仍当自行筹练。而其他学堂、巡警以及一切新政,无一事不应办,即无一事不需款。以物力凋敝之余,当庶政繁兴之会,其为竭蹶何待言"②。无奈之情溢于言表。特别是随着磅价骤涨、禁绝鸦片、铜元局所裁并,洋款盈余已拨无可拨、土药统税锐减、铜元余利无着,让度支部对款项的腾挪筹拨失去了凭借,以至于度支部无奈地称"罗掘之计既穷,而为用之途方广,奉头竭足以较锱铢,往往竭终岁之储无以当一事之用。至于苟且补苴促促不可终日,则臣等所为焦迫旁皇恐无术以持其后者"③。只能感叹罗掘之计穷、点金之乏术,大有司农仰屋之慨。

二、省财政艰窘

清末中央与地方财政一体艰窘。"庚子以后,岁需赔款千数百万,举办新政款千数百万,司农仰屋,疆吏束手。"④ 中央财政困窘不已,地方财政亦是如此,多地库藏奇绌,入款增量有限,出款则有增无减,导致财政赤字巨大。

根据湖南省清理财政局调查得知,从光绪三十二年以后至宣统元年清理财政之前,该省由于边患、筹办新政、添练新军、水灾频繁、铜元停铸、粤汉赎

---

① 中国近代经济史资料丛刊编辑委员会编.中国海关与义和团运动[M].北京:科学出版社,1959:64-65.转引自刘增合.清季中央对外省的财政清查[J].近代史研究,2011(6).

② 度支部奏财用窘绌举办新政宜力求撙节折[N].四川官报(第26期,己酉九月上旬),奏议,2-3.

③ 度支部奏财用窘绌举办新政宜力求撙节折[N].四川官报(第26期,己酉九月上旬),奏议,3-4.

④ 论各省因捐滋事案[N].东方杂志,1905,第2年第4期,财政,59.

路等，每年的财政赤字达到 100 万两左右。① 该省宣统元年的财政收支，经过清理财政局复查，岁入共库平银 826 万零，岁出共库平银 649 万零，另外还有地方行政经费共库平银 285.5 万零，"湘省历年积亏，结至本年六月底止，几及三百万两，出入相抵不敷甚巨"②。因为财政困难，该省不得不募集公债，"息借大清银行及商号各款，至于年底，其债额已增至五百万两矣"③。

此时，多数省份和湖南省相似，财政竭蹶异常，各省"经实际调查得悉常年亏款约十千余万之多"④，库藏如洗，多数用款都是辗转腾挪。至光绪三十四年，除了个别省份，多数省份财政均属不敷甚巨。盈余省份很少，比如，奉天省、江北省、山东省、河南省和四川省分别盈余 21.8 万两、39.7 万两、78.5 万两、28.5 万两和 35.6 万两，其他省份都是亏空，亏额分别为：吉林省 49.7 万两，黑龙江省 135.8 万两，直隶省 191.5 万两，热河省 3.5 万两，江宁省 24.8 万两，江苏省 448.7 万两，安徽省 73.5 万两，山西省 26.8 万两，贵州省 25.8 万两，陕西省 16.4 万两，甘肃省 16.9 万两，新疆省 17.5 万两，福建省 22 万两，浙江省 32.4 万两，江西省 32.5 万两，湖北省 197.6 万两，湖南省 39.6 万两，广东省 33.2 万两，广西省 10.1 万两，云南省 96.1 万两，各省合计赤字高达 1290.3 万两。⑤

特别是宣统之后，由于宪政年限缩短，新旧过渡，一切要务都需要提前赶办。而财力只有此数，此盈彼绌，挹注无资，各省财政入不敷出的情况更为严重，可谓千疮百孔，挖肉难补。富庶如江苏省，该省宁属岁入二千五百数十万两，岁出二千六百数十万两，"以入抵出，岁不敷银一百余万两。其筹备宪政特别用款及州县盐场杂款之不足尚不与焉。统计岁约不敷银四百万两左右"⑥。该地区财政异常竭蹶，藩司衙门入不敷出，库藏一空，各项开支此垫彼借，混乱不堪；江西省也是筹款困难，库藏如洗，这让该省清理财政局大为感慨，认为

---

① 湖南全省财政款目说明书 [M] //陈锋. 晚清财政说明书 (6). 武汉：湖北人民出版社，2015：424.
② 湖南巡抚杨文鼎奏湖南第四届筹办宪政情形折 (宣统二年八月二十八日) [A] //故宫博物院明清档案部. 清末筹备立宪档案史料 (下册). 北京：中华书局，1979：790.
③ 湖南全省财政款目说明书 [M] //陈锋. 晚清财政说明书 (6). 武汉：湖北人民出版社，2015：424.
④ 各省财政情形 [N]. 大公报，1909-02-15.
⑤ 李振华. 近代中国国内外大事记. 转引自周育民. 晚清财政与社会变迁 [M]. 上海：上海人民出版社，2000：385.
⑥ 江苏财政说明书 [M] //陈锋. 晚清财政说明书 (5). 武汉：湖北人民出版社，2015：3.

该省岁收之款，除了解京协饷款项和赔款外，"所余无几，何以支给？"① 为应对财政困难，该省于宣统二年冬先后向大清银行等处借银1329232.005两，但因入不敷出，偿还之法难免为借债还债。"幸而能再添借，则负累愈重，偿还愈难。不幸而借无可借，则来源愈涸，后顾益不堪设想。"② 据陕西省清理财政局统计，该省"入不敷出几近百万"。虽然多方裁节，仍然"无以救库款之穷而济新政之用"③，财政捉襟见肘。根据贵州省试办宣统三年预算看，该省岁出银280余万两，岁入银170余万两，出入相抵不敷百余万两④，财政岌岌可危。浙江省清理财政局统计，该省宣统元年和二年收入之数，平均计算1278万余两，支出之数平均为1321万余两，收支相抵，每年不敷在30万两或50万两左右。"然前此尚有历年积存项下挪用，今则已无可挪移。据宣统三年试办预算，出款加增，竭力撙节，尚亏一百二十七万有余。"⑤ 根据新疆省试办宣统三年预算看，如果各省协饷能够扫数全清，则该省收入尚可勉敷支数。但是，在各省财政都困厄不已的状况下，这种情况不太可能出现，"如再年年蒂欠，综计不敷约在百万左右"⑥。安徽省制定的宣统三年预算，入不敷出达银2157840余两。⑦ 而据湖广总督声称，湖北省度支困竭，"每岁计短银二百余万两"⑧，而历年的积亏和新增的用款尚没有计算在内，如果计入，则不敷更巨。

各省如此困厄的财政还要支付巨额的赔款和洋款，单是庚子赔款本息就达近10亿两白银，这些赔款和洋款最终还是摊派到各省，由各省担负，这让各省毫无喘息之机。如宣统元年年初，应由沪上纳交各国赔款银就达386万两。⑨ 庚

---

① 江西各项财政说明书［M］//陈锋. 晚清财政说明书（6）. 武汉：湖北人民出版社，2015：135.
② 江西各项财政说明书［M］//陈锋. 晚清财政说明书（6）. 武汉：湖北人民出版社，2015：333-334.
③ 陕西财政说明书［M］//陈锋. 晚清财政说明书（4）. 武汉：湖北人民出版社，2015：3.
④ 贵州省财政沿革利弊说明书［M］//陈锋. 晚清财政说明书（9）. 武汉：湖北人民出版社，2015：557.
⑤ 浙江全省财政说明书［M］//陈锋. 晚清财政说明书（5）. 武汉：湖北人民出版社，2015：532.
⑥ 新疆全省财政说明书［M］//陈锋. 晚清财政说明书（4）. 武汉：湖北人民出版社，2015：846.
⑦ 安徽巡抚朱家宝奏安徽第四届筹办宪政情形折（宣统二年八月二十六日）［A］//故宫博物院明清档案部. 清末筹备立宪档案史料（下册）. 北京：中华书局，1979：784.
⑧ 湖广总督瑞澂奏湖北第四届筹办宪政情形折（宣统二年八月二十八日）［A］//故宫博物院明清档案部. 清末筹备立宪档案史料（下册）. 北京：中华书局，1979：786.
⑨ 各省财政之近况［N］. 大公报，1909-04-08.

子以后，甘肃省认还赔款30万，司道两库遂致入不敷出。① 山西省庚子赔款每年指拨银90万两，除由河东道库拨解银23.8万两不计外，该省每年共应解银672876.66两，每年按12期汇解，每个月就需要解银56073.055两。② 该省英德洋款每年指拨银17万两，又加拨镑价银42500两，每年共需解银212500两；而俄法洋款该省每年指拨银12万两，又加拨镑价银3万两，每年共需要解银15万两。③ 统计庚子赔款和英、德、俄、法洋款，山西省每年共需要解银1035380.66两。而陕西省英、法、德、俄借款和各国偿款，每年共需要解银97.4万两。④ 据浙江省清理财政局称，该省岁出各款，赔款最为大宗，能占到总支出的10%。加之赔款和洋款种类繁多、期限又严，导致毫无喘息之机。赔款需要一月一解，没有任何间隙，洋款批解虽有一定间隙，但是多种款项叠加后，亦是达到无缝连接了。浙江省的洋款，"德则分二、五、八冬四月匀解，俄法则分三、九两月四六照解，汇丰镑款则分四、十两月匀解。是除去正、腊、五、六四月之外，业已无月无之。而浙东厘金之按月筹解者，则更无一月之间断。夫浙省库款之支绌已达极点，而每月洋款之批解，多或十五万余两，少或八九万两不等。第一批解数未清，第二批解期又至。必着着提前擘画，乃不至于后期"⑤。广东省清理财政局也感慨赔款和洋款是财政困厄的罪魁祸首。"粤省解京、解沪各款，岁额在千万两以上，内以洋款、赔款为两大宗，漏卮之巨，莫此为甚。中国财政之困与各省财力之殚竭，端由于此。"⑥

此外，各省还有大量的由各国领事、教士、教民和当地地方官绅议定的地方赔款，统计共有22272708两，除此之外，还有未计算在内的。⑦ 所以，各省财政亦是行将不支。

各省财政困难的情况大致相同。新政的实施都需要大量的经费支持，但此时收款不足，而用款日增，因此财政日绌。"自时事多艰，财政日形窘绌，所有

---

① 甘肃清理财政说明书[M]//陈锋. 晚清财政说明书（4）. 武汉：湖北人民出版社，2015：734-735.
② 山西财政说明书[M]//陈锋. 晚清财政说明书（3）. 武汉：湖北人民出版社，2015：9.
③ 山西财政说明书[M]//陈锋. 晚清财政说明书（3）. 武汉：湖北人民出版社，2015：9.
④ 陕西财政说明书[M]//陈锋. 晚清财政说明书（4）. 武汉：湖北人民出版社，2015：227.
⑤ 浙江全省财政说明书[M]//陈锋. 晚清财政说明书（5）. 武汉：湖北人民出版社，2015：701.
⑥ 广东财政说明书[M]//陈锋. 晚清财政说明书（7）. 武汉：湖北人民出版社，2015：380.
⑦ 王树槐. 庚子地方赔款[J]. 中研院近史所辑刊，1972（3）：37.

一切新增用款，如各项洋债及年练兵经费以及地方举办新政，各省之所筹措者大半展转腾挪，动辄不敷支应……中国幅员广大，款目纷繁，出入相需又常有不足之虑。"①

此外，州县财政亦是竭蹶异常，特别是到清末，随着银价上涨，州县政府办公赖以挹注的平余等项也化为虚无，购银还需要赔贴，亏累极大。

总之，到了清末，中央与地方财政同样支绌，地方依赖中央，中央也点金乏术，不得不又责成于地方，实属困难重重。因此，清末的财政急需清理整顿，以解决财政困难的问题。

三、财政困难导致改革受阻

清末正值改革之际，新政、宪政迭兴，各项举措纷纷而起，而各项措施都需要财政的支持。但是，财政困难使得改革阻力重重，举步艰难。兴革之举多因没有财政支持而受到制约，或中断或废止，"出一策则以筹款无着而中止，办一事则以经费过巨而缩小"②，不得不因陋就简，挖肉补疮，敷衍而已。因款项不足，学校教育难以普及，农工商业难以发展，陆军海军难以振兴。总之，因为无财政支持，使得从中央、行省到府厅州县的变法、改良成为空谈，庶政难以振兴。

各省无法按时筹解饷项，影响中央各项改革进行。甘肃省由于财政支绌，使得多项解京经费无着，影响中央改革。比如，练兵经费，甘肃需要每年解银10万两，"司库及统捐局各分认五万两，每年由票号汇解，用款繁多，司道各库入不敷出，不能依期由司库及统捐局提款归还。"后因票庄不肯垫解，又无协饷为继，"势必全无着落。将来如何凑解，尚无的款可筹"③。此外，该省应该汇解的翰林院经费和京师法律学堂经费等，也都尚未筹到款。各省解款难以依限凑解，让中央各项改革经费没有着落，难以为继。

各省财政支绌，影响各行省内的改革，诸如学务、警务、行政、司法等影响最大，改革事项多遇窒碍。首先，学务受到影响。奉天财政困难导致教育经

---

① 度支部奏覆预算决算表折（续）［N］.盛京时报，1907-03-19（第2版）.
② 候补道吴剑丰条陈改良财政言路吏治学务陆海军警察等六事呈（光绪三十三年三月十三日）［A］//故宫博物院明清档案部.清末筹备立宪档案史料（上册）.北京：中华书局，1979：182.
③ 甘肃清理财政说明书［M］//陈锋.晚清财政说明书（4）.武汉：湖北人民出版社，2015：569.

费严重不足，欠发、克扣教员薪金的情况比比皆是①②，还有不得不推迟开学日期的情况③，严重影响学校正常运转。湖南省的教育也因财政困难受到影响，比如，"学务，年需银四五十万两，而有着者不过十余万"④。该省醴陵磁业学堂经费由牙厘局筹措一部分，但是，因为牙厘局本身经费支绌，业已停止向学堂的拨款。⑤ 该省提学司因为本省学款已经异常支绌，势难兼顾他省，所以停支旅鄂学堂经费和旅宁学堂经费；⑥ 江苏省苏属同样存在因财政困难而影响教育的情况。比如，宣统元年，学部奏咨各省于两年内至少设立农工商等学堂各一所，随后又要求提前赶办。但是，江苏省因学款支绌，"实难同时并举，拟先行开办工艺教员讲习所、中等工业学堂、艺徒学堂"⑦，而农、商等学堂未能准时成立。陕西省所设学务公所成立时与部章规定不同，部章原定六课，但因该省财政困难，为撙节经费，只设了总务、普通、图书、会计四科，"其专门、实业两科事务陕省目前尚少，暂即以普通科兼任之"⑧，之后才全设。在当时，新疆省大兴教育更有重要的意义，是必要而急迫之举。但是，由于风气闭塞等原因，要想广招徕而兴教育，非得出巨资重赏不可。但是该省"财政奇绌，岁糜巨万，公款无多，俸廉有限"，长此以往，"恐教育未能普及，而贪暴之吏反藉此以为巧取民之计，非所以固边圉而收人心也"⑨。后果非常严重，不仅仅是影响改革的进行，更涉及边陲的稳定大局。其次，款项支绌严重影响行政。奉天省因经费紧张，严重影响官制的完备。"新建官署但须有办公一区，住房若干间，规模不必备具也，则建署费用可以从简矣。各项官缺亦不能不就财力缓急

---

① 财政困难之现象[N]. 盛京时报，1908-01-19（第5版）.
② 拟考试教员[N]. 盛京时报，1908-01-10（第5版）.
③ "奉天本有在宣统元年春季按乡设立小学之议，但因各区所筹学费不敷过多，只得推迟开学日期。"学款支绌[N]. 盛京时报，1909-03-02（第5版）.
④ 湖南全省财政款目说明书[M]//陈锋. 晚清财政说明书（6）. 武汉：湖北人民出版社，2015：423.
⑤ 湖南全省财政款目说明书[M]//陈锋. 晚清财政说明书（6）. 武汉：湖北人民出版社，2015：659.
⑥ 湖南全省财政款目说明书[M]//陈锋. 晚清财政说明书（6）. 武汉：湖北人民出版社，2015：658-659.
⑦ 江苏财政说明书[M]//陈锋. 晚清财政说明书（5）. 武汉：湖北人民出版社，2015：446.
⑧ 陕西财政说明书[M]//陈锋. 晚清财政说明书（4）. 武汉：湖北人民出版社，2015：289.
⑨ 新疆全省财政说明书[M]//陈锋. 晚清财政说明书（4）. 武汉：湖北人民出版社，2015：897.

择要敷设。"① 该省颁定新官制之后，五司两道的科员迟迟未能宣布，着实是因为经济困难，不得不进行删改，难以最终确定名单；吉林和奉天相似，光绪三十四年春本来打算修筑省城的政务、学务、军务等各堂署局所，但因经费支绌不得不延搁。② 吉林省城修筑马路经费估计须七十余万吊，除已指定十余万吊，余饬度支司筹拨，但司库空虚，马路经费无从筹拨。③ 最后，财政困难影响警务的兴办。奉天省四乡巡警总局一切新政殆为中辍，"至其余局亦大同小异，筹款之难实不堪设想"④。湖南省的"警务年需银几二十万两，而有着者不过三四万"⑤。经费不敷甚巨，款项无着，诸事难行。此外，司法改革也是新政和宪政改革的重要内容。但是，由于经费紧张，司法改革的多项措施都受到极大影响。黑龙江省因财政艰窘，直到光绪三十四年九月还没能设立审判厅。⑥ 新政的进行、宪政的筹备、各种临时发生的开支等，导致旧用新支交织，款项捉襟见肘，学务难以展开，警务难以兴办，司法改革受挫，官制难以完备。总之，财政困难成为阻碍各省诸项政务之根由。

府厅州县财政同样窘迫，亦严重影响政务，特别是巡警、教育和司法的兴办和建设。首先，各地方巡警兴办受到影响。陕西省府厅州县巡警筹办多有延后，并且款项入不敷出。比如，孝义厅，原本奉文于光绪三十二年筹办巡警，但因经费无着，迟迟无法兴办。"至本年秋季，复经分保派捐……出入两抵，费尚不敷。"⑦ 三水县有城镇巡警局五处，其中城局于光绪三十二年开办，但"因警费短绌，停办一年"⑧。镇安县的巡警虽已开办有年，但是因经费支绌，一直没有设立局所，后由县令筹捐银六百两才得以开局。此外，宁陕厅、兴平县、高陵县、醴泉县、山阳县、白水县、蒲城县、扶风县等都是属于款项不敷的局

---

① 致周璞帅二十七函. 退耕堂政书（卷38）[M]//沈云龙. 近代中国史料丛刊（正编，第23辑）. 台北：文海出版社，1968：1960-1961.
② 官款奇绌 [N]. 盛京时报，1908-05-03（第5版）.
③ 马路经费之难筹 [N]. 大公报，1909-04-18.
④ 筹款之艰窘 [N]. 盛京时报，1907-04-02（第2版）.
⑤ 湖南全省财政款目说明书 [M]//陈锋. 晚清财政说明书（6）. 武汉：湖北人民出版社，2015：423.
⑥ 派员考察奉吉审判之情形 [N]. 盛京时报，1908-10-24（第5版）.
⑦ 陕西财政说明书 [M]//陈锋. 晚清财政说明书（4）. 武汉：湖北人民出版社，2015：247.
⑧ 陕西财政说明书 [M]//陈锋. 晚清财政说明书（4）. 武汉：湖北人民出版社，2015：253.

面;① 云南省各府厅州县巡警开设时，多以款项支绌，禀请减少名额。但是，因事关重要都被批驳，各属在文电频催的情况下最终勉为其难，使其初具规模。但是新设县属或者非常边缘贫瘠之处，如邱北、彝良、华坪、镇边等处，"尚付阙如"②。其次，各省府厅州县的财政艰窘，同样影响到教育。"观于州县各学堂，类未能次第举办，何欤？察于上编载地方筹款之艰，可知其概已。"③ 陕西省府厅州县官立学堂经费也多是处于短绌状态。比如，孝义厅此项经费出入两抵，短绌尚多。此外，同官县、宁陕厅、山阴县、同州县、大荔县、邻阳县、蒲城县、淳化县、鄜县、富平县、洋县、安康县、白河县、延安府、宜川县、延长县、靖边县、榆林县、神木县、怀远县等，均有财政支绌的情况。④ 可见陕西省多数州县的学堂都经费短绌，导致州县教育也受到较大影响。最后，各省州县司法费也竭蹶不已。按照宪政年限，宣统三年各府厅州县需要一律设立审判厅并附设检察厅，各种费用使得早已竭蹶不堪的陕西省州县政府力不从心，"断非州县一人之财力所能独任也"⑤。

总之，从中央、行省到府厅州县的改革都因为财政困难而阻力重重。因此，要对财政进行整顿，从而通盘筹划。否则，虽然兴革之事屡起，终有款项无着之虞。

四、财政困难成为影响清理财政整个过程的重要因素

清理财政的过程中，财政困难的状况并未得到改善。各省因财政困难而向中央请款的情况非常多，因财政无以为继而发行公债和举借外债的省份也很多，像湖南、安徽、湖北、直隶等纷纷发行公债。中央财政亦困难异常，难以支持。据报道，到宣统三年十一月度支部库储已竭，"实存银二十八万余两"⑥，最终到了动用皇朝内帑应急的境地。清朝各级财政都已濒临崩溃。

---

① 陕西财政说明书［M］//陈锋.晚清财政说明书（4）.武汉：湖北人民出版社，2015：247-253.
② 云南全省财政说明书［M］//陈锋.晚清财政说明书（9）.武汉：湖北人民出版社，2015：196.
③ 陕西财政说明书［M］//陈锋.晚清财政说明书（4）.武汉：湖北人民出版社，2015：288.
④ 陕西财政说明书［M］//陈锋.晚清财政说明书（4）.武汉：湖北人民出版社，2015：294-321.
⑤ 陕西财政说明书［M］//陈锋.晚清财政说明书（4）.武汉：湖北人民出版社，2015：328.
⑥ 度支部实存之款数［N］.大公报，1911-12-28.

财政危机是清理财政最直接的促因。但是，财政困难的局面并没有因为进行财政清理而有所改善，反而是伴随整个清理财政的过程，直到清廷灭亡。并且清理财政的各项政策在背负着财政困难的重压下，亦会受到很多负面的影响，使得改革的初衷、措施、效果出现严重的不一致，又加剧了清理财政的难度和实效的取得。比如，清理财政本有整顿财政乱象的意图。但是，由于改革用款增多，只能加征，并且是屡次加征，"二十七年，因举办新政，详准每炉加收新捐钱一串文。三十四年酌加抵补药厘，每斤收钱四文。又筹备新增军舰，每斤收钱二文，均于是年八月起征"①。使得财政秩序和民众负担受到影响。

综上，财政是庶政之基，但是清朝的财政从中央到地方都支绌异常，而财政困难会严重阻碍各项事业的进行。"当此百废具举，筹款维艰之日，财政一事，尤为当务之急，第非将全国财政赋税出入细为调查，必且无从措手。比年以来，内外财政日行困弊，若不及早清厘，必有不复能支之一日。"② 总之，清末财政困难让财政改革迫在眉睫。

第三节 清理财政是整顿财政紊乱的需要

清政府财政紊乱不堪，包括行政层级间的财政关系混乱、财政收支混乱、财政管理机构混乱等方面。财政紊乱是财政危机的重要原因之一，所以亟需清理。清理财政最为重要的两个目的，即国地税的划分、预算决算的制定，主要也是为了理顺财政关系、理顺财政收支、理顺财政管理体系。

一、行政层级间的财政关系混乱

中央与行省、行省与府厅州县的财政关系极为混乱。财权逐级下移，使得原有的制度形同虚设。中央不知行省财政实情、行省不知道州县财政实情，逐级欺瞒，财政关系亟待厘清。

各省清理财政局在清理财政的第一线，对全国财政关系混乱有更直接的体会。甘肃清理财政局可谓一语中的，"财政至今日紊乱极矣，收支浮滥，视若故

---

① 湖北财政说明书［M］//陈锋. 晚清财政说明书（6）. 武汉：湖北人民出版社，2015：387.
② 出使奥国大臣李经迈奏兴学宜重普及教育理财宜由调查入手折（光绪三十三年四月二十二日）［A］//故宫博物院明清档案部. 清末筹备立宪档案史料（上册）. 北京：中华书局，1979：200-201.

常，下既不报，上亦不究。一省之财政，淯伸缩操纵之权，封疆不得而主之。外销闲款，向不奏咨，入既无额，出亦无经。各省之财政，淯盈虚调剂之权，中央不得而主之。无财无政，何以立国？"①中央无法掌控行省财政，行省无法周知一省实情，都失去对下级的操纵和调剂之权。

外销的大量存在是导致三级财政关系紊乱的重要原因。"自军兴后，库帑不敷，各省自筹自用，因有外销名目是为财政紊乱之始。"② 有此源头，此后各种课税、厘捐日益增加，各省新筹款项数倍于前。但是却不复入拨造报，即使有奏咨立案，而据实奏销者却越来越少，不实不尽之处莫可究诘，以致江河日下，不可收拾。最终导致从中央到地方层层隔阂。广东省清理财政局就认为，自军兴之后，"京外情形日益暌隔。于是各省所入，有外销不报部之款，有报部而仍归外销之款，有融销之款。而省外各州县新政待兴，往往就地筹款，以为弥补之计，其所收复有不报闻者。积习相沿，坐成隔阂之病"③。

上级对下级的掌控力下降，考成也一定程度上失去效力，逐级欠解的情况非常普遍。比如，在福建，"各州县所征钱粮，能年清年款者，通省不过数处，余均递压一忙居多，如惠安、龙溪等处花户延欠，或至再次年尚未清讫"④。藩司只能文电交催，但是各州县还是难以依限完成，只是先造册送司以为搪塞，最后藩司为了赶造报时间，不得不把各州县的册造之数作为已收之数列入奏销册上报度支部。但是，最终经过两相核对，出现该省每年收入的正项钱粮都比奏销册报之数少两三万两不等。行省无法依限完成度支部规定的任务，最终妥协的多是度支部。因此，行政层级间，自上而下的约束能力都在降低。

关于晚清中央与地方的财政关系，很多学者主张"督抚专权"的说法，但也有学者称为"内外皆轻"⑤。"内外皆轻"，就不能对督抚专权做过分的解读，因为督抚对一省财政的掌控程度也是需要具体分析的。"清代财政收支呈现出多重性和分散性，中央与外省的关系，省与州县的关系，两者是完全相同的，整

---

① 甘肃清理财政说明书 [M] //陈锋. 晚清财政说明书 (4). 武汉：湖北人民出版社，2015：378.
② 甘肃清理财政说明书 [M] //陈锋. 晚清财政说明书 (4). 武汉：湖北人民出版社，2015：378.
③ 广东财政说明书 [M] //陈锋. 晚清财政说明书 (7). 武汉：湖北人民出版社，2015：7.
④ 福建全省财政说明书 [M] //陈锋. 晚清财政说明书 (9). 武汉：湖北人民出版社，2015：571.
⑤ 李细珠. 晚清地方督抚权力问题再研究——兼论清末"内外皆轻"权力格局的形成 [J]. 清史研究，2012 (3).

个财政体系犹如套人木偶一样。"① 因此,行政层级之间的关系逐渐处于无序状态。

这种逐级欺饰隐瞒的情况,使得全国财政成为一笔糊涂账。所以,亟须清理清理,从而逐级确定财权与事权,使得财权与事权相统一,才能理顺行政层级间的财政关系。

二、财政收支混乱不堪

由于当时记账方式的落后,没有精准的会计制度、审计制度等,各方对于财政收支的记载都相差甚大。杂款的收支因为缺乏监督更为混乱;各项政费的开支没有固定的财源导致财政困难时辗转腾挪;收支手续的繁杂容易滋生混乱;各机构各自为政也容易导致收支的混乱。总之,多种原因导致全国财政收支混乱不堪。财政收支的混乱,从中央到州县都是如此。

第一,各省杂款的收支极为混乱。省级财政杂款收支的混乱程度更甚。收支正款因为要顾忌考核,相对来说有一定的章法,但是杂款收支因为缺乏监督和制度约束,纷杂情况更为严重。陕西省司局各库的收支,特别是杂入款项在经营上多不经心,款目混淆,"或因其案,或视其类,为并为分,随便附入,加以前后之套搭,遇事之挪移,以及支放款项之随时改换,牵连混杂,几无端绪之可寻"②。湖北省藩、盐和度支公所的杂收也存在同样的问题,此部分收入,从名称上看有 17 种。但是,多是转拨重复之款。有支后列收的款项,比如,减成、裁节裁旷、空旷等款;有因支摊扣的款项,如会哨口食、绿营报资、营操火药等款。③ 广东省款目纠葛之弊亦是非常严重。该省财政规模巨大、收支各款繁赜,但是各署局辗转拨解,纠葛甚多,有以支款名目作为收款的、有以杂款而归入正款的,有只标普通名目而内容繁复的,有同一税课而有无数之繁碎名目的,有以多款并作一款报解的,有同一款而经数处而致重收重支的。④ 尤以杂税、杂捐和杂款收入为甚,导致仅从命名上根本无法判断款目的性质和出处。

第二,因为由于没有固定的来源,款项支出辗转腾挪混乱之处甚多。因为

---

① [日]岩井茂树. 中国近代史财政研究 [M]. 付勇,译. 北京:社会科学文献出版社,2011:176.
② 陕西财政说明书 [M] //陈锋. 晚清财政说明书(4). 武汉:湖北人民出版社,2015:179.
③ 湖北财政说明书 [M] //陈锋. 晚清财政说明书(6). 武汉:湖北人民出版社,2015:413.
④ 广东财政说明书 [M] //陈锋. 晚清财政说明书(7). 武汉:湖北人民出版社,2015:4、11.

款项的支用没有通盘筹划，缺乏统系，各省政费支出没有固定来源，很容易导致款项牵连套搭，相互挹注而迭生混乱。特别是当财政困难之时，大宗用款往往都是东挪西凑、拆东墙补西墙，导致甲地之款用于乙地，而甲地又挪用丙地之款；今日预支明日之款，明日又预支后日之款，最终辗转腾挪混乱之处不胜枚举。像奉天省"有初抵旗饷之款后拨廉俸者，有初抵廉俸之款后拨旗饷者。且有省城发款不足由省外就近州县征存各款内零星凑拨足数行文给领者。此外如甲收乙支，此入彼出之款更属不一而足，牵连套搭棼如乱丝"①。款项支用分散，相互纠结，导致财政收支中误入误出、重收重支的情况比比皆是。由于政费支出没有固定来源，导致各行政层级间共享财源，更容易牵连套搭。"一切行政款项，若协拨，若提收，若留支，若领放，以及提扣捐派，款巨目繁。大小各级衙门无不指以为用，纷纭庞杂，未有区分。"② 在财政支绌时表现最为明显。比如，江西省因为财政困难，多项用款都没有筹有的款，多属于临时腾挪凑解。该省每年认解京师大学堂常年经费一万两，"每次筹解均系腾挪"③。该省认筹的学务经费也是需要多方筹措，在丁漕四分学堂经费项下腾挪凑集，由解饷委员搭解，赴学部交纳。

第三，各省为了避免被考成，在正款或者洋款不足的情况下，转移腾挪的现象较为普遍。比如，兵米为正项，各属多不敢延欠，所以在各属征收漕粮时都是先将兵米尽数提解，如有不足，"每将仲项解款挪解此款。及至解他项时，辄至短欠交代之亏"④。特别是洋款，因为关系重大，只能尽量保证洋款足额，为此更是多方辗转腾挪。"（洋款）各库虽能协担责任，然无米之炊未能持久。筹垫归还之举可一而不可再，转辗移挪则积年累月亏累逾多。"⑤ 在当时，拖欠、瞒报等，导致现实收入与额定之数有很大差异。所以，只能多方赔补，使得款项多彼此牵连。比如，在田赋征收中，有些田亩已经报荒，但是司库仍照旧收解，只能是司库册数多而报告册数少，为了避免考成，缺额多由地方官平余项下赔补。

---

① 锡督奏陈奉省编造册报之为难 [N]. 申报，1910-09-17（第1张后幅第2版）.
② 江苏财政说明书 [M] //陈锋. 晚清财政说明书（5）. 武汉：湖北人民出版社，2015：346.
③ 江西各项财政说明书 [M] //陈锋. 晚清财政说明书（6）. 武汉：湖北人民出版社，2015：226.
④ 江西各项财政说明书 [M] //陈锋. 晚清财政说明书（6）. 武汉：湖北人民出版社，2015：125.
⑤ 浙江全省财政说明书 [M] //陈锋. 晚清财政说明书（5）. 武汉：湖北人民出版社，2015：702.

第四，由于收支手续烦琐，不能实收实支，导致名目繁杂，容易混淆收支。清朝官员薪俸并不是实收实支，还存在扣平减平等名目，更容易导致公私牵连、收支混乱。俸廉多有变化，或旷却或停止，就会导致扣平减平收入无定，并且延欠多发，最终导致无法保证国家固定收入，还繁生无谓之繁杂手续。所以，扣平减平的存在就容易导致收支混乱不堪。因此，当时有些清理财政局就提出应该删除该项名目，"以省烦累，凡款项应给若干者，即实发若干，岂不直截了当，非特名实相符，且可杜流弊之滋，不然阳多其额而阴减其数，于各机关之领款固多生周折，于国家支出之信用亦有妨害也"①。

第五，财权不一，机构多出，导致各局所都有收支权力，支用容易杂糅。在浙江省，"臬司衙门经费，向来由各司、道、局库移拨及各属批解款项，既极纷繁，机关又不统一。故一项经费往往散见于各署局之报册，此入彼出，徒滋混乱"。② 该省清理财政局给出的办法就是让各机关都一概解交藩库，由藩司再按照列表之数移解臬署。在多数省份，各司、道、局库库大多是自为主体，彼此移收，导致名目繁多，纷纭糅杂，歧之又歧。

第六，州县直接承担着征税的重任，财政收支名目繁多，没有定制，更是混乱不堪。"府州厅县出入款目，公私杂糅，界限含混，积习相沿，已成惯例，其弊之深，丛杂纷纭，莫可究诘。"③ 导致收支名目多有错漏，名实不副的情况非常多。

总之，多种原因导致从中央到地方财政收支混乱不堪，这是一个极为普遍的现象，也是极为严重的问题。"大抵外省向来之财政均以挪东掩西、移后补前为主义，无所谓通盘筹划、统计盈亏者也。用款者但求事之克举，不问款之来历；付款者祇计临时应付，不问后来有无。"④ 收不遵定例，支也没有定章，辗转腾挪，毫无统系可言，并且还容易导致公私不分，滋生贪腐。从制度上看清朝官员收入只有官俸，但是，还存在公费、津贴等名目，并且这些收入又与施

---

① 山东财政说明书 [M] //陈锋. 晚清财政说明书（2）. 武汉：湖北人民出版社，2015：216.
② 浙江全省财政说明书 [M] //陈锋. 晚清财政说明书（5）. 武汉：湖北人民出版社，2015：751.
③ 江苏财政说明书 [M] //陈锋. 晚清财政说明书（5）. 武汉：湖北人民出版社，2015：457.
④ 湖南全省财政款目说明书 [M] //陈锋. 晚清财政说明书（6）. 武汉：湖北人民出版社，2015：423.

政经费牵连一起,"或此有而彼无,或甲输而乙纳,承授辗转取给,近于纷歧"①。不仅纷繁歧出,还导致界限含糊,公私事项任意出入,浮支泛滥。

从中央到州县财政收支如梦丝,亟须清理。如此纷杂的财政收支,让财政清理刻不容缓,也让清理工作困难重重,"其款目之复杂,头绪之纷繁,有非导浊流不能使清,非析梦丝不能就理之势"②。所以,只有改弦更张、彻底清查,厘清收支才能补救财政乱局。

三、财政管理机构混乱

财政管理机构的混乱,更多地体现在地方财政机构的紊乱。不论是经制内的机构,还是经制外的局所,机构叠床架屋,隶属关系不一,权限责任不明,不仅导致财权下移,并且管理极为混乱。

随着地方政务的扩展和地方财权的膨胀,因事设局的现象非常普遍,导致各省局所林立,像厘金局、善后局、盐厘局等,筹防局、垦务局、官银钱局等,各省名目不一。局所林立的财政管理导致的后果极为严重。

第一,各类财政机构的隶属关系不一,有的隶属于督抚衙门,有的隶属于藩司,导致各省度支司权力被分割,难以综核全省财政。各省藩司或者度支司本是全省的财政总汇机关,负责综理全省财政事宜。但在清末时期,各省在藩司或度支司之外设立了众多相对独立的财政机关。比如,奉天省有官银号、盐务局等独立存在,并不隶属于度支司;粮饷局、银元局、仓务局、巡警局、旗务处等的收支都各自分立,自收自支,只报告于督抚,度支司难以闻问。江苏省苏属也是如此。在藩司之外,还有独立存在而不隶属于布政使的苏松粮道和关税机构等。这样就导致各省度支司经管的财政范围有限,仅限于地丁、契税和粮货税捐等杂税,其他很难涉足。度支司愧对全省财政总机关的名号,无法统一全省收支,无法统一全省财政的管理。

第二,局所林立导致管理歧出,政出多门。特别是军兴之后,各省多是凡议办一事、议收一税就另立一局所,致使局所林立。以吉林税捐为例,负责征收管理的就有统捐局、长春饷捐局、营业税局、烟酒木税分局、山海斗税分局和各属经征局,政出多门难以管理。在直隶,房捐、铺捐、戏捐、妓捐和船捐

---

① 江苏财政说明书[M]//陈锋.晚清财政说明书(5).武汉:湖北人民出版社,2015:346.

② 山东财政说明书[M]//陈锋.晚清财政说明书(2).武汉:湖北人民出版社,2015:420.

等，有的由工巡捐局抽收，有的由巡警局抽收。其中船捐有的由钞关抽收，有的由州县自行设局抽收。① 导致既耗经费，又征收不统一。

第三，经制外局所的成立也成为财政收支纷乱的重要源头之一。各种财政机构自收自支，自为风气，湖南省清理财政局就把该省财政混乱的原因归结为该省善后局。该局在清理财政时，面临着案卷散佚、头绪纷繁、无流水总簿等财政混乱的情况，"原因于善后局者居多。盖善后局承军需局之遗，自光绪九年以后，报销积搁至二十余年，人物代谢，案卷散佚，几如梦丝之不可治、坠绪之难寻。其款项则统收统支，一有不足，称贷益之，究不知其致亏之由在某事某款。其（赈）[账]目则光绪三十年以前无流水总簿，东鳞西爪，中间之脱略亦不可知"②。

第四，机构多重还会导致费用巨大。以厘金征收为例，厘金征收的相关机构非常多，有总局有分局，此外还有多种关卡，这就导致开支浩繁。四川省厘金总局经费每年约支用银1万两，后又有提扣作为津贴公费，每年需要2000余两。该省省厘暨簇桥丝厘，原来是由成绵道设局经理。直到光绪二十八年，才并入该省厘金总局，在省城四门和簇桥各置委员稽征，在省会以外，诸如重庆、合州、夔州都设道员督办，此外还有正委分局21个，副委分卡9个，司事查卡68个，另外还有归地方官兼办的，包括越巂和灌县两局。"以光绪三十四年计之，征存厘金六十五万七千余两，各局卡留支银七万七千余两，征收之费已在一成以上，综计每年总、分局共支九万余两。"③ 可以看出，局所林立机构多重导致的结果是征收费用巨大。该省于宣统元年九月将厘务归并入经征总局，理由之一就是可以节省经费。

总之，各省林林总总的财政机构互不统属，政出多门，使得原本掌管地方民政和财政的布政使权力被虚置和分散，财权不一，还加剧了收支的混乱，并且导致开支巨大、靡费。

清政府行政层级之间财政关系混乱，财政收支混乱，财政管理混乱，导致权责不明、收纳无确数、收支无统系、局所林立、政出多门等弊端。最终导致财政秩序混杂不堪，加剧了财政困难。因此，需要清理财政，条分缕析，从而

---

① 直隶财政说明书[M]//陈锋. 晚清财政说明书（2）. 武汉：湖北人民出版社，2015：83.
② 湖南全省财政款目说明书[M]//陈锋. 晚清财政说明书（6）. 武汉：湖北人民出版社，2015：424.
③ 四川全省财政说明书[M]//陈锋. 晚清财政说明书（4）. 武汉：湖北人民出版社，2015：798.

确定国地财政的分权制度，理顺财政关系，规范财政秩序。

第四节 借鉴西方财政制度

随着内外局势的变化，清朝原有的中央集权的财政制度已经不能适应形势发展的需要，并且此种不合时宜的制度也已经被破坏得千疮百孔，如何构建新的财政制度成为当务之急。当时，最现实可行的方法就是新旧的结合。在当时对于改革者来说，新制度的构建必是建立在旧制度之上，因此度支部规复旧制的意图非常明显；但是随着时势的发展，西方的财政制度和理论传入中国，由于报刊舆论的大肆宣扬、出洋考察的各位大臣对西方财政制度的推崇等，也极大地影响到清政府财政改革的思路，因此，西方财政制度对清政府构建新型财政制度有重要借鉴价值。

一、官员的进言

清末，西方财政知识和理论通过多种方式在中国得到传播。其中黄遵宪、郑观应、康有为、张謇等都在不同程度上介绍过西方的财政知识和财政理论，特别是在预算、国地税划分等方面更是重点介绍，极为推崇。以上介绍对清朝官员的认知有很大影响，他们吸纳新知，向政府建言，希望政府能向西方学习，进行财政改革。

在官员中，对清理财政起到重要影响的是监察御史赵炳麟。赵炳麟是较早提出财政整顿需要借鉴西方的官员。他重点关注如何对财政进行整顿和实施预决算制度。他多次上奏清廷，详细介绍了预决算制度，包括需要给国民监察之权，承诺次年度预算、审查经过年度之决算，当然他的重点是强调其作用，"故国民知租税为己用，皆乐尽义务，官吏知国用有纠察，皆不敢侵蚀，所谓君民共治"①。他借鉴西方的意图非常明显。虽然他称这种改革的依据是"远师先王""近采列邦"，其实"远师先王"只是为学习西方而进行的一种比附，是为了减少学习西方遇到的阻力，为学习西方而做好铺垫；其主要依据其实是"近采列邦"，借鉴西方的财政制度。他的阐释相对比较系统、深入，对于清廷启动清理财政起到非常重要的作用。

---

① 请制定预算决算表整理财政疏. 赵柏岩集（谏院奏事录卷二）[M]//沈云龙. 近代中国史料丛刊（正编，第31辑）. 台北；文海出版社，1969：972-973.

随着形势的发展,越来越多的官员认同需要借鉴西方的财政制度,对原有制度进行改革,他们援引西方的会计制度、审计制度、预决算和国地税的划分等,对清理财政的方法建言献策。殷济从筹备行政经费方面看到对财政进行清理的重要性。他认为应兴应革之事屡起,兴事增官费用浩繁,若不通盘筹划,必有款项无着之虞,因此,他建言应由清廷颁下谕旨,由财政处、户部负责,对包括库存、地丁钱粮和厘捐税收等内容的全国财政实情进行调查,等调查明晰,再列表预算,才能免于窘迫。① 裁缺通政使郭曾炘也认为,"若非将财政大加整理,预算、决算立表分明,酌盈剂虚,互为挹注,恐上下交困,政策终有所穷也"②。给事中刘彭年在奏陈预筹财政问题时就取法日本,"日本大藏省总理财政,而银钱出入则帝国银行掌之,会计检查院以时稽核,又有储蓄银行以存民间之财,不问多寡咸收纳之,按日拆息,国家可得巨款以资周转,官民两益"③。可以看出,该官员希望清廷能借鉴日本财政的行政机关、国库制度、会计审查等。

二、舆论的宣传和鼓吹

舆论认识到财政与行政、财政与宪政的关系极为密切,因此,大力宣扬调查财政、实行预算的重要性。诸如《东方杂志》《大公报》《盛京日报》《申报》等,经常发表文章,讨论西方的财政理论和制度,并且有些文章的探讨还比较深入。

当时报刊的很多文章论证清理财政的重要性。首先,对于解决财政纷乱和财政困难非常重要。"财政者一国之命脉,财政不理则各项要政均有难以着手之势,我国今日之财政困难已极,外债日有增加,内款无从弥补……今日欲为救国之计,诚莫如从整顿财政入手。"④ 清理财政便于国计,便于民生,是解决中国财政纷乱和困难的入手方法。其次,舆论亦指出清理财政对于宪政的重要意义。"一国宪政之成立其最要之关键,莫过于清理财政。财政不清则百政废弛,漫无条理……我国财政之紊乱至今日而已极矣。朝廷预备立宪着手于财政之清

---

① 内阁校签中书殷济为预备立宪条陈经费建海军等二十四条呈(光绪三十二年八月二十二日)[A]//故宫博物院明清档案部.清末筹备立宪档案史料(上册).北京:中华书局,1979:128-129.

② 裁缺通政使郭曾炘奏宜徐议宪政折(光绪三十三年七月初五日)[A]//故宫博物院明清档案部.清末筹备立宪档案史料(上册).北京:中华书局,1979:207.

③ 给事中刘彭年奏立宪宜教育财政法律三者并举折(光绪三十二年九月初二日)[A]//故宫博物院明清档案部.清末筹备立宪档案史料(上册).北京:中华书局,1979:163.

④ 论绅民宜注意财政调查[N].大公报,1909-03-02.

理，诚不失正本清源之谓。"① 该文章把清理财政作为宪政改革的正本清源之举。最后，还有人指出清理财政对于绅民的意义：不仅可以减轻民众无谓的负担，也有利于绅民财政监督权的行使。"诚以财政一经清理，则入款有定额出款有常经，而各种租税之应增应减吾民始稍有把握，况现在预备立宪监督财政之权将畀于吾民之手，然财政一日不清理则监督之权何从而施。"② 舆论报刊从多个角度探讨清理财政的重要性，宣传对财政进行全面清理，以便利国利民。

当然，舆论在论述清理财政的重要性及对于宪政的关系时，更多的是援引西方的财政理论和制度。比如，光绪三十年十一月二十三日，《时报》发表该报记者所撰《论今日宜整顿财政》，重点介绍了西方的预算制度，还注意到了行政改革与财政改革的关系；光绪三十二年九月二十日，《南方报》刊载《论中国于实行立宪之前宜速行预算法》，指出调查财政的重要性。在论及预算时，还注意到宪法、政府、议会三者间的关系等。在国地税的划分中，报刊也多发表文章，介绍西方的税收制度。比如，"文明各国租税，有所谓国税、地方税、附加税等，中央政府所集者惟国税而已；至于地方税，则由地方官与参事会支收；若附加税，则为自治团体之事。吾国既无国税、地方税之名，所谓租税者，既为国用，又为地方用，如解京诸饷，即国用之类也；如报销诸费，即地方用之类也；至于附加税，则亦有相类者焉"③。《大公报》的时评也注意到："各国之征收国家税、地方税，均有一定章程。我国则甲省办法与乙省异，丙局办法与丁局异。有明明国家税而留充地方之用者，有明明地方税而提作国家用者。"④

舆论的加入，也让西方财政制度的镜鉴作用越来越体现出来；报刊对西方财政知识、理论和制度的介绍，更反衬出清朝原有财政制度的弊端。因此，以西方分权式的财政制度为借鉴的清理财政成为上选之策。

三、多次出洋考察

为了更好地了解西方，借鉴西方制度进行改革，清廷多次派人出洋考察，特别是随着清理财政的开展，西方财政制度越来越成为各方考察的重点。

光绪三十一年六月十四日内阁奉上谕，"特简载泽、戴鸿慈、徐世昌、端方等，随带人员，分赴东西洋各国考求一切政治，以期择善而从。嗣后再行选派

---

① 敬告财政监理官 [N]. 大公报, 1909-04-10.
② 论各省绅民宜欢迎财政监理官 [N]. 大公报, 1909-04-15.
③ 论统合预算财政法 [N]. 东方杂志, 第2年第2期, 财政, 15-16.
④ 论划分国家税与地方税之标准 [N]. 大公报, 1911-03-18.

分班前往，其各随事谘询，悉心体察，用备甄采，毋负委任"①。朝廷的目的很明确，择善而从，用备甄采。领旨后，载泽等大臣表示各国形势发展迅速，需要参观博采，取善从长，并决定进行精深的考察。"通变化裁，古有明训，方今各国政治艺术，日新月异，进步甚速，博采而参观之，取善从长，良多裨益。"以前也有遣员游历等，但成效不著，是因为"提倡之不力，研究之不精，是以风气虽开，而持论者或参成见，规模虽扪，而任事者绝少专门，仅袭皮毛，难言实济"②。考察大臣们表明此次他们将对西方进行精深的考察，不能仅学皮毛，以便"取善从长"。

五大臣出洋分头考察了英、美、日等国家。他们对西方财政制度的学习在他们的奏折和日记中有详细的呈现。在戴鸿慈的《出使九国日记》中可以看到考察大臣们几乎每到一个国家都有参观该国经济和财政机构的记载，也有与各国政要讨论经济、财政问题的相关内容。如光绪三十一年十二月初一日，前往日本正金银行参观；光绪三十一年十二月二十四日，至内布拉斯加州"入省会办事署。其中分室分事，各理其职。有职田亩者，有职财币者，有职学务者，有职档案者，有条不紊，深可佩也"。光绪三十二年正月初二日，参观美国马里兰州户部衙门，见"其积储现货，编列号数，甚便稽查。纸币则或手或放，检伪、防弊，各司其职"；同年十四日，到费城参观铸币局，对其机器铸币等甚为惊叹，并认为有可取法之处，"向者，各省所铸，各于其币上有小字为记，今则一皆中央政府之所造，无有歧异，此亦吾辈所宜措意者矣"③；同年五月初二日，阅读意大利财政汇考，感叹意大利幅员及人民虽不及中国，其进款却多于中国五倍之余，并考其原因，认为"由其君臣上下，实力同心，深得藏富于民之意。年中即估定预算表，量入为出，亦量出为入，凡事与民谋之，此其国计近日进步所由来也"，极为认可预算制度和量出为入的财政原则。五大臣从国外给朝廷发回的奏折中也都提及西方的财政理论和制度。载泽出洋对西方财政的考察，对后来他出任度支部尚书借鉴西方财政制度实施清理财政、划分国地财政有重要的影响。

赴奥地利考察政治的李经迈在切实体验到西方财政制度的优点后，对比清

---

① 派载泽等分赴东西洋考察政治谕（光绪三十一年六月十四日）[A]//故宫博物院明清档案部. 清末筹备立宪档案史料（上册）. 北京：中华书局，1979：1.

② 出使各国考察政治大臣载泽等奏出洋考察政治请调员随同差委折（光绪三十一年七月二十八日）[A]//故宫博物院明清档案部. 清末筹备立宪档案史料（上册）. 北京：中华书局，1979：2.

③ 戴鸿慈. 出使九国日记[M]. 陈四益，校点. 长沙：湖南人民出版社，1982：92-93.

朝财政的困难和纷乱，指出清理财政的迫切性，"夫财者立国之要素……欧洲各国各岁度支之数，必先预为决算，而其道则在量入为出，盖各国交通之世，与闭关自治之时，情形迥然不同，故国用亦因而顿异。当此百废具举，筹款维艰之日，财政一事，尤为当务之急，第非将全国财政赋税出入细为调查，必且无从措手。比年以来，内外财政日行困弊，若不及早清厘，必有不复能支之一日"①。他还详细陈述了清理财政的方法。他建议度支部和各省联合对全国财政包括收支情况、户口、田亩、人民生计、物产盈虚等情况进行切实调查，在此基础上学习西方制定预决算，解决财政日行困弊的问题。

日本的财政制度是各级官员借鉴最多的。李家驹被派往日本考察宪政，多方面汲取日本的财政政治制度的内涵。他先后向清政府奏呈日本会计制度考4册、日本租税制度考10册，为清政府提供借鉴之资。他不仅单纯地介绍日本的财政制度，更为重要的是他针对清朝当时存在的问题，结合日本的财政制度，给出具体的改革方法。比如，他认为首先要区分计臣与阁臣的责任、区分经济行政与财务行政。解决财政困难是最重要的议题，他指出岁入主要包括租税收入、租税以外的收入和公债。如果想要增加岁入，首先在租税方面，需先明确租税的原则，包括财政原则、经济原则、公正原则和行政原则；增加租税收入则需要整顿统系，迅速清理，包括改良、归并和扩充旧税及增加新税。其次，需要重点关注租税以外的收入包括官有财产、官办实业和政务公费。对于制出制入的原则和方法，李家驹认为，"言制出则酌剂财用必以政治方针为衡，以言制入则增进财源，首以统系税制为要"②。他对财政的论述非常具体系，在岁入上注重财政开源，在岁出上注重施政重点。

唐绍仪于光绪三十四年九月至宣统元年三月间奉清廷之命出使日、英、法、意、奥、德、俄、比八国进行为期半年的财政专项考察。考察外国财政的目的亦在上谕中表露无遗，"详细调查诸国经理财政办法，随时奏闻，以备采择"③。将经理财政办法详细调查，以备采择，充分说明了清廷向西方财政制度学习的意图。在详细考察的基础上，唐绍仪上呈奏折，结合西方财政制度对于公债、

---

① 出使奥国大臣李经迈奏兴学宜重普及教育理财宜由调查入手折（光绪三十三年四月二十二日）[A]//故宫博物院明清档案部.清末筹备立宪档案史料（上册）.北京：中华书局，1979：200.
② 刘锦藻.清朝续文献通考（卷48·征榷20）[M].影印本.杭州：浙江古籍出版社，1988：考8034.
③ 着唐绍仪考察日欧各国财政上谕（光绪三十四年六月二十二日）.中国第一历史档案馆.唐绍仪出使日欧八国考察财政史料[J].历史档案，1990-2.

画一币制、定虚金本位、造币、修改税则、保护民间财产、国有营业等方面给予奏陈，以资参考。

总之，西方财政理论在中国的传播，拓宽了清政府财政改革的思路，特别是在完全规复旧制没有可能的情况下，借鉴西方从而补充旧有制度不足以成为清政府改革的新路径。加之度支部尚书载泽亲历西方的财政制度，也成为度支部取法西方的重要推动因素之一。特别是赵炳麟的奏折让度支部震动极大，该部援引赵炳麟的理路，用远引古法的方式为学习西方提供合理性。当然，该部学习西方的一个重要出发点是解决现实的财政困难。在为了解决现实的财政困难，进而构建新的财政制度的期望之下，度支部坚定了清理财政的决心，决定对财政制度进行改革，而预算决算成为清理财政的归宿。"泰西新法则量出以为入，凡经常岁入之不足者，或加赋或募公债补之。"两者相比较，度支部认为"财政者，所为亟亟于预算决算诸法"①。因为预算决算最能快速实现度支部的两个期望，即增加税入解决财政困难，也能在制度上实现新的突破。但是，要想实现"深合立宪国之通例"②，完成中西制度较好的结合，需要先期的准备和调整。因为中国与西方是两种截然不同的财政制度，特别是当时清朝的财权下移，权责不明，财政收支和财政管理已经紊乱不堪的现状严重阻碍着西方近代财政的引入。因此，清理财政成为必然。

在多重影响下，清廷开始意识到清理财政的重要性，正式开始清理财政。虽然在讨论度支部清理财政办法时，度支部、会议政务处和宪政编查馆是有一些分歧的，但这三方最终在清理财政的重要性上还是达成了一定的共识。度支部称"理财为庶政根本，故宪政筹备即以清理财政为初基。"③ 会议政务处也认为，"清理财政为立宪大纲，财政不清，庶政皆无从修举"④。宪政编查馆也表示，"国民维繁之端，惟财政为密切，故宪政筹备之事，亦惟财政为权兴。财政不清，则计臣徒负财赋之名，国民终少信服政府之望，于立宪前途大有阻碍"⑤。在众多大臣建言之后，清廷最终表示，清理财政为预备立宪第一要政。

---

① 度支部奏覆预算决算表折（续）[N].盛京时报，1907-03-19（第2版）.
② 刘锦藻.清朝续文献通考（卷71·国用9）[M].影印本.杭州：浙江古籍出版社，1988：考8283.
③ 度支部奏妥议清理财政办法折（光绪三十四年十二月二十五日）[N].东方杂志，第6年第1期.
④ 会议政务处奏覆度支部清理财政办法折[A]//故宫博物院明清档案部.清末筹备立宪档案史料（下册）.北京：中华书局，1979；1021.
⑤ 宪政编查馆奏覆核清理财政章程酌加增订折（光绪三十四年十二月十五日）[A]//故宫博物院明清档案部.清末筹备立宪档案史料（下册）.北京：中华书局，1979：1026.

清廷允准度支部奏定的清理财政章程，光绪三十四年十二月二十日颁布《清理财政章程》，清理财政之策确定，之后开始在全国正式实施。

总之，清理财政肩负着度支部多重期许，既有解决眼前财政困难的表层目标，亦有财政制度构建的深层根由。因此，不论是从制度的构建上，还是现实财政困难和纷乱的压力下，借鉴西方财政制度，清理财政，实行国地财政的分权，已经是迫在眉睫。最终以度支部为主导、以调查全国财政确数为入手方法、以实行预算为归依、以集中财权和构建新型财政制度来理顺国地财政关系为目的、派员到省清查的清理财政之策最终确定，之后便开始在全国实施。

第二章

国地财政机构的设置和权力划分

清理财政作为由度支部统一部署的一项全国性行动，需要具体的机构来承担，而国地财政的分权同样体现在国地财政机构的设置和权力的划分上。因此，从中央、省到府厅州县，逐级都设有相应机构，来承载具体的清理财政事宜。清政府对这些机构的设置和运作都做了明确的章程规定，清理财政过程中机构的成立一定程度上起到了统一财权的作用，有利于清理财政的进行。但是，机构的运作是由具体的人来负责，并且机构的运行需要具体的实施环境。因此，各种相关机构之间的关系和各种复杂的利益纠葛都会影响到清理财政机构的职能运作。不同机构之间的隶属关系和权力划分，会受到多方影响。同样，各方对清理财政机构的期许也会深深影响着清理财政的进程和成效，使得实际的效果与章程条文的规定产生偏差和背离。

中央财政机构的成立和运行环境相对单纯，因为涉及的力量比较单一。各方力量的较量主要体现在省级财政机构的成立和运作上。按照宪政筹备清单[1]，度支部要全程参与清理财政的各项事宜，而督抚参与的则包括调查、复查各省岁出入总数、试办各省预决算、厘定和颁布地方税章程、厘定国家税章程。因此，各省的清理财政是由度支部和各省督抚共同完成的。政府也认为各省督抚是协助部臣来完成清理财政工作的。因此专门请旨，饬令各省督抚和部臣和衷

---

[1] 《逐年筹备事宜清单》：第一年（光绪三十四年）颁布清理财政章程，度支部办。第二年调查各省岁出入总数，度支部、各省督抚同办。第三年复查各省岁出入总数，度支部、各省督抚同办；厘定地方税章程，度支部、各省督抚、宪政编查馆同办；试办各省预算决算，度支部、各省督抚同办。第四年编订会计法，宪政编查馆、度支部同办；会查全国岁出入确数，度支部办；颁布地方税章程，度支部、税务处、各省督抚、宪政编查馆同办；厘定国家税章程，度支部、税务处、各省督抚、宪政编查馆同办。第五年颁布国家税章程，宪政编查馆、度支部、税务处同办。第六年试办全国预算，度支部办。第七年试办全国决算，度支部办。第八年设立审计院，实行会计法。第九年确定预算决算，度支部办。[故宫博物院明清档案部. 清末筹备立宪档案史料（上册）[A]. 北京：中华书局，1979：61-67.]

共济，随时随事和部臣商量，"不得各执己见显分畛域，致使财政一端头绪纷杂无清结之日"①。而这种愿望却在严酷的现实中，实现起来颇为困难。因为在各省清理财政中，督抚掌握实际的操纵权。同时，各州县衙署和咨议局也参与其中，使得问题更为复杂多变。

第一节　中央财务系统趋于统一

户部已经失去了权力和权威，无法承担掌管和调控全国财政的任务。因此，清政府开始对中央财政机构进行整顿和改革。和清理财政联系最为紧密的是度支部和清理财政处的成立，为清理财政和国地财政的分权做出机构设置上的准备。

一、度支部的成立

在清政府为了集中财政而成立度支部之前，在机构设置上已经有所行动。这些措施也为度支部的成立做好准备。

（一）财政处和税务处的成立

1. 财政处的成立

户部权力式微，如何重拾昔日的权威，真正统摄全国财政，清政府想从机构的设置上面下功夫。所以，中央财政机构的改革从1903年设立财政处就已经开始。

1903年，在时局艰难、财用困难之际，清政府在户部之外另设财政处，希望能通盘筹划全国财政，"安望财政日有起色"。最终着派庆亲王奕劻为总理财政处大臣瞿鸿禨为办理财政事宜大臣，后增加外务部尚书那桐为办理财政处事务大臣。财政处会同户部，整顿和筹划全国财政事宜。② 财政处和户部的关系是财政处与户部会奏财政事务，衔列户部之上。

很明显，清政府对财政处寄予厚望，希望通过在户部之外另建一个更有权力和权威的机构达到整顿财政乱象、扭转财政颓势的目的。但是，财政处的总理财政处大臣等没有改革的锐气和决心。另外，在户部之外另设平行机构，本有叠床架屋之嫌，并且容易导致权力不集中。清政府的愿望最终落空，财政处

---

① 拟饬各省协理财政［N］. 大公报，1909-03-03.
② 朱寿朋. 光绪朝东华录（五）［M］. 北京：中华书局，1958：5031.

从成立到1906年归并度支部，没有真正实施过整顿财政的措施，也没有达到集中财权于中央的目的。

2. 税务处的成立

为整顿税务，清政府在1906年又成立了税务处，专办全国税务，并希望借此削弱外国人在控制海关方面的权力。"所有各海关所用华洋人员统归节制"①。并且，税务处实行科层化管理，分科治事。

税务处设有收发处和四股。其中，收发处主要负责关防和文件收发等。此外，第一股主要负责管理洋关税、各货税和矿税等。第二股主要负责管理常关税。第三股主要负责管理土药税、洋药税，查察内河行轮理船厅，稽查船钞罚款等。第四股主要负责管理邮政事务，官员调补、请奖和升迁事宜，查核该处收支经费等。② 从各股职掌可以看出，税务处的职责涵盖了洋关、常关、内河航运、邮政等事务。虽然各股事务划分还不够细致，但是，基本实现了分科治事。

财政处和税务处的成立，一定程度上为度支部的成立做出了准备。

（二）度支部的成立

1906年9月，清政府将户部改为度支部，把财政处归并其中。度支部的成立使得清廷的财政管理机构有了新的色彩。

户部原来是按照区域设置了14个清吏司，基本上是以省区为单位，每个清吏司要掌管每个省区内的全部财政事宜，不免事项烦琐纠葛，相互牵连，管理权限混乱；但是度支部成立后一改旧制，按照分管业务划分为10个司，包括田赋司、税课司、漕仓司、管榷司、通阜司、库藏司、廉俸司、军饷司、制用司、会计司。其职责分别是，"田赋司掌管全国土地田赋，稽核八旗内府庄田地亩；漕仓司掌管漕运，核销仓谷委积各省军粮；税课司掌管商货统税，核查海关常关盈亏；管榷司掌管盐法杂课，凡盘查道运，各库赈敛，土药统税，并校其实；通阜司掌管矿政币制稽核银行币厂的公赓；库藏司掌管国库储藏，典守颜料、缎匹两库；廉俸司掌管官禄、审计百官职钱、餐钱；军饷司掌核军需及各省转交的协饷；制用司负责河工经费、京饷各饷，兼司杂支等；会计司掌管国用出纳，审计公债外债，编列出入表式"③。此外，还增设了丞政、参议两厅，负责

---

① 朱寿朋. 光绪朝东华录（五）[M]. 北京：中华书局，1958：5513.
② 刘锦藻. 清朝续文献通考（卷118·职官4）[M]. 影印本. 杭州：浙江古籍出版社，1988：考8786.
③ 清史稿（卷119·职官·度支部）：2453-2454. 转引自郭军芳. 从清末清理财政看近代财政体制的萌芽[D]. 杭州：浙江大学，2005.

佐拟各项章程和日常理财政务等事宜。

度支部的10个司，按照业务分工，可以改善权责不明的问题，有利于实现专业化的管理，有利于提高工作效率，并且也有利于近代财政管理体制的形成。

从人员组成上看，度支部设置尚书一人，左右侍郎各一人，左右丞各一人，左右参议各一人，到宣统三年将尚书改称大臣，左右侍郎改称副大臣，此外设有郎中、员外郎和主事等若干人。

相对于户部，度支部有三个非常突出的特点：第一是集权，权力更为集中，综理全国一切财政事宜，还可以随时派员调查各省财政；第二是分科治事，业务更为专业化和科学化；第三是有随时派员调查各省财政的权力，试图加强对地方财政的渗透和影响。

二、清理财政处的成立

根据《清理财政章程》，在中央设立专门负责清理财政的清理财政处。1909年清政府设立清理财政处，由度支部选派司员分科办理，综理全国清理财政事宜。清理财政处成立时设提调2人，为陈宗妫和傅兰泰；帮提调2人，由曾习经和刘世珩担任，另设6名总办、19名帮办。清理财政处人员多有理财经验，熟悉财政事宜。

清理财政处是专门直接对接地方清理财政的机构，为了便于对省级清理财政局进行垂直管理，清理财政处总共设置的12科，除了总务和收掌两科之外，其他科都是以省区为单位的，如京畿、辽沈、江赣、青豫、湘鄂、闽浙、秦晋、甘新、梁益等科。① 清理财政处的职责为："开列各省出入各项条款，发交各省清理财政局分别调查；综合京外光绪三十四年分出入款项详细报告册，并宣统元年以后各季报告册；摘录各项说明书，分门别类，编成总册；核定各项清理财政章程。"② 清理财政处也实行分科治事。

从中央层面来看，清廷一开始是想另外设立一个专门的机构来筹划财政，专办税务。但是，这种机构由于权威不够，也缺乏改革的决心，所以没有达到清廷期待的效果。随着整个局势的恶化，财政集权的需求越来越急迫，集权于统一的度支部成为首选。随着度支部的成立，财务行政垂直管理系统的建立也就顺理成章了。这种垂直管理不仅体现在机构的设置上，也体现在人员的管理

---

① 清理财政处同官录. 转引自王晓秋，尚小明. 戊戌维新与清末新政［M］. 北京：北京大学出版社，1998：292.
② 度支部清理财政章程［A］//故宫博物院明清档案部. 清末筹备立宪档案史料（下册）. 北京：中华书局，1979：1029.

和任用上,比如,像度支使和监理官等。

中央统一财政机构的设立,有着积极意义。它有利于财政科学化、专门化、科层化的管理,有利于中央财权的统一,让度支部成为具有一定权威的改革机构;在权力的划分上也更为明晰。但是,在实际的运作中,制度的规定会受到各种因素的影响,导致度支部的垂直管理还是一定程度上被消解了。

第二节 地方财务系统趋于统一

地方财政机构在清理财政前后也进行了改革,主要体现在两个方面:一是各省清理财政局的成立,一是各省财政机构的统一。随着清理财政的进行,地方财政机构的变革采取了比较可行、科学的方式,即一面清理,一面统一。不过,相对于中央财政机构的统一,地方财务系统的统一要复杂得多。

各省清理财政局作为清理财政的具体运行机构,实行分科治事,有严格的经费来源和运作规则。在人员组成上,该机构是在各省督抚督饬下,由度支司主持建立,由度支部派遣的正副监理官和本省司道等人员组成。各省清理财政局承载着度支部集权的重任,度支部希望借此彻底清查各省财政,使得财权得以统一。但是,这份期许遭到了各省督抚的反对。双方的博弈在清理财政局这方舞台上上演,影响到清理财政局的具体运作。

各省财政机构的统一也因为各省具体情况相异而呈现出不同的情况。和清理财政局的运行一样,督抚和度支部的意图在各省财政机构的统一过程中也不可避免地出现冲突。

一、各省清理财政局的成立

按照《清理财政章程》规定,各省在1909年上半年相继由督抚督饬设立清理财政局,直接负责行省各项清理财政事宜,接受清理财政处的垂直管理。

（一）制度安排

从人员组成上看,按照度支部《清理财政章程》规定,各省清理财政局的人员包括总办、会办和部派监理官。总办一人,由各省藩司或度支使担任;会办无固定人数,由运司、关盐粮道和现有财政局所的候补道员担任;正副监理官各一人，由度支部派员担任①。

清理财政局的人员组成，有两点格外引人注意。第一，藩司或度支使为总办，度支部试图通过度支使集中权力，上令下达、下情上达。当然，此目的的实现，需要另一项改革的配套，即各省财政权统归藩司。第二，部派监理官进驻各省。中央派员到省清查，是形势需要，是做到上下相维的有效方法。

根据《清理财政章程》规定，各省清理财政局的职责为："一、开列各省出入各项条款，发交各省清理财政局，分别调查；二、综合京外光绪三十四年分出入款项详细报告册，并宣统元年以后各季报告册；三、摘录各项说明书，分门别类，编成总册；四、会同各司稽核京外各处预算报告册、决算报告册；五、汇录京外各处预算报告册、决算报告册，编成总册；六、核定各项清理财政章程。"② 清理财政局的工作是直接向清理财政处负责。

（二）各省成立

1. 成立

清理财政局因为是奉旨成立，所以各省不敢违抗。1909年上半年，各省的清理财政局都相继成立。虽然清理财政局的人员和职掌都有明确的规定，但是由于各省情况有所不同，最终成立的情形也略有不同。

湖南省清理财政局于宣统元年二月由巡抚督饬开办。最初是附设于善后局，后又另设专局，除了总办、会办之外，还选委了科长、科员和书记等若干人。③ 正副监理官分别为陈惟彦和李启琛。

广东省清理财政局于宣统元年二月遵章设立。该省藩司任总办，会办由提学司、臬司、盐运司、巡警道、劝业道担任，另由总督札委道员为驻局会办。④ 宋寿徵担任正监理官，胡大崇为副监理官。

宣统元年闰二月二十二日，黑龙江省清理财政局成立。该省巡抚檄派试署度支使谈国桓为总办，垦务局总办分省补用道何熤为会办，所有科长、科员等

---

① 度支部清理财政章程[A]//故宫博物院明清档案部. 清末筹备立宪档案史料（下册）. 北京：中华书局，1979：1029.
② 度支部清理财政章程[A]//故宫博物院明清档案部. 清末筹备立宪档案史料（下册）. 北京：中华书局，1979：1029.
③ 湖南全省财政款目说明书[M]//陈锋. 晚清财政说明书（6）. 武汉：湖北人民出版社，2015：642.
④ 广东财政说明书[M]//陈锋. 晚清财政说明书（7）. 武汉：湖北人民出版社，2015：522.

差也都由督抚择要酌派。① 副监理官由甘鹏云担任。

山东省清理财政局于宣统元年闰二月二十日设立。同样按照规定由藩司兼充总办，运司和济东泰武临道兼充会办。后来因为局事繁重，添派了一名驻局会办。② 王宗基和章祖僖分别担任正副监理官。

广西省清理财政局于宣统元年闰二月由巡抚督饬遵章成立。除了总办、会办之外，各科设科长、科员和书记。③ 汪德博担任正监理官，谢鼎庸为副监理官。

奉天省清理财政局于宣统元年三月初八日开办。总办由度支使张锡銮担任，会办由度支司佥事留奉委用道赵翼、省城税捐局总办补用道齐福田担任，其余科长和科员等差由总督饬令遴员派充。④ 正副监理官分别为熊希龄和栾守纲。

吉林省清理财政局于宣统元年三月十五日由东三省总督徐世昌和吉林巡抚陈昭常督饬司道成立。度支使陈玉麟为总办，劝业道徐鼎康为襄办，官帖局广西省补用道张璧封为会办⑤。副监理官为荆性成。

云南省清理财政局于宣统元年三月遵照部章设立。⑥ 正监理官由奎隆担任，而副监理官由余晋芳担任。

陕西省清理财政局于宣统元年四月初三日设立。就在财政局东偏一院改设而成。⑦ 该局正副监理官分别由谷如墉和薛登道担任。

新疆省清理财政局于宣统元年五月开办。照章由该省藩司为总办，各道为会办，坐办一员，常川驻局。⑧ 傅秉鉴和梁玉书分别作为该局正副监理官。

甘肃省清理财政局于宣统元年六月初一日遵章开办。"开办之初，事繁期

---

① 东三省总督徐世昌署黑龙江巡抚周树模奏江省清理财政局开办情形折［N］.政治官报（宣统元年三月四日），折奏类，13-14.

② 山东财政说明书［M］//陈锋.晚清财政说明书（2）.武汉：湖北人民出版社，2015：420-421.

③ 广西全省财政说明书［M］//陈锋.晚清财政说明书（8）.武汉：湖北人民出版社，2015：787.

④ 东三省总督徐世昌奏奉省设立清理财政局派员开办日期片［N］.政治官报（宣统元年三月二十四日），折奏类，8.

⑤ 东三省总督徐世昌署理吉林巡抚陈昭常奏吉林遵设清理财政局并开办情形折［N］.政治官报（宣统元年三月二十八日），折奏类，6-8.

⑥ 云南全省财政说明书［M］//陈锋.晚清财政说明书（9）.武汉：湖北人民出版社，2015：233.

⑦ 陕西财政说明书［M］//陈锋.晚清财政说明书（4）.武汉：湖北人民出版社，2015：280.

⑧ 新疆全省财政说明书［M］//陈锋.晚清财政说明书（4）.武汉：湖北人民出版社，2015：886.

迫，科员、书记随时添裁，未有定额"。清理财政过程中，由于事项繁多，人员有所增添。① 正副监理官分别为刘次源和高增融。

虽然度支部要求各省三个月内必须成立清理财政局，但是由于有些省份地处边陲，或者有些官员敷衍推诿，有些省份清理财政局成立的时间晚于度支部要求的时间，比如，陕西省清理财政局于宣统元年四月成立、新疆省直到五月才设立清理财政局，而甘肃省清理财政局则直到宣统元年六月才设立。

有些省份因为种种原因而要求变通办理。比如，热河省，因为收支款目不多，经费困难，热河省都统廷杰请求将原来理财局所改设成清理财政局。"热河收支各款本属无多，而分隶各该衙门者，仍统于奴才衙门，与其另设专局，多滋糜费人员，且苦不敷差委，何若即将求治局改为热河清理财政局。"② 湖南省清理财政局最初是附设于善后局，后才按照度支部要求另设专局。"山西省、陕西省的清理财政局也是由旧有财政局改设而成。"③ 福建省也是在裁并原有局所的过程中成立清理财政局。该省"将原有的善后局、税厘局、济用局，三局裁并，改为清理财政局"④。

从各省清理财政局的成立可以看出，虽然该机构是奉旨成立的，但是到了各省很多都会遭到变通办理。所以，由于人为因素，规章的制定和实施在很大程度是会产生偏差的。

2. 组织

部章规定，各省清理财政局实行分科办事，设置三科，分别为编辑科、审核科和庶务科。多数省份都是按照部章要求分三科办事。例如，新疆、山东、广西和甘肃等省的清理财政局都是按照规定分设编辑、审查和庶务三科。东三省清理财政局也是分设三科，科下又分课，以专责成。其具体职责为：编辑科主要负责编订各项收支章程、说明书和簿册式；审核科主要负责稽核各衙门局所呈送的各项出入款项清册和报告册，汇编全省按年按季报告总册、预算决算各报告册等；庶务科则掌理该局一切出入款项和公牍案卷等事宜。⑤ 编辑科又下辖纂述课和程式课；审核科则下属稽核课和汇编课；庶务科又分设秘书课、

---

① 甘肃清理财政说明书 [M] //陈锋. 晚清财政说明书（4）. 武汉：湖北人民出版社，2015：610-611.
② 记载一·宪政篇 [N]. 东方杂志，第6年第4期，宣统元年三月二十五日，188.
③ 牛桂晓. 浅谈清末的清理财政局制度 [J]. 黑龙江史志，2014（19）.
④ 宣统二年六月二十五日松寿奏《为闽省遵旨统一财权事》. 转引自陈锋. 晚清财政预算的酝酿与实施 [J]. 江汉论坛，2009（1）.
⑤ 东三省清理财政局办事通则 [A]. 档案号：39-1-1，吉林档案馆藏.

文牍课和会计课。严格按照规定实行分科治事。

在组织上也有和部章规定不一致的。比如，浙江省将清理财政局内也是分为三科，但是科目名称和部章规定不同，分别是调查科、会计科和编制科，"并设立编纂员厅，内分五股，分别负责藩司衙门、运司衙门、粮道衙门、关道衙门、局所等各部门财政事宜"①。东三省清理财政局原是按照部章规定设立三科，但后来又增设检查科，因与部章不敷，不久就裁撤了。广东省清理财政局原是委派了坐办、文案各职，但是并没有实行分科治事，这和部章规定严重不符，后该省按照要求"改为编辑、审核、庶务三科"②。

在各省清理财政局成立和分科治事上也有敷衍塞责、拖沓从事的省份，受到了度支部的参奏。比如，甘肃省，该省藩司毛庆蕃为此被革职查办。度支部本就担心清理财政会因为各省的敷衍抵制而困难重重，后来这种担心被监理官的密电所证实。各省监理官向度支部痛陈各省敷衍之状大致相同，官场积习已重，对清理财政的饬令阳奉阴违，办事极为困难，"良由各省财政紊乱已久，脂膏所在，奸蠹丛生，欲举数百年之锢弊，遽令廓清，人情本多不便"。度支部为廓清积弊，杀鸡儆猴，严参毛庆蕃，历数该藩司敷衍情形：该藩司于三月已到任，后经陕甘督臣派充为该省清理财政局总办；但是直至六月间才开始遵章设局，拖延至八月底才奏报开局的日期，而办事细则则迟至十月底才送到度支部，并且局员职名一直未曾开报，"事事延缓""设局以来，仅派局员五人，并不分科治事"③。毛庆蕃被严参的理由就是因为敷衍而导致清理财政局成立日期出现拖延，并且没有分科治事，严重影响清理财政的进行。

清理财政是一项专业性很强的工作，所以部章要求，各科长、科员由清理财政局遴派该省曾学习法政人员充任。因为这些人是秉承总会办和监理官办理清理财政局一切事宜的具体承担人员，他们的素质直接影响到清理财政的效果。

从人员上来看，各省清理财政局的总办和会办等多由督抚委任，其他人员大都由督抚札饬度支使拟定。各项人员大都具有理财经验，或者有理财新知。比如，广东省清理财政局总办先后由前护两广总督广东省布政使司胡湘林、前署广东省布政使司沈曾桐、广东省布政使司陈夔麟充任；会办先后由升补广西省布政使前广东省按察使司魏景桐、升补湖南布政使前广东省按察使司赵滨彦、

---

① 草拟浙江清理财政局暂行章程［N］. 申报, 宣统元年五月三、四日. 转引自刘增合. 光宣之交清理财政前夕的设局与派官［J］. 广东社会科学, 2014（2）.
② 广东财政说明书［M］//陈锋. 晚清财政说明书（7）. 武汉：湖北人民出版社, 2015：523.
③ 度支部奏甘肃藩司玩误要政据实纠参折［N］. 政治官报, 宣统元年十一月初九日, 7.

53

前两广盐运使司丁乃扬、调补广西省巡警道前广东省巡警道王秉必、前署广东省巡警道高翿昌、前署广东省巡警道王秉恩、前署广东省劝业道韩国钧、广东省补用道李哲濬、江苏省补用道方政、前署广东省提学使司沈曾桐、兼署广东省按察使司劝业道陈望曾、两广盐运使司蒋式芬、广东省巡警道刘永滇、广东省补用道张祖良担任；帮办先后由在任补用道广州府知府高翿昌、前署广州府事正任韶州府知府严家炽担任。① 总之，总办和会办多是由各省藩司、劝业道、关盐道、盐运司、办理荒务等人员担任，这些人员本是负责财政和经济工作的，较有理财经验。

科长等人员基本上也都有理财经验和理财新知。如吉林省清理财政局的吴渊、李应韶等人是经由正监理官熊希龄推荐的。吴渊有留学日本的经历，并且也精通理财新知；李应韶原来是江苏省农工商机要科员。黑龙江省清理财政局审核科科长刘作璧曾担任黑龙江省木税局提调和度支司税务科科员等职。广东省清理财政局各科科长多为补用或者候补知县等。比如，编辑科科长为广东省补用直隶州知州蔡垚燨；编辑科副科长为广东省拣发知县郭桂芬；编辑科科员为广东省拣发知县章寿椿、广东省拣发知县贺鹏武、广东省补用知县林以忻、广东省试用知县崔世泽、广东省直隶州用候补知县陈寿瑺、分省补用县丞陶复等。② 他们原来大都职位卑微，或没有官阶，但还是有一定的理财能力。

但是，在人员遴选上也还是存在诸多问题。主要体现在人员的任命过于随意，随意增加的情况很多。"从会办数量上看，最少者仅设一人，最多者则设立了十人。"③ 当然，有些是事出有因、情有可原。比如，清理财政涉及的范围很广，需要清理的事项很多，加之很多册籍多年未曾清理，头绪纷繁，犹如乱丝，所以需要较多人员。但是，有些省份有安置闲员之嫌。比如，广东省清理财政局，该局增添人员非常多，"每科设科长一员，其科员，则编辑科原设四员，审核科原设七员，庶务科原设三员"，随后"编辑科添设副科长一员、科员二员，审核科添设副科长一员、科员六员。另设调查员二员，书记员一员，均附属于庶务科。书记生无定额、司事无定额、勇目兼杂务一名、护勇十二名、号役二名、司爨三名、司电话一名、使役无定额、司茶两名、听事一名"④。山东清理财政局人员也是一再增加，科员从原定的 8 名增加到 12 名，书记从 16 名增加到

---

① 广东财政说明书［M］//陈锋. 晚清财政说明书（7）. 武汉：湖北人民出版社，2015：5.
② 广东财政说明书［M］//陈锋. 晚清财政说明书（7）. 武汉：湖北人民出版社，2015：6.
③ 刘增合. 光宣之交清理财政前夕的设局与派官［J］. 广东社会科学，2014（2）.
④ 广东财政说明书［M］//陈锋. 晚清财政说明书（7）. 武汉：湖北人民出版社，2015：523.

18名，后又设了帮书16名，号房3名，局勇12名，局役、门役、厨役、水夫、更夫、茶炉夫、打扫夫共25名。①虽然各省清理财政都声称添员的原因是事务殷繁，而度支部又期限迫促，该局不得不添设多人。但从结果上看，人员还是稍显浮滥，并且增加了财政支出，导致各省清理财政局的预算增多，遭到度支部的核减。

部章规定，清理财政局实行分科治事。所以，官职的名称都是由度支部规定的，有总办、会办、科长、科员等。但是很多省份在规定的名目下又设置提调、帮办等传统名目，并且安插的人员很多，像安徽省清理财政局就设置了提调和帮办等职位②，广东省清理财政局原来也设有提调一员③，因为与部章严重不符，后来被度支部要求整改，该局将提调名目改作帮办。

按照度支部的期待，新机构要有新气象。清理财政局被寄予厚望，如果像旧有衙署被冗员冗费拖累，则清理财政势必难以达到理想的效果。所以，度支部多次要求各省整治，裁撤超额书吏和不合部章的各种名目，要求监理官等切实督促。

3. 经费

清理财政局经费，其中监理官的薪水、川资和调查费等是由度支部发放的，清理财政局的办公经费和局员薪水等是由各省筹拨。清理财政局对经费的支用有较为严格的规定。

按照部章规定，监理官的薪水、川资和调查费用等是由度支部发放的，这主要是度支部为了保持监理官在各省的独立性，加强对监理官直接管辖的需要。但是，陕西省略有不同。该局"正副监理官暨监理书记额支之款由陕垫发，仍在于解京专使款内划抵归还"④。

清理财政局是专管财政清理的机构。所以，各省都有指定的经费，该局的经费和局员薪水等是由各省筹拨，作为正开销。其中总办、会办是兼职，清理财政局不支付其薪水。同样，清理财政局也不支付议绅薪水，陕西省略有不同，"若议绅，若编辑、审核、庶务三科科长以及科员、书记所需夫马、薪水等费共

---

① 山东财政说明书［M］//陈锋. 晚清财政说明书（2）. 武汉：湖北人民出版社，2015：421.

② 咨请改订清理财政局章程［N］. 申报，1909-08-15（第2张第2版）.

③ 广东财政说明书［M］//陈锋. 晚清财政说明书（7）. 武汉：湖北人民出版社，2015：522.

④ 陕西财政说明书［M］//陈锋. 晚清财政说明书（4）. 武汉：湖北人民出版社，2015：280.

银五千九百四十两一钱三分九厘",说明在陕西省清理财政局支付议绅的薪水。① 科长、科员和书记的薪水由该局自行酌定。

各省清理财政局的经费支用基本是按照章程规定执行。各省清理财政局的经费多被划分为经常费和临时费（或者称为额支和活支），预算制定后，按预算表支发不得滥用。

各省清理财政局的经费都按照性质进行了划分。比如，陕西省清理财政局经费划分为开办经费和常年经费，常年经费又包括经常支用和临时费。其中经常支用主要包括议绅、编辑、审核、庶务三科科长以及科员、书记所需的夫马、薪水等费，还有号房、茶房、长班、护勇和各夫役工食和局内伙食等，该局的宣统元年经常支用7207.518两，而临时费主要包括"添置器具、油烟纸张、排印工料及一切杂费银一千八百两六钱二分九厘"②。新疆省清理财政局的经费岁出分为经常和临时两部。③ 山东省清理财政局经费，岁入分开办费、经常费和临时费三项，共"收入银二万六千一百两"④；而支出主要有三个部分，包括员司薪金、书勇夫役工食和局用杂支，其中员司薪金又包括常设之员和暂设之员薪金；局用杂支又分为开办支出和常年支出，而常年支出又分经常、临时两种。⑤ 可以看出，各省清理财政局的经费有较为细致的划分，经费的支出较为条理明晰。

在预算实行后，各省清理财政局的经费也制定有预算表，并且按照预算执行。比如，甘肃省清理财政局的三年预算，各项人员每月需伙食和纸张杂费200余两，再加上临时调查、赍送表册等费"每年月需库平银一万三千余两"⑥。湖南省清理财政局经费制定有预算表⑦，严格按照预算支出，按月造报。奉天省

---

① 陕西财政说明书［M］//陈锋. 晚清财政说明书（4）. 武汉：湖北人民出版社，2015：280.
② 陕西财政说明书［M］//陈锋. 晚清财政说明书（4）. 武汉：湖北人民出版社，2015：280.
③ 新疆全省财政说明书［M］//陈锋. 晚清财政说明书（4）. 武汉：湖北人民出版社，2015：886.
④ 山东财政说明书［M］//陈锋. 晚清财政说明书（2）. 武汉：湖北人民出版社，2015：420.
⑤ 山东财政说明书［M］//陈锋. 晚清财政说明书（2）. 武汉：湖北人民出版社，2015：422.
⑥ 甘肃清理财政说明书［M］//陈锋. 晚清财政说明书（4）. 武汉：湖北人民出版社，2015：611.
⑦ 湖南全省财政款目说明书［M］//陈锋. 晚清财政说明书（6）. 武汉：湖北人民出版社，2015：642.

清理财政局的经费，包括薪水、工食和杂用等，"现在此间已撰预算表，分为经常、临时两款，年约需五万余金"①。吉林省清理财政局预算制定后，由该局庶务科核算每月经费呈报清理财政局咨请度支司按月拨给。如宣统三年二月到五月，该局分别咨领经常费银3900两、3000两、3200两、3200两②，均由司库在田房契税项下如数提发。黑龙江省清理财政局宣统三年上半年经费预算，包括薪酬伙食、调查印刷费等，共江平银5855.212两。③该局的经费支出也是按照预算支出，按月领取按月报销决算，比如，宣统二年四月的经费预算为江平银2431.914两，最终实领1989.515两，而实际支出的决算额为1888.533两。④即清理财政局的各种支用，开支前有预算，支用后有报销决算。

综合来看，各省清理财政局的经费基本按照章程规定执行。其办公经费都由各省筹拨，由度支司按月查照核发。预算制定后，也能严格按照预算执行，经费运作也有严格的规章制度。

4. 组织上的隶属关系

度支部在清理财政过程中要加强对地方的影响力，其中一个重要的方式就是从组织上进行直辖管理。度支部在中央设立了清理财政处，在各省设立清理财政局，这种部署本身就要度支部通过清理财政处直接对接清理财政局，实现直辖式管理。各省清理财政局是由度支部奏请设立，其章程是由度支部制定颁布，其职掌和工作进度都由度支部统一安排。

各省清理财政局是由度支部奏请设立。在布政使已然成为督抚属官的情况下，度支部试图成立新的机构实现对地方财政的掌控。因此，奏请成立各省清理财政局。清理财政局"直隶户部，由部派员监理，开户部直接指挥地方财政机关之先端"⑤。为了集中各省清理财政局的权力，度支部要求各省将之前成立的各种财政局所全部裁撤或者归并，以一事权。

度支部指导和掌控各省清理财政的工作。各省清理财政局的办事章程和工作内容都是由度支部规定的，度支部通过《各省清理财政局章程》对清理财

---

① 为核查官钞、编制报部册卷等事复荆存甫函（1909年8月23日）[M] //周秋光. 熊希龄集（第1册）. 长沙：湖南人民出版社，2008：521.
② 咨度支司请领五月分经费由[A]. 档案号：39-3-13，吉林省档案馆藏.
③ 黑龙江省清理财政局宣统三年上半年经费预算表[A]. 档案号：45-1-119，黑龙江省档案馆藏.
④ 呈报本局四月分经费决算表并咨民政司查照（宣统二年五月十六日印发）[A]. 档案号：45-1-119，黑龙江省档案馆藏.
⑤ 罗玉东. 光绪朝补救财政之方策[J]. 中国近代经济史研究集刊，1933，1（2）：269.

局的职责权限、工作内容都做了详细的规定。① 在整个清理财政的过程中，度支部随时督促清理财政局的工作，还通过制定章程、颁布册式等方式指导各省清理财政局清理工作的展开，并及时掌控其工作进度，根据清理的进程对各省清理财政局的工作及时调整。

5. 人事隶属关系

度支部加强对地方财政渗透力的另一个方法就是派员直接到省调查财政。根据章程规定，监理官有"稽察督催该局一切应办事宜"。因此，监理官成为各省清理财政局的核心，度支部试图通过加强对监理官的直辖管理来加强对各省清理财政局的掌控。

度支部对监理官的直辖体现在多个方面：度支部掌控监理官的选荐权、甄别奖惩权、监督权，等等。当然，度支部为了保障监理官在各省顺利实施财政清理，还有一系列的保障措施。总之，度支部要让监理官成为度支部的"自己人"，听从于度支部，替度支部实现清理财政的意图。

监理官是由度支部选荐的。度支部权限之一就有派员到各省调查财政。御史赵炳麟的条陈更是触动了载泽。度支部奏拟清理财政章程折时就有意派监理人员，"各局应派监理人员，临时酌量奏派"②。这个提议得到了监国摄政王的支持。1909年3月21日，度支部奏定《各省清理财政局章程》第四条规定监理官由度支部遴员奏派，每省设正副监理官各一员。度支部严格监理官的人选资格。度支部的标准主要有两个，一个是可靠性，一个是理财的能力，而可靠性是排第一位的。所以，该部刚开始只想在度支部内部选派，奈何人数不够，最终选定的人选虽然也有外省人员，而这些人有些是曾在度支部当过差，能力较强，得到该部赏识的人，还有些是充当度支部评议员、办理度支部银行税务的人员以及外省当差人员。③ 度支部让监理官真正能够成为该部的耳目。

度支部严格监理官的甄别和奖惩。监理官上任后不久，度支部就与各枢臣商议，以监理官承担重任，并且清理财政又关涉宪政前途。如果各监理官辜负职守，与地方官通同作弊，必须严定处分才能以昭警诫。载泽拟奏请按职官枉法受贿例则等治罪。④《各省清理财政局章程》第二十三条也规定，"应行造报

---

① 刘锦藻. 清朝续文献通考（职官7）[M]. 影印本. 杭州：浙江古籍出版社，1988：考8812-8814.
② 度支部奏遵拟清理财政章程折 [N]. 东方杂志（第6年第1期），记载一·宪政篇，48.
③ 度支部奏请简各省清理财政正监理官折 [N]. 大公报，1909-04-18.
④ 严定监理官之处分 [N]. 大公报，1909-07-06.

事件任意逾限者……若监理官督催不力，轻则撤换重则奏参"①。如造送各项报告册有不实者查有确据"监理扶同弊混亦严行参处"。在清理过程中，度支部还决定检查各省所办清理财政和试办预算案的成绩，拟分三项等级将各省正副监理官一律按照所分等级奏请甄别以资奖惩。②为了防止监理官徇私舞弊，度支部采用多种方式加强对监理官的监督，包括密派专员核实监理官的工作成效、派部员前往各省监察监理官的清理，等等。

度支部严格监理官的薪水发放。度支部对监理官身份的界定是该部的"自己人"，因此薪水一定要由度支部发给。各省原有电请将监理官津贴由外省发给，但是，度支部坚定地批驳了这种请求，因为度支部害怕由于薪金上的一体化导致监理官与地方官通同作弊。因此，"奏派各省财政监理官原定薪水及津贴各项均归度支部发给，其财政局经费准由各省作正开销"③。监理官的薪水、津贴、川资、公费等，都是由度支部一手操办，各省不得参与其中。为了防止低俸导致贪墨，度支部对监理官的薪俸是从优厘定的，最后厘定正监理官500两，副监理官300两④。

度支部在一定程度上为监理官扫除清理工作中的障碍。省财权扩大的既成客观事实导致监理官的清理将面临很大的困难。清廷及度支部也已意识到这种局面，所以他们采取种种措施，试图帮助监理官扫除阻碍。比如，由于人选是既要深得度支部信赖，又要具有一定的理财能力。所以，监理官人选的范围较窄，最终确定的监理官们品秩都较低，像部院主事才是正六品，加之监理官为数过少，为避免到省时受人钳制并足以与各省司道抗衡，监国摄政王特明降谕旨崇其品秩。度支部还令各省做好前期的准备工作，如令督抚造册具报现办财政人员衔名、财政报销册等，以备各监理官到省接洽办事而便于财政的清理。度支部在监理官与督抚的关系上，偏向于监理官。载泽认为外间非议监理官才力不及、办事任性等，原因在于"各省督抚向以成案为例，难免有不实不尽之处。今清理财政内而由部督催，外而监理官查考，既难因循，而出入款项造清表册实报实销亦难满意，此蜚语之所由起"⑤。把对监理官的流言归结于督抚的

---

① 刘锦藻. 清朝续文献通考（职官7）[M]. 影印本. 杭州：浙江古籍出版社，1988：考8814.
② 各省财政官将被甄别[N]. 大公报，1911-08-08.
③ 慎重监理官之津贴[N]. 大公报，1909-06-03.
④ 度支部札为黑龙江副监理官薪水由奉天分银行发给由（宣统元年六月十一日）[A]. 档案号：45-1-1，黑龙江省档案馆藏.
⑤ 泽尚书论清理财政[N]. 盛京时报，1910-01-16（第2版）.

有意阻挠。为了减少监理官受到行省官员阻挠的情况，度支部和监理官用密电保持联系。在监理官没有出京上任之前度支部等就已经编订了专供各省监理官使用的密码。① 为保障密电的使用畅通，度支部在监理官陆续出京上任时，专门咨行各省，以后监理官等如有寄发密电请饬属下电局查明图记，按照一等官电排发，免致耽延。② 此后的清理中，监理官和度支部之间保持频繁的密电往来，以保障信息的畅通。比如，该部曾密电监理官将该省督抚所派办理财政的人员详细调查，包括督抚有无瞻徇情面、所派人员有无滥竽充数之处等，密告该部以便派员复查，切实淘汰。

此外，度支部要想真正掌控各省清理财政局，单靠掌控正副监理官这两人是无法实现的。因为各省清理财政局是在行省内成立，并且除了监理官之外的所有官员都是督抚任用的。所以，度支部也非常重视对清理财政局内其他人员的管理，包括对人员资格的要求和惩处监督等。度支部严格规定清理财政局会办的资格，要求该项人员具有理财的实际经验。因此各省督抚在选派该项人员时必须格外慎重，"将该员谙练经验情形考试明晰详细造报以便核办"③。该部还要求各省将清理财政局人员复职的详细情况报告度支部，以便加强考核，还要求清理财政局如有更动调委事宜也要随时报部以凭查核。④ 另一方面，度支部还加强对清理财政局人员的惩处考核。为了防止他们产生利益的纠葛，该部要求所有各省承办财政人员不宜再兼差。⑤ 对清理财政过程失职人员，度支部担负着惩处之责，不论是《清理财政章程》，还是其他单行规定，都做了详细的惩戒规定。

当然，也不能忽视督抚对监理官的影响，因为监理官毕竟是试图在行省内完成度支部的意图，监理官和清理财政局的日常工作都是要通过督抚才能完成。但是从总体上看，度支部从人事上多方加强对各省清理财政局的垂直管理，加之监理官也是有较强的部派之员的身份认同。因此，度支部对监理官的直辖管理相对是比较有效的。

6. 督抚对清理财政局的影响

度支部清理财政的方案是结合了当时形势制订的一种较为可行的方案，因为它充分考虑到各省督抚的权限和影响。因此，在《各省清理财政局章程》规

---

① 监理官会定密电本 [N]. 大公报, 1909-05-07.
② 监理官寄发密电之办法 [N]. 大公报, 1909-07-30.
③ 泽尚书对于清理财政之注意 [N]. 申报, 1909-03-26 (第1张第4版).
④ 财政局员更调亦须报部 [N]. 大公报, 1910-04-10.
⑤ 通饬财政人员不准兼差 [N]. 大公报, 1910-05-05.

定，清理财政在整体上是由度支部全盘谋划和掌控。但是具体到行省，各省清理财政局的各项事务是由度支部会同各省督抚共同办理。相对于度支部要从组织上成立新的机构、从人事上派遣人员到行省加强该部的影响力，督抚在行省的影响力是占有优势的。虽然度支部想尽办法掌控各省清理财政局，使得各省清理财政局能够成为清理各省财政的核心，使得监理官成为该局的核心，但是，督抚却是各省清理财政实际上的操控者。督抚对清理财政局的影响是多方面的。

从制度的安排上，督抚对清理财政局有督饬之权。清理财政局负责的各项事宜都需要督抚配合完成。清理财政局制定的规则需要督抚审核，清理财政局多是通过督抚札饬各署局和府厅州县造送财政册到该局。遇到个别署局不遵章办理而存在敷衍或者欺瞒的情况，清理财政局还需要督抚向各署局施加压力。清理财政局的册报都需要和督抚联合上呈度支部。因此，除了监理官能密电联系度支部之外，清理财政局的常规工作根本不可能绕过督抚。

督抚还通过度支使来加强对清理财政局的影响。根据度支部的制度设计，各省清理财政局的总办是由各省藩司或者度支使担任。度支部虽然试图集中一省财权于度支使，然后再通过对度支使的直辖管理进一步提升对各省清理财政局的影响，进而达到集中度支部财权的目的。但是，度支使已然成为督抚的属官，使得度支部的意图难以实现，而督抚却可以通过度支使加强对清理财政局的影响。

督抚的意志通过度支使在清理财政局中得到充分的体现。度支部曾经试图集中一省财权于度支使，并对其进行直辖管理。度支部要求将各省出纳款目除盐、粮、关各司道经管各项按月造册送藩司或度支使查核；并且要求各省督抚体察情形将其余关涉财政一切局所限一年内次第裁撤，统归藩司或度支使经管；所有款项，由司库存储，分别支领，由各督抚督饬藩司对全省财政通盘筹划，认真整顿；度支使或者藩司由度支部随时考核、分别劝惩；各省藩司除了需要将各省财政稍为重大的事件详报该管督抚外，还需报呈度支部，以资考核。[①]但是，度支部的意图最终难以实现。首先，各省已经局所林立的状况一时难以改变，度支使权力被分割和虚置已经成为现实，并且相沿已久，在短时间内难以改变这种局面。比如，在广东省，该省财政，除了盐、粮、关税外，厘金则归厘务局经管，清佃、官田、沙捐各事则归并清佃局经管，税契则归税契局经

---

① 刘锦藻. 清朝续文献通考（职官19）[M]. 影印本. 杭州：浙江古籍出版社，1988：考8923.

管，饷捐各项则归善后局经管。① 可以看出局所林立，财权分散。其次，度支使也早已成为督抚的属官，督抚对度支使有奏保之权，度支使听命于督抚，唯督抚意志从事，已经成为一个利益的共同体。这种情况下，度支部试图直辖度支使的愿望难以实现，度支部试图通过度支使加强对清理财政局掌控的目的也最终落空。然而，各省督抚的意志通过度支使在清理财政局的成立、人员任命和具体运行上都得到充分的体现。

综上可以看出，在各省清理财政局这个平台上，度支部和督抚们都试图扩展自身的影响。度支部本想双管齐下，从监理官和度支使两个方面实现对各省清理财政局的控制，但是，碍于督抚在行省的实际权限和影响力，度支部在度支使这个方面的努力难以奏效，但是其对监理官的掌控还是相对有效的。"其足以制各省之死命者，则在部派财政监理官……各省清理财政局虽以藩司为总办，以运司盐粮各道为会办，然其权则操于部派之监理官。监理官得亲往或派员至各衙门局所调查出入各款及一切经费，遇有延误欺饰者得请参处。"② 此评价不免有些夸大，因为不论是监理官的权限还是实际的工作进展，都受到督抚的强势影响，让度支部通过监理官进行集权的意图被一定程度上消解。但是，从总体上分析，对比在度支使问题上的无力，在度支部的强力主导和介入下，监理官"稽察督催该局一切应办事宜"的权限大部分得到保障。各省清理财政局就是在权力和利益如此纠葛的情况下成立和运行的，这严重影响到该局清理财政工作的进程和效果。

二、各省统一财政机构的设立

为了改变咸同以后地方自行设立财政机构使得地方财权膨胀、布政使权力被架空的纷乱局面，随着清理财政工作的开展，度支部在宣统元年四月上奏清廷，要求各省财政统归藩司或度支使经营。并且，裁撤关涉财政局所，在藩司衙内设立度支公所或财政公所。

宣统元年四月，度支部上奏清政府，要求各省财政统归藩司或度支使经营。度支部在奏折中强调：各省原有财政机关头绪纷繁，要实现条理分明，就必须一面清理，一面统一，才能让机关日臻完备。在此情况下，各省开始裁撤相应

---

① 广东财政说明书［M］//陈锋. 晚清财政说明书（7）. 武汉：湖北人民出版社，2015：482.

② 胡钧. 中国财政史讲义［M］. 392-394、402-403. 转引自刘增合. 光宣之交清理财政前夕的设局与派官［J］. 广东社会科学，2014（2）.

的财政局所，设立财政公所或者度支公所。

湖南于宣统二年九月，遵照部章设立财政公所。该省裁撤了厘金局和善后局，并将藩署旧有书吏一概裁汰，暂设了帮办两员。该省财政公所设置了六科，包括总务科、行政科、田赋科、管榷科、制用科和会计科；科下又分股，比如，总务科包括秘书、收掌和统计三股；行政科包括铨叙和民事两股；田赋科下设地丁、漕粮和交代三股；管榷科下设厘捐、杂税和稽核三股；制用科隶以俸廉和饷需两股；会计科分为报销和庶务两股。从人员上看，共选派科长6人、科员41人，此外还有书记、缮写和勇役等员。其经费还是由"善后、牙厘两局及藩署幕脩、书吏、辛工等拨充"①。厘金局和善后局在之前是该省非常重要的财政局所，在它们被裁撤的基础上成立财政公所，实行分科治事，以期能实现总汇全省度支的重任。

江苏省宁属的财政公所经过一次归并，一次改设。先是江南筹防、金陵支应、江南筹款等局归并，改设财政局，后于宣统二年七月改设财政公所，"归藩司统一财权，所有收款即系向解各局之项，照案拨解，该公所经收"②。

江苏省苏属在宣统元年，为了裁节縻费，曾经归并过个别局所，比如，将糖捐局归并货捐局，将丝茶南卡归并绸捐南卡，树木捐局归并步捐局，稽查北卡归并绸捐北卡。③ 后在宣统二年七月，裁并苏、沪牙厘和善后、房捐四局，设立度支公所，分设总务、田赋、管榷、典用和主计五科，划分文牍与会计为两部分，会计一部分中又划分核算登记和经理出纳两部分，其中出纳一部分又划分收入与支出两部分。该公所分科界限较为分明，职务更为专一。④

江西省成立的是布政公所，于宣统二年十月成立。该省将原有的税务局、赈捐局和田赋、税契等局，一律裁撤，事务归并布政公所办理。该公所也是实行分科治事，分为六科，包括总务、铨叙、田赋、税务、制用和会计课。⑤

陕西省通过多次归并后实行权力的集中。该省于光绪三十四年将厘捐总局、

---

① 湖南全省财政款目说明书[M]//陈锋. 晚清财政说明书（6）. 武汉：湖北人民出版社，2015：633.
② 江苏财政说明书[M]//陈锋. 晚清财政说明书（5）. 武汉：湖北人民出版社，2015：16.
③ 江苏财政说明书[M]//陈锋. 晚清财政说明书（5）. 武汉：湖北人民出版社，2015：302.
④ 江苏财政说明书[M]//陈锋. 晚清财政说明书（5）. 武汉：湖北人民出版社，2015：359.
⑤ 江西各项财政说明书[M]//陈锋. 晚清财政说明书（6）. 武汉：湖北人民出版社，2015：307.

善后局、粮务局等改并为财政局;到宣统元年,财政局又归并藩司。"移置署内,名曰办公所",该省清理财政局称此举和官制新章"藩司为全省财政总机关"适相合。①

云南也是通过裁并原有局所设立财政公所。该省于宣统二年正月起将善后局和厘金局裁并,在藩署设立财政公所,还拟定了分科治事章程,于二月初一日开办。该公所负责该省款项的照章支放,和藩库有职责的划分。该省所有粮、盐、关、道收入款项,除了关库由部提各款仍遵章办理外,其余都需要按月造册,解由藩库存储。"公所任支放之权,藩库专经收之责,总出纳,统一财权,界限划清,收支隔别。"并且该省还要求将每月收支实数刊布财政公报,"使通省知所用之毫无浮滥"②。

广东省是于宣统二年将厘务、税契、善后、清佃各总局裁撤,在藩署设统一财政公所③,作为全省财政总汇之区。该公所分设总务、赋税、会计、编制和饷需五科,科下又分股,其中总务科分收掌管票、庶务、刊刷和监印四股,赋税科分设田赋和税厘两股,会计科分库藏、调查和收支三股,编制科分报销、预算决算和统计交代三股,饷需科分官业、杂捐和军需三股,设置科长、科员和书记等员。④ 该公所经费即以裁撤各局的经费拨充。

河南省为了集中行省财权,将筹款所裁撤,将厘税局并入藩署财政公所。⑤

广西省也是将原设的财政局所,诸如派办政事处、统税总局、经征总局等一律裁并,在藩署设立财政公所,分设五科,包括总务、主计、库藏、编核和理财五科,科下又分设股。和其他省份不同的是,该省不仅任命了科长、股员,还设置了副长。后来在度支部的要求下将副长一律裁撤。⑥ 该所成立后,针对

---

① 陕西财政说明书[M]//陈锋.晚清财政说明书(4).武汉:湖北人民出版社,2015:66、280.
② 云南全省财政说明书[M]//陈锋.晚清财政说明书(9).武汉:湖北人民出版社,2015:232.
③ 广东财政说明书[M]//陈锋.晚清财政说明书(7).武汉:湖北人民出版社,2015:479.
④ 广东财政说明书[M]//陈锋.晚清财政说明书(7).武汉:湖北人民出版社,2015:483.
⑤ 河南财政说明书[M]//陈锋.晚清财政说明书(3).武汉:湖北人民出版社,2015:642.
⑥ 广西全省财政说明书[M]//陈锋.晚清财政说明书(8).武汉:湖北人民出版社,2015:784.

收支方法，意加改良，"以慎出纳而便稽核"①。

福建省按照一面清理、一面统一的方式进行财政机构的统一。该省直接裁撤赈捐局和交代局等，将原有的善后局、税厘局和济用局裁并，改成清理财政局。该省是在藩司衙署内改设度支公所，分总务、田赋、粮储、厘捐、官廉、军需和制用七科，设总科长、科长和科员等，"以为全局机关稽查出入总数，仍以藩司总其成"②。该省的度支公所虽分科治事，但是，和部章有所不同，分设了七科。

四川省财政公所于宣统二年四月初一日成立。该省的举措和福建相似。该省原有的经征总局、筹饷报销局、厘金总局等全部裁撤，改设财政公所，分设总务、粮赋、税务、厘捐、典用和协解六科，酌设科长和科员等，"而以藩司总其成"③。

边疆地区也依谕令将一省财政统归藩司，统一管理全省财政。新疆省藩署分设的各科，是将原有各房和新饷所、统计处、商务局、官钱总局归并改设，按照性质拟定名称和职掌，分为十科，包括总务科、统计科、吏科、法科、实业科、俸糈科、礼学科、财赋科、交通科和军需科。④ 可以看出，该省藩司的职掌已经超出了财政的范畴，管理范围比较宽泛。浙江省也在一定程度上实现财政统归藩司综核。该省将局所裁并的款项归藩库收储，其他凡是涉及盐、粮、关各司道经管的款项，都需要按月造册，送藩司查核，"是藩司确有总管全省财政之责"⑤。

综上，各省财政公所的成立有同有异。各省有相似之处，比如，多个省份都是在度支部要求归并原有财政局所的基础上成立的，并且实现了分科治事，其经费也多是由被归并的局所经费拨充的，该公所多是由度支使总其成。但是，相对于各省清理财政局成立较为整齐划一的情况，由于外官制改革的滞后，以及度支部对藩司改制并无全盘筹划，各省藩司，成立财政公所的步骤和方式不

---

① 广西巡抚张鸣岐奏广西第三届筹办宪政情形折（宣统二年二月二十八日）[A]//故宫博物院明清档案部. 清末筹备立宪档案史料（下册）. 北京：中华书局，1979：775.
② 宣统二年六月二十五日松寿奏《为闽省遵旨统一财权事》. 转引自陈锋. 晚清财政预算的酝酿与实施[J]. 江汉论坛，2009（1）.
③ 宣统二年六月二十五日松寿奏《为闽省遵旨统一财权事》. 转引自陈锋. 晚清财政预算的酝酿与实施[J]. 江汉论坛，2009（1）.
④ 新疆全省财政说明书[M]//陈锋. 晚清财政说明书（4）. 武汉：湖北人民出版社，2015：886.
⑤ 浙江全省财政说明书[M]//陈锋. 晚清财政说明书（5）. 武汉：湖北人民出版社，2015：675.

尽相同，特别体现在分科的设置上，大致上每个省份都不一样，规章要求设3科，但是，各省从6科到13科都有，名称也不一，有财政公所、度支公所、藩司公所、布政公所等名称。并且度支部是在宣统元年四月就有此奏请，但是各省财政公所的成立多是在宣统二年才实现的，在成立时间上也较为参差。

由于度支使已然成为督抚属官，使得度支部希望通过省财政机构改革集权度支使，以专责成，让度支使成为专管财政的官员，进而集权度支部的目标没有达成。但是，各省大多还是裁撤旧有的财政局所，成立由藩司总其成的财政公所或者度支公所，并且实行科层式管理，逐步实现分科治事，一定程度上改善了之前局所林立杂乱无序的混乱状况，完成了省级财政机构的初步统一。

清理财政局是一项从上到下、多方都参与的全国性活动，并且度支部采用的清查方式是中央派员直接参与和各省自行调查相结合的方式。因此，除了度支部、行省公署和各省清理财政局之外，各署局所和府厅州县衙署也都是负责清理财政的机构。他们对"权""利"的诉求、对清理财政的态度和工作落实的情况会直接影响到度支部和各省清理财政局清理财政的效果。此外，资政院和各省咨议局作为中央和地方的立法机关，也参与到清理财政之中。立法机构对财政兴革、预算决算、税法改革等都有一定的权限。但是，在立法权限行使的过程中，立法机构和行政机关之间有互动，但是因权限和利益，它们也出现了不同程度的矛盾。

总之，从中央到地方的财政机构改革，在当时是非常必要的。第一，中央财政机构改革，特别是度支部的成立，使得清末的财政改革有了一个统一的、相对具有权威的机构进行负责。第二，度支部成立后推行的一系列集权的措施，不论是从机构上还是从人员上全面向省级渗透，有利于垂直管理，有利于中央集中权限推行改革，同时也有利于省级财权的集中从而推动改革。第三，各级财政机构的改革有利于科学化、专门化、科层化的管理体制的形成，是向近代财政体制转型的重要表现。第四，地方财政机构的改革是通过一面清理、一面统一实现的，这个举措是可行的，并且是比较科学的。第五，各级财政机构的成立、职权统一和权力划分，有利于国地财政分权制度的形成。

但是，国地财政机构的设置和权力划分问题依然存在。第一，行政改革滞后影响财政改革。清政府进行的内官制改革引起重重矛盾，特别是在机构的裁撤和权责划分问题上。而外官制的改革严重滞后，再加上内官制改革遗留问题的牵绊，使得财政机构的改革遇到诸多难题。第二，各省藩司衙门虽然统一财权，但是，更多的是从名目上的统一，实质的改变比较少。原有局所的大量冗员仍然充斥其中，人员如常，收支如常，换汤不换药。"以前之葛藤与以后之挪移依然如故设,如旧例支应局应解藩库款若干,今支应股仍须照解也;藩司应拨粮饷局款若干,今仍须照拨于粮饷股也。"① 像湖南省,人员还是那些人员,经费还是那些经费。其经费还是"善后、牙厘两局及藩署幕脩、书吏、辛工等拨充"②。第三,省级财务行政机构并未从制度上厘清,藩司仍是督抚的属官,督抚专擅的情况并没有得到改变,使得清政府的集权徒有虚表;多省的藩司仍然不是专管财政的机构;财权仍然旁落,被各种局所分割。比如,在浙江,该省藩司还不是专管财政的,"浙省藩司未改度支使,尚兼有吏治、民政之职掌"③。职权并未向更为专业化的方向发展。此外,藩司对全省财政的掌控也没有实现统一。"藩司只有总持之虚名,而经管之实权仍在各坐办掌握,所有款项并不归司库存储。"④ 在浙江省,各库存息款项藩司是无可稽查的,导致各库内实储和库外寄储之数没有办法统计,因此全省财政的盈虚即无从知晓。所以该省清理财政局建议该省以后将各库存放生息、提支各数,随时知照藩司,改变各库自为风气的积习,起到统一全省财政的目的。

总之,原本较为明确的制度安排,由于人事的纠葛和历史的积习,难以在制度上真正厘清。地方反对中央集权而多方瓦解中央的集权措施,使中央试图集权但效果不明显;立法机构要制约行政机构,而行政机构就设法抵制这种制约和监督。中央与地方之间的矛盾依然存在,行政与立法之间的龃龉不断,并且短时间内难以改善,导致清理财政机构的运作极大地受到了各方相互斗争的影响而出现和规章的背离,幻化出无限的不确定性。这些问题都会影响到清理财政效果的达成。

---

① 论裁并财政局所 [N]. 大公报,1910-03-16.
② 湖南全省财政款目说明书 [M]//陈锋. 晚清财政说明书(6). 武汉:湖北人民出版社,2015:633.
③ 浙江全省财政说明书 [M]//陈锋. 晚清财政说明书(5). 武汉:湖北人民出版社,2015:724.
④ 论裁并财政局所 [N]. 大公报,1910-03-16.

第三章

财政确数的清查

清理财政是以调查全国财政确数为入手办法。因为财政确数是预算和划分国地税的基础。而对财政确数的调查,最为重要的是对外销和规费这些隐匿财政的清查。

外销由来已久,从咸同时期随着厘金的创办就开始产生。外销的存在,一个非常重要的原因是原有财政制度过于僵化,不能适应变化的形势;各省在奏销时,实际的收支款目和户部的旧例产生了冲突,榫卯难和,为了顺利完成奏销,各省"遂致腾挪规避,创立此名,自用自销"①。同时外销也是中央与地方财政关系没有理顺的产物。随着外销规模逐渐扩大,越来越成为各省财政的重要组成部分,也成为影响中央与地方财政关系的重要因素。外销的存在是中央财权流失的明证。而规费的产生渊源更深,对于度支部来讲,也是属于不为中央所知的隐匿款项。

大量外销和规费的存在,是度支部决定清理财政的最为直接的原因之一;通过清理财政,中央才能确切知道全国财政的实际状态,各省财政的实际状况,才有可能厘清中央与地方的财政关系,进而实行预算、划分国地税;度支部也寄希望于借助对外销和规费的清理,查出隐匿款项,解决财政困难;隐匿财政的清理,也是整顿吏治的重要手段。

户部早就对外销和规费产生过清查的念头和行动。但在巨大的利益面前,让督抚"激发天良"自我清查,效果自然不彰。到清理财政时期,度支部改变策略,直接派员到省清查,加强了中央对地方财政的渗透能力。

---

① 佚名. 宪政编查馆奏遵办民政财政统计编订表式酌举例要折并单四件. 清末单印本,"财政统计表式解说下", 16. 转引自刘增合. 纾困与破局:清末财政监理制度研究[J]. 历史研究, 2016 (4).

第一节 调查财政确数的重要性

一、调查财政确数是实行预算和划分国地税的基础

财政确数的调查是各项改革的基础。只有对全国财政有清晰的了解，才有可能厘清中央与地方的财政关系，进行预算、国地财政的划分，以至于宪政改革。

舆论报刊早已经认识到这一点。《论中国于实行立宪之前宜速预算法》一文，直接论证了调查财政确数与实行预算的关系，"今日欲速行预算。必先以调查财政为第一要义"，并且详细说明了调查财政的方法，需要政府在各省设立财政调查局，由各地方绅士设立公产调查局，"将各地方所有正供及一切纳官杂费与夫兴学、练兵、警察，凡举办各要政支用款项，无不详细调查"[1]。只有详细调查全国财政，才能为预算做好准备。

因为预算是对全国财政收支做总体的预先规划，这种规划的前提就是需要知道财政的实际状况。只有在真实的财政数据基础上才能做到全面、真实、科学地预算。国地税的划分同样也需要对税收进行全面调查，对国家行政经费和地方行政经费有全面的了解。总之，财政确数的调查是各项改革的基础，同时也为改革提供重要保障。

二、收回流失财权、解决财政危机的途径

作为综理财全国财政的度支部，着眼于通过清查使得隐匿和偷漏款项涓滴归公，解决财政危机；通过清查，收回流失的财权。

面对日益坐大的地方财政与日益严重的财政危机，度支部多次阐明因财权流失从而导致财政困难。"外省既以外销各款为自专之费，在京各衙门又以自筹款项为应有之权。"[2] 导致的结果，让度支部不无心酸，"收支实数不可得而周知"，就连"款目亦不得而尽闻"[3]。

---

[1] 论中国于实行立宪之前宜速行预算法 [N]. 东方杂志, 1906年, 第3卷第13期.
[2] 佚名. 清理财政章程讲义. 清末铅印本：9. 转引自刘增合. 纾困与破局：清末财政监理制度研究 [J]. 历史研究, 2016 (4).
[3] 度支部奏为遵设统计处折. 山东调查局公牍录要（下册）. 济南日报馆清末铅印本：129. 转引自刘增合. 纾困与破局：清末财政监理制度研究 [J]. 历史研究, 2016 (4).

面对如此纷乱的状态，度支部也多次表现出重拾中央财权的意图。但是，如何重拾财权，如何解决财政危机，入手第一步就是对全国财政进行全面调查，周知全国财政实情。这在当时来说，是有利于充盈国库而减少民困的良策善法，是施政的基础，是统一财权的重要方式。

度支部寄希望于调查出各省隐匿款项，让他们涓滴归公，解决财政困难。财政困难是度支部进行财政清理的重要原因之一。据度支部得到的信息，各省外销数量惊人，未报部之款数倍于内销之款。因此，度支部认为，如果把外省隐匿款项查出，涓滴归公，财政收入增加是确定无疑的，足以解决财政窘境，"去官吏之浮冒侵蚀，当可支付一切而有余"①。可以看出，在清理财政之前度支部对于收入的增加信心满满。

三、调查外销和规费是整顿吏治的重要方式和手段

调查财政确数，特别是大部分处于隐匿状态的外销和规费是清政府整顿吏治的重要方式和手段。外销和规费产生的原因很多，其中一个重要的原因就是吏治的腐败。外销和规费产生时就是处于经制外的收入，由于缺乏监督和考成，在征收和支用的过程中就容易产生贪腐。特别是一些杂款杂捐杂税收入中，中饱私囊的现象非常严重。比如，在新疆征收杂税，因为没有定章也没有定额，历年以来"归例解者，不过三四万金"，其余大量的收入被隐匿和中饱私囊，"尚有盈余一项，各属向未列报"②。外销和规费的征收很多是下级官吏和各州县等衙署利用征收标准不一、额数不确定、币值不统一等各种空隙，巧立银钱折价、耗羡、火耗、平余、折色等种种名目，在经征时私征私收、加征税捐，形成外销和陋规，而这部分收入又大量纳入官员差役个人的私囊。官员胥吏中饱私囊数额巨大。比如，奉、吉两省牲畜税每年征银500余万两，上缴者仅120万两，其余则悉归中饱。官员之间又利用这些款项私相授受，使之成为贪腐的渊薮。

所以，用调查的方式把经制外的收支纳入正轨，加强监督和考成，才能达到整顿吏治的目的。

---

① 财政问题之根本解决 [N]. 盛京时报，1910-09-27（第2版）.
② 新疆全省财政说明书 [M] //陈锋. 晚清财政说明书（4）. 武汉：湖北人民出版社，2015：848.

第二节　外销和规费清查的方式

一、各省自查无效

从咸同年间开始，地方财权就显露出扩大的趋势，户部也早有察觉，面对日益膨胀的外销款项，户部早就有心整顿，规复奏销制度，进而染指各省外销款项。特别是光绪中后期以后，随着财政日益困难，户部整顿外销和规费的频率越来越高。只是户部没有多少建设性的措施，苦于无良策善法，只能寄希望于各省督抚激发天良，自行和盘托出，自己仅限于督责催促，效果自然不佳。

光绪二十三年户部奏请整顿厘金，主要是针对中饱和外销的问题。但户部也认识到把外销款项全部裁撤是不可能的，因此颇为一厢情愿地提议各省能"咨报臣部权衡缓急，内外一气，共济时艰"。为打消各省的顾虑，户部采取两个措施：一是从前各省造报不实或外销浮糜，户部会乞圣恩宽其既往；二是允许各省声明外销中最切要的款项，户部会让各省酌量留支，达到"各省通年进出款项不得再有隐匿，俾臣部无隔阂之处，各省免掩著之烦"①的目的。但效果不显著。两年之后，户部要求各省将现在收数无论为公为私，只要是取诸商民的一并和盘托出，彻底清查，将其中那些陋规中饱裁去，有多少可以酌量提归公用，限于三个月内拟定章程专折奏报。②光绪三十年上谕要求各省将钱粮征收的情况开列简明表册进行详细说明，"此外有无陋规杂费，逐一登明据实声叙，各令和盘托出，不准含混遗漏"③，并要户部将该省注明之处核对，由政务处刊入官报，予以公示。

从以上可以看出，户部试图加强对各省财政的清查和掌控。当然，户部已经预想到各省督抚对此必然会有顾虑和戒备，所以不厌其烦地一次又一次声明绝不追究既往，并可以为省预留部分款项，但因这关系到各省的切身利益，都遭到不同程度的敷衍和抵制。比如，光绪二十九年政务处奏定内外钱粮格式，

---

① 刘锦藻. 清朝续文献通考（卷50·征榷22）[M]. 影印本. 杭州：浙江古籍出版社，1988：考8052.
② 刘锦藻. 清朝续文献通考（卷71·国用9）[M]. 影印本. 杭州：浙江古籍出版社，1988：考8275.
③ 刘锦藻. 清朝续文献通考（卷71·国用9）[M]. 影印本. 杭州：浙江古籍出版社，1988：考8277.

要求各省在一个月内查覆,但是直至三十三年还没有覆齐。① 因为,外销款项已然成为督抚和各部院的固有财源、他们的"小金库",外销的清查多遭到各方的敷衍或者抵制。对此度支部和宪政编查馆官员都有清醒的认识,"以各善其事之心行专已自封之术,不屑俯就绳尺,而好自守町畦者恐亦未偿无人"②。各省"未敢和盘托出者,恐并夺其自专之费也;坐听守令之相蒙,而不肯径情(请)直达者,恐转失自有之权也"③。

可见,虽然户部和度支部都有心清查外销和规费,但是由于利益相关,让各省自查效果不彰。度支部不得不改变策略。

二、改变策略:派遣监理官驻省清查

调查财政固然重要,由谁来调查更为重要,因为这不仅关系到调查是否真实,更关系到调查的主动权问题。由于中央无法掌控地方,让外省自查又效果不彰,因此,中央开始改变策略,派员到省清查,把影响扩展到地方,就成为形势所需。

由于让各省自查效果不彰,于是光绪三十四年开始的清理财政,度支部采纳了御史赵炳麟的条陈。赵炳麟提议度支部统一财权,派员到省调查各项租税和一切行政经费,从皇室到地方,做到钩稽综核巨细无遗。在全面调查财政确数的基础上实行预决算,"上使官吏免蒙蔽侵耗之弊端,下使绅民知承诺租税之义务"④。赵炳麟的建议,有两点对度支部触动较大,一是要集中度支部的财权,改变财权纷乱的局面,达到通盘筹划的目的;二是派员直接到省进行调查,加大度支部对各省财政的管理力度。度支部采纳了赵炳麟的提议,决定取法西方,统一财权,注重奏销制度的贯彻。至于外销,该部认为是"为事所必需",但如果疏于稽核管理则"难免渐滋冒滥之弊",并导致内外疑窦,度支部决定对其进行管理。⑤ 为了打消各省的疑虑和阻挠,度支部把外销比附成西方的地方

---

① 刘锦藻. 清朝续文献通考(卷71·国用9)[M]. 影印本. 杭州:浙江古籍出版社,1988:考8281.
② 绍英、载泽、陈邦瑞奏为清理财政宜先明定办法并将先在危难情形据实沥陈折. 中国第一历史档案馆藏会议政务处全宗,财政,331. 转引自刘增合. 纾困与破局:清末财政监理制度研究[J]. 历史研究,2016(4).
③ 宪政编查馆奏核议清理财政章程酌加增订折[N]. 甘肃官报(第11册),宣统元年闰二月第3期,7.
④ 《请制定预算决算表整理财政疏》,《赵柏岩集》谏院奏事录卷2,第1页,沈云龙主编:《近代中国史料丛刊》正编,第31辑[M]. 文海出版社,1969:971-97.
⑤ 度支部奏覆预算决算表折(续)[N]. 盛京时报,1907-03-19(第2版).

税，让督抚放心并悉数奏明，以后作为正开销；如果确实为必需之款可以划留，以期"在各省无私用财赋之嫌，在臣部亦断不至有竭泽而渔之举"①。到光绪三十四年，度支部终于颁布《清理财政章程》，确查各省财政数目，外销和规费首当其冲。

中央要把影响扩展到地方，一是从机构上进行上下相维的垂直管理，二是直接派员到地方，即设置财政监理官，加强影响力，增强渗透能力、动员能力和汲取能力。中央通过财务行政机构进行垂直管理，在第二章中已经有详细说明。派员到省调查财政是有章程明确规定的。度支部成立时，其权限之一就是派员调查各省财政。《清理财政章程》也规定监理官的设置，各省一正一副监理官进驻行省调查财政。

度支部派员调查各省财政，更是回收财政用人权的重要手段。之前让各省自查效果不佳，原因之一是各省固守财源；而各省能够固守财源敷衍甚至抵制清查财政，原因在于地方财政的用人权已经掌控在督抚手中，督抚任用私人，所任命之人听命于督抚、向督抚负责，不仅导致督抚专权，还衍生贪腐。由于督抚对行省财政人员有用人之权，省级官员已经形成利益共同体，敷衍抵制中央的集权揽利。

因此，中央派人到省，加强对省财政的监管，对督抚专权形成一定的牵制，成为清理财政的主要策略。清廷和度支部对监理官寄予厚望。"清理财政为预备立宪第一要政，各省财政监理官又为清理财政第一关键。"② 度支部把监理官视为"耳目所寄"，寄希望于监理官能担负起打破"上下相欺"的局面、查实地方财政状况的重任，"以调查中饱漏规，据实报部为宗旨，不得仅以例行文册塞责了事"③。因为寄予厚望，所以，清廷给监理官提升品秩，厚给薪金，委以多项重任。

三、派员到省清查遇到阻力

监理官虽然被清廷和度支部寄予厚望，但作为中央简派人员客居外省，还是受到了各省地方官员的孤立和抵制。清查定会触及省内官员的利益，遇到阻挠是必然的。另外，前已述之，随着财权的下移，在各省督抚专擅的情形下，省内官员已经形成利益的共同体，"督抚授意于司道，司道授意于府厅，府厅授

---

① 度支部奏覆预算决算表折（再续）[N]. 盛京时报，1907-03-20（第2版）.
② 度支部清理财政处档案. 北京图书馆出版社影印室. 清末民国财政史料辑刊（第1册）[A]. 北京：北京图书馆出版社，2007年：109.
③ 泽尚书清理财政之宗旨 [N]. 申报，1909-04-05（第1张第4版）.

意于州县，如用兵者四面设伏，专俟监理官之至，以逸待劳以主制客"①。监理官是以一己之力周旋于行省各官员之间，压力可想而知。在监理官们履职的历程中，被弹劾、诽谤、诋毁、掣肘的情况非常多，足见监理官处境的艰难。

监理官们到任后，就面临着众多的诽谤和诋毁，加之财政清查困难重重，导致监理官多有请辞之举。比如，监理官们才刚刚到任，就纷纷遭到指责，熊正琦被指年少气盛，唐瑞铜被责刚愎自用，刘次源则被冠以主张革命②，熊希龄被诬索取和舞弊等。并且，对监理官的进攻是多种方式交织在一起，有匿名揭帖，有报纸举证劣迹的，还有官员呈递弹章的。总之疆吏和言官联手、奏章和舆论一起围剿。这种阵仗更像是有预谋的。因为，监理官才刚刚到任，工作才刚刚展开，各种力量就开始集体围剿，不是为了弹劾各位监理官工作没有成效，而更像是阻挠监理官开展工作，害怕监理官工作太有成效。

在清理财政的过程中，监理官纷纷请辞是一个较为普遍的现象。比如，贵州省监理官彭谷孙发现该省财政纷乱不已，难以清理，加之该省藩司有意隐匿，实在是清理无望，致电度支部请求回京。③ 在整个清理财政的过程中都有监理官请辞的情况。"各省监理官多有电陈财政碍难清理情形，甚至托病乞退，藉以远避者。"④ 黑龙江副监理官甘鹏云也认为自己处于"尽职不免府怨，避怨又恐溺职"的两难境地，只能感慨"奈何奈何"⑤。监理官经常处于临渊履冰的状态下。"谨慎和平，尚不免于疑忌，故一切兢兢业业，时凛临渊履冰之惧，不敢稍有大意也。"⑥ 在如此的心境下，熊希龄称此次东三省清理财政之行为"一年磨折""当设法脱离此苦海"⑦。熊希龄曾多次请辞。在地方利益已经形成的情况下，监理官深入各省，无异于孤身犯险，受到欺瞒甚至刁难是无疑的。"督抚藩司受意于枢府，各衙门局所受意于督抚藩司，狡狯刁难无所不至。监理官身当其冲，时有求去之言。"⑧ 面对着监理官纷纷被攻讦的情况，度支部还算清醒，

---

① 论谘议员当为监理官之后援 [N]. 大公报, 1909-08-03.
② 京师近事 [N]. 申报, 1909-07-14（第1张第4版）.
③ 彭监理官电请回京 [N]. 大公报, 1909-12-16.
④ 电慰各省监理官 [N]. 大公报, 1910-01-22.
⑤ 甘鹏云. 覆饶竹荪（己酉）. 潜庐续稿（卷11）[M] //沈云龙. 近代中国史料丛刊（第97辑）. 台北：台湾文海出版社, 1996.
⑥ 就改革财政事上度支部尚书泽公公爷禀稿（1910年）[M] //周秋光. 熊希龄集（第2册）. 长沙：湖南人民出版社, 2008：244.
⑦ 为醴陵磁校事致胡晴初太史函（1909年）[M] //周秋光. 熊希龄集（第1册）. 长沙：湖南人民出版社, 2008：687.
⑧ 调查各省岁出岁入总数 [N]. 东方杂志, 第6卷第12期, 467.

责令监理官"有则速改，无则专心办公，务须以清理财政为要"①。

在清理财政的过程中，各省官员和监理官产生冲突和矛盾的现象非常普遍，在湖北、甘肃、河南、浙江、东三省等省份都出现了程度不等的监理官和各省官员的冲突。矛盾、冲突的存在，导致监理官的权限很难履行，"所谓监理官者，于外问应兴应革之事毫无知觉，但钳制之使不得动作，日日造表册而已"②。此种说法不免有些夸张，但是这种情况在有些省份还是存在的。监理官受到掣肘是比较普遍的现象。

中央对监理官寄予厚望，在某些省份监理官确实也起到了作用，比如，江苏、东三省。东三省监理官熊希龄受到度支部尚书载泽的器重，并且他本人也是有理财的新知，还有出使国外考察的经历，在东三省清理财政期间虽经历诸多波折，但是，整体上对财政确数的清查、预算的制定和国地税的划分等能起到重要的作用，最终东三省清理财政收效甚好。监理官能起到作用的还有江苏省。据刘增合研究，认为"从江苏清理财政局的情况来看，监理官的地位显然超越会办各员，几乎与总办平起平坐"③。

随着清理财政的渐次展开和各项措施的推进，监理官于1911年3月被裁撤，退出历史舞台，所管清理财政事项由度支司接管。中央派监理官到省清查财政的方式也随之结束。

第三节　度支部清理财政的清查原则和部署

一、"截清旧案""既往不咎"

度支部为了便于清理，把出入款项划分成旧案、现行案和新案，这三类要求有所不同。总体的原则是"截清旧案""既往不咎"，减少清查的阻力。作为清理财政的发起者和组织者，度支部对清理财政做了统一的部署，并且制度统一了簿表等格式，组织全国开展清查活动。

各省财政积弊甚深，要做到全面清查是个非常浩大的工程，为了便于对财政进行有效清理，度支部把各省出入款项按照年份划分为旧案、现行案和新案，

---

① 泽尚书之谕财政官 [N]. 盛京时报, 1909-08-28（第2版）.
② 王树枏. 陶庐老人随年录 [M] //近代史料笔记丛刊. 北京：中华书局, 2007: 69.
③ 刘增合. 光宣之交清理财政前夕的设局与派官 [J]. 广东社会科学, 2014 (2).

并且采用不同的措施。截至光绪三十三年年底的款项全部作为旧案,对于各省历年未经报部的旧案,度支部的要求是各省分年开列清单,并案销结。自光绪三十四年至宣统二年年底的款项作为现行案。对于现行案,度支部要求各省清理财政局将光绪三十四年调查报告、宣统元年和二年按季报部;督抚司道等需将全年出入款项分别造册报销。从宣统三年起的款项作为新案,新案的要求与前两者有所不同,需要编造预算报告册,并划分国家行政经费和地方行政经费等。

对于"截清旧案",度支部尚书载泽的考虑较为实际,"凡多年之案卷、循例之奏报事属空文、毫无实际者均不必搜求,致生纠葛,反与实事无济"[①]。之前各省财政纷乱不已,清查已实属不易,需要耗费大量的人力物力,并且对于当务之急即进行的各种改革并不能产生及时而直接的益处。因此,"截清旧案"也是最现实可行的方法。面对督抚权势已经坐大的既定事实,为了减少地方对清理财政的担心和阻挠,更好地清查各省财政确数,最终实现改革制度的目的,中央做出让步,在财政清理工作开始之前表明"和盘托出,既往不咎"。总之,"截清旧案""既往不咎"既是最现实的方法,也是为了减轻压力和阻力不得已的策略。

二、部署

各省清理财政局按照度支部对旧案、现行案和新案的要求,展开对财政的清查,督促各署局按照要求依限完全各种册表报送到局,由该局汇编送度支部查核,有必要时各省清理财政局可以派员前往各属调查。除此之外,清理财政局还需要将该省财政沿革、利弊和正杂款项情形及性质等详细分析酌拟办法,编订详细的财政说明书送部候核。

度支部对清查事项有具体的要求,比如,要求各省清查各种库存情况;要求对各省出入款项详细调查。度支部将调查各省岁出入款目单详细拟定颁发监理官照单清理。清单规定非常详细和全面。岁入包括:部款;协款:一、各省关协饷,二、各省关拨补厘金;本省收款:一、田赋:地丁,租课,荒价;二、漕粮:漕粮,漕折,漕项,屯卫粮租;三、盐课税厘:场课,灶课,盐课,盐厘,加价,税捐,帑利,羨余,杂捐;四、茶课税厘:茶课,茶税,茶厘,截羨,杂项;五、土药税:正费,公费,行店各捐,牌照各捐,杂项;六、关税:常关税钞,海关税钞;七、杂税:税契,当税,牙税,烟酒税,牲畜税,矿税,

---

① 清理财政谈屑[N]. 申报,1909-05-03(第1张第4版).

斗秤税，落地税，出产税，销场税，其他各项杂税；八、厘金：百货厘金或统捐，米谷厘金，丝茶厘金，烟酒厘金，牲畜厘，金竹木厘金，磁货厘金捐，药材厘金，其他各项厘捐；九、杂捐，房铺捐、烟酒捐、屠捐猪肉捐、其他各项杂捐；十、捐输：常捐，赈捐，代收部捐（指免保留省两项）；十一、官业：制造官厂收入，官银钱号余利收入，官电局收入，官矿局收入，造纸局印刷局收入，其他各项杂收；十二、杂款：生息，各种变价，其他各项杂收。

岁出包括：解款：一、京饷；二、练兵经费；三、解度支部各款；四、解各部专款；五、解各部院饭银；六、解内务府经费；七、例贡；八、采办；九、织造经费；十、解还赔款；十一、解还洋款；十二、解上海濬浦经费；协款：一、协解协饷；二、拨补厘金。本省支款：一、行政总费：督抚衙门经费、各巡道衙门经费、各府厅州县衙门经费；二、交涉费：交涉使衙门或洋务局经费、接待赠答各费、教案赔款恤款、派员出洋游历考察等费、其他各项杂支；三、民政费：民政使衙门经费、巡警道衙门或巡警总局经费、各府厅州县巡警经费、赈恤各款，补助善举各款，其他各项杂支；四、财政费：藩司或度支使衙门经费、粮道衙门经费、盐政衙门经费、各关经费、厘捐局经费、善后或筹款财政等局经费、各州县衙门征收钱粮经费、其他各项杂支；五、典费：祭礼费、学官费、时宪费、修缮费、旌赏费、庆贺费、其他各项杂支；六、教育费：提学司衙门经费、学务公所经费、省城各官立学堂经费、各府厅州县官立学堂经费、补助私立各学堂款项，图书馆经费、劝学所经费、遣派出洋游学费、其他各项杂支；七、司法费：臬司或提法使衙门经费、各级审判厅经费、发审局经费、臬司或提法使监狱费用，各府厅州县监狱费用，其他各项杂支；八、军政费旗营饷项：绿营饷项，防营饷项，新军饷项，陆军水师武备各学堂经费、制造军火军械局厂经费、购办军装军械费用，转运粮饷费用，临时操防费用，军塘驿站经费、兵差经费、牧厂经费、其他各项杂支；九、实业费：劝业道衙门或农工商务局经费、农事试验场经费、商品陈列所经费、工艺局或各项官办制造厂经费、矿务局或各处官立矿场经费、垦务局经费、其他各项杂支；十、交通费：官办铁路经费、电报官局经费、文报局经费；十一、工程费：河工经费、海塘经费、各处修缮道路桥梁渡船经费、其他各项杂支。①

岁入包括部款、协款和本省收款，协款又分两部分，本省收款分为12个部分，每个部分下又分很多款项。岁出包括解款、协款和本省支款，本省支款下又分11个类别。这个款目单有效地指导了各省清理财政局的清查工作。最终，

---

① 度支部颁发调查各省岁出入款目单［N］．申报，1909-08-21（第1张第4版）．

很多省份的财政说明书也是按照这个款目单分门别类进行调查统计，最终编撰而成的。但是也有个别省份根据该省的实际情况对度支部的清单进行稍许修改，比如，新疆省就将收入分为协饷、粮草、统税、杂税、杂款、官业款；支出分为行政费、交涉费、民政费、财政费、典礼费、教育费、司法费、军政费、实业费、交通费、工程费、官业费。① 两者相比较，收入部分差异较大，主要是因为边疆地区收入来源较少；岁出部分基本一致，除了多出官业费。浙江省是严格按照度支部的清单要求进行了清理，只是在收入部分，比度支部的要求少了一项土药税。

为了清查财政确数，度支部统一制定了各种簿记册表颁行各省，如收支总簿、收支流水簿、各税项征收表等。

在度支部统一部署下，各省调查财政确数的工作逐步展开。各省清理财政局在度支部的要求下制定各种册式、展开对于各种库存的调查，调查岁入岁出确数。各省对财政确数的调查进行了一年左右的时间，分别对旧案和现行案按照不同的原则进行了清查，造报各种册表送度支部审核。在调查财权确数的同时，各省清理财政局还调查了各省财政沿革情况，并针对调查中发现的种种财政弊端提出改良意见，编订财政说明书。通过各省的册报，度支部对各省财政情形有了大致的了解。

第四节　清查外销

各省财政确数的调查，主要是外销和规费的清查。但是，外销和规费之前大多处于经制之外，有些处于隐匿状态，是行省和府厅州县较为自由支配的款项。现在度支部对此进行清查，各省和府厅州县为了自身的利益必然极力隐藏，导致从中央、行省到府厅州县各行政层级之间矛盾凸显，财政确数的清查困难重重。

一、中央与行省之间的查与隐

（一）外销款目种类繁多，数目巨大

各省外销款项的类别繁多，规模巨大。各省外销在田赋地租、厘金捐税中

---

① 新疆全省财政说明书[M]//陈锋.晚清财政说明书（4）.武汉：湖北人民出版社，2015.

大量存在。

在田赋地租中有大量外销款项。在吉林省,地租分为内结和外结两种,其中外结部分向不报部。这部分收入多是旗属的随缺地、津贴地和办公地等所收的租赋,有些作为地方行政费用,有些作为旗民各属官贴费用。① 在江苏省宁属,以江安粮道衙门为例,该衙门征收的额外津贴、公费、脚费、席折、纸饭、火工、杂款、扣存湘平、文闱经费和生息等项,均未报部,属于外销款项。② 在江西省,地丁、随漕、兵折、屯粮屯丁等征收中,"向例每解正银一两,均另解耗银一钱,虽名加一耗,实在正银内并征(此外如湖课、芦课等项,则系另征加一耗羡),向系留外支销"③。

厘金捐税的征收中更是存在大量的外销款项。据有些官员奏称各省厘金外销款项是报部款额的数倍。以江苏省宁属金陵厘捐局为例,该局征收的二史成捐、罚捐、房租、典息、串余等项,都是未报部的外销。④ 江苏省宁属的徐海两属厘金每年收捐钱2.5万余串,属于不报部之款。⑤ 在河南省,厘税征收中也存在大量外销。比如,各处局卡有加抽、加解、减局费、提平余等各种名目,都是向不报部"留为外销地步"⑥。后各省把厘金改办统捐或者统税,名目虽然发生变化,但是外销大量存在的局面却没有变化。江西省统税征收过程中存在大量外销。比如,十三分米谷税捐、新章加税、统捐杂款中的罚款等,都是属于向不报部的外销款项。⑦ 在新疆省杂税征收中也存在外销。该省征收杂税,没有定章,也没有定额,导致历年以来"归例解者,不过三四万金",其余大量的收入被隐匿和中饱私囊,"尚有盈余一项,各属向未列报"⑧。在陕西处,矿税、

---

① 吉林全省清理财政局. 吉林行省财政利弊说明书. 北京图书馆影印室辑. 清末民国财政史料辑刊(第四册)[A]. 北京:北京图书馆出版社,2007:515.
② 江苏财政说明书[M]//陈锋. 晚清财政说明书(5). 武汉:湖北人民出版社,2015:7.
③ 江西各项财政说明书[M]//陈锋. 晚清财政说明书(6). 武汉:湖北人民出版社,2015:131.
④ 江苏财政说明书[M]//陈锋. 晚清财政说明书(5). 武汉:湖北人民出版社,2015:33.
⑤ 江苏财政说明书[M]//陈锋. 晚清财政说明书(5). 武汉:湖北人民出版社,2015:70.
⑥ 河南财政说明书[M]//陈锋. 晚清财政说明书(3). 武汉:湖北人民出版社,2015:641.
⑦ 江西各项财政说明书[M]//陈锋. 晚清财政说明书(6). 武汉:湖北人民出版社,2015:146、152.
⑧ 新疆全省财政说明书[M]//陈锋. 晚清财政说明书(4). 武汉:湖北人民出版社,2015:848.

津贴、房租等为外销。① 根据广西省清理财政局统计,厘金(后改办统税)中的外销,款目有16项之多。② 从广西省厘金外销看,项目多,规模亦比较大。此外,外销中的一部分会被官吏中饱。比如,奉天和新民各府在整顿之前报解斗秤捐只有数万,而经整顿后收数却猛增至20余万,足见很多纳入私人囊中。③

各省杂款中存在大量外销。杂款中的外销最为繁多。度支部要求各省把杂收分为10项,包括减成、减平、裁节、变价、报效、捐款、罚款、生息、截留提解、各项杂收,并逐一说明。陕西省清理财政局按照要求将杂款逐一进行说明,可以看出,杂款中外销的规模。"曰减成,曰减平,曰裁节,曰变价,曰报效,属内销者十之七八,例不入销与例属外销者仅十之一二而已。曰捐款,曰罚款,曰生息,例不入销与例属外销者十之七八,其属内销者仅十之一二而已。杂收一项,则每年多寡无定数,内销外销无定额。"④ 仅以生息为例,陕西省布政司外销生息多达28项,包括新二桥生息、味经书院生息、筹补生息、关中书院改立师范学堂生息、宏道书院生息、续捐关中书院生息、文庙生息、义仓生息、引河生息、社粮变价生息、叛产生息、志学斋生息、大学堂即今之高等学堂生息、粥厂生息、铸钱生息、游艺学塾生息、武职津贴生息、卷金卷价生息、二郎庙生息、穷员津贴生息、马栏镇生息、河工生息、恤嫠局生息、票本生息、宏道味经两书院生息、候审所生息、岁修行宫生息、藩司衙门办公生息等,这些外销都是向不报部。⑤ 四川省司库杂款中外销的数量也很多。该省司库杂款不下30余项,其中27项为外销。⑥

随着税项的增加,税收机关更是叠床架屋,还有很多局所也有自行征收的权力,进而形成外销。各种局所为了增加办公经费等,就多加抽局费、票费、罚款等项,比如,奉天省省城、辽阳省等局各总办每年能盈余多至万余两,这

---

① 陕西财政说明书[M]//陈锋.晚清财政说明书(4).武汉:湖北人民出版社,2015:144.
② 广西全省财政说明书[M]//陈锋.晚清财政说明书(8).武汉:湖北人民出版社,2015:442-443.
③ 农工商部尚书载振等为陈考察东三省情形事奏折(光绪三十二年十一月二十二日).中国第一历史档案馆.日俄战争后东三省考察史料(上)[J].历史档案,2008(3).
④ 陕西财政说明书[M]//陈锋.晚清财政说明书(4).武汉:湖北人民出版社,2015:172.
⑤ 陕西财政说明书[M]//陈锋.晚清财政说明书(4).武汉:湖北人民出版社,2015:183-186.
⑥ 四川全省财政说明书[M]//陈锋.晚清财政说明书(4).武汉:湖北人民出版社,2015:811-814.

就形成了各税局的中饱款项。① 江苏处宁属的木厘局,除专收木厘外,还附收平余、罚款两项,这两项属于不报部的外销。② 拥有外销的不仅仅是税务机构,还有其他局所。根据江苏省宁属清理财政局调查,该属大部分衙门局所都存在外销款项。有些列出了具体数目,有些局所则没有。像江宁藩司衙门存在捐输和杂款;江安粮道衙门有额外津贴、公费、脚费、席折、纸饭、火工、杂款、扣存湘平、文闱经费、生息等项;金陵关有码头捐、生息、房租等项;淮安关有火耗、补平、罚倍、饭食四项;江南财政公所代收各捐,包括牙帖捐、膏店牌照捐、铺房捐、官契纸、彩票捐;江宁复成仓有司书薪饭等项;金陵厘捐局有二四成捐、罚捐、房租、典息、串余等项;木厘局有附收平余和罚款两项;军事书报印刷所有收回售报价款;江南机器制造局有一三经费、售书价款、存息款、六分平款、节省薪工款、协济新厂款;南洋印刷官厂有货价和钱庄生息;两淮海州分司有经费、贡捐、坝工、青口腌切、功盐及敦善书院各课费。③ 可见外销款目极多。

在各省岁出中,同样存在大量外销。行省的外销用途很多,有些用于各种地方政务开支,在行政衙门经费、财政费、司法费、实业费等中都存在,并且数量巨大;有些用于向中央的解款;有些用于各种经制外的局所及各种办公经费;也有部分被局所委员等中饱私囊。比如,陕西省田赋征收中有平余,"大平余者,相沿为州县官津贴;解之藩司者,为加平;小平余及单柜费等,则粮书、粮差办公之资,暨串票、纸朱之费所自出"④。湖南省的田地房佃租在宣统元年收省平银1830.783两,向归外销,"遇有修理公屋、街道、沟渠及一切因公杂用等项,随时拨用,余存之款留备马路砌岸,岁修之费"⑤。该省辰州关例支各款都是在木竹盐税耗银内动用,此外津贴、幕友、脩金、伙食、书役、库丁、水夫和更夫工食等项,都是在火耗银内支销。⑥ 江苏省宁属的木厘局,附收平余、罚款两项,其中"平余五成,又大冶帮罚款一成,收支数目按月册报两江

---

① 为酌改奉省各税务局办法及规定廉公各经费咨财政局文(1909年)[M]//周秋光.熊希龄集(第1册).长沙:湖南人民出版社,2008:671.
② 江苏财政说明书[M]//陈锋.晚清财政说明书(5).武汉:湖北人民出版社,2015:34.
③ 江苏财政说明书[M]//陈锋.晚清财政说明书(5).武汉:湖北人民出版社,2015:5-207.
④ 陕西财政说明书[M]//陈锋.晚清财政说明书(4).武汉:湖北人民出版社,2015:9.
⑤ 湖南全省财政款目说明书[M]//陈锋.晚清财政说明书(6).武汉:湖北人民出版社,2015:797.
⑥ 湖南全省财政款目说明书[M]//陈锋.晚清财政说明书(6).武汉:湖北人民出版社,2015:813.

总督外，其余平余五成，大冶帮罚款二成，江汉帮罚款三成，江西帮罚款一成五，向不陈报，只按上下半年支作津贴员司，充赏巡扦之用"①。外销不仅用于行省经费，还用于向中央的解款。比如，甘肃省解款之一的翰林院经费，每年需银 600 两，因为没有筹到款，暂时由薪酬经杂款内动支，此款向归外销。此外京师法律学堂每年经费需银 2000 两，同样向归外销。② 总之，各省外销支款种类多，款额巨大。陕西省臬司每年司法经费，"其出乎内销者不过十分之三，其属乎外销与例不入销之款者则十分之六七"③。可以看出，各省的政务严重依赖外销。

因为旧有的财政奏销制度太过僵化、事权与财权的严重不平衡，以及官俸制度的不健全、吏治腐败上下需索等因素而形成了外销。从以上可以推测出外销的款目极多，数量巨大。这些外销对行省来讲是非常重要的，有了不为度支部所知的款项，督抚司道和各府厅州县官等就有了不为度支部所掣肘的自由支配的收入，不论是对各官吏的个人私入，还是各衙署的办公经费，外销都是非常重要的组成部分。有了相对自由的财政收入，地方对中央的依赖程度必然会降低，而各省对中央的离心力就会增强。所以，度支部要想重拾中央的财权，清理外销势在必行。当然，矛盾也在所难免。

（二）"权""利"相关，清查遇到阻力

1. 清查开始时的人心惶惶

清查一开始，各方人心惶惶，监理官还没来，各省的阻挠已然开始。

外销款项数额巨大，并且已经成为各省固有财源，是各种行政经费的重要来源，也是地方官员赡养身家之资，虽然度支部多次申明"和盘托出，既往不咎"，但是，仍然无法打消各省督抚的顾虑。面对着度支部的清理，各省督抚的纠结、忧虑和抵制心态可以从他们的电文往来中明显看出。

清理财政刚一开始，各省督抚的函电往来就非常频繁。两广总督张人骏称，现在已经开始清理财政，如果还像之前那样用融销之法，肯定是行不通的；但是如果像度支部要求的那样据实开报，又与从前销案不同，认为"此节最费斟酌"。特别是外销之款，不实报，担心中央核查，若"和盘托出，恐将来或有棘

---

① 江苏财政说明书［M］//陈锋. 晚清财政说明书（5）. 武汉：湖北人民出版社，2015：34.

② 甘肃清理财政说明书［M］//陈锋. 晚清财政说明书（4）. 武汉：湖北人民出版社，2015：569.

③ 陕西财政说明书［M］//陈锋. 晚清财政说明书（4）. 武汉：湖北人民出版社，2015：323.

手"。所以张人骏提议，联合数省督抚一起上奏，"请将以前纠葛之款、不定之数概免计议，就现年实收实支数目据实查开"①。浙抚增韫在复粤督张人骏的电文中也称"外款诸多纠葛"，并附和了张人骏的意见，同意联合入告。调查之初，各省督抚就设法消解中央的清查。两江总督端方除了同意将以前纠葛不实之数奏请免报之外，甚至还直接否定该省有外销款项。"江南财政自铁大臣清查后，各局收放款目均已照数开报，外无外销遗漏之款。"这无异于宣告，该省没有清查财政的必要。督抚的担心主要有两个：一是担心把之前的外销据实开报，会引来度支部的问责；二是把外销款项据实告知度支部，就失去了对外销自由支配的权力，这是督抚最为担心的。在督抚的认知中，没有了外销款项，就会诸多窒碍，办事困难。端方称江南财政自从铁良清查后都是据实开报，已经没有外销，导致的结果就是"是以年来办事更较他省为难"②。浙江省巡抚认为，该省"外销款目本属无多，各有专用，亦皆入不抵出"③，在财政如此艰窘的情形下，再对为数不多的外销进行清查，该省财政困难只会日益加重。可以看出，面对清理，各省督抚惴惴不安，躁动异常，纷纷隐匿各省款项，生怕被中央知晓。资政院预算股股员长刘泽熙曾举一例，"近日某省藩库、运库有款六十余万，某督竟在咨议局宣言：'此款若不作为公债抵款，恐为部所提拔。'"④ 更有甚者，像湖广总督陈夔龙还曾试图联合各省督抚奏阻中央对各省财政的清查。⑤ 各省固守自身利益而抵制中央清查可见一斑。

总之，清理一开始，清查各省外销就面临着重重的阻力。

2. 推诿拖延清查

清理财政在度支部的强势主导和清廷的支持下展开了，在清理财政已成定局的情况下，各省继而开始敷衍、推诿、拖延财政确数的调查。

为了清查各省财政确数，度支部要求各省清理财政局要按季和按年造送报告册，但是，各省的册报多敷衍、拖延，如期上报的少之又少。如度支部要求各省将1909年上半年的财政调查清册报部查核，各省的进度不尽相同，但是，

---

① 各省清理财政问题 [N]. 申报，1909-02-25（第2张第2、3版）.
② 各省对于清理财政之电文 [N]. 东方杂志，第6年第3期，宣统元年闰二月二十五日，纪事，3.
③ 各省对于清理财政之电文 [N]. 东方杂志，第6年第3期，宣统元年闰二月二十五日，纪事，4.
④ 资政院预算股股员长刘君泽熙审查预算演词. 高凌霄，胡为楷. 中国预算要略 [M]. 京师门框胡同裕源石印局清末刻本：2. 转引自刘增合. 纾困与破局：清末财政监理制度研究 [J]. 历史研究，2016（4）.
⑤ 奏阻清理财政之说作罢 [N]. 申报，1909-02-28（第1张第5版）.

拖延是大致相同的。"据（河南省）辉县称，甫经到任，未据前任移交，无从考核。而前任督抚又以五月间已经卸篆，月报册应归后任填造，借口推诿。"① 虽然各省清理财政局屡次催促，但各省仍然置若罔闻。

由于各省纷纷延迟，对于宣统元年春季的报告册，度支部不得不奏明展限三个月。为了防止春季报告册延迟现象的出现，为了应对地方对中央清查的敷衍、拖延，度支部对册报的时间做了严格的规定，对延迟册报有相应的惩处。度支部规定："凡各省应行造送光绪三十四年份收支款目报告册，统限于宣统元年十二月底到部，其每年按季造送之报告册，春季限于六月底到部，夏季限于九月底到部，秋季限于十二月底到部，冬季限于次年三月底到部。"要求各省一律依限造送，不得稍有迟误。如有延误，惩处有明确规定："吏部查处分则例……如有迟延，不及一月及一月以上者，将造册之盐道、粮道、藩司、运司罚俸六个月，督抚罚俸三个月；二月以上，司道罚俸九个月，督抚罚俸六个月；三月以上，司道罚俸一年，督抚罚俸九个月；四五月以上，司道降一级留任，督抚罚俸一年；半年以上，司道降一级调用，督抚降一级留任。俱公罪。如造册之员依限造送，系由督抚迟延者，造送之员免议，将该督抚照造送人员迟延之例议处等语。查各省清理财政局造送按年、按季出入款项册逾限处分，系属季报，与春拨册、秋拨册按季造册报部者相同，其总办、会办、督抚等官自应比照分别定议，毋庸再定专章。"② 度支部是按照吏部的查处则例对春秋拨册的处分条例来惩处各省清理财政册报的延迟。

除了对行省官员严格考核，度支部对清理财政局的册报又做了具体要求和相关惩处规定："其文武大小衙门局所造册，送该省清理财政局……若每季报告册，应按月送局。光绪三十四年报告册应先期送局，即由各清理财政局酌核道里之远近及款目之多寡，明定限期，通饬各衙门局所遵照。如有任意违限及抗延欺饰等弊，应由各省督抚分别参撤惩处。至各省正副监理官均有稽查督催之责。臣部奏定章程内开，若监理官督催不力，轻则撤换，重则参奏。及造报不实，扶同弊混，查实严参。朱批：依议，钦此。"③

度支部对各省册报延迟人员，包括造送人员、司道、督抚和监理官等的惩处有明确的规定，并且得到朱批允准。该规定起了一定的作用，但是，规定的

---

① 财政清册互相推诿 [N]. 大公报，1909-10-01.
② 宣统元年八月二十八日度支部奏《为清理各省财政，酌拟册报处分事》. 转引自陈锋. 晚清财政预算的酝酿与实施 [J]. 江汉论坛，2009 (1).
③ 宣统元年八月二十八日度支部奏《为清理各省财政，酌拟册报处分事》. 转引自陈锋. 晚清财政预算的酝酿与实施 [J]. 江汉论坛，2009 (1).

执行却不容乐观，因为法不责众，各省总有推脱的理由，中央为了不激化矛盾，也只能让各省权宜处理。因此，各省方式多样的"变通办理"就由此出现了。

3. 各省的"变通办理"

在上文"度支部清理财政的清查原则和部署"中，已经把旧案、现行案和新案的时段和要求做过说明。各省不论是对旧案、现行案等都有"变通办理"。

度支部非常重视旧案外销款项的报销，却遭到各省督抚的"变通办理"。

度支部想要极力核实旧案，所以对旧案的报销非常重视，并且多次要求各省依限咨部，从最开始的三个月报部[1]，到后面的"立待报告"[2]。但是，各省遵办者为数不多，即使度支部声明将严格考核，并有相关的惩戒措施，但仍于事无补。

面对度支部造报旧案的频仍饬令，各省督抚则纷纷要求"变通办理"，让度支部严格核销旧案核实外销隐匿款项的目标难以达成。湖广总督陈夔龙较先发力，他认为由于外销款项纷繁复杂纠结不清，所以奏请将湖北省旧案的办理遵照新章，把该省未经报部各款于调查报告册内截结列叙，于光绪三十四年现行报告案内归并正款列收造报，并声请将以前外销各款免其分年开报。陈夔龙把度支部"旧案分年开列清单"变通为"免其分年开报"。奏奉朱批度支部知道。有此先例，各省督抚纷纷效仿，比如，吉林省巡抚陈昭常和黑龙江省巡抚周树模等就相继奏请将本省内结外销各款援照湖北省案例办理。

宣统元年八月十二日，吉林省巡抚陈昭常奏请将该省旧案"变通办理"。他陈述的原因和陈夔龙相似，即声称该省旧案分年逐案造销实属无从着手。他首先为该省未能及时结销解释开脱，认为主要原因是该省新改行省，一切改革齐头并进，各项开支浩大，加之历次改变旧章以及举行各项新政所需款额都难以预定，所以未能先行奏明。此种说辞难免有透过之嫌。他列举了该省已经查明的外销款项，但是，由于历年外销款项巨大，其用途涉及范围非常广，向章均不报部，以致多未奏结，甚至有的历时二三十年未经奏销。因此，这陈年烂账要分年逐案造销难以实现，请求将应归内结的款项于造册报销时把增改章制详细叙入而免逐案具奏；而外销款项则汇入清理财政局报告案内列销，免其分年开报。[3] 这和陈夔龙的办理如出一辙。

手法相同的还有黑龙江省巡抚周树模和该省民政使。周树模奏请将内结外

---

[1] 清理财政之严厉 [N]. 大公报，1909-02-28.
[2] 清理财政之先务 [N]. 大公报，1909-06-25.
[3] 督抚宪奏吉省内结外销各款援案办理陈请立案折 [N]. 吉林官报，第二十七期，宣统元年九月十一日，折奏汇编，1.

销未经报部各款"变通办理"。据该抚称,黑龙江省未报部之款情况多样、种类繁多、用途甚广,"历时久则稽核为难,积案多则著手匪易,实属无从核办"①,请求援照湖北省案例"变通办理"。该省司道和巡抚同心同德。该省民政使也咨请将旧案未销各款截至光绪三十三年年底结清,其前所收之款免于造报。民政使作为财政的直接经管者,对财政纷乱的情况更是有切实体会,认为该省财政头绪繁杂,款项牵连套搭难以清理。鉴于未经报部的款项也是实用实支,请求把在光绪三十四年和宣统元年各季报告表册内注明牲畜杂税及烟酒税外销款目和征收缘起。至于光绪三十三年以前所收之款既已列入外销尽征尽报,"兹若仍循旧章以额数造报,殊非核实之道,且核与督抚宪前奏本省未报部之外销杂款截结列销原案不符"②。因此,该民政使还请将税款截至光绪三十三年年底结清实存确数并入外销各款另文汇报,其以前历年所收之款则免于造报。

察哈尔都统也陈述该地区实际困难,请求"变通办理"。该地区由于历史原因,导致册籍缺失、财政人才缺乏,收支更为混乱,清理更难进行,难以按照度支部要求办理。因此,该都统提出了多个"变通办理"的办法。"任内起算,免于造册,遵章以三十三年止列为一单,三十四年分及本年分各分一单汇案送部";"其余未经查悉之款……移交接任都统查明陆续另报";"除已饬各款另行开单咨部核销外,所有清理财政变通办法汇案报销并请补行立案"③。

从督抚们的陈述可以看出,他们对各省财政纷乱的指陈多是事实,对混杂纷乱的陈年旧案分年开列清单从操作层面上来看确实极为困难。因此,各省对旧案的清查确实也存在客观困难。清理财政局作为最直接的参与者,也都陈述了各省清理财政的客观困难。湖南省清理财政局认为该省"财政条目纷繁,事项糅杂,湘省向乏钱谷专家,各款源流沿革既未随时搜订,一旦考求坠绪,文卷则散佚不完故实则诹谘无自,将欲究其利弊,辨其性质,裒集成书,一一而说明之,着手盖非易易也"。④

但是,各省督抚都或多或少有意为该省历年未按时奏销开脱,也有意敷衍

---

① 黑龙江巡抚周树模奏内结外销未经报部各款请援案变通办理折 [N]. 北洋官报,宣统元年十月二十一日,4-5.
② 民政司咨将三十三年以前未销各款截至三十三年年底结清,其前所收之款请免于造报各情节由(宣统元年十二月二十七日)[A]. 档案号:45-1-68,黑龙江省档案馆藏.
③ 察哈尔都统诚勋等奏清理财政查明各款请销折并单. 山西清理财政局现行财政十八种——宣统朝宪制改革财政文档(第2册):20. 转引自陈晨. 清末民初察哈尔地区的财政研究(1903—1934年)[D]. 呼和浩特:内蒙古大学,2014.
④ 湖南全省财政款目说明书 [M]//陈锋. 晚清财政说明书(6). 武汉:湖北人民出版社,2015:419.

度支部对旧案外销款项的清查，有隐匿外销的私心。按照督抚司道的请求变通办理，在有意无意之间就把度支部要明了各省外销款项数目和支销情况的目的消解于无形，导致度支部根本不可能确知各省外销的真实规模。虽然度支部信誓旦旦要对各省延期和敷衍造报进行严查，但是各省督抚对造报的展限请求和对旧案的变通处理办法最后基本都被允准，度支部的目标很难达成。

其次，度支部设法严格现行案的奏销，但各省执行其饬令很是敷衍。

相对于旧案，度支部更为注重现行案，因为对旧有外销款目和支销情况的了解固然重要。但是，在现实中让各省实收实支，实报实销，严格禁止外销款项继续存在，才是更为急迫的任务。因此，度支部要求各省迅速将光绪三十四年至宣统元年所有外销款项和盘托出，不得有丝毫含混。①

对此，各省清理财政局也积极遵照办理。比如，广西省清理财政局拟定册式，要求各属"款别之后，兼列库名，季总之中，仍存月别，剔除抵拨，分别四柱，以别于实收、实支，摘叙沿革大概，具载说明书中，用备考核"②。

杜绝外销的方法就是要各省实收实支，然后如实造报度支部知晓。度支部只有做到对各省财政了如指掌，才有可能用严密的奏销防止外销的存在。因此，度支部要求的是不得有丝毫含混。但是，各省的造报多是含混不清，让度支部难以确定哪些是外销款项。如黑龙江省巡抚周树模具报该省田房税契收税款目，截至光绪三十四年十二月底，"所有买卖田房共原价市平银一百四万九千九百七十九两四钱四分四厘。按照定章征收正税三分，副税三分，计共银六万二千九百九十八两七钱六分六厘六毫四丝，内除三分副税内以一分归承办人员办公共银一万四百九十九两七钱九分四厘四毫四丝外，统共征收三分正税银三万一千四百九十九两三钱八分三厘三毫二丝，如数存储备充道府厅州县亲兵捕盗弁勇饷糈，二分副税银二万九百九十九两五钱八分八厘八毫八丝，向系照章作为善后经费，现在江省善后事宜业经办竣，应一并归入捕盗营饷项开支"③。该奏销较为笼统，只说了税收的数量和大致的款项支出情况，而没有说明哪些是外销，显然不合度支部要求，可以看出该省消极对待奏销的态度。东三省也要求变通办理新辟州县的奏报。理由是这些州县属于新近开辟，荒垦杂款极为繁难，按照部定的方法和期限是难以完成的，因此请求将以后三省新辟州县的进出各款

---

① 咨饬和盘托出［N］.大公报，1909-03-06.
② 广西巡抚张鸣岐奏广西第三届筹办宪政情形折（宣统二年二月二十八日）［A］//故宫博物院明清档案部.清末筹备立宪档案史料（下册）.北京：中华书局，1979：774-775.
③ 黑龙江巡抚周树模奏江省办理田房税契征收税款数目折［N］.政治官报，宣统元年十一月二十五日，折奏类，7-8.

奏报变通办理。①

总之，不论是旧案还是现行案，度支部的要求都是条理清晰，让外销浮出水面，显露无遗。但是，各省多是敷衍塞责，更多是含混了事。"故我国善于理财之员必不开确数，其开报确数者必其无心于官者耳，夫缺有大小，差有肥瘠，一经开报确数则赔累不堪而筹补无术。天下无如是之愚官也。"② 因为只有含混造报才有外销存在的空间。

4. 监理官及清理财政局调查外销遇到阻力

度支部要求监理官及清理财政局切实调查财政实情，以期发现各省隐匿的外销款项。但因利益的固守，监理官及清理财政局的清查同样阻力重重。

度支部要求监理官和清理财政局调查财政的各个方面，尤其是外销和规费。度支部通电各省监理官，虽然外销款项最为繁杂，"毋任隐匿，勿畏难，有玩忽者呈部奏参"③。还令其在奏报外销时要将浮销、融销、中饱和漏规财政四弊切实清查，严行斥禁，据实开列。④ 度支部颁发调查清单给监理官，要求监理官按照清单详细调查，其中尤其需要注意的就是杂税杂捐和不定额收入。杂税杂捐包罗万象，涵盖内容非常多，因此外销大量存在，并且，这部分的收入非常巨大，几乎是正额的数倍之多。无定款项，诸如变价充公、罚款等类，也容易滋生外销。度支部还要求监理官认真整顿厘税，特别是如何剔除中饱和规费等。此外，盐务和关税平余等亦是度支部关注的款项。盐务是收入大宗，也是中央与各省争夺的主要对象，特别是在财政困难之际。盐务中存有大量的外销款项，度支部也认识到盐务外销杂款多不报部。因此，严饬调查盐务外销，要求有盐省份的督抚务必查明盐务进款及外销情况，以便详细报部。⑤ 为整顿盐务溢收银两也令各省一律存储运库，不准截留移作他用，以备部中要需。⑥ 至于关税平余等外销款项，度支部通电各省督抚将此项外销核实办理。⑦

各省清理财政局在度支部密集的饬令下开始对外销款项进行清查。一方面是大量的清查要求下发给各署局，要求他们如实造报。如东三省清理财政局通饬各属局，将"从前各署局之归入外销并各府厅州县之缺中习惯进出各款均须

---

① 电请变通奏报财政 [N]. 盛京时报，1909-03-14（第5版）.
② 清理财政之核实方法 [N]. 大公报，1909-02-03.
③ 专电·电四 [N]. 申报，1910-01-11（第1张第3版）.
④ 节清财政四弊 [N]. 大公报，1909-09-05.
⑤ 京师近事 [N]. 申报，1909-08-16（第1张第5版）.
⑥ 京师近事 [N]. 申报，1909-07-01（第1张第5版）.
⑦ 度支部又觊觎关税平余 [N]. 申报，1910-11-11（第1张第5版）.

无覆不发有蕴毕宣"①，外销规费均须和盘托出。一方面是展开全面的账目清查。各省清理财政局开始盘查库款、清查账目。各库原为部库的附属品，应该受到部库的监督。但清末"涉于准驳诘查，并例、吏、利三字之关系，与收支之便利，而内结外结、内销外销之款因之以起，内外之隔阂亦生，几如两界山河，南北不相过问焉"②。因此，各省清理财政局大都以盘查库款为清理入手之方法。如吉林省清理财政局拟订约集本城司库、公仓局所厂等分期赴该局会议考核各处出入款项账目办法的日期，决定六月初十日司库税务处，十一日公仓，十二日官帖局、官钱局和官运局，十三日荒务局和巡警局，十四日林业局和禁烟公所，十五日营业税局、轮局和电灯处。③ 该局还和巡抚亲临各处盘查库款，拟定七月初一日先从官运局起，随后依次到官帖、林业、荒务各局详细清查。④ 清理财政局为调查财政各款，让度支司从账目上进行查明核对。吉林省清理财政局咨度支司："吉省财政应以贵司为总汇机关，凡省内外大小衙门出入款项，谅已条分纲举，按册可稽，事关调查，相应照录条款，咨请贵司查照，希将光绪三十四年分按照部章应查各款逐一查明造册列表咨送过局，以便清理。望速施行。"⑤ 在清查及编制册表时，东三省正监理官熊希龄发现造币厂、公仓处、林业局、铁路公司、官轮局、电灯局各项账目有问题，要吉林省清理财务局查验更正。⑥ 浙江省监理官到任之后，同样决定先调查司道各库岁出入各款，希望查出库款历年纠葛之隐情。⑦ 安徽省监理官制订了详细的针对该省藩库、铜元局、筹饷局、牙厘局、支应局等局所的核查计划。⑧ 湖北省监理官到任后，详细核查藩库、盐库、官钱局、善后局等库款。⑨ 贵州省清理财政局在宣统元年发给各卫调查卫田一览表式，屡次要求各卫按照局定格式填注造送清理财政

---

① 清理财政局开办之通饬［N］.盛京时报，1909-07-10（第5版）.
② 山西财政说明书［M］//陈锋.晚清财政说明书（3）.武汉：湖北人民出版社，2015：91.
③ 清理财政之次叙［N］.民呼日报，1909-08-05.
④ 东三省要政汇纪［N］.申报，1909-08-28（第1张第4版）.
⑤ 咨为请将大小衙门出入款项查照调查条款逐一查明列表送局以便清理（元年五月十六日）［A］.档案号：39-1-1，吉林档案馆藏.
⑥ 询在吉签各项账目情形复吉林财政局电（1910年1月5日）［M］//周秋光.熊希龄集（第2册）.长沙：湖南人民出版社，2008：6.
⑦ 抉出库款历年纠葛之隐情［N］.申报，1909-08-09（第2张第2版）.
⑧ 清理财政官办事手续［N］.申报，1909-08-18（第2张第2版）.
⑨ 清查财政之起点［N］.北洋官报，宣统元年七月初三日，12.

局。① 针对各属局纷纷延迟的情况，各省清理财政局还按照限期催促各属据实造报财政清册。

但是，各省清理财政局对外销的清查还是遭到各署局的敷衍对待和抵制。各司道局所的造报仍然多存在不实不尽之处。"所报员司薪工，或以无为有，或以少报多，甚有多立名目，为融销地步。"② 因利益的固守，要各属据实奏报难度确实很大。

各属多延迟造报。湖南省清理财政局开办后，就要求该局员将一切款项彻底清理，穷原竟委，并要求各署、库、局、所将各该主管事项编订说明书。但是，"编送到局者甚属寥寥，累月经年，定限已逾，势难再待"③。该局实属无奈，不得不遴派委员分赴各府、厅、州、县进行实地调查。黑龙江省清理财政局要求各司局处道府厅州县遵章将光绪三十三年以前未经报部之案分案据实开列详细清单从速报呈巡抚以便送部核销。④ 但遵办者寥寥无几。

各属造报多不实不尽，很多没有按照部章或者清理财政局的规定填报表册。江西省清理财政局在查核官产官业和生息各款时，发现"有报部，有不报部，卷案不齐，难于详考"⑤。新疆省清理财政局在查核官钱各局时发现伽师、叶城二局宣统元年出入款项"册表未齐"⑥。江苏省宁属也存在司道编制册报敷衍的情况。比如，财政公所送到清理财政局的册报，虽然区分了正杂款项，"而于报部、不报部之分，均未划清"⑦。未能按期要求列出外销款项。还有就是未能按照要求详细造报财政册的。比如，江宁驻防旗营在列举教场田租一款时，只说明了征收的银钱数量，并没有将每亩征银多少，有无一定征收方法等详细说

---

① 贵州省财政沿革利弊说明书 [M] //陈锋. 晚清财政说明书（9）. 武汉：湖北人民出版社，2015：455.
② 为申报收支款项咨各税捐局文（1910 年）[M] //周秋光. 熊希龄集（第 2 册）. 长沙：湖南人民出版社，2008：258.
③ 湖南全省财政款目说明书 [M] //陈锋. 晚清财政说明书（6）. 武汉：湖北人民出版社，2015：419.
④ 为恳请分饬各属将三十三年以前未销各案从速查明报销（宣统元年六月初十日钤发）[A]. 档案号：45-2-80，黑龙江省档案馆藏.
⑤ 江西各项财政说明书 [M] //陈锋. 晚清财政说明书（6）. 武汉：湖北人民出版社，2015：112.
⑥ 新疆全省财政说明书 [M] //陈锋. 晚清财政说明书（4）. 武汉：湖北人民出版社，2015：852.
⑦ 江苏财政说明书 [M] //陈锋. 晚清财政说明书（5）. 武汉：湖北人民出版社，2015：17.

明。① 徐州道造送的外销学务、善举两册,只列支款项数有21项,但该道没有将支款细数造册送局②,导致清理财政局无从审核,不得不饬查。四区小学总汇处附属艺徒学堂没有全年报册,导致清理财政局无法知其岁出确数。③ 两淮通州分司造送到清理财政局的册报,"其应支各场员养廉、朱红银若干两,及该署书吏、勇役几名,每名各领食钱若干文,来册均未列报"④。扬子淮盐总栈造送的报册,"忽银忽钱,仍非一律,员差名目,重复颇多"⑤。福建省各属的报告亦"间有未详"⑥。贵州省也存在不能按照清理财政局要求清查的,造报不实不尽的情况也较为普遍。虽然该省清理财政局在宣统元年就给各卫发送了调查卫田一览表式,但是,石岘卫直接没有造送报告,"其余九卫所报仍多未能明晰。即如加耗一项,有仅注称加二征收而不填数者,有将耗米数目并入正项者,有谓新章仍照旧制者"。"坐支、坐扣一节,冀省收支之手续,因赀核算以纷繁,以致不列支扣之数,仅列提解之数,既为向章所误,积习不易转移。"各卫造送到清理财政局的册报,和藩库查核的卫田情形,"额数既有所异同,细目又不能吻合"。这说明各卫造送的数据是有问题的。⑦ 该省铜仁府,在屠捐和斗捐之外又有靛行、杂捐,但"未报收数及如何抽法"⑧。据云南省清理财政局称,各属"报到书牍,匪杂则略,无从汇编"⑨,该局不得不派员分赴各署局调取文卷再行查阅。总之,各属的册报,有些没有详细说明,有些没有列出正杂款项,有些没有注明外销,有些前后不一致,有些有明显的缺漏等,问题不一而足。

---

① 江苏财政说明书[M]//陈锋. 晚清财政说明书(5). 武汉:湖北人民出版社,2015:117.
② 江苏财政说明书[M]//陈锋. 晚清财政说明书(5). 武汉:湖北人民出版社,2015:75.
③ 江苏财政说明书[M]//陈锋. 晚清财政说明书(5). 武汉:湖北人民出版社,2015:159.
④ 江苏财政说明书[M]//陈锋. 晚清财政说明书(5). 武汉:湖北人民出版社,2015:210.
⑤ 江苏财政说明书[M]//陈锋. 晚清财政说明书(5). 武汉:湖北人民出版社,2015:182.
⑥ 福建全省财政说明书[M]//陈锋. 晚清财政说明书(9). 武汉:湖北人民出版社,2015:561.
⑦ 贵州省财政沿革利弊说明书[M]//陈锋. 晚清财政说明书(9). 武汉:湖北人民出版社,2015:445.
⑧ 贵州省财政沿革利弊说明书[M]//陈锋. 晚清财政说明书(9). 武汉:湖北人民出版社,2015:523.
⑨ 云南全省财政说明书[M]//陈锋. 晚清财政说明书(9). 武汉:湖北人民出版社,2015:4.

更有甚者，还存在公然隐匿的情况。贵州省各属税契隐匿情况严重。该省司库每年所收只有两三百两，但是，据光绪三十四年各属报告，约共收银1万两，不符甚巨。①吉林省某旗署竟敢明目张胆将所收半季税款5000余吊捏报支销，分文无存。②在山东省，东海关造送款册声叙该关杂项外销包括各子口三成公费、各子口五成船规、各子口小报、各子口船料挂花、各子口捕盗船捐、海参崴佣工护照费、存款生息等，共计银9.6万余两。但是，该省清理财政局查核后发现，东海关造送款册内外销支款，则有13万两之多。所以，该局认为"虽据之以分类叙述，然实难确信"③，不得不派专员进行调查，发现确实有很多侵挪情弊。

总之，各省清理财政局在清查外销时，遇到各省的延迟、推诿、敷衍，甚至是公然做假账的情况。"责各局以开报，又不啻导之作伪，何也？利之所在，孰垦自揭其隐""人心之诈，未始非利之所为也"④。可见，这都是利益使然。

监理官的清查遇到敷衍和阻挠已经是常态。更有甚者，行省官员与监理官爆发明显的冲突。监理官在行省的清查进退失据，一是由于本身权责不明，导致清查窒碍难行；二是监理官客居于行省，处于"四面设伏"的境地，"监理官之出京也，如受命出征；其到省也，如骁将以孤身当敌，深入险境，求向导而莫得，进退失据，遂无往而不为敌人所暗算……上自督抚司道，下至府厅州县，以利害关系之原因，遂成狼狈相依之势，弥封掩饰，掩耳盗铃，但求各保利权无事过为挑剔，习惯相沿，非一朝一夕之故矣。今一旦清理财政，派监理官专司其事，自各省官吏一方面观之，固不谓为国家之清理财政，而直谓为私人之让渡权利"⑤。此种困境，使得监理官与各省官员的冲突非常普遍，也不可避免，严重影响清理财政的效果。

在甘肃省，该省藩司毛庆蕃、陕甘总督长庚都与该省监理官刘次源发生过冲突⑥；在湖北省，湖广总督瑞澂、湖北省藩司高凌霨也都和该省监理官程利

---

① 贵州省财政沿革利弊说明书[M]//陈锋.晚清财政说明书（9）.武汉：湖北人民出版社，2015：523.
② 清理财政进行之状况[N].申报，1909-09-16（第2张第3版）.
③ 山东财政说明书[M]//陈锋.晚清财政说明书（2）.武汉：湖北人民出版社，2015：152.
④ 为酌改奉省各税务局办法及规定廉公各经费咨财政局文（1909年）[M]//周秋光.熊希龄集（第1册）.长沙：湖南人民出版社，2008：673.
⑤ 论咨议局当为监理官之后援[N].大公报，1909-08-03.
⑥ 毛庆蕃革职原因[N].申报，1909-12-20（第1张第3版）；度支部与监理官之电商[N].申报，1910-01-29（第1张第5版）.

川之间有矛盾①。在河南省，河南省巡抚吴重熹和藩司朱寿镛也都与该省正监理官唐瑞铜产生龃龉②。其他省份，如江苏、贵州和浙江等省也都不同程度地出现地方官员与监理官的争执。当然，这些冲突发生的原因，不仅仅是因为调查财政确数，而是贯穿了清理财政的整个过程，严重窒碍了清理财政的顺利进行。

综上可以看出，在中央对行省外销清查的过程中，产生了诸多的矛盾。因为相对于中央，省成为一个利益整体，"在上者，明知故昧，在下者假公济私"③，省内官员会相互维护，维护整体的利益从而敷衍，甚至不惜爆发激烈的冲突抵制中央对行省外销的清查。在这种情况下，度支部仅派一两名监理官，确实难以扭转行省权势过大的局面，而对各省财政的清查也难以取得突破性的进展。

二、行省与府厅州县之间的较量

行省与府厅州县，共同分享外销来源，一方面是利益共同体，"上自督抚司道，下至府厅州县，以利害关系之原因，遂成狼狈相依之势"，中央到行省清查，他们大致形成利益共同体，一起抵制中央清查。另一方面，同样因为"权"和"利"，在一省之内的官员也并非铁板一块，他们对同一财源进行划分，也存在分配比例的问题，他们之间的利益也有相冲突的方面。并且，督抚对各府厅州县财政管理的控制力也不能被过分夸大。"各省报部核销之款往往任意延玩，有迟至数年者，有迟至数十年者，有外用外销从不报部者。州县之于督抚也亦然。"④ 所以，中央对行省的外销等款项无从周知，而督抚对于各府厅州县的款项也难全盘掌握；中央对行省的财政调控能力有限，督抚对府厅州县的掌控程度也不能过高估计。

在清末清理财政的过程中，各省督抚与府厅州县官之间因固守"权""利"而在清查外销的过程中同样也展开了较量。

（一）府厅州县财政形成

到清末，州县开始自行筹款，存在大量外销，并且欠解的情况极为严重，

---

① 鄂督与财政监理官龃龉 [N]. 申报，1910-08-02（第1张第4版）；鄂藩与监理官之小冲突 [N]. 申报，1911-02-06（第1张后幅第2版）.
② 京师近事 [N]. 申报，1909-09-08（第1张第6版）；度支部将来之参折 [N]. 大公报，1910-01-05.
③ 清理财政之核实方法 [N]. 大公报，1909-02-03.
④ 毅. 一年内政府与国民之大举动 [N]. 申报，1910-01-29（第1张第3版）.

州县已经形成相对独立的利益，与省财政之间的关系更为纠葛。督抚无法完全掌控州县财政，而州县与行省有共享税源的关系，这就使行省对府厅州县的外销清查遇到阻力。

1. 州县自行筹款

清朝虽然实行集权的财政管理制度，但是，州县官员在财政上还是有一定的权限。因为，州县官员相对于督抚是更为直接的赋税征收者。虽然税率和额度都是由中央规定的，但是，州县不论是在征收的过程中还是在上解的过程中都会产生一定的费用，"包括经征人员的开销、票据规费、款项或米粮的包装、银两的倾铸损耗、钱粮的运输等"①。这些费用最终还是摊派到民众的头上。州县对这部分收入是有相对独立的权力，这既成为州县官吏自肥之资，也成为支撑州县衙署办公之费。特别是到清末，随着地方自治的兴办，各州县也都自行筹款，征收各种杂捐杂款②，在正税之外加收加征，即是说州县已有征税权之实。州县有了自己的财政来源，也有了不为督抚所知的财政收入。"督抚绾一省疆符之重，而于最紧要之财赋其盈虚舒疾之数尚懵然无所知；即藩司握财赋之全权，而红绳所束簿书山积，亦不能约其总核之实在。"③ 可以看出，督抚藩司也无法对州县财政完全掌控。州县已经形成相对独立的利益，这特别体现在州县外销的大量存在。

2. 州县存在大量外销

清末州县逐渐形成独立的利益，有大量外销处于各省督抚的掌控之外。"各属自筹自用之款向不报司，尤为私弊所丛。"④ 州县外销的存在也和清政府实行的低俸制度有关。地方政府政务繁重，费用自然也繁多。但是，各州县衙门领款，领于上者，只有养廉一款。领款之时还有各种提扣，后虽免于提扣，但是根本无法支应各种公私支出，"向恃丁漕项下提收公费盈余等项以资挹注"⑤。所以，就导致款一而用百，任为腾挪的情况，并且导致公私混淆，易生贪腐。

在各省，府厅州县都存在大量外销款项。比如，江苏宁属，各州县外销大量存在，特别是就地筹捐，比如，串捐、房捐、土膏牌照捐、烟酒捐、架木捐

---

① 周育民. 晚清财政与社会变迁 [M]. 上海：上海人民出版社，2000：16.
② 彭雨新. 中国近代财政史简述. 孙健. 中国经济史论文集 [C]. 北京：中国人民大学出版社，1987：417.
③ 嘉言. 论监理财政机关之必要 [N]. 申报，1910-10-04（第 1 张第 2 版）.
④ 江抚周奏清理财政局依限编成本年春夏季出入款项报告册折 [N]. 盛京时报，1910-02-24（第 3 版）.
⑤ 江苏财政说明书 [M] //陈锋. 晚清财政说明书（5）. 武汉：湖北人民出版社，2015：350.

和牙帖捐等,有些抵充练饷,有些抵补新案赔款;而自治捐和积谷捐等,多充作地方要需。① 还有就是大量的杂款,诸如平余、火耗、公费、规费等,都属于外销,它们或者作为司书纸饭之用,或者作为各属办公之需。其中平余又包括丁漕平余、杂税平余、驿站平余、税契平余等。公费又分为缉捕经费和办公经费。其中缉捕经费,或者由盐务津贴,或者由滩租拨款济用。州县办公经费全凭钱粮平余,知府办公经费则由本属各州县按缺分大小定数按月筹解。② 总之,州县外销款目众多,数量巨大。

州县外销用途很广,有用于府厅州县衙署办公经费、解送藩库作为军饷或者赔款等,还有部分用于地方行政经费。比如,在广西省,平梧浔郁第一初级师范学堂补助费、桂林中学堂补助费、庆远中学堂补助费、浔州中学堂补助费等都属于未报部的外销。③ 另外,还有大部分用于地方自治,包括教育、巡警和各种善举。在河南省,州县也存在自收自支的外销,比如,归德府夏邑县有随粮学堂捐,每亩收钱6文,作为学务经费;还有戏捐,每戏1台收钱2千,作为警费。④ 总之,州县外销用途广泛,从中央解款到地方自治费用都有赖于州县外销,另一方面也说明,州县与行省是共享财源的关系,这让两者的关系更为纠葛。

3. 州县欠解短解严重

清末州县欠解、短解的情况非常普遍。在安徽,杂款拖欠非常严重,"近闻短解者,不下二三十万。此收数之悬欠于各州县者"⑤。山东州县税收欠解的情况同样严重。以光绪三十四年杂税为例,田房税契欠解银达到170132.397两;田房典税欠解银1586.83两;并卫税契,欠解银4198.29两;当税欠解银1900两;枣梨花靛税欠解银53.5两等。⑥ 在江苏,州县财政负担也越来越重,比如,苏省各州县到清末新增了提解平余公费等项,不在例定正项杂项之内,再加上

---

① 江苏财政说明书[M]//陈锋.晚清财政说明书(5).武汉:湖北人民出版社,2015:103.
② 江苏财政说明书[M]//陈锋.晚清财政说明书(5).武汉:湖北人民出版社,2015:102-103.
③ 广西全省财政说明书[M]//陈锋.晚清财政说明书(8).武汉:湖北人民出版社,2015:870-875.
④ 河南财政说明书[M]//陈锋.晚清财政说明书(3).武汉:湖北人民出版社,2015:648.
⑤ 安徽财政沿革利弊说明书[M]//陈锋.晚清财政说明书(6).武汉:湖北人民出版社,2015:77.
⑥ 山东财政说明书[M]//陈锋.晚清财政说明书(2).武汉:湖北人民出版社,2015:155-163.

银价增涨,"州县赔累日甚,提解之款,往往延欠"①。

州县大量欠解,这一方面说明州县财政亦是非常困难,一方面也表明行省督抚对州县的掌控调节能力下降,同时也说明,州县财政已有了相对独立的利益。

4. 州县与行省共享外销

州县外销有一部分是省和府厅州县的共享财源,因此,就存在着分配比例的问题。比如,江苏省,田赋附加税"平耗"和田赋捐税,是省和州县共同的外销来源。州县征收以后,一部分就上解为省财政,并且,主要是用于补贴堂属员司私用和办公经费。比如,州县缴纳的倾熔公费作为粮道衙门办公费。以下数据可以看出,外销在各堂属员司按成分派的情况:"苏属州县征解苏道漕仓正杂各款,每千两随缴平余工耗漕平银三十二两五钱,江道漕仓倍之,亦归堂属员司按成分派。每千两比例率如下:(一)粮道十二两二钱四分。(二)管库七钱六分五厘。(三)收发处一两二分。(四)库大使一两五钱。(五)堂属书役辛饭七两四钱七分五厘。(六)余平一两。(七)倾熔工耗八两五钱。"② 后由于匀定公费,各属解款一概以原银上兑,无须倾熔,此项费用查照司库折漕清赋办法,每千两改提银四十两一钱六分九厘,随正解道归存公款。州县解司道的其他正杂款项产生的"平耗"也多归司道官员按成分派。这些外销款项成为省级官员的私费和行政办公经费。

因为州县外销款项大量存在,导致州县财政紊乱,需要对州县财政进行清查。州县外销的清查与整顿同时进行。

(二)州县固守利益,敷衍抵制清查

州县财政基本形成,因此,各省督抚想通过清理财政实现对州县财政的有效调控。但是,因为"权""利"相关,而各省督抚对州县财政的掌控受到州县固守利益的挑战。行省对于州县外销的清查也遇到了欺饰、敷衍、拖延等。

1. 州县敷衍抵制清查

财政清理过程中,州县迟迟不交报告册,或者交的报告册多不合格,存在有意隐匿、造报不实不尽之处等。

各州县迟迟不交财政册报,已交的也多不合格,存在敷衍或者抵制清查的

---

① 江苏财政说明书[M]//陈锋. 晚清财政说明书(5). 武汉:湖北人民出版社,2015:316.

② 江苏财政说明书[M]//陈锋. 晚清财政说明书(5). 武汉:湖北人民出版社,2015:297.

情况。比如，浙江，"凡应行调取各厅州县场局所征收章程及沿革利弊，即经行文分别征取在案。而各属报告到局，至今不及二成，其不合格不完备者又居多数"①，该省清理财政局不得不屡次催促，但是效果依然不理想。

在督抚和清理财政局的严厉催促下，各州县虽上报财政册表。但是，造报不详不尽的情况比比皆是，严重影响到清理财政的效果。特别是涉及外销的部分，更为含混不清。比如，安徽省各州县，在填注表格时，清理财政局要求填写"每两盈余"，包括征收用款、公费和提解各款；还要求填写"合计盈余"，而这一栏统计数目，该省有十八属"尚未经详报"②，各州县都不愿意把盈余呈现出来。像灵璧属于没有盈余的，但是该属册报总数也不详。而根据《安徽各属漕折征收惯例一览表》看出，怀宁县、歙县、休宁县、婺源县、石埭县、舒城县、凤阳县、宿县、滁州直隶州本州、全椒县、来安县、含山县、泗州直隶州本州和五河县等各属报告表册都数据不全。③

陕西也存在大量州县造报不实不尽的情况。清理财政要求把外销和规费的名目和数量标明，但是陕西省各府厅州县没有报明陋规是何项名目。④ 此外，还存在大量漏填的情况。比如，西乡县在册报内没有注明为教练所新筹经费所收的税契的数目。⑤ 白河县在填注教练所新筹经费时，只写了额定数目，没有写实际收款数目。⑥ 绥德州在册报内没有列教练所开支之数。⑦ 府谷县设立的县属黄甫、麻地沟、孤山、镇羌和马真巡警分局，其经费由各该处铺商认捐。但是，册报没有列出具体数目。⑧ 渭南县册报中没有详细注明织布厂开支多少，

---

① 浙省财政清厘之困难［N］. 申报，1909-08-21（第2张第2版）.
② 安徽财政沿革利弊说明书［M］//陈锋. 晚清财政说明书（6）. 武汉：湖北人民出版社，2015：18.
③ 安徽财政沿革利弊说明书［M］//陈锋. 晚清财政说明书（6）. 武汉：湖北人民出版社，2015：26-30.
④ 陕西财政说明书［M］//陈锋. 晚清财政说明书（4）. 武汉：湖北人民出版社，2015：132.
⑤ 陕西财政说明书［M］//陈锋. 晚清财政说明书（4）. 武汉：湖北人民出版社，2015：256.
⑥ 陕西财政说明书［M］//陈锋. 晚清财政说明书（4）. 武汉：湖北人民出版社，2015：258.
⑦ 陕西财政说明书［M］//陈锋. 晚清财政说明书（4）. 武汉：湖北人民出版社，2015：260.
⑧ 陕西财政说明书［M］//陈锋. 晚清财政说明书（4）. 武汉：湖北人民出版社，2015：261.

遭到清理财政局反问，"殆以业出集股，无涉公家款项欤"①。扶风县、蒲城和兴安府册报中没有列出工艺局等各局厂经营的是何种工艺、生产的是什么货品。② 在营缮经费中，延安府各属如甘泉、安塞、靖边等都有摊解该府城工一项，但是，各县的册报或漏或无，多没有开列此项摊款。③ 另外，还有误填的情况，比如，库册有支剩粮价一款，实际上和出粜兵粮变价是同一款项，但是，"库册误歧为二，以致报告册亦并款开呈"④。

江西省各府厅州县造送册报遗漏者甚多，未能齐全，多不实不尽、含混不清，"数目亦多含混，故各条内多有不能指定确数"⑤，导致该省清理财政局无法汇编全省地方收入细数表。据该省清理财政局称，地方岁入各款遗漏之处已在所难免，而岁出各款，由于各州县报告各册没有能够全部送到该局，导致该局无法编辑。因此，该局严饬各属督同地方绅士赶紧造报，再行续编。⑥ 在编订全省出款时，该局试图附录各属地方支出，但是，"各属地方支款，某项系于某项收款内拨付，虽迭次札查册报，迄未分明"⑦。江西省各关出入各款册报也是迟迟未能造送到清理财政局。另外，还有一些具体数据的缺失，比如，各属虽然早已举办地丁附加税，"但报告到局者，不过数县"⑧。而店租，也有十余县没有报告到清理财政局。⑨ 另外，串捐附加税和鱼塘租等，各属也多没有明晰报告。⑩ 在民政费生息款中有十二款只有本银数量，但是，"某项存本，系由

---

① 陕西财政说明书［M］//陈锋. 晚清财政说明书（4）. 武汉：湖北人民出版社，2015：364.

② 陕西财政说明书［M］//陈锋. 晚清财政说明书（4）. 武汉：湖北人民出版社，2015：364.

③ 陕西财政说明书［M］//陈锋. 晚清财政说明书（4）. 武汉：湖北人民出版社，2015：369-370.

④ 陕西财政说明书［M］//陈锋. 晚清财政说明书（4）. 武汉：湖北人民出版社，2015：223.

⑤ 江西各项财政说明书［M］//陈锋. 晚清财政说明书（6）. 武汉：湖北人民出版社，2015：112.

⑥ 江西各项财政说明书［M］//陈锋. 晚清财政说明书（6）. 武汉：湖北人民出版社，2015：187.

⑦ 江西各项财政说明书［M］//陈锋. 晚清财政说明书（6）. 武汉：湖北人民出版社，2015：215.

⑧ 江西各项财政说明书［M］//陈锋. 晚清财政说明书（6）. 武汉：湖北人民出版社，2015：188.

⑨ 江西各项财政说明书［M］//陈锋. 晚清财政说明书（6）. 武汉：湖北人民出版社，2015：211.

⑩ 江西各项财政说明书［M］//陈锋. 晚清财政说明书（6）. 武汉：湖北人民出版社，2015：191、212.

何款内拨放及存放年月，原册既未详叙，案卷复不齐全"①。

可以看出，各府厅州县的册报存在大量不实不尽之处，特别是外销部分，更是有意含混模糊，岁出岁入数据都不齐全，导致各省清理财政局难以编撰财政说明书。因此，也难以窥探州县财政的全貌，对州县外销彻底清查的目标更是难以实现。

2. 截留外销

平余、盈余、公费等多属于外销款项。有些款项在清理财政之前就是按照一定的比例上解行省；有些款项在清理财政过程中督抚想借机整顿。但是，在行省提解这些款项的时候，州县多是延欠，或者请求免于提解，或者截留提解。

在东三省，田房税契务盈余向归各地方官征收，但是报解者寥寥无几。虽然总督徐世昌针对田房税契进行了整顿，重订了章程，规定酌留一部分作为地方官办公之用，其余皆一并解交司库。即使已经部分承认了地方官的利益，但是之后的报解仍然存在不实不尽之处。

在山东省同样存在州县请求免解外销的情况。按照度支部要求，各省要筹措练兵经费，因此，巡抚奏明由运库提解民运票课盈余项下认筹银1万两。但是，各州县纷纷请求免提。先是胶州详准免提，随后诸城等处也纷纷禀请减免，不得已，了终该省运司不得已将诸城和安邱两县减提三成，掖县、平度、高密和栖霞等处减提二成，其余州县没有减免，但是各处多延欠不解。到光绪三十四年，"解者仅平度、福山、招远三处，运库征完银二千四十七两七钱九分五厘，未完银三千三百五两八钱七分一厘"②。

各州县还存在截留提解各款的情况。在山东省，光绪三十四年旧案钱粮盈余，各州县欠解银145048.039两；新案钱粮盈余，光绪三十四年欠解银609055.89两；卫钱粮盈余，欠解银15152.271两；漕米盈余，欠解银129206.248两；陆军部驿站饭食，欠解银1875.059两；预提州县俸薪备扣罚俸，欠解银3308.731两；州县解司养廉，欠解银4878.732两；裁减铺司兵工食五成，欠解银9435.029两。③

州县在请求免于提解或者截留平余、盈余和公费等款项时给出的理由多是

---

① 江西各项财政说明书[M]//陈锋.晚清财政说明书（6）.武汉：湖北人民出版社，2015：169.

② 山东财政说明书[M]//陈锋.晚清财政说明书（2）.武汉：湖北人民出版社，2015：127.

③ 山东财政说明书[M]//陈锋.晚清财政说明书（2）.武汉：湖北人民出版社，2015：217-220.

银价上涨，州县赔累甚多，已经没有盈余可以提解了。州县这部分外销款项的延欠，一方面确实是因为银价上涨，导致盈余锐减。但是，固守自身利益也是重要原因之一，因为外销是州县政府赖以挹注之本，也关系到州县官吏的切身利益。

总之，由于府厅州县的财政利益已经形成，行省要想对州县外销进行清查难度极大。山西省清理财政局不无感慨，"地方自行经理之款，历来惯习多不达知于官厅，故虽一再调查，仍难视为完璧"①。各省清理财政局虽然多次调查，仍然难以了解各州县自行经理之款的情况。府厅州县存在敷衍或者抵制行省对其外销的清查，最终使得督抚也难以通过清查完全了解府厅州县的财政情况。

第五节　清查规费

清末，规费的清查极为迫切，这关系到财政收支的整顿和吏治的整治等。中央对各省、各省对府厅州县都进行了规费的清查，但是，过程较为波折。

一、规费清查极为迫切

各省存在大量规费，规费的清查非常迫切。因为各省规费的清查关系到财政确数的清查、吏治的整顿、公费的制定等。因此，清查规费势在必行。"无名之费不除，则盈余不能提，盈余不能提，则公费不能定，官俸章程不能颁。"②

（一）规费产生的渊源

规费的产生有极深的渊源，包括清政府实现的低俸制度、征收手续的繁杂和税制紊乱等，最终官吏"上下相维"导致规费长期存在。

陋规的产生是不合规的，但是，它的产生和清政府的财政制度有非常重要的关系。清政府实行低俸制度，各级官员薪俸较少，"不能敷其养赡"，而各衙署又没有确定的办公费用，怎样维持衙署的公私支用是个很棘手的问题。因此，下级官吏和各州县等衙署征收时就利用征收标准不一、额数不确定、币值不统一等各种空隙，巧立银钱折价、耗羡、火耗、平余、折色等种种名目，在经征

---

① 山西财政说明书［M］//陈锋. 晚清财政说明书（3）. 武汉：湖北人民出版社，2015：234.

② 甘肃清理财政说明书［M］//陈锋. 晚清财政说明书（4）. 武汉：湖北人民出版社，2015：663.

时私征私收、加征税捐,形成规费。规费所得成为各州县官私人收入和各衙署招募差官衙吏等的重要财源。因此,"在属员固藉为口实,即长官亦只得代为原情"①。

官员之间私相授受,他们再把其中一部分以各种方式供给上级衙署官员,比如,节寿、门包等。上级接收下级的馈赠和各种孝敬礼金成为积习,并凭此维持衙署的公私支用。此种做法沿袭已久,导致"致送者形同纳贿,收受者迹近赃私,乃相习为常,不特与之不求其故,即受之亦不以为非,遂相率视为固有之收入。虽在廉吏,亦有不能自异之势,盖甚矣习非之足以胜是也"②。

官员胥吏利用解款领款等环节索取产生规费。比如,在甘肃省存在着平余火耗堂扣。藩司在收款和发款的过程中就有规费的产生。藩司在收款时,像地丁正杂各税和各项盈余、变价等款,州县在解款时每百两要多解银二两三分,名曰火耗平余,其中藩司可得平余银八钱和火耗银六钱,库大使可以得银一钱五分,管库可以得银一钱五分,房书可以得银二钱,库子可以得银二分,挞码、验色、祭库摊银一钱一分。"发款如州县以下养廉、俸工及监犯盐菜、喇嘛衣单、口粮各项,每银百两扣银二两七钱,其中藩司得银二两,库大使得银二钱,管库得银二钱,房书得银二钱,库子得银二分,挞码、祭库摊银八分。工料、站价、军塘、盐菜、马价各项,每银百两扣银三两七钱,其中藩司得银三两,库大使得银二钱,管库得银二钱,房书得银二钱,库子得银二分,挞码、祭库得银八分。"③ 各官员差役所收的平余、火耗、堂扣,都是向未报部的,他们是分润这些外销和规费的关系。其数量巨大,使甘肃省藩司每年得银万两,用来开支藩司衙门杂款。

官员胥吏在征收过程中中饱侵蚀之处不一而足,规费也随之产生。比如,奉、吉两省牲畜税每年征银500余万两,上缴者仅120万,其余则悉归中饱。在广西省,各厘金局卡委员侵蚀中饱手段多样。"司事、丁役,彰明较著之需索,则有做小税、吉舱、办舱、排张费、夜水、送单、船头、算数、收发、旅子、放行挂号、验票、写票、关艇、盘舱、筏夫、平余、小礼等项名目。此外,诈

---

① 甘肃清理财政说明书 [M] //陈锋. 晚清财政说明书 (4). 武汉:湖北人民出版社,2015:735.
② 河南财政说明书 [M] //陈锋. 晚清财政说明书 (3). 武汉:湖北人民出版社,2015:670.
③ 甘肃清理财政说明书 [M] //陈锋. 晚清财政说明书 (4). 武汉:湖北人民出版社,2015:735.

欺取贿之术，得规隐庇之端，不一而足。稍不遂欲，则留难阻滞，无所不为。"① 规费因此大量产生。

（二）规费大量存在

正是以上原因，规费有了存在的空间，所以，各省规费大量存在。并且，规费种类繁多，名目不一，一省之内名目繁杂，各省之间更是千差万别。

黑龙江省的规费就有 10 大类 99 项之多。其中，由正款截留类包括三成小租、五成街租、街基小租三成、街基经费、押租经费一成、蒙界街基押租、省界熟地三成小租、蒙界熟地三成小租、税契副税一分、二分四正税一厘、税契领契尾费、税契浮费、荒价办公、升科地照费一五经费、押租照费一五办公、余夹荒价加价、六厘典税、牲畜捐、清丈浮多地亩经费、一成烟亩税、官膏一成和出境粮捐；杂捐类包括响捐、转运费、蒙界省辟羊草刀费、省界羊草刀费、木炭捐、屠铺捐、网捐、船捐、船课、渡船捐、木牌捐、窑捐、店捐、油榨费、油榨报开费、油榨税、烧当开办费、小醋报开费、鱼课及鱼课办公和荒地加捐等；补扣类则包括大小租底钱、烧课耗羡补平、当课耗羡补平、牌帖耗羡补平、网场课耗羡补平、基租底钱、街基底钱、街基小租底钱、押租耗羡、荒价补色、荒价底钱、碱泡大小租底钱、草甸大小租底钱、荒价耗羡和三费底钱等；印纸类有大小租票钱、荒地票钱和街基租票钱；交涉类包括过江票费、过境牛草费和卖马执照费；报捐类包括荒价报效和报效杂款街基归公；诉讼类包括讼费、诉讼纸费、二成追债费、息费、保呈费和结呈费；赃罚类规费则有赃物变价、禁烟罚款、罚金和赎金等；杂租类包括草甸大租、草甸全数小租、柳通大租、碱泡全数小租、蒙界碱泡三成小租、蒙界草甸三成小租、津贴熟地租、水泡租、晾网地租和废署圆租；杂规类包括税契过割费、税契验契费、税契验小照费、税契验大照费、税契领照费、大小租钱价盈余、税契零余、税契折价盈余、查验木炭羊草费、投税呈费、三合费、街基保证经费、更名钱和牛马锅口费等。② 总之，种类繁多，名目不一。

东三省之一的吉林省的规费，"例征规费之外，复有单费、柜费、大差、常差、有额、无额、出钱、出夫之别"③。

甘肃省亦有大量规费存在。地方官有支应、陋规、节寿和门包等无名之费。

---

① 广西全省财政说明书 [M]//陈锋. 晚清财政说明书（8）. 武汉：湖北人民出版社，2015：335.
② 规费名目 [A]. 档案号：45-1-103，黑龙江省档案馆藏.
③ 吉林清理财政问题 [N]. 申报，1909-09-17（第 1 张第 4 版）.

单以茶厘为例,"其时验引有费、盘截有费、给单有费,皆厘外之陋规,公家并不过问"①。并且数量巨大,茶票规费一部分成为兰州道办公经费,一部分成为院道各衙门房书、朱红等费,"近届每案约票一千七八百张,共规费银二万三四千两"②。藩库解款有平余、火耗、领款之堂扣,每年三共银一万两之谱③。

直隶规费亦是种类多样。特别是在没有奏改《征收钱粮章程》以前,按照旧章,"于每两照例加收耗银外,另有倾熔火耗、解费、柜书、纸张工本、征比平规、门丁折封、本官办公平余银等名目,是于耗羡之外又增耗羡矣!"④ 该省当税,在正税之外还有各种规费,包括四季规费、三节规费和春秋帮差费。⑤

(三)规费用途广泛

规费是各省衙署公私开支的重要来源。各行政衙署和各局所的办公经费、员司津贴和工食等大量由规费支付。比如,在广东省,所有各州县佐杂各官衙门杂支一项,多由平余、米羡和各项规费项下支给⑥;该省普宁县调查局薪费和调查经费,都是由羡余和规费项下捐支⑦;关务处和各关口原司等人员的津贴也都出自规费⑧;各厅州县衙门征收钱粮经费中的图差工食,亦多取之于规费⑨;按察司所属各官衙门经费和各属管狱官衙门经费中的各项杂支,包括署内薪工伙食等,是在所领养廉、俸食、津贴等款和所得规费项内开支⑩;绿营

---

① 甘肃清理财政说明书[M]//陈锋.晚清财政说明书(4).武汉:湖北人民出版社,2015:516.
② 甘肃清理财政说明书[M]//陈锋.晚清财政说明书(4).武汉:湖北人民出版社,2015:736.
③ 甘肃清理财政说明书[M]//陈锋.晚清财政说明书(4).武汉:湖北人民出版社,2015:739.
④ 直隶财政说明书[M]//陈锋.晚清财政说明书(2).武汉:湖北人民出版社,2015:9.
⑤ 直隶财政说明书[M]//陈锋.晚清财政说明书(2).武汉:湖北人民出版社,2015:70-71.
⑥ 广东财政说明书[M]//陈锋.晚清财政说明书(7).武汉:湖北人民出版社,2015:431.
⑦ 广东财政说明书[M]//陈锋.晚清财政说明书(7).武汉:湖北人民出版社,2015:461.
⑧ 广东财政说明书[M]//陈锋.晚清财政说明书(7).武汉:湖北人民出版社,2015:504.
⑨ 广东财政说明书[M]//陈锋.晚清财政说明书(7).武汉:湖北人民出版社,2015:522.
⑩ 广东财政说明书[M]//陈锋.晚清财政说明书(7).武汉:湖北人民出版社,2015:573.

等经费中也有规费。在江苏省，两淮盐运司各场随征的规费专备垫解各岸应摊甘、奉边防各饷及四国洋款之用①；淮南局开江规费拨充巡警经费之用②；各岸平余及贡商规费，备拨济学堂经费和垫解刚相提款之用。③ 湖北省各衙门办公经费中充斥着大量规费。像藩盐两署收入，包括火耗、驿站解款加平、漕粮解款费、漕南倾镕费、地丁规费、平余等。④ 而广西省盐规则主要支给各府厅州县盐规养廉之用。⑤

总之，各省陋规名目繁多，并且相沿已久，成为维系地方财政运转的重要因素。但是，规费等导致财政收支混乱、人民负担加重、吏治更加腐败。如何通过清查将陋规纳入正规的财政系统中来，成为清理财政重要的议题。

二、清查行省规费

（一）对清查规费的要求："化私为公"

对规费的清查有利于吏治的整顿，并直接关系到公费的确定，所以度支部极为重视，多次要求各省衙门局所将旧有各项陋规严行查明，一律化私为公⑥，并要求监理官重点关注。规费存在于财政的方方面面。所以，度支部要求各省督抚和监理官整顿厘税、盐务等，务必详细查核，议定裁革方法等。度支部还一度派专员调查盐务。⑦ 因为盐务陋规一日不除则积弊就一日难去，这直接关系到盐务整顿的成败。因此度支部决定派员分往各省调查盐务一切陋规，希望借此能弊绝风清，切实整顿。总之，度支部采取多种途径，希望能对行省规费进行彻底清查。

度支部对规费清查的要求，主要体现在"化私为公"。当然，有些规费属于违反法纪行为，有违条例，应该裁革；其中多数需要提出，除津贴各署外，概

---

① 江苏财政说明书［M］//陈锋. 晚清财政说明书（5）. 武汉：湖北人民出版社，2015：176.
② 江苏财政说明书［M］//陈锋. 晚清财政说明书（5）. 武汉：湖北人民出版社，2015：177.
③ 江苏财政说明书［M］//陈锋. 晚清财政说明书（5）. 武汉：湖北人民出版社，2015：178.
④ 湖北财政说明书［M］//陈锋. 晚清财政说明书（6）. 武汉：湖北人民出版社，2015：413.
⑤ 广西全省财政说明书［M］//陈锋. 晚清财政说明书（8）. 武汉：湖北人民出版社，2015：280.
⑥ 严饬化私为公［N］. 大公报，1909-01-27.
⑦ 严查各省盐务陋规［N］. 大公报，1910-06-02.

归入该省正项收款，亦所谓"化私为公"。

（二）各省清查规费的成效

监理官到省后，纷纷开始清查规费，当时报刊频繁予以报道。① 比如，东三省清理财政局为了清查规费，拟定清查规费的方法，"经本监理官将各府、厅、州、县暨各税捐、盐厘局所报规费分别列表，其虽报无规费，而三十四年册报所载之款，其性质确为规费者，亦为详细列入，一面登载东三省日报，一面移行等处，俾众周知。如于列表之外仍有私收之款，准由地方绅民随时控告，庶贤者借以自明，而隐匿者亦因之自警。其未经报到各署、局，仍由财政局迅速行催，俟报到，再行续编"②。很明显，在预想到清查定会遇到阻力和欺瞒的情况下，该局希望借助舆论和士民的力量达到清查规费的目的。

首先，各省清理财政局对规费进行了清查，并且有一定的成效。

奉天省清理财政局认为应该把各种局费革除，因为此项局费实属规费，是留为各经征局等办公之用，并不起解。③

吉林省清理财政局不仅要求各属将所有出入款项分缮四柱清册报局，为了防止隐匿捏报等弊端，该局还专门针对旗署下发注释表式，详细注明如何将出入正款和各种陋规、杂收、津贴、心红等项依式填报。④ 该局还拟把统税局经收的斗税之盈余和税契照纸等款化私为公，加给各司道养廉和公费。⑤

黑龙江省副监理甘鹏云为了清查规费，呈请江抚整顿款目，消除款目混杂的弊端，将经费等名目一律剔除，把所有征收数目统作起解正款，各税局款项一律作为正开销⑥，此提议得到督抚的赞同。到宣统二年四月，该省各项税捐票底钱都被裁革，后来又扩展到租赋领域。⑦ 既可以使得款目明晰，又能纾解民困。

---

① 调查江北官场规费 [N]. 北洋官报, 宣统元年八月二十一日, 11 页；清查局署规费 [N]. 北洋官报, 宣统元年七月十九日, 12；饬属详细查报陋规 [N]. 申报, 1909-10-25（第 2 张第 3 版）；陕省厘局积弊之一斑 [N]. 申报, 1910-01-21（第 1 张后幅第 2 版）.
② 为酌定各署局公费饬据实报明各种规费札（1910 年）[M] //周秋光. 熊希龄集（第 2 册）. 长沙：湖南人民出版社, 2008：243-244.
③ 奉天全省财政说明书 [M] //陈锋. 晚清财政说明书（1）. 武汉：湖北人民出版社, 2015：222.
④ 清理财政进行之状况 [N]. 申报, 1909-09-16（第 2 张第 3 版）.
⑤ 吉林财政详志 [N]. 大公报, 1910-08-19.
⑥ 改良收支税款 [N]. 大公报, 1910-06-23.
⑦ 黑龙江全省清理财政局. 黑龙江全省财政说明书（卷上）：3. 中央财经大学图书馆. 清末民国财政史料辑刊补编（第 1 册）[G]. 北京：国家图书馆出版社, 2008：178.

湖北省清理财政局对于规费，亦是严格遵照部章第二十七条办理，将规费和盘托出，化私为公，为确定公费和改良收支做准备。湖北省在清理财政前后，把多项规费化私为公。比如，常关火耗，之前作为津贴员司书吏之费，"现已全数造报，一律提出归公支用"①。在海关税钞中有关款生息和平余等款，从前原是陋规，"近已报明拨充公用"②。

江苏省宁属在督抚和清理财政局的督促下，也把多项规费和盘托出。比如，五河盐厘卡存在的平余、功盐、钱庄子息、贴平、规费、额外节省等名目，有些在和盘托出案内开报。③皖南茶税局将款项和盘托出，将支款中的解费和添募巡勇口粮以及每月例报印色、油朱、纸张、巡查夫马川资、赍送公文路费等款裁节，每年省银2580两。④

江西省还开拓出新的化私为公的方法。因财政困难，江西某些属局在书差所得之内核收一部分，以此补助地方经费。该省清理财政局认为此种收入近于陋规，鉴于这部分收入参差不齐，没有统一的章法，加上书差只是役使，并非完全法人，"官府提取既繁，势必别生流弊"，所以，"暂列作所得税，实亦不过化私为公之款而已"⑤。另外，牌价和粮捐盈余、呈词钱文等项规费均拨作公款，改拨地方之用。⑥

安徽省凤阳常关有随收公费一项，属于陋规，已经相沿数十年，随后经多次整顿，明定款项用处，比如，节款助饷、二成提作海军军费，"几皆化私为公，不似从前可随关道任意开支矣"⑦。

甘肃省清理财政局鉴于清查规费阻力极大，建议"通饬各属均照此次拟定章程，无论有何规费，由司酌量应抵应裁，另案办理，永不准再有各项名目。

---

① 湖北财政说明书［M］//陈锋.晚清财政说明书（6）.武汉：湖北人民出版社，2015：391.

② 湖北财政说明书［M］//陈锋.晚清财政说明书（6）.武汉：湖北人民出版社，2015：392.

③ 江苏财政说明书［M］//陈锋.晚清财政说明书（5）.武汉：湖北人民出版社，2015：199.

④ 江苏财政说明书［M］//陈锋.晚清财政说明书（5）.武汉：湖北人民出版社，2015：64.

⑤ 江西各项财政说明书［M］//陈锋.晚清财政说明书（6）.武汉：湖北人民出版社，2015：196.

⑥ 江西各项财政说明书［M］//陈锋.晚清财政说明书（6）.武汉：湖北人民出版社，2015：203.

⑦ 安徽财政沿革利弊说明书［M］//陈锋.晚清财政说明书（6）.武汉：湖北人民出版社，2015：52.

如有此等开支，以赃贿论，予、受同科，认真究治"①。

直隶省清理财政局建议遵照《清理财政章程》，将当税中的各种规费化私为公，规定确数，加入正税，以备外官公费之用。②

广西省清理财政局认为，浔州常关税各项规费，诸如查点盐包、查验木簰、红单、收旗等名目都应该裁去。为严肃法纪，该局表示"如有司巡收私者，查出从重究办，则税法定而纪纲肃矣"③。

其次，在度支部的谕令和清理财政局的严查下，各省督抚司道也进行了自我清查，将部分规费化私为公，但是在化私为公的同时却都有所保留。

云南省各司道衙署多实现了规费的化私为公。宣统元年七月，该省将司法费中的各项规费8830两一律扫提归公，改定公费。④该省藩司司库在征收条丁、奏平、公耗、官租、谷、商牲税课等款时都随征针费、解费、平余银和坐平银等，在支放正杂各款时又有扣平银等，年收银7万余两，向来属于外销，也一并尽数提充公用。⑤该省粮道衙门亦有针费、解费、平余、扣平等费，年约共收银6600余两，亦由清理财政局改订新章，扫数提充公用。⑥该省盐道衙门盐库也有征收之费，包括平余、粤盐平余、针费、票费、解费、房费、册费，统计年收银25580余两，宣统元年改章后如数提充公用。⑦该省司道衙署化私为公的规费数目为111010两，规模较为庞大。

广西藩司衙署规费也提归公用。在财政公所成立后，一切书、役工食都由公家支给，不再仰仗规费，所以，该藩司衙署规费，有些就已经裁汰，有些提充公用，比如，交代册费银800元、西税工食银192两、浔厂津贴银360两、解费银8000两、各项房费（领抵养廉房费900两、请领祭品房费40余两、请领耗

---

① 直隶财政说明书［M］//陈锋.晚清财政说明书（2）.武汉：湖北人民出版社，2015：737.

② 直隶财政说明书［M］//陈锋.晚清财政说明书（2）.武汉：湖北人民出版社，2015：71.

③ 广西全省财政说明书［M］//陈锋.晚清财政说明书（8）.武汉：湖北人民出版社，2015：223.

④ 云南全省财政说明书［M］//陈锋.晚清财政说明书（9）.武汉：湖北人民出版社，2015：269.

⑤ 云南全省财政说明书［M］//陈锋.晚清财政说明书（9）.武汉：湖北人民出版社，2015：152.

⑥ 云南全省财政说明书［M］//陈锋.晚清财政说明书（9）.武汉：湖北人民出版社，2015：152.

⑦ 云南全省财政说明书［M］//陈锋.晚清财政说明书（9）.武汉：湖北人民出版社，2015：153.

批房费 50 两、收解驿站钱粮房费 22 两、请领千里马工食房费 51 两、请领修理城署工程房费、修理桥船工程房费、驻东提塘请领工墨房费 5.6 两、苍梧请领快艇役食房费 9 两、按司狱请领禁卒工食房费银 4 元、桂林府请领禁卒工食房费钱 2400 文、临桂县请领禁卒工食房费钱 4800 文、承袭世职房费、请旌房费、请补僧道阴医房费、饷押换帖房费银 480 两)。① 总计，除了请领修理城署工程房费、修理桥船工程房费、承袭世职房费、请旌房费、请补僧道阴医房费等无定额之外，总共化私为公的数目为银 10116.8 两，银 804 元。数目亦属较大。

总之，各省对规费的清查有所成效。第一，不论是清理财政局的调查，还是督抚司道自行清查，使得一部分陋规私费得以显现。在各省财政说明书中，规费或多或少都有列举，有些不仅列举了名目，还指出具体的数值。第二，一部分的规费实现了化私为公，增加了经制内的财政收入。据奉天省清理财政局称，该省"各府、厅、州、县规费，现据呈报数目，已有沈平银四十七万六千二百一十五两"②，若各属报齐应该还会更多。据新疆清理财政局称，"现值清理财政之际，已令将一切陋规和盘托出，将来分别大中小缺，明定常年办公经费章程，其向来摊款悉予裁除"③。黑龙江省巡抚更是不无溢美地称"已将全省正杂各款及各种陋规杂费一律搜剔净尽，涓滴归公"④。规费的清查使得私费公开化，不仅有利于整顿吏治，也为各署公费的制定奠定基础，更有利于保障政务的进行。

（三）各省规费的清查并不彻底

在中央对各省规费清查时，还是遇到较强的阻力，各省试图阻挠规费清查；督抚司道等的化私为公也只是局部的，是有所保留的，仍然有大量的规费变相地存在；各省有意进行敷衍，所以其中还有为数较多的款项被隐匿。此外，所谓的化私为公，仅仅是名称的转化而已，即使清查出来，中央也无从染指。

首先，度支部对行省规费的清查遇到阻力。

宁属监理官景凌霄在查核规费时，该属的官员竟然否认有规费的存在。监

---

① 广西全省财政说明书［M］//陈锋. 晚清财政说明书（8）. 武汉：湖北人民出版社，2015：746.
② 为州县设佐治员堂宪事致度支部财政处电（1910 年 4 月 29 日）［M］//周秋光. 熊希龄集（第 2 册）. 长沙：湖南人民出版社，2008：55.
③ 新疆全省财政说明书［M］//陈锋. 晚清财政说明书（4）. 武汉：湖北人民出版社，2015：865.
④ 江抚周奏清理财政局依限编成本年春夏季出入款项报告册折［N］. 盛京时报，1910-02-24（第 3 版）.

理官一方面表明彻查规费的决心，一方面为了打消他们的顾虑，也表示规费的存在是个历史问题，长久以来就存在，包括例有之公费、节省的盈余、公款息金等，问题的产生和现在的局所官员没有关系，因此，并不用担心和盘托出会受到处罚，反倒是不据实清查才会受到惩处。① 但是，收效甚微。

湖北省财政监理官程利川在宣统元年夏天就开始部署在各属清查规费，但是，各属对此多是敷衍观望。不得已，监理官和总督商议，后由总督负责，但是成效还是一般。②

在东三省，从总督到各属主管官员都有意抵制或者敷衍中央对规费的清查。其总督锡良竟声称奉天省和内省情形不同，因为是刚改省制，省城督抚司道都是新设官缺，各衙署并无丝毫规费，所以不需要调查。③ 显然是在阻止对规费的清查。在监理官札饬各属呈报规费情形时，该省各署并没能据实陈明，多数衙署报称没有规费，有些少报规费数目，有些干脆就不呈报，以此来敷衍中央对该省规费的清查。吉林省规费的调查也遇到阻力，各属多不按照要求造送册表，因此，吉林省清理财政局的季报册中就没有规费专册。④

因为各省纷纷敷衍使得规费清查效果不彰，度支部不得不电催各省督抚速饬清理财政局即将各衙门局所各项规费一律清查据实报部，勿再延迟。⑤ 但是，在各省的敷衍下，度支部的电催总显得苍白无力。

其次，规费归公并不彻底，各属多有所保留。

吉林省巡抚和度支使的表现比较典型。吉林省巡抚陈昭常将部分陋规化私为公，比如，将木税项下的陋规款项化私为公。⑥ 吉林省各任度支使也将该司陋规有条件地化私为公。陈玉麟将该司陋规和盘托出，请公署一概化私为公，作为各项新政开支。陈玉麟化私为公的款项包括：斗税余钱 17 万吊、烟酒木税提扣一成工食项实存银 5300 余两、司库经收各属批解地丁杂税及田房税契耗羡等款时所收平余银每年约 5000 余两，钱 6000 余吊等。总共提存归公银 7700 余两，钱 18 万余吊，加平余岁增银 5000 余两，钱 6000 余吊，按官价共约合银七

---

① 调查江北官场规费 [N]. 北洋官报，宣统元年八月二十一日，11.
② 分别清查各署公费 [N]. 申报，1909-10-25（第 2 张第 3 版）.
③ 东督锡奏陈明奉省总督司道原定公费并请酌加民政使廉费折 [N]. 甘肃官报（第四十八册），宣统二年九月第四期，11.
④ 就各册报事复吉林财政局电（1910 年 1 月 17 日）[M] //周秋光. 熊希龄集（第 2 册）. 长沙：湖南人民出版社，2008：14.
⑤ 电催清查规费 [N]. 大公报，1910-03-15.
⑥ 化私为公之两大款 [N]. 民吁日报，1909-10-07（第 2 页）.

万数千两。①但是陈玉麟在将规费化私为公的同时，还预留了一部分作为司署服役人等的工食津贴和提赏奖励费用。该度支使请将当帖和契纸规费，"此二项约在千金左右，拟请准留此款作为司署一切服役人等工食津贴及提赏奖励之用，以免难乎为下之疑"②。最终督抚认为当帖契纸规费无多，允准了该度支使的请求。

有陈玉麟的先例，其后继任的两任度支使如法炮制。署理度支使黄悠愈将税务处犒奖在事司员及津贴各分局伙食杂费的罚款、票底钱两款呈报，但只将饷捐罚款银5932.0635两、钱92074吊又70文提归公用，而将"票底两项总局所收者，拟请援照当帖契尾原案仍旧作为员司年节犒赏，但须将收支数目按季呈报宪署，以资考核。至外局截留票底罚款亦请毋庸提取，仍留为员司津贴并各项杂费"③。该司使同样在化私为公的前提下预留一部分款项，此请同样也邀得督抚允准。之后继任的徐鼎康把津贴司署之款化私为公，包括斗税工食、契尾工本、勇饷扣建和典当帖费，以上四项每年约得六七万两。④但是针对契尾工本费，徐鼎康并非全数提归公用，而只是将其中的一小部分归公，其余仍多照旧办理。因为每契尾一张收钱十吊，此十吊分作多处支用，其中：二吊由司核收作为纸本及司署服役人等一切工食津贴及提赏奖励之需、一吊为公署印发经费、二吊给予代卖绅耆、二吊津贴分局，三吊总局截留备充公用及员司勇役的津贴犒赏。徐鼎康是将契费中解公署一吊及津贴绅耆与各分局的四吊仍旧办理，司署工本仅暂提刷印工本钱二百文仍须实用实报，所剩余四吊八百文才全数归公。

从吉林省各任度支使将陋规化私为公的情况可以看出，行省规费的化私归公并不彻底，各属多有所保留。在度支部和监理官的严格要求下，各省不得不将规费化私为公，但是，各属在化私为公的同时都为自己留下了余地，让部分私费仍然变相地存在。

最后，公和私只是名称转化，最终还是官员的个人收入，中央无从染指。

在规费清查中化私为公的"公"只是相对于督抚司道官员原本的私收而言，

---

① 度支司详化私为公积存各款请立案文并批 [N]. 吉林官报，第十五期，宣统元年五月十一日，公牍辑要，2-3.
② 度支司详化私为公积存各款请立案文并批 [N]. 吉林官报，第十五期，宣统元年五月十一日，公牍辑要，2.
③ 度支司详税务处尚有罚款票底和盘托出文并批 [N]. 吉林官报，第二十三期，宣统元年八月初一日，公牍辑要，2-3.
④ 吉林全省财政说明书 [M]//陈锋. 晚清财政说明书（1）. 武汉：湖北人民出版社，2015：539-540.

"官吏额外之收入有若陋规、有若中饱、有若浮收、有若侵扣。美其名曰出息，质言之则藏私而已。今因清理财政令各衙门将每年进款如以上各项和盘托出，即将所报之数定为公费，而向所视为不法之藏私遂一变而为正当之酬报。评者曰是之谓化私为公"①。

各属公费的制定非常有考究。细查可以发现，各属最终定的公费大都和归公的数量相一致，或者比归公数量还要多一些，只有少数是公费比归公数量少的。吉林省度支使徐鼎康在将津贴司署之款化私为公之后，吉抚立即奏请照章将公费另行核定，请将吉省原定公费由九成核发改为十成支放，并将各司养廉、公费增加，统共每年增出银27960两，刚好可以以度支司归公津贴之款拨抵。② 而此处的民政司、度支司养廉和公费也只是各司使的个人收入。甘肃省亦将司道规费化私为公，然后拟定公费。甘肃省司道拟定公费及旧有规费的比较见表3-1。

甘肃司道拟定公费及旧有规费比较表（单位：两）

类别	旧有平余规费各项银数					新定公费	比较	
	公费	津贴	平余	规费并各项经费	租息	合计		增	减
布政司	7294	1152	3456	火耗银2592两，堂扣银3943两	无	18438	15000		3437
提学司	9000	无	无	无	无	9000	9000		
提法司	7200	622	无	秋审经费银1680两	无	9502	9000		502
巡警道	无	无	无	无	无	无	8000	8000	
劝业道	6000	1200	无	换茶票规费银7000两	510	14710	8000		6710
巩秦阶道	800	1800	无	摊解发审经费银1400两，摊解书役饭食银1662两	137	5799	6000		201

---

① 无妄. 闲评二 [N]. 大公报，1910-07-27.
② 吉林巡抚陈昭常奏拟定巡抚司道养廉公费折（宣统二年七月十六日）. 吉林省档案馆，吉林省社会科学院历史所. 清代吉林档案史料选编（上谕奏折）[A]. 长春：吉林省社会科学院历史所出版社，1981：231-232.

111

续表

类别	旧有平余规费各项银数					新定公费	比较	
	公费	津贴	平余	规费并各项经费	租息	合计		增	减
平庆泾固化道	无	1800	无	摊解发审经费银1034两,书役饭食银410两	无	3244	6000	2756	
甘凉道	1800	1800	无	摊解发审经费银312两,烧锅规费银340两,书吏口食银590两	576	5418	6000	582	
宁夏道	3430	2200	无	摊解发审经费银752两,书吏纸笔银266两	无	6648	6000	648	
西宁道	无	2088	无	摊解发审经费银460两,书吏饭食银275两	91	2914	6000	3086	
安肃道	7000	1200	无	摊解书役饭食、辛红并厘捐、册报、饭食银682两	无	8882	8000		882

备考：以上司道旧有平余、规费各项银八万四千五百五十九两五钱七分七厘，新定公费银八万四千五百两，新旧比较，除增减两抵外，实减银五十九两五钱七分七厘。此次所定公费内扣一成作为办公经费，各衙门公所经费不在其内，合并声明。

对比可以看出，甘肃省也存在类似的情况。从上表可以看出，有些司道变化较大，比如，布政司、劝业道的公费都比原有规费少。但有些司道仅仅是把私下不合规的款项拿到明面上来变成规范的款项，因为两者数量变化不大，比如，提学司、甘凉道和宁夏道等。如果从总量上看，变化并不大，新旧规费比较，除增减两抵外，实减银五十九两五钱七分七厘。①

云南省司法费中的臬司廉俸公费役食一项化私为公也存在同样的情况。之

---

① 甘肃清理财政说明书［M］//陈锋.晚清财政说明书（4）.武汉：湖北人民出版社，2015：749.

前，臬司年领俸廉银4000两、俸薪银130两、册费银1200两和缉捕经费银3000两作为办公经费。后将各项规费一律扫提归公，改定公费，"年合领新定公费银八千两、原定役食银六百两。惟此项役食因光绪二十六年备赔洋款案内核扣二成，年实领银四百八十两。又内署执事人役工食年合领银四百四十二两"①。可以看出仅仅是把私转化了一下名称，公费和私费基本一致，甚至比私费还要多些。总之，行省即使对规费进行清查，中央亦无法染指。

(四) 规费清查不易的原因

规费清查不易的原因主要有两个：一是利益相关，盘踞已久，根深蒂固；二是规费太繁杂，确实很难清理。

利益相关，盘踞已久，根深蒂固。安徽省清理财政局对规费的清查有比较乐观的估计。认为"各属规费，或有或无，或多或寡，有者亦多拨作警务、学务及津贴、书差之用……且同治初定章于正项外有办公各银，本即地租附加，今不过一正其名，且将各规费化私为公，谋收划一之效耳。一经规定立案后，以地方之财给地方之公费，预算可以成立，决算可以申报。征解一律，上下周知，视前此由官收支，纳税者莫明其用，得失何如也？"② 很显然，该局把清查规费的问题预想得太简单了，认为只是一个名称的变化，并且清查后可以达到明了划一的效果。但是它忽略了"权"和"利"在其中产生的影响。比如，甘肃省存在册费、饭食、纸札各项房费，因为分科治事，这些规费理应被清查裁撤。但是，这种陋习已经根深蒂固，新设的书记、科员等仍沿袭旧习，"暗中借重，兼以弊薮利窟，阻力甚大，不雷厉风行，恐有变法之名，难收改良之效"③。这个也很容易理解，因为虽然分科治事，但是大都新瓶装旧酒，人员还是那些人员，只是换了个名衔，又利益相关，因此，规费清查难度极大。

规费直接关乎官吏的私收，让其涓滴归公不啻虎口夺食，何其难哉。"官场者一陋规之官场也，上官取之下属，下属取之百姓，公费一而陋规百，廉俸一而陋规千，声色狗马之奉莫不于陋规乎是赖，故作官之目的在发财，发财之源

---

① 云南全省财政说明书 [M]//陈锋. 晚清财政说明书 (9). 武汉：湖北人民出版社，2015：269.
② 安徽财政沿革利弊说明书 [M]//陈锋. 晚清财政说明书 (6). 武汉：湖北人民出版社，2015：11-12.
③ 甘肃清理财政说明书 [M]//陈锋. 晚清财政说明书 (4). 武汉：湖北人民出版社，2015：737.

泉在陋规之种类甚多，陋规之门径甚秘。"① 虽然度支部有承诺在先，各省将规费化私为公后，就酌定公费，并且是优加督抚薪俸，即用优厚薪俸和有保障的办公经费来打消督抚的忧虑，但是，薪俸和公费都已经纳入预算，纳入正轨之内，办公费用有了保障，但是同样也有了约束，督抚司道们就失去了可以自由支配的收入。

陋规清查实属不易，还由于其过于繁杂，不仅种类繁多，而且多属于秘密的状态，导致的结果不仅查不胜查，更是无从查起。"使泽公而果能清查陋规者，中国之治不远矣。"② 因为规费的私密特性，加之督抚司道的有意隐匿，导致度支部即使派员清查也难以取得显著的效果，最终度支部又不得不回到清查的老路，依靠清廷对各省督抚施加压力，让各省自行检举，和盘托出。③ 但是，清查效果可想而知。

三、清查州县规费

度支部对行省规费的清查虽然取得了一定的成效，但是，遇到了较大的阻力，度支部让行省规费涓滴归公的目的难以实现。与此相应的，行省对府厅州县规费的清查，效果也不容乐观。

（一）清查州县规费刻不容缓

州县规费的清查刻不容缓，度支部要求各省督抚和清理财政局对州县规费严查。各省规费最主要的还是州县规费，"以州县衙门收受之名目为尤多"④。因此，清理财政对规费的清查，重点在州县。

首先，州县规费的清查关系到州县公费的确立，有利于保障州县的办公经费。清末宪政改革，州县政府在教育、巡警和各项善举方面承担了大量的改革事项，责任重大，需要有充足而稳定的办公经费，而州县规费的清查就关系到州县公费的确立。此举能使得州县公费得到制度性的保证，从而推动地方改革的进行。

其次，州县官吏是亲民之官，他们和民众的关系最近，他们的盘剥民众也

---

① 时评·官场之陋规 [N]. 申报，1911-08-08（第1张第6版）.
② 时评·官场之陋规 [N]. 申报，1911-08-08（第1张第6版）.
③ 议饬检举隐匿私款 [N]. 大公报，1909-09-20.
④ 河南财政说明书 [M] //陈锋. 晚清财政说明书（3）. 武汉：湖北人民出版社，2015：670.

感受最切身,最容易引起民变,因此,州县规费的清查,有利于社会的稳定。比如,福建省州县契税的征收中,浮滥情况严重,有浮收、苛索、巧取等舞弊行径,陋规私费普遍存在,极大地加重民众负担。按照章程,该省州县每契价一两征税三分,但是,此外又加收各项款目,如耗银、解费、经费等,所以实际上取诸民者已收至六分或收至七分以上,是原额的两倍还要多。此外,"税书之润笔有费(俗称为笔资),看银有费(俗称为银工),朱油印工有费(俗称为印油礼),收契送契有费(俗称为挂红礼、送契礼)"①,种种浮收,难以计数,且均为陋规。此外,还有苛索、巧取等种种弊端。该省州县征收当税,正税外,又有火耗、补水、帖水、解费及书吏津贴等项陋规,"各州县之收数自五两至十两不等"②。征收如此浮滥,百姓的负担成倍增加,再不加以整顿,很容易激起民变,引发社会危机。

再次,规费支出,对于州县来讲也是巨大的财政负担。以解款领款为例,州县各项奏销造册送司过程中,由于手续繁杂、索取多样,州县需要帮贴,并且名目多、数量大。比如,有奏销册费、饭食、纸札等费,后来发展到办一事即增一费,导致名目繁多,需索日甚;州县向上级领解款项,其中抑勒规费亦是层出不穷,有扣平余等诸多名目。这对于州县来讲,负担亦属极重,亟需清查。

最后,规费成为贪腐的温床。因为规费征收的任意性,使得大量的规费是纳入官员差役个人的腰包,规费成为官吏牟利的渊薮,为了扩大个人私入,各种贪腐行为因之而产生。比如,在四川省,诉讼费向例是每审结一案,由双方各出讼费钱3200文,称之为堂规,但是书役任意婪取,有多至数十千或百余千的。③ 向例之外的收入多纳入书役私囊。官场周旋之费大量存在,官员之间私相授受,差役也能从中得利,规费亦随着产生,比如,节寿、门包之类。"丁差之随封相沿如例,各有定数,随封不足则礼不上呈。"④ 在福建省的契税征收中,除了各种浮收陋规外,还有苛索和巧取。所谓苛索,即"自藩司严定比较

---

① 福建全省财政说明书[M]//陈锋.晚清财政说明书(9).武汉:湖北人民出版社,2015:714.
② 福建全省财政说明书[M]//陈锋.晚清财政说明书(9).武汉:湖北人民出版社,2015:717.
③ 四川全省财政说明书[M]//陈锋.晚清财政说明书(4).武汉:湖北人民出版社,2015:827.
④ 甘肃清理财政说明书[M]//陈锋.晚清财政说明书(4).武汉:湖北人民出版社,2015:738.

核计功过,由是官责之书,书责之民,下乡催收,四处讹索,其无契可税者亦任意勒贴,不遂其愿,则以匿税禀究"。① 所谓巧取,即"县官完解契税,皆以银计,而税书则以银折钱,又以钱折银,辗转申折,任意科合。或以平色不足而加其耗,或以零数归整而蚀其余"②。在规费收受中,贪腐的手段多种多样,规费已经成为贪腐的温床,既鱼肉百姓,又侵蚀国帑。

总之,州县规费名目繁多,积弊已深,又关系重大,所以亟需清理。

(二)度支部重视州县规费清查

度支部试图通过多种渠道调查州县陋规。首先,度支部通饬各省迅速清查所属州县陋规等规费私费,一律归公;查明州县各缺肥瘠,分别酌加津贴;将昔日所有对上司之供应一律裁去,确定公费。但各省办理并无完全,"多有未据实行者"③。其次,度支部还责成监理官对府厅州县的出入款目进行详细调查,各项款目非常全面,其中就包括规费等,比如,岁入项下包括地丁、漕粮、税契、杂税、杂租、由司给领之款、就地抽捐之款、平余、火耗、公费、盈余加价(指过年完纳加收之价)、各项差徭、随漕经费、其他各项规费等。④ 其中,杂捐杂税因其不确定性,最容易滋生陋规私费,因此,度支部要求监理官格外关注,方法就是将各种杂捐清查予以张贴公布,借助于议员绅商和乡民监督揭发⑤,度支部还要求各省将各种杂捐的办理情形详细报部。虽然度支部极为重视州县规费的清查,并屡屡催促,但是遵照办理者寥寥无几,该部不得不厘订调查地方杂捐表式颁发各省,让各省切实调查。⑥

(三)督抚也希望借机掌控州县财政

前已述及,到清末,相对于行省,州县财政利益已经形成,督抚对州县财政的掌控和调节能力都有所降低,再加上陋规等规费都属于私密性质,督抚对州县规费更是知之甚少,"各属自筹自用之款向不报司,尤为私弊所丛"⑦。这

---

① 福建全省财政说明书[M]//陈锋.晚清财政说明书(9).武汉:湖北人民出版社,2015:714.
② 福建全省财政说明书[M]//陈锋.晚清财政说明书(9).武汉:湖北人民出版社,2015:714.
③ 电饬清查陋规[N].大公报,1909-02-14.
④ 度支部颁发调查各省岁入出款目单[N].申报,1909-08-21(第1张第4版).
⑤ 宣布公捐表之时期[N].大公报,1909-11-28.
⑥ 议厘订调查地方杂捐表[N].大公报,1910-05-25.
⑦ 江抚周奏清理财政局依限编成本年春夏季出入款项报告册折[N].盛京时报,1910-02-24(第3版).

也严重影响行省财政收入和对州县财政的管理。因此，在清理财政的过程中，各省督抚也希望借机清查州县规费，加强对州县财政的掌控。但是，州县规费清查的过程较为波折。面对清查，州县多是抵制或者隐匿。

（四）清查府厅州县规费

各省清理财政局和督抚们认识到清查州县规费的重要性和迫切性，通过多种方式展开对州县规费的清查。

湖北省对州县规费的清查，监理官和总督都有具体举措。监理官发现州县财政多任用私人，收支混乱、征收浮滥，导致有名规费与无名陋规数量巨大，由于管理的无序和贪墨较多，导致亏空很大，监理官极为重视并部署对规费的清查。在监理官和督抚商议之下，展开对司道衙署和府厅州县规费的清查。

江苏监理官到任后，也非常重视清查州县规费，并把清查州县平余、摊项、规费等作为入手办法，为确定公费做准备，为此还制定了清查财政的办法。①

经过调查广东清理财政局发现，该省盐课中存在大量陋规，名目繁多，并且多数被胥吏中饱，严重影响盐税盐课的征收。因此，该省清理财政局认为应该"严立科条，整顿缉私，厘剔陋规，化私为公"②。

福建省泉州、涵江、铜山、沙埕四常关都有什款，即从前陋规私款，比如，船例等。自光绪三十三年改用候补府厅州县经征，革除辕馆等名目，裁汰陋规，一洗从前种种之弊。其清提陋规私例归入杂款者188047两，但是，此次"化私为公之款统名为杂款，其征收则仍照旧时名目，以习便也"③。该省还针对厘金局卡之规费等不正规收入化私为公。在厘金征收过程中，私费很多，"平均科算除缴解额款外，其认为局卡出息而归入私囊者年总不下三十万金"④。主要通过创立种种名目，需索摊派，或匿而不报，或以多报少、以大报小等方式收受。这些收入就包括规费、银余、票余、杂费、余款、罚款等。该省清理财政局认为，这些款项是应该剔除的，现已"现已切实调查，期能得其确数并增入比较

---

① 江督张札饬各属遵照监理财政官拟定清理财政办法六条办理文（附办法）[N]．北洋官报，宣统元年八月二十日，6-8．
② 广东财政说明书 [M] //陈锋．晚清财政说明书（7）．武汉：湖北人民出版社，2015：154．
③ 福建全省财政说明书 [M] //陈锋．晚清财政说明书（9）．武汉：湖北人民出版社，2015：686．
④ 福建全省财政说明书 [M] //陈锋．晚清财政说明书（9）．武汉：湖北人民出版社，2015：681．

额内，亦化私为公之一法也"①。

东三省清理财政局也多方清查州县外销和规费。首先，该局通过督抚通饬各府厅州县严格造报，并将一切陋规等名目和盘托出。其次，为了各府厅州县能详细造报，清理财政局制定并颁给各属表式，要求各州县统一填报。比如，黑龙江省清理财政局制定《黑龙江省某道府厅州县规费一览表》，包括种类、缘起、征收惯例、实收之数、用途和合计六项②，以便于对州县规费进行翔实的清查。最后，清理财政局派员到州县进行实地调查，为此还制定了办事通则。③比如，清理财政局派员前往各府厅州县调查每年征亩税的数量以及除了缴正税之外能盈余多少④，以便将来将该盈余款项提局归作报部正款。

甘肃省清理财政局认为，在确定公费之前，需要把州县支出的款的款梳理清楚。而有些款项是需要保留的，但是，有些款项是亟需蠲除的，包括照例摊解之款，上司衙门之支应，有驿州县过往差使，各衙门房书、册饭、纸札等款。有需要严行查禁的，包括"节寿、门包、需索供应一切有干例禁之事"和"房费陋规如估拨、易换、粜粮变价暨临时一切无名规费之类是也"⑤。但是，该局担心蠲除和查禁会遭到阻挠，因此，"非著为禁令，如有犯者，一经发觉，非治以予、受同科之罪，不能杜讳张而革习染"⑥。该局主张严格惩戒。并且，拟将宜蠲和宜禁的各项款目单列，让各属周知，以便严格遵守。

陕西省清理财政局认为各地方盈余规费应该据实揭出，才能确定公费，所以，盈余规费的清查要彻底，不然"恐盈余之外另有盈余，规费之外另有规费，于清理之宗旨必致大相径庭"⑦。

督抚司道们也是想尽办法清查州县规费，一方面，派员前往州县实地调查。比如，锡良就派员详细调查并造报清册，将地亩征收中的折价、盈余和扣秤等

---

① 福建全省财政说明书 [M]//陈锋. 晚清财政说明书（9）. 武汉：湖北人民出版社，2015：681.
② 黑龙江省某道府厅州县规费一览表 [A]. 档案号：45-1-103，黑龙江省档案馆藏.
③ 东三省清理财政局办事通则 [A]. 档案号：39-1-1，吉林省档案馆藏.
④ 派查各地方官盈余款项 [N]. 盛京时报，1910-05-21（第5版）.
⑤ 甘肃清理财政说明书 [M]//陈锋. 晚清财政说明书（4）. 武汉：湖北人民出版社，2015：740.
⑥ 甘肃清理财政说明书 [M]//陈锋. 晚清财政说明书（4）. 武汉：湖北人民出版社，2015：740.
⑦ 陕西财政说明书 [M]//陈锋. 晚清财政说明书（4）. 武汉：湖北人民出版社，2015：115.

项规费呈报督署。① 另一方面，严格要求各州县将规费和盘托出，要求各属据实呈报，不然"稍有抗延隐饰情事，由局查明呈报本大臣、署院，惟有遵章办理。宪政所关例限紧迫，断不能稍从宽假除"②。在广东，总督于宣统元年提出化私为公案，提拨规费，把化厘、柴竹、艇规等厘金征收中的规费款项提归正款。③ 自光绪三十四年二月起，该省还将汕头洋务局提解规费悉数提解善后局，充支出洋稽查华商经费之用。④ 可以看出，督抚们也是多管齐下，希望能彻查州县规费。

（五）清查州县规费的成绩

根据各省清理财政局编订的财政说明书可以看出，各省对州县规费予以清查和呈现，并实现了一定程度的化私为公，还针对规费进行了改良，在清查规费的基础上酌定公费。

1. 列举出规费的名目和数量

多数省份的财政说明书种都列举了规费的名目，有个别省份还在一定程度上呈现出规费的规模，让大量处于隐匿状态的收入公开化。

四川省清理财政局开列了"四川全省各州县手数料说明书"。根据各属报告看，该省州县规费以诉讼费、平息、称息为较多，而当规、呈戳费等次之，此外还有参费、粮票捐、官膏牌费、斗息等。其征收方法包括讼费、呈戳费、参费、粮票捐等，多由地方官直接征收；平息、斗秤息等，多由绅商包缴。清理财政之前，该省前总督岑春煊已经将参费和当规进行过裁汰，但是，还有个别厅州县没有能裁免。在清理财政之际，该省将诉讼费和斗息进行了严格的规范，防止浮滥。宣统元年，四川省为筹办地方审判厅需款，由总督通饬，改为每控案一起，收讼费钱十千文，以五千文留作本署办公经费，五千文提充审判厅开办经费，此外不得浮取分文，实现该款项的化私为公；而斗息于光绪三十四年经劝业道通饬，改良规则，划一升斗，凡米一斗收钱四文，杂粮一斗收钱二

---

① 派员调查征收各款［N］.盛京时报，1910-07-19（第5版）.
② 督抚宪通饬为财政局已经成立所有通省一切款目自应派员详细调查以凭咨报［N］.吉林官报，第十九期，宣统元年六月二十一日，公牍辑要，7.
③ 广东财政说明书［M］//陈锋.晚清财政说明书（7）.武汉：湖北人民出版社，2015：219.
④ 广东财政说明书［M］//陈锋.晚清财政说明书（7）.武汉：湖北人民出版社，2015：295.

文。① 这样，州县征收实现统一，不至于出现浮收滥取滋生规费的情况。

贵州省对于规费的清查相对比较明晰。该省征收丁粮规费，"有名、无名难以枚举，官吏所不能尽述，绅民所不及详知"②。在如此纷杂的情况下，该省清理财政局根据调查所及，列出表格，展现各州县规费名目，只名称上看，该省各府厅州县的规费名目有公费、串票、地样米、盖墙米、发飞米、斗级、票钱、地盘米、斛尖、管丁银人土粮、管丁银人民粮、房书土粮、房书名粮、管丁司事、管粮司事、房书工食、仓书夫役斗级工食、加平、管粮司事并房事、房书、伙耗、房费、折色票银、浮收、加色、折色加平、火耗、柜费、折色杂货、踢斛、管驿司事、夫役斗级、账房传宣所、房书粮差、补平、折征补平、房书柜费、仓书工食、管柜、杂费、折征加平、折征火耗、地皮米、折征杂费、改米墨飞、敷水、费米、粮书辛工、催差盘费、倾销解费、书斗伙食、笔墨纸张、派差数钱、印红、旺戥、仓差费米、斗级米、丁粮、淋尖、秋米票钱、秋谷仓书、红挥、草鞋、斗级米管仓、过户、通事、灰米、传宣所及管仓、粮差局费、房书伙食笔墨费、补水、清封、档米、席米、水火耗、户口、墨挥、挥串、里票钱、粮书纸笔费、看谷、粮书办公费、乡䂆票钱、实征规费米等。③ 名目非常多，并且各州县名目不一。但是，由于表格中多数名目下并没有标明数量，所以，难以统计丁粮规费规模。该局还对卫田规费的情况进行了比较详细的说明，包括名目和标准。④ 当然，该局的数据也是来源于各卫的报告册，因此，该局称"据报，规费仅止此数"⑤。

福建省对州县外销和规费的调查也相对比较详细，不仅列出了种类，还估算了大致的总数。该省州县征收的杂款中有多种外销和规费，比如，平余、书役催收丁粮所得规费、粮串费、船牌照费、诉讼费、状纸费、罚款、节年丁粮

---

① 四川全省财政说明书［M］//陈锋. 晚清财政说明书（4）. 武汉：湖北人民出版社，2015：828.

② 贵州省财政沿革利弊说明书［M］//陈锋. 晚清财政说明书（9）. 武汉：湖北人民出版社，2015：387.

③ 贵州省财政沿革利弊说明书［M］//陈锋. 晚清财政说明书（9）. 武汉：湖北人民出版社，2015：388-398.

④ 贵州省财政沿革利弊说明书［M］//陈锋. 晚清财政说明书（9）. 武汉：湖北人民出版社，2015：444-445.

⑤ 贵州省财政沿革利弊说明书［M］//陈锋. 晚清财政说明书（9）. 武汉：湖北人民出版社，2015：445.

加价等①，都是向无提解，为各属收入。该省清理财政局分别详细列表进行说明，有各府厅州县平余表②、各道府厅州县规费表③、各厅州县书役催收丁粮所得规费表④、各厅州县县丞所收粮串费表⑤、各府厅州县所收状纸费表⑥。此外，还对各厅州县所收船牌照费、各府厅州县所收诉讼费、各州县所收罚款、各州县征收节年丁粮加价进行详细说明。根据该局统计，州县年有平余506000余两，规费29000余两。⑦ 牌照费，只是在个别州县有之，包括平潭、云霄两厅，闽县、长乐、福清、霞浦、福安、诏安、莆田、晋江八县，年约收银3684两零。⑧ 各州县所收罚款，永春州、罗源县等州县11属有之，年可收银998两零。⑨ 各州县征收节年丁粮加价，闽县等20处有之，约全年共可收银12946两零。⑩

　　陕西省清理财政局将厘金征收中各关规费名目情况逐一进行了说明，但是大多没有具体数量的呈现。清查出的陋规名目包括落地无票之货厘、平余、验票费、收土产落地及他局未完之货、就地行销无票之货收银、落地无票之药材、土产、杂货平余、出境土货、落地杂货、担头或包口钱、落地零货、出境零货补收票、无票之零星货物、火耗、查船验货钱、近八属未经完厘之货、本境落地行销之货、填给小票之棉花厘钱及虢镇之坐贾余钱、盈余、外局票货之验费、

---

① 福建全省财政说明书［M］//陈锋. 晚清财政说明书（9）. 武汉：湖北人民出版社，2015：816.

② 福建全省财政说明书［M］//陈锋. 晚清财政说明书（9）. 武汉：湖北人民出版社，2015：801-806.

③ 福建全省财政说明书［M］//陈锋. 晚清财政说明书（9）. 武汉：湖北人民出版社，2015：801-806.

④ 福建全省财政说明书［M］//陈锋. 晚清财政说明书（9）. 武汉：湖北人民出版社，2015：806-809.

⑤ 福建全省财政说明书［M］//陈锋. 晚清财政说明书（9）. 武汉：湖北人民出版社，2015：809-812.

⑥ 福建全省财政说明书［M］//陈锋. 晚清财政说明书（9）. 武汉：湖北人民出版社，2015：812-815.

⑦ 福建全省财政说明书［M］//陈锋. 晚清财政说明书（9）. 武汉：湖北人民出版社，2015：801.

⑧ 福建全省财政说明书［M］//陈锋. 晚清财政说明书（9）. 武汉：湖北人民出版社，2015：812.

⑨ 福建全省财政说明书［M］//陈锋. 晚清财政说明书（9）. 武汉：湖北人民出版社，2015：815.

⑩ 福建全省财政说明书［M］//陈锋. 晚清财政说明书（9）. 武汉：湖北人民出版社，2015：816.

换票钱及划子钱、出境无票之货、不符补报之货，查船酒钱、验票出票钱、生漆和竹牌之规费，牛皮槲皮和木耳之加包加收、用小条抽收之火纸和黄表钱、不用小条之油、酒、水烟及零货钱，等等。总之，名目繁多，不一而足。①

浙江省也清查出有大量陋规。比如，盐课杂项中的引课铺垫和安衙津贴等款属于陋规。② 还有丁漕项下的平余、盈余等都是规费。此外，还有厘捐、役驿、各署办公费等类、吏部办公费、解部饭银等，都属陋规。③

广西省清理财政局对各属规费的项目和规模进行了罗列。广西省各属规费以船行为大宗，并且，据该局称，广西省从宣统三年起全数提充公费底款。④ 根据广西省各属规费调查表，可以看出，广西省各属规费款目有14个，包括船行、锅厂帖费、纸篷帖费、堡费、石牙寺脚两塘押规、征收霜降士兵传操费、士兵换照费、田夫折价、膳田谷、税契由单、夫马规费、庵租、采买兵谷和押规等，总数大约为28683两。⑤

河南省清理财政局对州县规费的清查比较认真。该局认真研究《清理财政章程》对清查规费的要求，"提出各项规费，除津贴各署公费外，概归入该省正项收款"⑥。该局认为章程所说的"提出各项规费"，是指无论何项，不再有规费之名目。而"津贴各署公费"，是将化私款为办公之用，"苟非有干例禁之，规费仍不妨参酌情形，归入正项，以示涓滴归公之意"⑦。按照此种解读，该局先是列表，列举各项规费的情形，然后针对各项之性质分为应裁革者、应提充者，又列表做了说明，可谓非常详细。根据该局的列表，笔者统计得知，全省

---

① 陕西财政说明书［M］//陈锋.晚清财政说明书（4）.武汉：湖北人民出版社，2015：132.
② 浙江全省财政说明书［M］//陈锋.晚清财政说明书（5）.武汉：湖北人民出版社，2015：586.
③ 浙江全省财政说明书［M］//陈锋.晚清财政说明书（5）.武汉：湖北人民出版社，2015：660，683，693.
④ 广西全省财政说明书［M］//陈锋.晚清财政说明书（8）.武汉：湖北人民出版社，2015：747.
⑤ 广西全省财政说明书［M］//陈锋.晚清财政说明书（8）.武汉：湖北人民出版社，2015：747-748.
⑥ 河南财政说明书［M］//陈锋.晚清财政说明书（3）.武汉：湖北人民出版社，2015：670.
⑦ 河南财政说明书［M］//陈锋.晚清财政说明书（3）.武汉：湖北人民出版社，2015：670.

各府厅州县收受盐规（附节寿）30436.376 两①。全省各府厅州县收受当规（附节寿）共 17327.69 两②。各府厅州县收受折贴号马价共 3563.08 两③；各府厅州县收受换领牙帖共 2897.561 两④；各属收受验牙帖规共 5830.616 两⑤；各属收受卯规共 1729.031 两⑥；各属收受柜规 1393.453 两⑦；各属收受会规共 1653.333 两⑧；各属收受巡勇费共 2128.628 两⑨；各属收受煤窑规共 2551.934 两⑩；各属收受钱规共 1619.966 两⑪；各属收受米行支官共 2544.766 两⑫；各属收受折缴物价共 2000.468 两⑬；各属收受酒规共 186.666 两⑭；各属收受杂收规费共 5941.514 两⑮。

---

① 河南财政说明书［M］//陈锋.晚清财政说明书（3）.武汉：湖北人民出版社，2015：670-674.

② 河南财政说明书［M］//陈锋.晚清财政说明书（3）.武汉：湖北人民出版社，2015：674-676.

③ 河南财政说明书［M］//陈锋.晚清财政说明书（3）.武汉：湖北人民出版社，2015：676-677.

④ 河南财政说明书［M］//陈锋.晚清财政说明书（3）.武汉：湖北人民出版社，2015：677-679.

⑤ 河南财政说明书［M］//陈锋.晚清财政说明书（3）.武汉：湖北人民出版社，2015：679.

⑥ 河南财政说明书［M］//陈锋.晚清财政说明书（3）.武汉：湖北人民出版社，2015：680.

⑦ 河南财政说明书［M］//陈锋.晚清财政说明书（3）.武汉：湖北人民出版社，2015：680.

⑧ 河南财政说明书［M］//陈锋.晚清财政说明书（3）.武汉：湖北人民出版社，2015：681.

⑨ 河南财政说明书［M］//陈锋.晚清财政说明书（3）.武汉：湖北人民出版社，2015：681.

⑩ 河南财政说明书［M］//陈锋.晚清财政说明书（3）.武汉：湖北人民出版社，2015：681.

⑪ 河南财政说明书［M］//陈锋.晚清财政说明书（3）.武汉：湖北人民出版社，2015：682.

⑫ 河南财政说明书［M］//陈锋.晚清财政说明书（3）.武汉：湖北人民出版社，2015：682.

⑬ 河南财政说明书［M］//陈锋.晚清财政说明书（3）.武汉：湖北人民出版社，2015：683.

⑭ 河南财政说明书［M］//陈锋.晚清财政说明书（3）.武汉：湖北人民出版社，2015：683.

⑮ 河南财政说明书［M］//陈锋.晚清财政说明书（3）.武汉：湖北人民出版社，2015：683-684.

2. 整顿规费，化私为公

各省在清查规费的同时也在一定程度上对其进行了整顿，实现了部分规费的化私为公，增加经制内的财政收入。

在广东省，通过对厘金规费多次大力的整顿，该省厘金数量大增。"合计全省厘金之数，以视十余年前增加倍蓰"①，广东省厘金每年增银366000余两。

直隶各州县也在督抚督促下清查陋规。"怀仁知县下令删减的陋规、私款多达数十项。"② 在一定程度上改变了规费名目不一、查不胜查、禁无从禁的窘境。

陕西省州县陋规部分地实现化私为公。比如，白河县的厘局个头，属于陋规，自宣统元年起，将钱579串453文化私为公，年约收钱1027串文。③ 石泉县的酒捐也属于陋规，自元年起，该县把各地烧锅陋规化私为公，年约收钱200串。④ 定远厅的铁厂和纸厂捐收本为规费，分别满年约捐200两和银53.333两3钱3分3厘，也实现了化私为公。另外还有属于教练所的庙产捐，也是由宣统元年起"酌提归公，满年约收银三百八十两"⑤。中部县的铺商捐和油酒行秤税，都是属于县署陋规，光绪三十四年归公，随后盐商捐和客店捐也相继归公，满年共捐钱合银91.49两。该省的畜税，于宣统元年五月化私为公，满年约收钱合银63.093两。⑥ 另外，查出的规费还有，颌阳县所收杂捐之酒户捐，年约捐银20两。⑦ 商州的抽捐验帖，规费银97.4两；抽捐烧锅，规费银61.961两。⑧ 这几种规费化私为公后，每年可以增加经制内的收入钱1027串文、钱

---

① 广东财政说明书 [M] //陈锋. 晚清财政说明书 (7). 武汉：湖北人民出版社，2015：227.

② 高暄阳. 怀仁县裁改旧政各项事宜. 光绪三十三年铅印本：3-20. 转引自刘增合. 清季中央对外省的财政清查 [J]. 近代史研究，2011 (6).

③ 陕西财政说明书 [M] //陈锋. 晚清财政说明书 (4). 武汉：湖北人民出版社，2015：158.

④ 陕西财政说明书 [M] //陈锋. 晚清财政说明书 (4). 武汉：湖北人民出版社，2015：158.

⑤ 陕西财政说明书 [M] //陈锋. 晚清财政说明书 (4). 武汉：湖北人民出版社，2015：159.

⑥ 陕西财政说明书 [M] //陈锋. 晚清财政说明书 (4). 武汉：湖北人民出版社，2015：164.

⑦ 陕西财政说明书 [M] //陈锋. 晚清财政说明书 (4). 武汉：湖北人民出版社，2015：153.

⑧ 陕西财政说明书 [M] //陈锋. 晚清财政说明书 (4). 武汉：湖北人民出版社，2015：161.

200串、银967.277两。

江苏苏属将部分规费化私为公，比如，钓船装运货物进出宝山县境的吴淞口，船行都会借稽查为名私自向船户索取陋规，随后该省将此项陋规禁革，饬令吴淞沙钓船捐局明定标准予以代收。该项收入除支销局用外，均解存司库，拨充公用。① 在江苏苏属还有将陋规等裁革的情况，比如，该省学政衙门旧有陋规既已裁革。② 江苏苏属清理财政局还将调查出来的规费列入预算，以便提归公用。比如，该省各府都有盐栈规费，有按节送的，称为节规，有按月送的，称为月费，相沿已久。该局把此款列入预算入款，以便提归公用。该局根据各厅州县的册报，将太仓州、阳湖、金匮、江阴、溧阳、镇洋等县的盐栈规，靖湖厅的典规，川沙厅的典规、渔船照费，崇明县的大丈经费等，按照各州县上报的数目分别列入预算，"以凭提出，一律归公"③。

根据河南省清理财政局的统计，全省各府厅州县收受盐规（附节寿）30436.376两，其中有12个县将盐规的一部分提充公用，共2076.511两。④ 全省各府厅州县收受当规（附节寿）共17327.69两，其中有5个州县将693.244两提充公用。⑤ 各属收受验牙帖规共5830.616两，其中只有西华县将2634.699两充公。⑥ 各属收受巡勇费共2128.628两，并实现了全部的充公。⑦；各属收受煤窑规共2551.934两，其中武安县将1765.268两补助新政偿还当本⑧；各属收受米行支官共2544.766两，其中虞氏县将360两充公⑨；各属收受酒规共

---

① 江苏财政说明书[M]//陈锋.晚清财政说明书（5）.武汉：湖北人民出版社，2015：309.
② 江苏财政说明书[M]//陈锋.晚清财政说明书（5）.武汉：湖北人民出版社，2015：372.
③ 江苏财政说明书[M]//陈锋.晚清财政说明书（5）.武汉：湖北人民出版社，2015：459.
④ 河南财政说明书[M]//陈锋.晚清财政说明书（3）.武汉：湖北人民出版社，2015：670-674.
⑤ 河南财政说明书[M]//陈锋.晚清财政说明书（3）.武汉：湖北人民出版社，2015：674-676.
⑥ 河南财政说明书[M]//陈锋.晚清财政说明书（3）.武汉：湖北人民出版社，2015：679.
⑦ 河南财政说明书[M]//陈锋.晚清财政说明书（3）.武汉：湖北人民出版社，2015：681.
⑧ 河南财政说明书[M]//陈锋.晚清财政说明书（3）.武汉：湖北人民出版社，2015：681.
⑨ 河南财政说明书[M]//陈锋.晚清财政说明书（3）.武汉：湖北人民出版社，2015：682.

186.666两，其中南阳县将149.333两充公①；各属收受杂收规费共5941.514两，其中3个县将905.904两充公②。

3. 对规费提出改良意见

在对规费清查的过程中，各省清理财政局针对不同性质的规费而提出相应的改良意见，主张有些规费需要裁革，有些规费需要删除名目归入公费，有些可以归入新式税种之内。

江苏苏属在清查规费的同时，还考虑了此项收入的性质。比如，该清理财政局认为府县规费，是私人馈遗赠纳，并非正当收入，而规费大部出于盐典各业，应将其拟列归营业税，作为地方自治税。③

东三省针对不同性质的规费提出不同的改良意见。有些规费需要裁并，比如，将经费名目一概裁革，将局所需薪俸办公等费一概列入预算；而教官的门斗规费、贴班规费、佐职的点卯规费、火牌规费、发给宪书规费、张贴告示规费等则应裁革；归并局费。有些需要变更名目，比如，变更票费名目，将票费收入全数留局办公，并且大都可以改名办公金。有些归入新税种，比如，将各地方的钱粮规费等应并入正粮之内划为国家税；各地方的牙帖规费、当帖规费、店帖规费、船帖规费等，应划为地方附加税以供办理新政之用；又如安东的修船规费、锦县的车船小费等原用来充县署办公之用，也可化为地方附加税。④

河南省清理财政局区分了各种性质的规费后，认为不能在短时间内全部裁革，要考虑到规费的性质，也要考虑民众的承受能力，还要顾及财政困难的实际情况。综合考虑，还是不能一概裁革，最行之有效的方法是分别类型，有些直接裁革，有些需要化私为公。该局认为，有些应该即时裁革，比如，卯规、柜规、查小钱规、例寿、忙规、地保支官、钱规等，实属扰民、病商、需索、违反法纪的，都需要裁革。而像盐、当等规，有些是经常之款，并岁有定额，有些是因办公而设，款有指销，因此，盐、当等规虽名为规费，实有类于营业税，应该将其改为营业税，定税率，按期征收；也可以划为地方税，以充地方

---

① 河南财政说明书［M］//陈锋. 晚清财政说明书（3）. 武汉：湖北人民出版社，2015：683.

② 河南财政说明书［M］//陈锋. 晚清财政说明书（3）. 武汉：湖北人民出版社，2015：683-684.

③ 江苏财政说明书［M］//陈锋. 晚清财政说明书（5）. 武汉：湖北人民出版社，2015：238.

④ 奉天全省财政说明书［M］//陈锋. 晚清财政说明书（1）. 武汉：湖北人民出版社，2015：223.

需用。此外，应该提充公费的还有折贴马价、煤窑规、河口行规、粮行义规、斗行规、墩堡余款、枣斗规、猪羊捐规、肉捐规、办公费、巡勇费、挑夫折差、领换牙帖、查验牙帖、产行入卯规、验斗秤尺规、换公直戳、到任马折、米行规、酒行规、煤行规、油行规、竹行规、席行规、磁行规、草行规、杂货行规、花布行规等。①

4. 酌定公费

有些省份在清查规费的同时，以化私为公款项为基础，酌定府厅州县官和佐贰公费。

甘肃省清查出大量府厅州县规费，以此为基础酌定各官公费。甘肃省府厅州县佐贰盈余，"兹就册报调查所及盈余、规费，约共得银四十八万余两"②，化私为公有一定的成效，也可以看出，州县外销和规费规模较大。在此基础上，对比了之前拟定的府厅州县公费草案，发现化私为公的数目相对比公费数是有盈无绌的，因此，最终确定仍照草案定议府厅州县佐贰公费。③

总之，在督抚和清理财政局多种方式的清查下，再加上各府厅州县为各种目的而纷纷和盘托出化私为公，州县规费得到一定程度的整顿和改良，实现了部分规费的化私为公，并以此为基础酌定州县公费。府厅州县规费的清查还是取得了一定的成绩。

（六）清查州县规费存在的问题

府厅州县外销和规费的清查虽然取得了一定的成效，但是问题依然很多，如有所保留的化私为公、隐匿规费款项或者敷衍清查等。

首先，府厅州县规费的化私为公有很多有所保留，既满足了上级的要求，又能维护自身的利益，名利双收。比如，吉林省宾州厅，和其他厅州县不停被督抚催促不同，该厅在清查规费时争取到主动，主动将厅署的盈余各款化私为公，改为公费。该厅私入之款有三种，包括杂税盈余，每年可收 16 万吊；税契饭银，每年可收银 10000 两，添办当契后每年可收银 6000 两；小租余款，每年可收钱 14000 余吊，即私收之款共 48000 两左右，但是最终该厅化私为公的数量

---

① 河南财政说明书 [M] //陈锋. 晚清财政说明书（3）. 武汉：湖北人民出版社，2015：685.

② 甘肃清理财政说明书 [M] //陈锋. 晚清财政说明书（4）. 武汉：湖北人民出版社，2015：750.

③ 甘肃清理财政说明书 [M] //陈锋. 晚清财政说明书（4）. 武汉：湖北人民出版社，2015：750.

是20000余两。因为该厅虽然看似和盘托出了，但是该厅长官给厅署保留了足够的财政保障，"惟宾厅地居冲要，政务殷繁，年需用实银一万五千两，拟请宪台发给成数以资公用而免枵腹"①。此外还有分科治事需要科长、书记差遣队等薪工还需要银9000余两。再除去摊款银5000余两，之后所呈化私为公之款项就只剩下20000余两了。由于该厅主动归公，颇得督抚好感，因此该厅的留款请求多数获得了督抚的同意。有此先例，该省其他厅府州县纷纷援案办理。如双城厅通判开列出的私款有20300两有余②，除去各种开支，最终盈余银5000两，该通判在禀请将盈余5000两归公的同时，提出要求，请自宣统元年六月起所有该厅税款和大租收数每年除摊款外，要拨归厅署实银14000两，然后将余下之数归公。最终厅署利益得到了充分的保障。在河南省，各州县征收盐规非常普遍，其中69个州县征收，共30436.376两，但是实现化私为公的有12个州县将2076.511两提充公用，在这12个州县中，其中只有3个县是全部充公，另外9个县是实现了部分的化私为公，比如，永城县收受盐规216.626两，将123.2两充公；鹿邑县收受320两，将240两充公；夏邑县收受106.666两，将其中80两充公；临颍县收受381.972两，只是将6.666两充公；荥泽县收受96.288两，充公48.144两；安阳县收受1215.466两，充公148.8两；济源县收受1020两，但是充公的为100两；巩县收受800两，充公293.333两；舞阳县收受848两，充公部分为160两。③

府厅州县此举俨然成为地方官员的升迁之机。主动的请求，虽然背后都有自身利益的保留，但是，已经达到取悦上级的目的，地方官员禀请将衙署私入化私为公、改定公费已然成为"县缺升降之机"④。

其次，府厅州县在清查规费的过程中有意隐匿，或者敷衍调查，含混造报，导致册报错误和不实不尽之处甚多，并且多数省份只呈现出规费的名目，但是没有具体的数额。奉天省临江州送到的册报含混隐匿之处甚多，并且公然作假，月出月入竟无丝毫盈亏。⑤ 这和事实严重不符。在江苏省，也存在府厅州县造报不实之处。比如，扬子淮盐总栈，因为银钱互异等原因，规费甚多，之前已

---

① 朱衣点纂，郑士纯修. 民国农安县志（民国十六年）[M]. 卷六，税捐，20-25.
② 双城厅禀报私入私入各款和盘托出请示遵文并批[N]. 吉林官报，第十八期，宣统元年六月十一日，公牍辑要，2-4.
③ 河南财政说明书[M]//陈锋. 晚清财政说明书（3）. 武汉：湖北人民出版社，2015：670-674.
④ 朱衣点纂，郑士纯修. 民国农安县志（民国十六年）[M]. 卷六，度支，35.
⑤ 东三省要政汇纪[N]. 申报，1909-08-30（第1张第4版）.

经被酌定薪水和公费,总办和会办额支数量确定后,此外悉数归公。在清理财政时,该栈多次声称现在并无盈余陋规等项。但是,该栈册报内"忽银忽钱,仍非一律"①。其中就有可能存在不可名状的隐匿。在江西省,各属隐匿规费的情况也很多。比如,民间买卖田产须推粮过割,例纳规费,这是非常普遍的现象。但是,根据各属报告情况看,江西省只有铅山一县将此项提为公款,分别拨充教育会及模范学堂等处应用。②再如,民间完纳丁漕,向有册费,但是,"各属报明此项拨归公用者,惟莲花厅一处,提为统计处经费"③,其他各属都没有,这显然有悖于事实。这两项规费都是非常普遍的,各属大都有此项规费,但是,根据册报,只有两处实现了拨归公用。吉林省各属造送到清理财政局的季表"眉目既不清晰,款项且多混淆,均不合报部之用"④。甘肃省在清查出规费的同时,酌定各官公费。但是,根据该局的统计,府厅州县共盈余银489000余两,除抵公费432000余两之外,余银56000余两。但是,鉴于各属册报没有核实,该局认为应该还有隐匿或者漏报的情况,因此,酌提银14万余两。⑤从这个估算看,清理财政局认为还是有大量的规费被有意隐匿,并且隐匿数量巨大,有84000余两酌提的余地。陕西省清理财政局根据各属报送的册报,将厘金征收中各关规费名目情况逐一进行了说明,但是大多没有具体数量的呈现,另外,有些衙署没有据实呈报。比如,"临渭二华局,其私入陋规未据报明何项名目"⑥。

总之,府厅州县规费清查取得了一定的成效,但是也遇到了极大的阻力,这主要有两个方面的原因。一方面是因为利益相关。比如,在福建省的茶税中,存在大头小尾之弊,大量收入纳入私囊,此外还有免验礼等陋规,虽然各茶商曾经联名呈控,"终未能锐意革除,是实各委员之责也"⑦。规费清查关系到经

---

① 江苏财政说明书 [M] //陈锋. 晚清财政说明书(5). 武汉:湖北人民出版社,2015:182.
② 江西各项财政说明书 [M] //陈锋. 晚清财政说明书(6). 武汉:湖北人民出版社,2015:196.
③ 江西各项财政说明书 [M] //陈锋. 晚清财政说明书(6). 武汉:湖北人民出版社,2015:196.
④ 长岭县为遵札委派佐治委员赴省造具收支表册的详文(宣统元年九月二十日) [A]. 档案号:39-5-3,吉林省档案馆藏.
⑤ 甘肃清理财政说明书 [M] //陈锋. 晚清财政说明书(4). 武汉:湖北人民出版社,2015:753.
⑥ 陕西财政说明书 [M] //陈锋. 晚清财政说明书(4). 武汉:湖北人民出版社,2015:132.
⑦ 福建全省财政说明书 [M] //陈锋. 晚清财政说明书(9). 武汉:湖北人民出版社,2015:703.

征之员的切实利益,再加上规费等沿袭已久,并积成巨款,所以裁撤陋规,阻力很大。另一方面是因为配套改革没有跟上。如果从事权与财权不一致的程度来看,州县官也确实有很多实际的困难,特别是在没有明确的公费、合理的俸饷制度的情况下,州县官要承担的事项的确很繁难,而州县官要承受的正规和不正规的财政负担又极重,"州县之摊捐日多一日,大者累千、小者累百,官力已疲不能胜"①,加之新政费用日增,另外,一些已然成为惯例的费用依然难省,"大僚之陋规虽绝,而宪幕之节敬不能无,委员之差费虽微,而酒筵之应酬不能免,况复伙食日用巨款尤费周章,幕友薪脩岁费已成定例"②。而由于各种裁扣和陋规导致州县官员收入却不能保障,"廉费之裁扣年一减年,薪俸三成、廉费二成,原额徒虚有其目,加以房规、领费百金仅能得九成"③。收支不敷甚巨。事项多、开支大,而薪俸少、办事权限及自主权又很小,而所收取的在督抚司道控制之外的私费却又是被清查的对象,在筹款无路、请款被驳的情况下,即使暂时实现化私为公,但是,以后难免借口生出其他陋规私费。因此,在外官制改革和合理的俸饷制度确立之前,规费的清查难度很大,清查与隐匿的较量还会继续。

第六节　清查的效果评估

财政确数的清查并没有解决财政危机,并且由于逐级的欺瞒导致清查并不彻底。但是,通过调查财政确数,一定程度上了解了外省财政状况;查出一部分隐匿款项,使得财政收入有所增加;一面清查,一面整理,使得收支稍显明晰;财政确数的调查为预算的制定提供前提条件;在调查财政确数的过程中各省清理财政局编订各省财政说明书,详明财政利弊沿革,为改革提供改良之策,凡此种种都是有积极意义的。

---

① 陕西财政说明书 [M] //陈锋. 晚清财政说明书 (4). 武汉:湖北人民出版社,2015:239.

② 陕西财政说明书 [M] //陈锋. 晚清财政说明书 (4). 武汉:湖北人民出版社,2015:239.

③ 陕西财政说明书 [M] //陈锋. 晚清财政说明书 (4). 武汉:湖北人民出版社,2015:239.

一、局限

（一）财政确数的清查不彻底

首先，册报多不合格。虽然度支部为了清查的顺利进行，制定了统一的造报册式，规定了相应的造送时间，但是，各省的报告册不合规定、不符部章的很多，因此，度支部甚至怀疑各省监理官受到了蒙蔽。① 在浙江省，各府厅州县普设巡警，其经费大都由商店捐积，或者附加捐税，各地情形有所不同，办理办法也有所不一，但是，该省各府厅州县报告册内"或有或无，未能详悉"②。同样，府厅州县学堂也存在这个问题，报告册未能详明经费来源。在常关中有罚款一项，但是，"数目多寡未经开列"，因此，该省清理财政局不得不怀疑其中原委，"自是不能无弊耳"③。在河南省的册报中，不合格、欺饰隐瞒的情况也很多。比如，学租一项，包括稞租、学田租等，各府厅州县大都有之，原本留作地方经费，并不报解藩司，但是，各州县报告册内此项挂漏纰缪之处非常多。南阳府叶县没有开报稞租；汝宁府西平县的学务支款项下注有地租银 400 两，而地租项下竟没有列有学租名目，导致无法填列细数。④ 开封府通许县在册报中没有列出普济堂稞租的收数。⑤ 汝州只是列出铺捐、串捐、亩捐三项总共 1040 两 8 钱，但是三项没有禀明分数。⑥ 总之，纰漏之处"不知其凡几也"⑦。

其次，存在欺饰隐瞒。由于利益作祟，各省对中央刻意隐瞒，各府厅州县对督抚有意隐匿，清查遭到了敷衍和变通办理，导致外销款项无法严格量化估算，外销的规模和数量的彻底清查是个不可能完成的任务。《清理财政章程》要求各省清理财政局在编订财政说明书时，把财政收支数额之多少、哪些是报部之款、哪些是未报部之款项都详细注明。但是，根据各省清理财政局编订的财

---

① 京师近事[N]. 申报，1910-01-07（第 1 张第 5 版）.
② 浙江全省财政说明书[M]//陈锋. 晚清财政说明书（5）. 武汉：湖北人民出版社，2015：715.
③ 浙江全省财政说明书[M]//陈锋. 晚清财政说明书（5）. 武汉：湖北人民出版社，2015：731.
④ 河南财政说明书[M]//陈锋. 晚清财政说明书（3）. 武汉：湖北人民出版社，2015：581.
⑤ 河南财政说明书[M]//陈锋. 晚清财政说明书（3）. 武汉：湖北人民出版社，2015：586.
⑥ 河南财政说明书[M]//陈锋. 晚清财政说明书（3）. 武汉：湖北人民出版社，2015：654.
⑦ 河南财政说明书[M]//陈锋. 晚清财政说明书（3）. 武汉：湖北人民出版社，2015：573.

政说明书可以看到，度支部的这个要求并没有达到。因为各省的财政说明书，有些款项根本就没有注明是否报部，所以难以区分哪些是外销款项。更多的省份是标注了外销款项，但是，外销款项的数额是多少，并没有详细说明。大量的外销款项在财政说明书中被隐匿了。

当然，财政确数调查的不理想，也有其他原因，像度支部也有责任。度支部准备工作不到位，编纂体例不明确、不具体，也给了各省可乘之机。还有就是客观原因导致各省造报困难，难以得到确数。到清末从中央到地方，财政积弊日久甚多，以致积重难返之境地，原有册籍散落，财政名目繁多，加之人才缺乏，确实难以查实，这也让清理财政的人员困扰不已。"东省各署局案据，因曩经兵燹，又加以保存文牍多不得法，卷宗散佚在所难免，此次从事调查，各处报告未能充分完备者，职是之由，是亦编纂上之一大障碍也。"①陕西省也因为战乱导致卷档多残缺不全，因此"司中既无案可稽，州县亦无档可查"②。再加之，清末财政确实紊乱不已，机构分立事权不一，出纳多途，导致各种腾挪借抵，因此，需要参阅几个局署的卷宗才能得某一款的真实情况。还有就是章程多变、款目等名实不符，"调章程而检核，时时有增减之文，按色目以钩稽，处处有参差之数。如赋税本垂经制，而频经蠲免，几无定额之可言；廉俸原系通章，而迭次扣摊，有似空名之徒具枝节"③。让清理财政局无所适从，难以入手。

总之，财政确数的清查是极为不彻底的，仍然有部分的款项没有清查出来，全国财政的实情仍然是谜一样的存在。

（二）亏空太大

财政困难是度支部进行财政清理的重要原因之一，该部本以为把外销之款查出，足以解决财政窘境，"去官吏之浮冒侵蚀，当可支付一切而有余"④。但是，当各省财政册造报到度支部后，该部才发现，各省财政亏空巨大，难以置信。比如，湖北省由于善后局问题很多，各司道州县账目浮滥，导致财政亏空巨大。⑤各省多是入不敷出，所以，以此次调查的各省财政确数为基础而编订的宣统三年预算案赤字高达5400余万两。

---

① 山东财政说明书［M］//陈锋. 晚清财政说明书（2）. 武汉：湖北人民出版社，2015：93.
② 陕西财政说明书［M］//陈锋. 晚清财政说明书（4）. 武汉：湖北人民出版社，2015：97.
③ 云南全省财政说明书［M］//陈锋. 晚清财政说明书（9）. 武汉：湖北人民出版社，2015：4.
④ 财政问题之根本解决［N］. 盛京时报，1910-09-27（第2版）.
⑤ 京师近事［N］. 申报，1910-04-03（第1张第6版）.

(三) 导致中央与地方矛盾加剧

巨大的财政赤字和相互之间的不信任也导致中央与地方矛盾加剧。度支部试图通过清查各省外销和规费，搜罗出各省的隐匿款项，把经制外的收入纳入国家正规财政体系之内，并以此解决财政困难。但各省期饰隐瞒不肯就范，"'外销款目'即不存在，何须列出？"① 各省对度支部集权和揽利的做法极为不满，"是进行者受促于前而掣肘者阴随于后，举动皆疑于浮滥不免惩羹而吹齑，行事不论其是非将使削趾以适履，驯至危亡不顾倾覆不知"②。最终出现疆臣和部臣相互埋怨的局面。此问题成为影响清末各项改革的重要因素，国地财政关系的理顺变得更是难上加难。

二、意义

(一) 外销和规费得到一定程度的呈现

调查财政确数，虽然由于利益作祟和财政紊乱的积习等导致过程几经波折，但是，在度支部和各省清理财政局的努力下，还是取得了一定的成效，使得各省外销和规费在一定程度上得到了清查，一部分本来出于隐匿状态的款项被查出，使得各省财政的整体状况有了大致的呈现，同时也增加了财政收入。

多省的清理财政局还是大致肯定了清查的效果。通过对各省财政岁入和岁出的整理，对省财政整体状况进行了呈现，并且，在此过程中，又查出隐匿的款项。广东省清理财政局称"年余以来，每季出入有报，岁出入总数有报，预算有报。既已和盘托出，而无外销、融销之名，而各州县当实行公费，以后亦当涓滴归公，纤私不遗。全省内外厘然分明，清理财政之效于是乎大著"③。福建省清理财政局也认为，"自有季报册籍送部，亦惟搜罗万有，悉数登载，虽不免复见之病，然收支井然，则亦纪实之举也。嗣预算试办，力求真确，将此种虚收、重收款目又复细加核删，册表中几于无款可言。始以各署局平余、盈余及各属平余、规费二款增益之，而后杂款一类在岁入中亦成巨款"④。"二款增益之"说明该省查出一些隐匿之款。

---

① 江北清理财政局编订. 江北清理财政局编送江北所辖局库仓说明书. 清末铅印本：15. 转引自刘增合. 清季中央对外省的财政清查 [J]. 近代史研究，2011 (6).
② 吉林巡抚陈昭常奏遵旨并议御史赵炳麟等请定行政经费折 [N]. 政治官报，宣统二年九月十三日，折奏类，9.
③ 广东财政说明书 [M] //陈锋. 晚清财政说明书 (7). 武汉：湖北人民出版社，2015：7.
④ 福建全省财政说明书 [M] //陈锋. 晚清财政说明书 (9). 武汉：湖北人民出版社，2015：795.

可以看出，作为清理财政第一线的各省清理财政局认为，通过清理各省财政收支越来越明晰，册报越来越规范，外销和规费被查出，增加了财政收入。各省清理财政局此种表述，难免有一定的邀功之意，但是，确也在一定程度上体现出调查财政确数取得的效果。

首先，各省通过清理，对外销和规费的种类和项目有了大致的了解。各省财政说明书对外销款项大都进行了列举，有些还列举出具体的数目。

吉林省清理财政局将该省外销款目列出，包括饷捐、三姓金税、木行课、磨坊课、渔网课、鱼秤课、置本七四厘捐、吉林府土货售价二厘捐、营业附加税、粮石公捐、出口货捐、车捐、附加车捐、船捐、渡捐、屠捐、铺捐、戏捐、妓捐等19项。①

安徽省清理财政局把未报部的款项列为外销。包括漕杂六款（漕耗、兑费、水脚、备拨、捐款、公费）、土膏牌照捐、凤阳常关征收的公费、由厘金中所提盈余底串罚款等项、海关中的拿私罚款、杂粮捐、各项杂款收入（减成、记过罚款、生息、变价）等都是未报部款项。另外，还有牙捐、牙税、盐厘、货厘、烟酒加税等项，虽然是报部正款，但是如果遇收有余，则归外销。如果以岁出而言，厘金中的解藩库凑解克隆汇丰磅款、解筹议公所凑济新案赔款、巢湖水师饷、旅皖长江水师炮弹加饷、淮河水师枪划并坐船勇饷、五城武委亲兵口粮、解藩库筹拨长江水师炮弹价银、代支应局发运漕巡防第五营、皖南巡防第三营薪饷、习艺所经费、各发审经费、各学务经费、各署局所薪公津贴、各厘局卡开支等项都未报部。②

据甘肃省清理财政局称，通过调查，对财政状况，"虽未尽善，而大致梗概十得六七"③。该局也列出部分外销款目，还有大致的数量。以岁入看，该局列举的外销有：各属租息、摊帮（每年应收银12800余两）、各营截旷附寄储外销（每年收数在七八万两）等，后面两项共八九万两。该局列举的岁出外销，有薪工经杂（每年开支竟至六七万两）、军机处津贴（解银300两）、京差各员津贴（津贴银200两）、兰州府书吏口食（岁共支银360两）、同仁局经费（每年约抽钱一百五六十串文）、赞礼生口食（岁支银100.8两）、源源仓（岁支银1218

---

① 拟分吉林全省税项表二. 吉林行省财政各种说明书［M］//陈锋. 晚清财政说明书（1）. 武汉：湖北人民出版社，2015：593-595.

② 安徽财政沿革利弊说明书［M］//陈锋. 晚清财政说明书（6）. 武汉：湖北人民出版社，2015：22，45，49，54，75，90，107.

③ 甘肃清理财政说明书［M］//陈锋. 晚清财政说明书（4）. 武汉：湖北人民出版社，2015：378.

两）、省城稽查各城门武弁津贴（需津贴银 6660 余两）、春秋二操奖赏杂费（共支银 6930.278 两）、饮和和挹清二池薪水口食（岁需 65 两）、黄河沿吸水龙薪水工炭资（共银 1070 余两）、驿站经费中的驿站津贴（共银 143400 两）、守库官弁新饷、肃州青头山弁勇薪水盐菜粮料、余平津贴、罚款四分充赏等①，除了后面四项没有具体数值，薪工经杂是一个约数，岁出外销能统计一个约数，共需钱一百五六十串文，银二十二三万两。

根据山东省清理财政局列出的部分外销款目如表 3-2 所示：

表 3-2　山东省清理财政局列出的部分外销款目

	大类	小项	数量
岁入	田赋	荷花池地租	银 2.323 两
		沙淤地租	银 124.684 两
		河滩赁基盈余暨哨马营滩租	银 5.92 两、银 199.353 两
		济宁等处地租	银 1634.639 两
	盐课税厘	羡余之四四解费之俸工解费	银 46.288 两
		官办盐务额外租价	银 12258.08 两
		引票缮书	银 500 余两
		增摊饭食	银 1700 余两
		增摊缮书	银 2800 余两
		峄县巡费	银 500 余两
		利津巡费	银 400 余两
		缉捕经费	银 138.542 两
		缉捕赏费	银 241.126 两
		海防经费	银 21 两
	关税	临清关各种杂项	银 57953.01 两
		东海关杂项	银 96000 余两
	杂款	年例捐款	银 61316.367 两
		司道府廉内核扣海防经费、缉捕赏费	银 385 两、银 2149 两
		兖州府一成捕费	银 1180 两

---

① 甘肃清理财政说明书［M］//陈锋. 晚清财政说明书（4）. 武汉：湖北人民出版社，2015：542-645.

续表

	大类	小项	数量
岁入	杂款	院考经费改充学部经费	银 10000 两
		钦天监刊刻数学书经费	银 1284 两
		盐钞解费	银 16.938 两
		拨款饭食	银 755.2 两
		裁旷饭食	银 106.778 两
		裁旷解费	银 177.957 两
		德常二仓留支脚价	银 898.261 两
		官银号存款生息	银 1800 两
		东海关流摊各款	银 9988.61 两
			统计：银 264583.076 两

	大类	小项	数量
岁出	解款	内阁收本房及国子监各经费	银 300 两
		东海关拨解万寿端阳贡品银	银 1000 两
	行政总费	津贴前署司黄办公不敷	银 1000 两
		历城县办公及差务津贴	银 29370 两
		夏军门丧事用款及道员赴曹抚慰夏军夫马	湘平银 542.696 两
	交涉费	东海关道接待费	银 15800 余两
	民政费	烟台庇寒所用款及施衣施粥各费	银 9600 余两
		京师义塾粥厂经费	银 280 两
	财政费	东海关经费之本关经费	银 37270 两
		东海关经费之南北各子口经费	银 22700 两
		善后局之销余银	银 271000 两
		度支部常税销费	银 1800 余两
	教育费	福山县小学堂补助费	银 100 两
	司法费	囚粮囚衣及狱室各项用款	银 200 两
	军政费	军乐队饷项	银 313 两（大建月）；湘平银 456.2545 两
		省塘船价	银 180 两

续表

岁出	大类	小项	数量
岁出	军政费	其他杂支	库平银 9132.694 两； 银 15640.948 两； 湘平银 3402.262 两
			统计：银 406553.948 库平银 9132.694 两 湘平银 4401.2125

数据来源：山东财政说明书［M］//陈锋.晚清财政说明书（2）.武汉：湖北人民出版社，2015：104-627

从该省财政说明书中列举的外销看，该省岁入外销达银 264583.076 两，岁出外销达银 406553.948 两、库平银 9132.694 两、湘平银 4401.2125 两。

云南省财政说明书中列举的岁入部分外销有在盐茶税课有外销仓夫零盐团费银 1730 余两，还有弥补商亏公费、针费。在杂税，有牙银 51310 两、矿税之金课银 37.8 两，还有矿山厂镰铅抽课。在厘金中，有各项杂收之随厘加色（笔者注：2250 两）和罚款（以三分之一为本省外销）等。此外，还有驿站内扣部费公款及新增部饭银 572.017 两、武职养廉内扣报资津贴银 1229.242 两、各属摊解条例工料银两等。在杂收入中有外销，包括藩司衙门收入（针费、解费、平余、扣平等，年共收银 7 万余千两）、粮道衙门收入（针费、解费、平余、扣平等，年共收银 6600 余两）、盐道衙门收入（征收之费，包括平余、粤盐平余、针费、票费、解费、房费、册费等，年收银 25580 余两）和各府厅州县衙门收入（包括平余、杂费、羡余、余款、讼费、参费及一切规费等）。这些款目中，有些没有具体的数值，已有数值统计共 159309.059 两，另余千两。该省财政说明书中列举的岁出部分外销，包括滇省认销宪政编查馆政治官报银 1000 两、例贡采办至少有 1540 两、各房书吏工食需银 7797 两余钱、云南自治局年需银 6000 两、藩司衙门经费之藩署书吏以及库大使经历书吏月共支纸张工食银年共支银 6389.64 两、藩司衙门经费之吏房册费外销支款至少银 354 两、典礼费之各项杂支银 112 两、典礼费之各项杂支银 28 两，此外还有法政学堂的经费一部分由厘金局外销项下提拨。① 除了最后一项，其他统计共 23220.64 两。

---

① 云南全省财政说明书［M］//陈锋.晚清财政说明书（9）.武汉：湖北人民出版社，2015：95-250.

贵州省清理财政局按照正款和杂款区分了已报部和未报部款项。当然，该局所说的杂款仅止于有额杂款，临时杂款岁无定额的，没有罗列。按照该局罗列，该省岁入中，正款部分有54项报部，还是有5项未报部，包括铁课、猪课、芝麻课、布课、柏杨林丁课；杂款部分都是未报部，有121项；在岁出中，正款有54项都已报部，没有未报部的；而杂款中都是未报部的，有162项。①

福建省财政说明书中，列举了盐课类杂费、杂税和杂款中的外销款项，包括盐课类杂费中，平余一项最大，但是，说明书中没有列出该项具体的数值，只有征收的税率，缴银百两随解平余银四两，其他的包括团长工食（银50余两）、稦费（银共665.178两）、贫粮溢出钱水（银16.76两）、贫粮扣留存公（银445.38两）、解费（年额银413.949两，除短欠外，实收130两）、加平水脚（1.346两）、水脚（银0.886两）和部引费（银1337.037两）②，除了平余一项，其他共3059.51两。杂税类中增额牙税增额部分有204.6两（表中是203.86两）③、认加练兵经费235.99两。杂款中除了度支公所补水火耗之款之外，还有为各属收入解纳省库的契尾料价中留为（州县）办公之资的属于外销。④

浙江省财政说明书中，列举的岁入外销有些有数值，有些没有，只能统计现有数据；岁出部分大部分有数值。该省岁入部分外销款有府地丁耗羡、田赋租课（各属佃租、宁围官租、西湖佃租、军装局佃租、蓬租、沙地余租、额外牧租）、漕粮（漕费、漕折解费、春耗、抚书饭食、随正备公零积、袋价等款）、盐课税厘（杂课之杂饷、盐课正项、盐课杂项之七六引费、盐课杂项之引课汇杂筹备、盐课税厘之加价、盐课税厘之各项提款）、关税（常关税钞，其中有19760两为外销）、杂款（提解各款、罚款、裁节各款、铃记工资）等款目。其中有数值的款项，盐课杂项之七六引费，年收银56000余两；盐课税厘银4000数百两；盐课税厘之加价之外销盐斤加价、加课等四款年约收银65000余两；盐课税厘之各项提款之弥补交代（银120两）、各项提款之余岱局用（12000串）、之巡员薪水（银5760两）、之婴捐经费（洋180余元）；常关税钞其中有19760两为外销；杂款提解各款包括各属平余提作学堂经费（岁应收银元73757

---

① 贵州省财政沿革利弊说明书［M］//陈锋.晚清财政说明书（9）.武汉：湖北人民出版社，2015：537-549.

② 福建全省财政说明书［M］//陈锋.晚清财政说明书（9）.武汉：湖北人民出版社，2015：633-635.

③ 福建全省财政说明书［M］//陈锋.晚清财政说明书（9）.武汉：湖北人民出版社，2015：723.

④ 福建全省财政说明书［M］//陈锋.晚清财政说明书（9）.武汉：湖北人民出版社，2015：816.

元)、各属考费提作学务经费岁应提院、府五成考费钱 34358 千 966 文，厅、州、县 3435 千 966 文)、各州县提解秋审经费（岁额提银 157 两零、银元 210 元零、钱 4480 千文）；杂款之裁节各款包括新增报部裁节外销（岁额提银 276300 两，实收五六成左右）、裁减巡费（岁约收银 3000 两，此款系光绪二十五年)。① 统计共银 430097 两（此数是按照新增报部裁节外销岁额提银 276300 两计算的，如果按照实收一半计算，为 291947 两）、钱 12000 串、洋 180 余元、银元 73967 元、钱 73197 千 932 文。浙江省财政说明书中显示出的岁出部分的外销包括：京师各学堂及各种津贴之高等实业馆，每年解银元 1152 元；民政部饭银，包括浙省藩库年例应解架木部饭银 120 两、部贡银 900 两、地方自治筹办处经费银元 30000 元、盐政衙门经费的盐院公费，包括 9600 两为津贴，400 两为院幕津贴；盐政衙门经费之运库划借归提等款银 26981.388 两、银元 500 元、银 8494.215 两；发审局经费银 1000 两；电话局经费银 3333.334 两；铁路亏耗银 20000 两。② 此外，还有典礼费内的时宪费和英、德、俄、法四国洋款的一部分。除了最后两项，统计共：银元 31652 元，银 70828.937 两。

经过清查，奉天省清理财政局查明的奉天各署局截至宣统二年六月底现存库款中的平余款项包括：度支司现存另存项下，市平银 631043.914 两；粮饷局现存截旷节余项下，市平银 245844.282 两；官银号现存公积官息余利项下，市平银 540767.454 两；银元局现存积余项下，市平银 16730.886 两；仓务局现存盈余项下，市平银 22493.946 两；盐务局现存平余项下，市平银 6899.667 两。③ 该省各署局的平余项下达到市平银 1463780.149 两。

黑龙江省个别衙署局所的外销也呈现出来。比如，垦务局将截至光绪三十三年年底实存外销各款数目开单呈报，其中仅善后局经理的外销款项就达到 25 项，统计共钱 1086252 吊 286 文、银 82482.9111 两、羌帖 5548 张 3 角 1 分 5 厘；户司经理的外销之款共 17 项，共银 269729.1197734 两，钱 2676 吊 320 文。④

根据广西省清理财政局统计，厘金（后改办统税）中的外销，款目 16 项之多，包括备支津贴（最开始是 20000 两，后来有所减少）、备拨磅价银 9960

---

① 浙江全省财政说明书 [M] //陈锋. 晚清财政说明书（5）. 武汉：湖北人民出版社，2015：548—682.
② 浙江全省财政说明书 [M] //陈锋. 晚清财政说明书（5）. 武汉：湖北人民出版社，2015：691—772.
③ 盘查奉天库款情形禀稿（1910 年）[M] //周秋光. 熊希龄集（第 2 册）. 长沙：湖南人民出版社，2008：272—273.
④ 督抚宪札局垦务局呈报截至三十三年年底实存外销各款数目等因粘单饬知由（并清单）（宣统元年十二月二十九日）[A]. 档案号：45-1-68，黑龙江省档案馆藏.

两、商捐捕费银 50000 两、清节堂医药局经费银 3200 两、桂林中学堂经费银 2000 两、梧州冰井学堂经费银 2000 两、浔州中学堂经费银 70 两、庆远府中学堂经费银 2730 两、梧州蚕业学堂经费银 2000 两、弥补西税、广雅经费、平乐县善款生息银 600 两、备荒经费纹水汇费银 1800 余两、烟酒加征纹水银 580 余两、三厘公费、弥补坐支等。① 从广西厘金外销看，项目多，规模亦比较大。以上 16 项，除了弥补西税、广雅经费、三厘公费和弥补坐支四项没有具体数值，其他 14 项共约 94940 两。

四川省司库杂款中外销的数量也很多。该省司库杂款不下 30 余项，其中 27 项为外销，包括四厅经费、预筹经费、科场经费、夔雅两关奏裁、官款股票、廓尔喀帮站、余存公费、各台公费银 7000 余两、夔关捐解夷饷银 5000 余两、越嶲夷饷银 400 两、施粥经费银 7600 余两、京饷帮费银 10000 两、闲员帮费银二千数百两、宪书工本银 4000 余两、酌盈济虚银 30000 余两、都江堰工料银 2000 两、广东蜡价银 24200 余两、节省汇费银 10000 余两、防边经费银 280 两有奇、奏拨票息银 19000 余两、部库存银 30 两零、存储备拨银 9590 余两、粤海关汇费银 200 两零、已销未领银两银 1570 余两、抽练勇饷银 100 两零、霆营恩饷银 1000 余两、洋毯等件价值银 3100 余两。② 以上各项，除了前 7 项没有具体的数字，后面 20 项，总共银 137070 两余。其中闲员帮费是按照 2000 两计算的，因此，总体数字应该比 137070 两还要多数百两。

江苏省宁属只能以个别局所为例窥探外销在局部范围内的大致规模。金陵关道经管栖霞山石税锤租年收石税洋 300 余元，钱 1600 余千文，锤租洋 900 元；江南公园外销 3000 元；金陵洋火药局之硝磺余利银 15800 余两；江南工艺局外销银 6600 余两；清江工艺局经费 5190 余两，售货钱 9700 余千文，东洋车租钱 100 余千文；徐海两属厘金钱 25000 余串；徐州道经管铜沛新涸湖租钱 36000 余串；徐州道学务善举外销各款包括苎租、地租、典息、捐助，钱 36400 余千文，银 3300 余两，钱 31300 余千文；江宁省城普育堂的房租、田租、洲租、典息，共银 7900 余两，洋 10000 元左右，钱 4500 余串；江南巡警路工局的捐款，洋 8000 余元；附属马路工程处车捐，洋 10 万元左右；江南商务局所收商报及各典认缴茶厘、官息，工艺局解还官银钱局官息，陈列所售出观览券等都是外销，其中工艺局解还官银钱局官息银 940.32 两，年收各典认缴植茶公所银 1664 两，

---

① 广西全省财政说明书 [M]//陈锋. 晚清财政说明书 (8). 武汉：湖北人民出版社，2015：442-443.
② 四川全省财政说明书 [M]//陈锋. 晚清财政说明书 (4). 武汉：湖北人民出版社，2015：811-814.

年售《南洋商务报》约银500余两，年收陈列所售观览券约银100两；金陵关商埠局有商埠车捐洋17000余元；房租洋3200余元；洋商滩租银700两；小轮码头租的月捐银1824两，其花捐银2400余两；江南官电局所收报费，德律风所收月费及移装费，3100余两，德律风无定额；扬州巡警局外销包括铺捐、肉捐、花捐，年无定额，铺户捐每年约收银11000余两，肉捐每年可收钱2736千文，花捐每年收数约在六七千元左右。① 以上各项，16个局所，共收入外销共洋244340元，钱81836余千文，钱65500串，银53118.32两。

广东省清理财政局只是在财政说明书中列出了外销的名目②，但是没有标注具体的数字，因此，无法估算外销的收入规模。但是，从该说明书中列举的款目名称可以看出，外销款目非常多。

广东省田赋正款部分的外销包括额外加增租、额外加增租、储仓米价、各属寄存米价、官田加租、其昌街码头租、招商局旗昌码头租、韬美医院地租、西关地租、婴田租谷价、轮船码头租，共11项。田赋杂款中的外销包括小书经费租息、截存杂款、碣石镇田园塘铺地租、杂项存款、加三补平、纹水、承佃、册照费、补粮、换照费、坦价、清佃罚款、官田压禀充公银、官田加三补平、中流砥柱台东淤地租、公产房租、封存关库革书院租、黄埔扦子手房租、梧局解厂屋簿租、东关戏院饷银、新市局移交屋租、红庙租项、军工厂地租、道府杂租、各州县征收留支杂租、各教杂衙门经理租项之杂租、武营经管地租、营仓谷价，有28项。田赋类共有39项。

该省盐课税厘之正款中的外销包括平柜盐饷、仓盐余利、芦苞缉私经费、白沙缉私经费，共4项。盐课税厘之杂款中的外销，包括修造米艇之洋银、融引成本、积引成本、筹补引成本、节省工伙、加捐悬饷、弥补饷息、东江摊完旧商欠饷、东江贴补东莞盐饷、带完旧欠饷价息款、渔票饷、琼崖盐饷、雷属埠饷、承垦雷属盐报效、隆澳盐饷、白盐加价、三成盐价、临大价款、临全杂款、坐配盐价、仓盐价、正盐程价、溢盐程价、归商程价、加三饭食配费、赏借本、弥补杂息、官局缴还运本、官运溢盐余利、潮桥加缴报效、缉私经费、西省津贴东省经费、西省捕费、平柜官局解河团经费、修仓费、善后经费、余盐变价充公、羹盐变价、私盐变价充公、私盐船变价充公、规费充公、罚款、安勇口粮、运枢经费、各场捐缴解引解盘费、公捐备济、平柜盐饷补纹水、平

---

① 江苏财政说明书[M]//陈锋.晚清财政说明书(5).武汉：湖北人民出版社，2015：26-92.
② 广东财政说明书[M]//陈锋.晚清财政说明书(7).武汉：湖北人民出版社，2015：12-43.

柜盐饷补平、平柜局拨加价各款补平、盐厘添平、盐厘四厘局用、双恩场盐饷、筹补工伙、采运东盐盈余、收还东盐运本、芦苞缉私厂地价、恩开新春新阳两埠按饷充公、缉私厂缴回旧沙扒变价、电白县私盐罚款、拨廉钦勇饷平余、扣存轮船薪费、博白渔票局缴回开办分局经费，共62项。盐课类外销有66项。

该省关税之杂款中的外销有内地护照费、粤海关官银分号纹水溢余、九拱两关纹水溢余、粤海关官银号平余、陈村平余、粤海关挑夫承饷、茶用。关税类外销有7项。

该省正杂各款的正款中的外销包括矿税、新章溢税、万县龙滚口税、渡船溢饷、钦州牛税，有5项。正杂各款的杂款中的外销有匿税罚款、契纸价加三补平、陈港渡饷、商税小柜杂款、白蜡价，共5项。正杂各款中共有10项外销。

该省厘金正款中的外销包括潮汕火车货捐、石围塘西南等处火车货捐、江门厘、江门河口两厂化厘艇规，共4项。厘金杂款中的外销有台炮经费尾数、台炮一五经费、补抽二成花红、簰帮费、裁撤勇粮，共5项。厘金类中的外销款目9项。

该省正杂各捐之正款中的外销有陆段铺屋警费、酒甄牌、省河各横水渡警费、船牌警费、琼州府膏捐，共5项。正杂各捐之杂款中的外销有劝业公所绍荣公司报效、新市局绍荣公司报效、各属赌捐及各项报效、各属房铺等捐、各属屠捐报效并猪、牛、牛皮各捐、各属酒捐报效、保良公司妓捐、花楼房捐警费、酒楼警费、花酒艇警费、宴花筵艇警费、各属花捐、各属渡船驳艇照费各捐、吉庆公所戏捐、佛山戏院戏捐、同庆戏院捐警费、戏院劝业公所经费、各属戏捐、城隍庙捐、各属寺庙僧道各捐、各属绅商捐款、水厕商人缴警费、各项杂捐、各属筹办巡警学务习艺所等项经费，共24项。正杂各捐中的外销款目共29项。

该省捐输中的外销包括代办顺直赈捐、代办安徽常捐、代办安徽赈捐、代办江西赈捐、代办江苏常赈捐，共5项。

该省官业收入之正款中的外销有驻沪官银号收款、士敏土厂收款、自来水公司收款、电力公司收款、煤斤售价、锑砂售价、樟脑售价，共7项。官业收入之杂款中的外销有开矿照费。官业类收入中外销共有8项。

该省杂收入中的杂款，绝大部分都是外销，包括藩库贫员津贴、藩库随宦学堂经费、运库三分扣平、善后局拨补新军薪粮部平、善后局随学堂学费、厘务局随宦学堂学费、厘务局贫员津贴、琼崖道三二扣平、琼州府扣平银两、易番伸水、地丁散锭加平、藩司兼管粮库易换洋毫伸水、劝业公所成元平水、善后局掉换成元补水、新增余款、琼州府补水银两、不敷药价、学院程敬、主考程敬、交代经费、警务公所裁旷、学兵费、轮船一成公费、提存运司公款、差缺续提、汕头洋务局提解规费、盐厘局提解征存考费、南番两县解供张银两、后沥厘厂解轮船经费、潮州府解督标练军薪粮、潮州府提解裁撤武薪粮、提回暂存商号无息台炮经费及纸水、琼崖中学堂工程费、归公平余、报部平余、平柜官局平余、各项经费大平、九拱两关台炮经费纸水大平并尾数、厘金内四分五小平余、台炮经费小平余、太平关平余银两、节省祭品、黄江厂节存巡缉经费、督辕裁撤各房康工银两、归还筹备专款、秋审工程册费、清佃饷项、契纸六成工料、各营养廉余银两、习艺所料本、代购垫款、解广州将军公费毫水、售出煤球价、铁路公司解还垫筑坦地工本、善后局收提工局筑堤经费、善后局收关库解还垫过香港大学校经费纸水大平、官电局解还电料价值、缴还垫款、解还测绘模范生薪水、扣还长领口粮、修造工程费、供张银两、各营制换号衣、积存公柜、抚黎各局匀扣借修费、崖州营借支俸饷、县丞摊还修署银两、还垫支习艺所经费、还垫支统计处经费、警局归还借款、各项归还垫款、还垫支赈款、佛山正局还款、警捐所贴回经费、农事试验场经费、各处解还军火价、官电局解还工程余款、各处解还媒介、各轮船缴还公费、各营解还领过招募新军费用余款、收回存官银钱局罚款米羡、解还陆军学生学费、收廉州府划还平粜米价、缴还挪用船价、北海镇解还津贴、各营缴还截留船价、水陆提督解还活支经费余款、各处解还薪粮余款、膏牌委员缴还经费余款、各处缴回领过经费余存银两、收厘务局解还不敷纹水、各项缴回杂款、修造工程费、图书集成价、炮队解还修棚余款、各项寄存缺谷价、府库保甲薪水本银、报资、贴塘、武职公捐、随宦学堂经费、一成备支、旅潮学堂经费、故员路费、酌提归公费、湖北水灾捐款、上海万国红十字会款、顺直义赈捐款、陕西义赈捐、江苏义赈捐、安徽水灾赈捐、赌商捐助平经费、锡矿华工身故银、江北水灾赈款、藩库前山营息、藩库故员路费息、藩库培植洋务人才经费、粮库疯瞀经费、粮库故员回籍路费、粮库豫丰仓经费、粮库广泽堂经费、运库赏借息、运库公捐掩埋息、运库育婴堂发当生息、运库菊坡精舍息、运库新案加价项下存款生息、运库存款生息、警务公所警费息款、劝业公所榜卜捐月息、劝业公所农事试验场经费息、劝业公所榜卜捐款息、劝业公所实业经费息、关务处税项息款、关务处节省盈余息款、旗库奖赏练兵养赡孤苦、善后局捐输存款息、南韶连道义仓存押生息、南韶连道婴堂存押生息、南韶连道防韶存押生息、琼崖道义仓生息、琼崖道潘公河生息、琼崖道五公祠生息、广州府中学堂存款生息、广州府工艺学堂存款生息、广州府安平仓息、广州府发审局学习委员轿金息、广州府护库勇粮息、广州府羁犯棉衣经费息、广州府佾生袍服息、广州府余瀚元报效存款生息、肇庆府当息、韶州府育婴堂存款息、韶州府防韶经费存款息、韶州府相江书院存款息银、惠州府官立中学堂储存款生息、惠州府官立两等小学堂储存本生息、高州府膏火息银、高州府孤贫口粮息、琼州府义学金息、番禺县义学经费存当生息、番禺县当商缴栖流所经费生息、番禺县当商缴河南育婴堂经费、番禺县当商缴报案局经费生息、东莞县存当生息、清远县存当花红息、高要县义仓公款发商生息、星岩书院经费存当生息、盐埠缴疯民息、潮阳县书院息款、兴宁县存款利息、乐昌县孤贫口粮息、电白县孤贫口粮息、石城县养济院租息、石城县约善堂经费、合浦县额外孤贫口粮息款、琼山县道府保甲薪水息、琼山县小书工食息、琼山县故勇优恤本银生息、澄迈县膏火生息、追缴退学费及偿完等款、违警罚俸、船户违警罚俸、巡士违警科罚、各处缴来罚款、新宁县解私开押店罚款、沉失煤炭赔价、赔缴枪价、军界各营罚款、清乡罚款、缉匪花红、高州府收罚款、阳江州报效罚款、连州收罚款、南海县收罚款、番禺县收罚款、新宁县收罚款、从化县收罚款、增城县收罚款、清远县收罚款、新会县收罚款、开建县收罚款、高明县收罚款、东安县收罚款、连平州收罚款、德庆州收罚款、合浦县收罚款、防城县收罚款、长乐县收罚款、潮阳县收罚款、揭阳县收罚款、丰顺县收罚款、惠来县收罚款、澄海县收罚款、琼山县收罚款、会同县收罚款、房铺变价、马价、估变快艇留充警费、金矿机器变价、吉祥街房屋旧料变价银两、水坦变价、私押充公铺底货物变价、揭封摊馆缴价、摊馆变价、余堤变价、地价、西平轮船变价、琼崖道收变价、肇庆府变价充公、连州变价充公、番禺县变价充公、新宁县变价充公、高明县变价充公、德庆州变价充公、潮阳县变价充公、琼山县变价充公、临高县变价充公、阳山县变价充公、藩库铅价盈余、渡商缴修围经费、承佃封产报效、各案缴款、中学堂经费、因案报效、糖房油榨出结费、山排费、渔船牌照费、中学堂学宿费卷费、官立中学堂拨入公款息银、官立两等小学公款拨息、普济堂经费、卫旅营盈余经费、验船经费、戒烟局经费、普济堂经费、自治研究所经费、育婴堂经费、官艇经费、法政速成科讲义书价、植牧讲义书价、商务官报费、政治官报价、约章书价、法政丛书价银、自治讲义书价、连州习艺所货价、嘉应州鬃毛经费、德庆州习艺所货价、高要县习艺所沽价、连平州习艺所货价、归善县习艺所布匹价、琼山县习艺所货价、澄迈县习艺所货价、平远县习艺所缝工、镇平县习艺所布价、兴宁县货价盈余、筹备专款、督署书役廪工工食、文职养廉杂款、筹抵司捐、杂项存款、结存盈余、膏店牌照纸料、存注册费、客店牌照费、各厂陋规、各厂杂款、电博两场解场署息银欠款、各营俸饷料草溢额、房书捐修各房工料、儒学报，共291项。

总之，广东省各类财政收入中都有外销，特别是杂收入中更为凸显，从该省财政说明书中统计得出，该省外销款目多达464项，虽然没有具体数据，只是从项目的数量上也可以窥探出该省外销规模的庞大。

山西省清理财政局编订的财政说明书相对比较明晰，该局对藩库内外销进行了详细说明，编订了《山西藩库内销收入各款表》《山西藩库内销支出各款表》《山西藩库外销收入各款表》《山西藩库外销支出各款表》等，另外，还对运库等收支款项、各署局所自行经理各款、各府厅州县自行经理各款、各道各关收支等都进行了梳理。

根据山西省清理财政局分析，该省藩库外销的最主要来源是两个，一是生息，二是摊捐。光绪二十七年以前主要是各种生息，光绪二十七年以后是生息与捐摊并重。该局把山西省的外销情况与其他省份做了对比，认为，相对比其他省份外销规模巨大，开支任意、没有约束、浪费甚多的情况，山西省外销"以较报部各款，尚不及十与一之比例，其支销且无不持之有故、言之成理"①。总之，该局认为山西省外销规模小，并且收支相对有序。从该局所列的表格看出，山西藩库内销收入共10类，计银4984646.635两，内销支出共13类，计银5122148.1957两，不敷银161583.7464两。②而藩库外销岁入外销收入12类，计银446891.1484两、钱21464千397文、银元32元，而藩库外销支出共15类，计银540431.0443两，银元23375.6元，钱40039串27文，不敷银10506.1219两。③从收支对比看，正如该局所言，外销规模为内销的十分之一左右。

山西省各署局所自行经理各款中，也有大量外销的存在如表3-3所示。④

---

① 山西财政说明书［M］//陈锋. 晚清财政说明书（3）. 武汉：湖北人民出版社，2015：91.
② 山西财政说明书［M］//陈锋. 晚清财政说明书（3）. 武汉：湖北人民出版社，2015：95、102.
③ 山西财政说明书［M］//陈锋. 晚清财政说明书（3）. 武汉：湖北人民出版社，2015：106、112.
④ 山西财政说明书［M］//陈锋. 晚清财政说明书（3）. 武汉：湖北人民出版社，2015：157-226.

表 3-3　山西省各署自行经理的各外销款目及数量

各署局	款目	数量
太原城守尉	满营红白事赏恤生息	银 290 两
	满营充公地租八十街	市钱 127 串 576 文 银 225.861 两
	满营地租	钱 125 千文
藩署办公处	盐本生息	银 1912 两
	潞泽两属摊解呈文纸价脚	124.8 两
	铁绢局房租	钱 913 千 420 文
按察司	栖流所煤炭生息	银 3 两
	笞杖罚金	银 7367.65 两
	盗案记过罚款	银 1515.07 两
	自新所工艺局生息和续发工艺局生息	银 3600 两
	罪犯习艺所经费	银 18900 余两
警务公所	妓捐	银 916.666 两（光绪三十四年七月十五日开办起，至年底止）
	车捐	银 4660.282 两
冀宁道	育婴堂生息	银 38.4 两
	普济和育婴两堂生息	银 2714 两
	晋阳书院第三次生息	银 600 两
	道署书吏饭食生息	银 384 两
	普育二堂地租	银 19.324 两
	布公祠香火地租	银 4.194 两
太原府	改良监狱生息价	银 75 两
	佐杂津贴	银 4330.337 两
	发审局生息	银 1200 两
晋泰官银局	倾销火工暨银罐银黝变价	库平银 3346.664 两
濬文书局	书价并排印工料	银 458 两、钱 8358 千 473 文
	《并州官报》价资	银 4595.098 两、钱 335 千 290 文
	暂向商号借款	银 1000 两、钱 400 串文

续表

各署局	款目	数量
大学堂	中西两斋自费生饭馔	洋元 8439.75 元
	课本缴价银	洋 93.9 元
高等巡警学堂	自费生膳费	湘平银 234 两
陆军小学堂	自费生应缴学费	银 317.5 两
晋阳公立中等学堂	刘京卿捐款	湘平银 1900 两
	宁寿寺房捐	700 千文
公立女学堂	官绅捐助公款	银 1847.6188 两
农工商局	书北仓巷房租	库平银 78.0425 两
	劝工陈列所售卖游览票钱	库平银 64.65 两
太原商务总会	商务总会生息	库平银 220 两
	公园房租	库平 152 两
军装局	经收枪药价值	
	岁修生息	576 两
学务公所	大德通息银	库平银 120 两
		共：银 57674.795 两，市钱 127 串 576 文，钱 400 串文，洋元 8439.75 元、银洋 93.9 元、钱 10432 千 183 文，库平银 3981.357 两，湘平银 4240 两。

说明：表中的数量多是按照光绪三十四年，或者通年收数为例，没有加入闰月的情况。

山西省运库内外销收支各款中的外销多为宣统元年的数据。运库中的岁入外销包括杂税捐的盐引公费、三打帖、销价、保用、墙工经费、盐池岁修、团练经费、池脚备公、粥厂经费、铺捐；杂款类的官运公费、道署规费、中学堂生息、高等小学堂生息、各学堂生息、育婴堂生息、留养局生息、积谷生息、堰户工食生息、盐捕营专款等。①

该省运库支出中的外销有：第一类解款类包括内务府经费之外帮鞘木脚价

---

① 山西财政说明书［M］//陈锋. 晚清财政说明书（3）. 武汉：湖北人民出版社，2015：184-186，190.

盘费等项银2250.64两、各项解款帮费无定额、代司库认解赔款之汇费等项银1872.54两、英德俄法洋款之其随补平补色并汇费等项银1484.67两、克萨磅款之补色补平以及汇费等项银568.93两。第二类协款包括协解甘饷之外帮销本脚价盘费等项共银1579.272两和云南铜本经费。第三类财政费包括各官养廉之监掣同知加增养廉银、统计处经费银1757.74两、道署委员薪资、三岸印捕缉私经费银9092.039两、三岸员勇缉私薪饷银60506.898两、协助津贴、书役工食（有一部分归外销）和各堰堰户工食银210两。第四类民政费包括巡警局经费库平银6727.721两、查城经费银1849.324两、粥厂经费库平银451.88两、养济院经费库平银699.969两、补助养病所经费库平银370两、同善局义棺费银50两、育婴堂经费库平银1407.88两、牛痘局经费库平银282.58两、水手工食赏号银1707两和修理路工费用银50两。第五类典礼费包括各庙坛加增祭品、万寿宫看役工食、礼生衣帽费、祈雨祈晴各费，统计四项共库平银669.15两；礼生加衁、宣讲圣谕费统计二项共库平银70.1两。第六类教育费包括初级师范学堂经费、中学堂经费、高等小学堂经费、东西中三路初等小学堂经费、农业学堂经费和各学堂杂费分别银5759.92两、银8315两、银2155.16两、银980.56两、银5789.316两、银224.2两；工艺传习所经费银1248.8两；补助各种教育经费银400两。第七类司法费包括习艺所经费库平银2888.134两和秋审经费银50两。第八类工程费包括渠堰各工、庙宇各工、衙署各工银1147.14两；修造船费；白沙河岁修200两。第九类杂支包括丁忧并故员家属年终帮费库平银312两、各项杂支1787.04两、委员出差等项杂支无一定。① 统计，岁入没有确数，岁出部分除了个别没有数据，有具体数据的共银111036.189两，库平银13879.414两。

  山西省归绥道收支各款是外销情况如下：收入部分包括丰宁兴陶四厅应解中学堂二厘另租2154.3535两；归化关解到公费拨解12000两；归化关拨解委员薪水2000两；归化关解到刑书津贴银120两；归萨等九厅解到斗秤捐银47995.13505两；归萨丰三厅解到商捐银6640.371两；归厅解到铺捐银2400两；中学堂提用烟酒税银3000两；兴和厅解到中学堂经费银300两；宁远厅解到中学堂经费银120两；归化等八厅摊解发审委员薪水银500两；归化等八厅摊解定更炮药价银40两；各厅解道署刑书缮详经费银56两；归绥巡防队截旷银47.4532两；善举生息银2040两；中学堂生息银5560两。② 统计共84973.31275

---

① 山西财政说明书［M］//陈锋.晚清财政说明书（3）.武汉：湖北人民出版社，2015：191-211.

② 山西财政说明书［M］//陈锋.晚清财政说明书（3）.武汉：湖北人民出版社，2015：219.

两。支出部分光绪三十四年的数据居多，包括归绥巡防队饷乾银14202.2934两；大佘太巡警兵饷兴盛旺巡警兵饷银726两；归绥巡警局兵饷及军装银21318.296两（遇闰加增一月饷乾1800两及置造军装银800两）；归萨丰宁和托清等七厅找额巡饷银4824.6485两；五原厅巡饷银2400两；兴和厅巡饷银3007.4933两；陶林厅巡饷银3708.435两；各项善举经费银1820两；中学堂经费银10379.756两；蒙学堂三处教员经费银216两；委员薪水川资银854两；四季定更炮药价银40两；各厅刑书缮详银58两。① 统计共63554.9222两。

山西省归化关收支情况，据该省财政说明书显示，收款项下没有外销，支款部分多是光绪三十四年的数据，包括解司苦缺津贴并协济薪津银4300两、归绥发审委员薪水银2000两；总分各局员司薪水书巡工食心红等款银18744.4441两②，统计共25044.444两。

对于州县外销的规模，绝大多数财政说明书中没有体现出来，除了山西省。山西省清理财政局对该省州县外销的清查相对其他省份算是非常仔细和全面的，该省清理财政局造报的财政说明书，对各府厅州县地方经理各款进行了详细的列举和说明，这在各省财政说明书中是非常少见的。因此，本章以山西省为例，来考察当时府厅州县外销的总体情况，因为有些款项没有具体数额，最终的统计也只能是个大概的估算。

山西省全省各府厅州县地方经理各款③，如表3-4所示。

表3-4 山西省全省各府厅州县地方经理各款

府厅州县	外销名称	数量
太原府 （4项）	提解阳曲等七县斗捐	库平银1259.256两
	米行捐	钱3750千文
	中学堂捐款生息	银290两
	府监禁卒工食生息	银75两（光绪三十四年从八月初一到年底）（笔者估算全年180两）

---

① 山西财政说明书［M］//陈锋.晚清财政说明书（3）.武汉：湖北人民出版社，2015：226.

② 山西财政说明书［M］//陈锋.晚清财政说明书（3）.武汉：湖北人民出版社，2015：233.

③ 山西财政说明书［M］//陈锋.晚清财政说明书（3）.武汉：湖北人民出版社，2015：236-515.

续表

府厅州县	外销名称	数量
阳曲县 （15项）	义学改充学堂经费	银329两
	戏捐	
	铺捐	市钱5200余千文
	加抽煤厘	钱620余千文
	麸草料折价	钱1100余千文
	查马生息	银3000两
	差徭生息	银3744两
	普泽龙神祠住持养膳	
	高等小学堂地租	钱60串
	高等小学堂生息	钱480串
	高等小学堂斗捐	钱7459千268文
	三学堂经费	银760.32两
	两等小学堂生息	银96两
	掩埋狱囚生息	银240两
	改良监狱生息	市钱250千文
太原县 （5项）	煤厘捐	钱1200吊（宣统元年）
	铺捐	钱960千文
	窑捐	钱3200千文
	两等小学堂生息	银530两、钱432千文
	戏捐	
榆次县 （8项）	戏捐	
	两等小学堂田租	银10两
	两等小学堂生息	银960两
	差徭款项	钱8831余千文
	车捐	
	铺捐	钱1539千文
	粮捐	
	自新所生息	银96两

续表

府厅州县	外销名称	数量
太谷县 （9项）	戏捐	钱390余吊文
	铺捐	银3134.2974两
	骡柜支差	
	富户认捐	银760两
	官立高等小学堂息租	已售得银3000两，发商营运，按年八厘生息
	留养局筹备生息	银35两
	罪犯习艺所经费	银204两
	官立高等小学堂生息	银1400两
	两等小学堂生息	银100两
祁县 （9项）	铺捐	银1214.286两
	清徭局差钱	钱7406千46文
	习艺所生息	银300两
	戏捐	银300余两
	公立中学堂及高等小学堂生息	银6256两
	庙社捐	钱400千文、银150两
	公立女学堂年捐	银1350余两
	乔家堡公立初等小学堂公捐银	银100余两
	谷恋村公立初等小学堂庙捐	银400两
徐沟县 （9项）	铺捐	银749.075两
	清源乡冬防经费	银238.94两
	各村摊交差徭	钱8000千文
	巡警经费	银370两
	自治讲习所经费	银64.8吊
	官立高等小学堂经费	银900两
	戏捐	银405两
	五营屯公费	银100两
	清源乡官立两等小学堂经费	银1161两

续表

府厅州县	外销名称	数量
交城县 （8项）	铺捐	钱720千文
	戏捐	钱562千790文
	学费皮捐	钱979千807文
	巡警教练所皮捐	
	九都包差钱	钱144千984文
	高等小学堂地租并梁租	钱720千800文、银32两
	改良监狱官医生生息	银9.44两
	官立初等小学堂生息	银180两
文水县 （7项）	各坊都捐	钱1200吊文
	戏捐	钱400余千文
	两等小学堂地租	钱8320文
	官立两等小学堂生息	钱720千文（除纳粮外）
	汾沙河湿地捐	钱1600吊
	积谷经费	钱2736千文
	差徭	钱790千文
岢岚州 （3项）	初等小学堂地租	银102两
	铺捐	钱720千文
	巡饷地租	钱200千
岚县 （1项）	铺捐	银135两
兴县 （3项）	戏捐	钱400余千文以至700余千文不等
	铺捐	钱460千文
	骡夫帮差费	钱96千文
汾州府 （4项）	中学堂生息	银4512两
	汾阳县解中学堂当行生息	钱246千文
	宁乡县解中学堂当行生息	钱100千文
	汾阳县当行季规捐	银480两

续表

府厅州县	外销名称	数量
汾阳县 （9项）	戏捐	钱496千文
	铺捐	制钱1254千文
	木底捐	钱58千360文
	河滩地租捐	钱418千780文
	粮行月捐	钱200千文
	差徭	钱6520缗
	盐锅捐	银49.26两
	两等小学堂生息	银4000两发商按月八厘生息
	差徭余款生息	本钱6000千文，有按年七厘生息者，有按月七厘、六厘生息者
孝义县 （5项）	戏捐	钱283千980文
	铺捐	钱480千文
	炭秤捐	钱216千120文
	高等小学堂地租	银40余两
	高等小学堂生息	银990两
平遥县 （10项）	戏捐	钱1248千文
	铺捐	银1417.995两
	水捐	无定额
	一文捐	钱1400吊
	差徭	钱9484千507文
	巡警经费	钱864千千文
	教育会经费	钱600串
	初级师范学堂生息	银560两
	高等小学堂生息	银3200两
	商会经费	银770余两
介休县 （7项）	戏捐	钱196千文
	铺捐	钱1200千文
	各项差徭	钱9290余千文
	高等小学堂地租	银184.21两

153

续表

府厅州县	外销名称	数量
介休县 (7项)	高等小学堂生息	银 1650 两
	高等小学堂庙捐	钱 32 千文
	缉捕经费	银 617 两
石楼县 (3项)	戏捐	银 553.08 两
	铺捐	银 113.4 两
	高等小学堂息银	银 168.28 两
临县 (6项)	各铺帮巡警饷	钱 324 千文
	高等小学堂地租	钱 29 千 600 文
	高等小学堂生息	钱 1020 千文、息银 45 两
	戏捐	钱 1150 千文
	高等小学堂各行帮银	钱 400 余千文
	验帖费银	
永宁州 (6项)	戏捐	无定额
	差徭息钱	钱 20 千文
	高等小学堂地租	钱 26 千文
	高等小学堂生息	银 321.6 两、息钱 101 千 200 文
	初等小学堂生息	银 120 两
	高等小学堂铺捐	钱 600 千文
宁乡县 (8项)	戏捐	钱 120 千文至 130 千
	铺捐	钱 470 千文至 480 千文
	皮捐	钱 50 千文至 60 千文不等
	马牙捐	钱 70 千文至 80 千文不等
	屠行报效	钱 100 千
	初等小学堂地租	钱 20 余千
	初等小学堂生息	银 48 两、钱 50 千
	高等小学堂息钱	钱 380 串

续表

府厅州县	外销名称	数量
潞安府 (5项)	中学堂地租	每租谷一石，折交制钱一千文
	七县筹解中学堂经费	库平银 2420 两
	当行规费	制钱 1611 千文
	中学堂生息	银 1303 两零
	府署修理生息	银 2200 两，按月一分五厘生息
长治县 (9项)	差徭津贴	钱 455 千有零
	戏捐	银 450 两
	义学生息	银 216 两
	铺捐	钱 360 吊文
	藩府护坟地租	钱 315 吊 395 文
	城壕地租	钱 54 千 44 文
	义学地租	银 11 两
	育婴、同普济两堂地租	钱 12 千 500 文余，收谷七石八斗六升，米十七石八斗二升
	宾兴会生息	银 288 两
长子县 (5项)	加抽斗捐留充巡警经费	钱四百数十千文
	铺捐	银 1128 两
	花包捐	银 200 两上下
	戏捐	钱一千数十千文
	高等小学堂生息	钱 446 千 400 文
屯留县 (8项)	戏捐	钱 500 千之谱
	铺捐	钱 294 千文
	高等学堂息银	本银 1000 两、本钱 2371 串，每月按一分五厘得息
	里捐	钱 440 千文
	钱粮串票提充府县学堂经费	钱 240 千文
	差徭息钱	钱 456 千 360 文
	钱粮倾销拨归差徭经费	银 120 两
	各口津贴	钱 300 千文

155

续表

府厅州县	外销名称	数量
襄垣县 （13项）	斗捐行用	钱291千文
	巡警经费生息	钱262千500文、银120两
	铺捐	银224两零
	城守营盐当规费	银64两零
	育婴堂生息	银579两
	普济堂租钱	钱26千170文
	留养局保捐	钱140千文
	高等小学堂地租	银28两
	高等小学堂生息	银255.39两、钱1206千598文
	酌提社费	钱4240千553文
	盐当捐款	银130两
	酌提禄米折色杂费拨充各初等官小学堂经费	钱185千
	经征钱粮钱行工食盈余	银859.716两
潞城县 （9项）	普济堂租谷	谷31石7斗7升
	戏捐	钱1312千500文
	铺捐	银779.3846两
	盐捐	钱170千文
	差徭	银652.548两
	高等小学堂生息	钱980串
	高等小学堂房租	钱18吊文
	高等小学堂地租	钱13千500文
	初等小学堂社会捐	钱150串、钱30千文
壶关县 （5项）	戏捐	钱900千文
	铺捐	钱410余千文
	差徭	钱24吊文
	时估津贴	钱1100余吊
	高等小学堂生息	银1322.74两

续表

府厅州县	外销名称	数量
黎城县 （11项）	学堂地租	钱 100 千文
	巡警地租	银 107.691 两、钱 4000 文（完粮之后）
	荒地租	银 30 两
	普育二堂地租	谷 44 石 3 斗
	戏捐	银 234.375 两
	铺捐	银 196.316 两
	各项差徭	钱 478 千 100 文
	高等小学堂生息	银 120 两、钱 720 吊
	高等小学堂房租	钱 40 千文
	布捐	钱 70 千文
	义渡经费	钱 132 千 480 文
泽州府 （10项）	凤台等五县认解中学堂经费	银 564.12 两
	凤台等五县认解中学堂帮捐	银 185.6 两
	凤阳沁三县盐店捐动中学堂经费	钱 800 千文
	高陵二县盐丝两行捐助中学堂经费	银 120 两、钱 120 千文
	高平县捐助中学堂经费	银 80 两
	凤高陵三县解府教育会经费	钱 250 千文
	凤高阳三县认解兵书饭食	银 33.6 两
	盐当生息	银 40 两
	敬惜字纸局生息	钱 120 千文
	凤台等五县解到库子、小伞夫工食	银 6 两

续表

府厅州县	外销名称	数量
凤台县 （9项）	戏捐	银 1139.583 两
	铺捐	银 1012.635 两
	社费	银 2887.38 两
	抽驮脚车辆	银 1139.844 两
	铁捐	库平银 288.018 两
	斗捐	钱 440 千文
	绿营规费	银 34.666 两
	高等小学堂房租并地租	银 31 两
	高等小学堂生息	银 360 两、息钱 357 千文
高平县 （8项）	戏捐	钱 1347 千文
	铺捐	钱 693 千文
	社费	钱 1300 余千文、钱 1000 串文
	学堂生息	银 288 两、钱 150 千文
	行捐	钱 87 千 181 文（光绪三十四年十月初七日起，至年底止）（笔者估算全年 348 千文 724 文）
	巡饷社费	钱 720 千文（光绪三十四年自七月起，至年底止）（笔者估算全年 1440 千文）
	差徭局抽收过往骡脚	钱 678 千 180 文
	铁捐	钱 600 千文
阳城县 （7项）	斗捐	钱 200 千文
	戏捐	上等抽钱 1 千文，中等抽钱 2 千文，下等抽钱 1 千文
	铺捐	钱 860 余千文
	丝捐	钱 2750 余千文
	差徭费	钱 1209 千 600 文
	学堂生息	市平银 247 两（笔者估算合库平银 237.1348）、钱 84 千 117 文
	候质所生息	银 19.5 两

续表

府厅州县	外销名称	数量
陵川县 （11项）	戏捐	钱100余千以至200余千不等
	铺捐	钱400千文
	差徭	钱670千文至680千文不等
	普育二堂经费	银76.7784两
	高等小学堂生息	银1152两
	候质所经费	银24两
	更夫生息	钱48千文
	出地方义仓生息	银264两
	盐店捐底子钱	钱220千文
	城守营陋规	钱34千文
	武乡试生息	钱72千文
沁水县 （3项）	戏捐	钱380千文
	铺捐	银400余两
	高等小学堂息钱	银430两、钱293千文
辽州直隶州 （9项）	铺捐	银149.419两
	面行捐	银115.16两
	铧厘捐	银125两
	柿饼捐	银28两
	羊油捐麻捐	银64两
	各项差徭	钱841千文
	中学堂生息	银288两、钱51千840文
	中学堂房租并地租	钱143千921文
	中学堂牌捐	钱1千110文
和顺县 （6项）	戏捐	钱432千800文
	铺捐	钱72千文
	麻捐	钱185千500文
	高等学堂地租	钱250千文、钱150千文
	高等学堂经费生息	钱72千文
	高等学堂斗牙用捐	钱200千文

续表

府厅州县	外销名称	数量
榆社县 （5项）	差徭	银 208 两零
	高等小学堂地租	钱 201 千 280 文
	戏捐	钱 135 千文
	城隍庙节省戏费	钱 105 千文
	铺捐	钱 130 千 300 文
沁州直隶州 （6项）	戏捐	钱 220 千文
	铺捐	钱 692 千 940 文
	高等小学堂地租	银 690 两
	中学堂生息	银 882.19 两
	劝学所经费	银 121.529 两
	巡饷斗捐	钱 431 千 646 文
沁源县 （5项）	戏捐	银 156 两
	清徭局抽收骡头	银 55 两
	高等小学堂租课	银 25 两
	高等小学堂捐款	银 81 两
	高等小学堂息银	钱 294 千 624 文、银 20 两
武乡县 （8项）	戏捐	钱 401 千文
	铺捐	钱 1020 串文
	裁免各约无益公款	钱 120 千文
	随粮征收差徭经费	钱 840 千文
	随厘抽收差徭经费	钱 787 千 10 文
	高等小学堂息钱	钱 1332 串文、银 120 两
	高等小学堂地租	钱 211 串 145 文
	初等小学堂拨助劝学所经费	银 154.77 两
平定直隶州 （8项）	炭税公用	钱 9053 千 600 文
	铁货公用	钱 386 千 383 文
	戏捐	钱 2107 千 781 文
	当行规费	肚银 800 两

续表

府厅州县	外销名称	数量
平定直隶州（8项）	中学堂高等学堂生息	银1706两、钱689千500文
	绿营当规	钱160千文
	中学堂地租	银51.513两
	习艺所经费	银300两、钱118千800文
乐平乡（5项）	斗捐盈余	银800两
	戏捐	银800两
	铁捐	钱100吊上下
	中学堂生息	银240两、钱528吊
	中学堂房地租	银9两余
盂县（7项）	戏捐	钱858串文
	铺捐	银400两
	育婴堂生息	银50.28两2钱8分
	看守所生息	银10两（光绪三十四年八月初一开办之日起，至年底止）（笔者估算全年24两）
	习艺所生息	钱24千文
	商会公捐	钱600千文
	工艺织布厂捐	钱122千980文
资今县（3项）	高初两等小学堂生息	银1583两
	高初两等小学堂杂捐	银40两、钱788千400文
	巡警冬防捐	钱250千文
寿阳县（12项）	戏捐	钱700串文
	铺捐	银720两
	盐捐	钱2400吊、钱1600吊文
	车捐	钱333吊815文（宣统元年）
	里催呈送印官公费	银800两
	高等小学堂地租	钱64千915文
	高等小学堂息钱	钱1413千文
	劝学所斗捐	半年钱250千文（笔者估算全年500千文）
	商会公捐	钱45千文

161

续表

府厅州县	外销名称	数量
寿阳县 （12项）	习艺所生息	钱 160 串文
	差徭息银	银 2400 两
	保婴局生息	钱 960 千文、银 240 两
大同府 （5项）	中学堂生息	银 276 两、钱 1344 千文
	天工艺局生息	钱 264 千 526 文、银 352.618 两
	府义仓生息	银 46.45 两
	各州县捐助中学堂经费	银 2200 两
	各州县捐助师范学堂经费	银 1180 两
大同县 （5项）	戏捐	钱 792 千 310 文
	铺捐	钱 2645 千 987 文、银 234.44 两
	车捐	钱 2400 千文
	高等小学堂经费	钱 2352 千文
	劝学所经费	钱 343 千 768 文
怀仁县 （6项）	戏捐	银 64 两
	铺捐	银 575.86 两
	碱捐	银 100 两
	差徭	银 686.2746 两
	桥捐	银 150 两
	高等小学堂生息	银 250 两
浑源州 （11项）	加抽一文斗捐	银 303.127 两
	戏捐	银 338.992 两
	黄芪捐	银 1617.5 两
	花布捐	银 191.124 两
	契底捐	钱 1527 千 552 文
	骡户帮款	银 738.2 两
	中学堂地租	银 18 两
	保婴牛痘局经费	银 50 两
	中学堂生息	银 1200 两
	教育会生息	银 80 两
	劝学所生息	银 240 两

续表

府厅州县	外销名称	数量
应州 （8项）	续抽一文斗捐	银 68.885 两
	黄芪捐	银 20 两
	酒行捐	银 43 两
	粮行捐	银 371 两
	戏捐	钱 240 千文
	商捐	银 480 两
	两等小学堂生息	银 536 两
	杂货帮捐	银 170 两
山阴县 （7项）	加抽一文斗捐	银 41.832 两
	铺捐	银 226.79 两
	戏捐	银 30.566 两
	车捐	银 640.522 两
	各行帮捐	制钱 700 千文
	高等小学堂经费	银 461 两
	土盐捐	钱 400 千文
阳高县 （8项）	戏捐	钱 755 千文（光绪三十四年）
	酒捐	银 140 余两
	高等小学堂生息	银 576 两
	高等小学堂地租	钱 13 千
	高等小学堂斗捐	一半捐银 516.352 两、盈余银 876.324 两
	巡警加捐二文斗捐	实斗捐二文银 403.084 两、盈余银 876.324 两
	习艺所斗捐	银 246.881 两
	铺捐	银 720 两
天镇县 （10项）	铺捐	银 185.714 两
	戏捐	银 188.571 两
	公行铺捐	银 60 两
	商牙捐	银 714.286 两
	高等小学堂发商生息	银 500 两

续表

府厅州县	外销名称	数量
天镇县 （10项）	各村派捐初等小学堂经费	银1932两
	各项差徭	银633.571两、钱395千667文
	田亩租	银158两
	慈云寺铺房租	银252两（宣统元年）
	高等小学田亩并生息	制钱700千文
广灵县 （4项）	戏捐	银358两
	煤厘捐	钱1150千文
	官立学堂生息	银563两
	公立各学堂民捐地亩捐	银1229两
灵丘县 （7项）	加抽斗捐一文留充习艺所经费	无定额
	铺捐	钱372千文
	差徭	钱380-390千文不等
	缸行规费	钱90千文
	河工局拨款	钱100千文
	庙捐	钱366千文
	戏捐	钱1千文
朔平府 （7项）	中学堂经费	银六百两、七四市钱100千
	中学堂生息	本七六市钱3900千文，发商按月一分生息
	戏捐	制钱9620文
	车捐	制钱385千165文
	铺捐	制钱498千760文
	转运局由四乡摊派差钱	制钱1372千256文
	县学堂生息	制钱111千文
朔云州 （3项）	铺捐	银280.487两
	戏捐	钱919千695文
	各行季规	钱70千文

续表

府厅州县	外销名称	数量
左云县 （7项）	学租	钱71千文
	斗捐	钱150千文
	戏捐	钱425千文
	煤捐	每煤百斤，加抽制钱一文，通年所入，除提巡警饷钱320千文外，悉数充学堂经费
	巡役捐	市钱100千文
	烧锅验帖各行捐（此款旧系县署陋规）	市钱128千文
	路灯捐	钱9670文
平鲁县 （7项）	学堂地租	钱100千有奇
	戏捐	钱120余千
	油行捐	银104两（宣统元年）
	户书捐助学堂经费	制钱112千文
	铺捐	银120两
	差徭捐款	制钱80千文
	学堂生息	本银共443两5钱，发商按月一分二厘生息；本银200两，由地户按年一分生息
宁武府 （6项）	中学堂学费	银600两
	加抽一半牙用	银113.768两
	桥梁捐	银463.22两
	中学堂豆价生息	银354.555两
	中学堂斗捐生息	银480两
	中学堂房租并地租	银49.78两
宁武县 （9项）	木捐	钱44千600文
	县施新增牲畜牙用	银310两
	戏捐	钱740千文
	铺捐	银380两
	加抽煤税	钱850千文
	差徭	钱1057千250文

续表

府厅州县	外销名称	数量
宁武县 （9项）	积谷生息改充粥厂经费	钱181千文
	高等小学堂经费生息	银116.8两
	初等各小学堂经费生息	银22两
偏关县 （8项）	铺捐	银195两
	书院存款生息	银102两
	油酒捐	银210.7两
	学堂商捐	银117两
	戏捐	银35两
	牙用	银42.5两
	巡警商捐	银80两
	兴文当积谷生息	银200两
神池县 （6项）	高等小学堂生息	银500两
	初等小学堂生息	银81.5两
	高初等各小学堂经费	银477两
	胡麻牙用	钱160千文
	罪犯习艺所经费	钱300千文
	牛痘局生息	银32两
五寨县 （13项）	戏捐	银140余两
	铺捐	银130余两
	牲畜用	钱590余千文
	斗用	银270余两
	车行扣斗	银30余两
	布捐	银30余两
	铺称面用	银130余两
	店称用	银120余两
	租粟折价	银180余两
	存款生息	银20两
	木捐	银30余两
	河地捐	九数市钱604千375文
	盐用捐	银10余两

续表

府厅州县	外销名称	数量
忻州直隶州 （6项）	戏捐	钱 900 吊
	铺捐	钱 2880 吊
	车套捐	钱 3700 余吊（光绪三十四年）、钱 2000 余吊（平均）
	差徭息银	钱 534 吊、钱 4673 千 337 文
	学堂生息	钱 7000 吊
	栖流所生息	银 134.1 两
定襄县 （8项）	学堂续抽斗捐	钱 307 千 240 文
	花果粉条落地捐	钱 26 千 470 文（光绪三十四年十一月开办起，至年底止）（笔者估算全年 158 千文 820 文）
	高等小学堂地租并房租	钱 210 千 814 文
	高等小学堂生息	钱 872 千 686 文
	初等小学堂地租	钱 18 千文
	初等小学堂生息	钱 15 千文
	裁节戏费	钱 818 千文
	铺捐	钱 172 千 800 文（光绪三十四年五月到年底）（笔者估算全年 259 千文 200 文）
静乐县 （8项）	义学普济堂地租	库平银 23.41 两
	戏捐	银 350 两
	铺捐	八六市钱 240 千
	马牙行捐	八六市钱 50 余千文
	学堂加抽煤厘捐	钱 40 余千文
	差使骡价	八六市钱一百数十千文
	高等小学堂地租	八六市钱 50 余千
	高等小学堂生息	银 205 两
代州直隶州 （11项）	中学堂地租	银 80 两
	官地租	钱 67 千 400 文
	戏捐	钱 1231 千文
	铺捐	钱 270 千文

续表

府厅州县	外销名称	数量
代州直隶州 （11项）	随粮加抽差徭	钱 3270 千文
	车捐	钱 2869 千 400 文
	育婴堂生息	银 111.77 两
	习艺所生息	钱 244 千 500 文、制钱 100 千文
	粥厂生息	钱 60 千文
	中学堂生息	银 1365 两
	官立高等初等小学堂生息	银 390 两
五台县 （4项）	戏捐	钱 500 吊以至千余吊不等
	崞县三十四约煤税	钱 1500 千文
	天和窑头煤税	全年收钱 600 吊（除解上钱 400 吊，余钱 200 吊拨充巡饷，向归外销。光绪三十三年，奉文加征，又加钱 150 吊文，全行解上）
	差徭	钱 700 千文
崞县 （8项）	戏捐	钱 1970 吊文
	铺捐	钱 800 千文
	车捐	钱 300 余吊
	保婴局生息	钱 1000 吊
	高等小学堂生息	钱 1410 千文
	高等小学堂地租	钱 110 千 470 文
	习艺所粮捐	钱 300 千文
	学堂绅富捐	银 2655.4 两
繁峙县 （6项）	育婴堂生息	银 156 两、钱 78 千文
	高等小学堂地租	钱 384 千文
	高等小学堂生息	钱 724 千 500 文
	学堂斗捐	钱 1772 千 849 文
	黄芪捐	钱 175 千 227 文
	戏捐	钱 1223 千 600 文
保德直隶州 （6项）	戏捐	钱 60 千文
	中学堂经费	钱 100 余千文
	高等学堂经费	银 1100 两，发商按九厘生息

续表

府厅州县	外销名称	数量
保德直隶州 （6项）	城内初等小学堂经费	钱 542 千文，发商九厘生息
	东关河东初等小学堂经费	银 500 两，发商七厘生息
	东关河西初等小学堂经费	钱 178 千文，发商九厘生息
河曲县 （6项）	船筏捐	钱 50 余千文
	戏捐	钱 230 余千文
	窑户煤捐	钱 60 千文
	养老经费	钱 50 千文
	育婴堂生息	钱 50 千文
	两等小学堂生息	钱 40 千文、钱 90 千文、银 18.75 两
平阳府 （2项）	中学堂生息	银 1870.023 两、钱 104 千文
	中学堂钱行规费	钱 360 千文
临汾县 （11项）	斗捐	钱 1344 千 300 文
	戏捐	钱 580 千文
	铺捐	钱 900 千文
	地丁串底钱	钱 1400 串
	筹捐高等学堂经费	银 572.25 两、钱 345 千文
	官房租	钱 100 千 150 文
	粟行捐	钱 90 千文
	差徭	钱 11634 千 116 文
	教育会经费	钱 120 千文
	劝学所经费	钱 200 千文
	宣讲所经费	钱 120 千文
洪洞县 （7项）	戏捐	钱 320 千文
	巡警经费	钱 3046 千 96 文
	差徭	钱 11000 吊
	盐店底钱	钱 220 千
	高等小学堂经费	银 1303.3 两
	高等小学堂地租	钱 75 千文
	劝学所经费	银 220 两

169

续表

府厅州县	外销名称	数量
浮山县 （5项）	戏捐	钱180串文
	巡饷捐款	银905.93两
	高等小学堂地租	银291.4两
	高等小学堂生息	银158两
	劝学所教育会社捐	钱100千文
岳阳县 （6项）	戏捐	钱八九十千不等
	铺捐	钱600千文
	差徭	钱130千文至140千文
	高等小学堂地租	钱120千文
	盐店底钱捐	钱100千文
	钱粮摊捐	钱160余千文
曲沃县 （12项）	戏捐	钱1000吊上下（光绪三十三年）
	铺捐	钱2200余串文
	差徭	钱9000缗
	抽收过载行用	钱4000余串
	差徭生息	钱4000余缗，通年按六厘生息
	长马生息	钱1400余缗，发商六厘生息 钱1200缗，发商六厘生息
	高等小学堂烟用	银180余两（光绪三十三年），元年加钱500缗
	棉花用	钱1500缗（光绪三十三年），元年加捐钱700缗
	初等小学堂房租	银80余两
	高阳滩地租	银50两
	劝学宣讲两所经费	银290余两
	习艺所经费	钱210千文
翼城县 （6项）	官立初等小学堂经费	钱500串
	戏捐	钱300余串
	铺捐	钱1034千文
	煤捐	钱583千文
	高等小学堂生息并房租	银980两、钱210千文、钱90千文
	教育会经费	钱150千文

续表

府厅州县	外销名称	数量
太平县 （7项）	戏捐	钱628千文
	高等小学堂生息	银847.4两
	高等小学堂地租	银40.853两
	铺捐	钱2442千920文
	差徭	钱13500千345文
	岁修浮桥收款	银100两
	驿局房租	钱4500文
襄陵县 （4项）	戏捐	钱150千文至160千文
	铺捐	钱746千文
	差徭	钱300千左右
	高等学堂生息	银559.2两
乡宁县 （10项）	学堂炭捐	银500余两
	西河船捐	银40两至50两
	石皮渡船捐	银10两
	盐店捐	银21.818两（宣统元年）
	学堂房地租	钱110千文
	高等小学堂生息	银249.342两
	高等小学堂拨用宾兴经费	钱112千500文
	戏捐	银85.526两
	庙捐	钱150千文
	巡警煤炭捐	银700余两
吉州 （8项）	盐当捐	银72两
	铺捐	钱90千文
	改拨缉私经费	银78两
	高等小学堂地租	钱50千文
	高等小学堂息银	银18两
	高等小学堂息钱	钱60千文
	龙王辿船款	银941两
	戏捐	

171

续表

府厅州县	外销名称	数量
蒲州府 （10项）	摊捐生息	银1200两
	节省生息	银192两
	下剩生息	银164.035两
	续筹经费	银220两（光绪三十四年）
	中学堂地租	银67两
	中学堂房租	银12两
	支应局生息	银300两
	阖部堂赈余生息	银200两
	捐款生息	银360两
	练勇口食	钱324千文
永济县 （7项）	戏捐	银200两（宣统二年）
	巡警经费生息	银3456.6两
	巡警经费铺捐	钱830千940文
	随粮起收差徭	钱11790余千文（宣统元年）
	育婴堂经费	银196.8两
	敬敷高等小学堂经费	银852两
	两等小学堂生息	银250两
临晋县 （8项）	戏捐	钱629千文
	铺捐	银315两
	棉花捐	银60两（光绪三十四年九月到年底）（笔者估算全年180两）
	差徭钱	钱12465千246文
	差徭生息	银8600两
	差徭麸草项下提用巡饷	银1963.2两
	高等小学堂房租并田租	银38两
	积谷经费	银420两
虞乡县 （7项）	戏捐	银111.96两、钱136千901文
	铺捐	钱493千200文
	差徭生息	银230两

172

续表

府厅州县	外销名称	数量
虞乡县 （7项）	保婴局生息	银260两零
	高等小学堂地租	银34两
	高等小学堂息银	银1173两
	花称捐	银200两
荣河县 （11项）	戏捐	钱200千上下
	铺户绅耆捐	钱85千文
	盐当各商捐	银250两
	船捐	凡有船一只，每年捐银六钱，又黄河渡口凡有渡船靠岸者，每船一只，每年出口岸捐钱一千文
	公捐	银15两
	城乡商捐	银50两
	棉花捐	银482.523两
	差徭	钱3540千700文
	差徭生息	
	高等小学堂生息	银2600两，发商按年一分五厘生息
	吉祥寺官款	银10两
万泉县 （7项）	戏捐	钱370千文
	社款	钱410千文
	差徭	银1246.64两
	兵差生息	银666.95两（宣统元年）
	高等小学堂经费	银830两
	初等小学堂经费	银92两
	习艺所经费	银100两
猗氏县 （8项）	戏捐	钱200千文
	铺捐	银335.773两
	羊毛口袋捐	钱140千40文
	高等小学堂地租	银50两
	高等小学堂息银	银674两

续表

府厅州县	外销名称	数量
猗氏县 （8项）	教育会生息	银80两
	劝学所生息	银120两
	巡警生息	银1000两，按月九厘生息
绛州直隶州 （26项）	武营房租	钱15千600文
	学务地租房租	钱143千文
	油房斗捐	钱150千文
	磨房斗捐	钱50千400文
	巡饷商捐	银1174.06两
	太平会捐	银240两
	戏捐	钱820千文
	皮捐	银800两
	毛捐	银180两
	烟叶捐	银180两
	棉花捐	钱199千594文
	差徭生息	钱408千文
	当行规费	钱27千文
	小押当规费	钱12千文
	炮行规费	钱40千文
	中学堂捐款生息	银200两
	高等小学堂粮费	钱1700余千
	高等小学堂生息	银532两
	汾南小学堂生息	银389两
	中学堂提用户房陋规	银500两
	中学堂提用门丁陋规	银100两
	中学堂提用银炉盈余	银240两
	中学堂稷山等五县认解经费	银1978两、钱600千文
	保婴局经费生息	银100两
	自治讲习所经费	本年实未收入
	罪犯习艺所经费	银40两、钱80千文

174

续表

府厅州县	外销名称	数量
垣曲县 （8项）	铺捐	银 417.639 两
	车捐	钱 75 千 200 文
	差徭生息	银 177.6 两
	牌捐	钱 200 千 400 文
	戏捐	钱 270 千文至 280 千文（光绪三十四年）
	高等小学堂地租	银 70 两
	高等小学堂生息	银 340 两
	公立初等小学堂经费	银 2288 两
闻喜县 （9项）	香山书院地租	银 54.43 两
	高等小学堂地基银	银 50 两
	高等小学堂生息	银 160 两
	高等小学堂清徭局津贴	钱 500 千文
	高等小学堂二分贴色	银 762 两
	戏捐	钱 132 千文
	初等小学堂经费	银 3528 两
	巡警铺捐	钱 990 千文
	巡警局清徭津贴	银 438 两
绛县 （4项）	铺捐	银 500 余两
	差徭车捐	钱 55 千文
	高等小学堂地租	银 90 余两
	高等小学堂生息	银 240 两
稷山县 （5项）	戏捐	钱 321 千文
	铺捐	银 792 两
	高等小学堂钱粮贴色	银 1500 两
	高等小学堂房地租	银 120 两
	高等小学堂生息	银 220 两
河津县 （10项）	戏捐	每台共捐钱 5 千文
	铺捐	银 450 两
	炭捐	钱 500 千文

续表

府厅州县	外销名称	数量
河津县 (10项)	河路炭捐	银2000余两
	随收差徭	钱3913千240文
	保婴经费	银144两
	高等学堂生息	银489.6两
	羊行认捐劝学所经费	银400两
	救生船生息	银315.58两
	习艺所生息	银96两
解州直隶州 (4项)	池脚项下津贴中学堂经费	银200两
	中学堂经费	4830两，另有生息（银1200两，发商按月一分生息；1620两，有每月一分生息及八厘生息）
	戏捐	戏一台，捐钱3千文（光绪三十四年）上、中等戏每台捐钱5千文，下等每台捐钱4千文（宣统二年）
	铺捐	银1056两
安邑县 (11项)	戏捐	银281.3两
	巡警经费	钱2500余千文
	骆驼入境保发	钱300余、银20余两
	地丁项下随征差徭	钱9350千文
	高等小学堂生息	银434两
	高等小学堂地租	银34两
	高等小学堂房租	银18两
	清徭局津贴高等小学堂经费	银160余两
	斗捐项下津贴高等小学堂经费	银300两
	清徭局津贴官立初等小学堂经费	银170两
	红差局津贴官立初等小学堂经费	银40两

续表

府厅州县	外销名称	数量
夏县 （8项）	戏捐	收钱250千文（除津贴礼房一成外，实收钱225千文）
	差徭	钱5565千708文
	高等小学堂地租	钱28千150文
	高等小学堂生息	银553.66两
	粮行公捐	认定：钱480千文；收钱340千文（光绪三十四年四至十二月）
	靛行公捐	钱160千文
	警察生教演社钱	钱450千文
	禹王庙会捐	钱26千100文
平陆县 （18项）	巡饷盐装捐	银1595.03两
	巡饷货担捐	银104.97两
	铺捐	钱130千不等
	社捐	银198.4两
	高等小学堂地租	银400两
	高等小学堂生息	银580.64两
	银炉捐	银300两
	煤炭捐	银80两
	初等小学堂生息	银84两
	学堂甲捐	银100两
	商捐	银52两
	牙行捐	银10两
	盐庄捐	银207两
	学堂货担捐	银20两
	社捐	银389两
	花捐	银144.85两
	磨捐	银207两（宣统元年）
	升石膏窑捐税	银204.4两4钱（宣统元年）

续表

府厅州县	外销名称	数量
芮城县 (4项)	戏捐	戏一台，抽捐钱1千文
	高等小学堂地租	银250两
	高等小学堂生息	银1048两
	协济兵差生息	银50两
霍州直隶州 (3项)	铺捐	钱480千文
	戏捐	钱二百数十千文
	官立中学堂并高等小学堂经费	银1200两
赵城县 (7项)	差徭经费	钱7722千361文
	学堂地租	银27.21两
	戏捐	钱200千文
	水磨捐	钱720千文
	皮捐	钱60千文
	街上铺户捐	钱924千文
	干菜铺捐	钱90千文
灵石县 (9项)	戏捐	银166两
	铺捐	钱449千244文
	差徭	银4078.56两
	兵差生息	银300两
	车局生息	银600两
	双池镇会税	银200两
	牙行捐	银200两
	高等小学堂生息	钱500两
	各村捐助初等小学堂经费	银199两
汾西县 (4项)	高等小学堂戏捐	银五六十两之谱
	支应各差骡价	钱160千文
	高等小学堂地租	银20两
	高等小学堂生息	银372两

续表

府厅州县	外销名称	数量
隰州直隶州 （5项）	学堂地租	钱78千文
	戏捐	钱349千60文
	铺捐	钱172千800文
	酒捐	银270两
	铁炉捐	银470两
大宁县 （5项）	四乡九路村捐及铺捐	钱706千文
	官立两等小学堂地租	银32两
	学堂经费生息	银144两
	公立初等小学堂地租	银22两
	油捐	银32两
蒲县 （4项）	戏捐	钱67千500文
	酒捐	银55.466两（宣统元年）
	公产地租	银186.67两（宣统二年）
	高等小学堂地租	钱67千500文、钱420千文（宣统二年）
永和县 （2项）	铺捐	钱84千文
	两等小学堂生息	银136.2两
归化厅 （4项）	戏捐	
	差徭经费	市钱4000串文、每斗所抽制钱一文，除五厘公费外，全数拨归清徭局
	善举生息	银2040两
	巡警兵饷生息	银120两
萨拉齐厅 （2项）	各村帮贴巡饷	银300两
	学堂房租杂项摊捐	银120两，息本钱6600吊，息本银400两，均按月一分生息，钱220千文
丰镇厅 （3项）	铺捐	银2500两
	戏捐	钱310千文、银480两
	学堂地租	钱650千文

续表

府厅州县	外销名称	数量
宁远厅 （3项）	戏捐	钱697千文
	各项差徭	钱8075吊38文（宣统元年）、制钱969千34文（宣统元年）
	高等小学堂生息	银261.177两
和林格尔厅 （3项）	戏捐	钱500余千文
	收发办公生息	银550两，发商按年一分生息
	行户规费	制钱240千文
托克托城厅 （1项）	戏捐	钱366千文
清水河厅 （4项）	戏捐	钱138千720文
	捕盗营建署生息	银二十六七两
	小学堂经费生息	银276.84两
	岁修生息	银1759.734两，按月一分生息
兴和厅 （3项）	炭称捐	制钱135千文上下
	商捐	银800两
	两等小学堂生息	银56.145两
五原厅 （1项）	岁课平余	银281.2492两
武川厅 （1项）	油厘	银94.154两
陶林厅 （2项）	学堂斗捐	银400余两
	差徭	八八市钱1148千215文
东胜厅 （2项）	岁租加一公费	银242.1275两（宣统元年）
	岁租串票钱	银22.339两（宣统元年）

表3-4中的数量多以光绪三十四年或者年约收数做统计，有个别是宣统元年的数据，没有算遇闰增加的情况；所有的数值都是按照最少来计算的。左云县的煤捐，最少320千文；天镇县慈云寺铺房租是元年的数值。此外，还有不方便统计的，比如，长治县的谷捐、米捐；潞城县谷31石多；黎城县谷44石三

斗多；潞安府中学堂地租每租谷一石，折交制钱一千文；荣河县船捐凡有船一只，每年捐银六钱，又黄河渡口凡有渡船靠岸者，每船一只，每年出口岸捐钱一千文；河津县戏捐每台共捐钱五千文，解州直隶州戏捐戏一台，捐钱三千文（光绪三十四年）；芮城县戏捐戏一台，抽捐钱一千文；归化厅差徭经费每斗所抽制钱一文。另外，还有无定额，比如，阳城戏捐无定额；灵丘县习艺所经费无定额；阳曲县戏捐普泽龙神祠住持养膳无定额；太原县戏捐无定额；榆次县戏捐车捐粮捐无定额；交城县巡警教练所皮捐无定额；平遥县水捐无定额；永宁州戏捐无定额；临县验帖费银无定额；吉州戏捐无定额；荣河县差徭生息无定额；归化厅戏捐无定额。最后，还有由于记载不明确，无法确定的年息还是月息的。入屯留县：钱2371串，月息一分五厘。汾阳县差徭余款生息本钱6000千文，有按年七厘生息者，有按月七厘、六厘生息者。萨拉齐厅学堂房租杂项摊捐息本钱6600吊，息本银400两，均按月一分生息。保德直隶州高等学堂经费银1100两发商，九厘生息；城内初等小学堂经费，钱542千文，发商九厘生息；东关河东初等小学堂经费，银500两，发商七厘生息；东关河西初等小学堂经费，钱178千文，九厘生息。曲沃县差徭生息钱4000余缗，通年按六厘生息；长马生息钱1400余缗，发商六厘生息；钱1200缗，发商六厘生息。

除以上无法统计的之外，从上表统计可知：该省共122个府厅州县，每个州县的外销项数从1项到26项不等，总共829项（包括各属名称相同的）。其用途主要有三个，一是地方新政用款，包括学堂、巡警、自治等内容；二是州县各衙署办公经费和官员的补贴；三是上解省财政。数目上统计共银223578.9678两（此数目包括估算的全年收入，除去估算，实收223439.9678两）、制钱9384千文34文（此数目包括估算的全年收入，除去估算，实收7933千文741文）、七四市钱100千文、八八市钱1148千215文、九数市钱604千375文、八六市钱440余数十千文、市钱228千文、钱324345千243文、钱12730串、钱39705吊59文、钱9428吊、钱3592吊文、钱6520缗、钱7581串145文。

从山西省藩库外销情况、山西省各署局所自行经理各款中、山西省运库内外销收支各款、山西省归绥道收支各款、山西省归化关收支，还有各府厅州县外销情况，除了各署局没有岁出外销数据，运库没有岁入外销数据、州县没有岁出数据之外，全省外销共岁入共银815118.14475两、库平银3981.357两、湘平银4240两、钱356241千823文、市钱127串576文、市钱228千文、钱400

串文、制钱9384千文34文、七四市钱100千文、八八市钱1148千215文、九数市钱604千375文、八六市钱440余数十千文、钱12730串、钱39705吊59文、钱9428吊、钱3592吊文、钱6520缗、钱7581串145文、银元32元、洋元8439.75元、银洋93.9元。岁出：银738098.679两、库平银13879.414两、钱40039串27文、银元23375.6元。

从以上各省财政说明书中列举的外销数据看，甘肃省岁入部分八九万两（只是3项的数据）；岁出部分钱一百五六十串文，银二十二三万两。山东省岁入部分264583.076两，岁出部分银406553.948两、库平银9132.694两、湘平银4401.2125两。云南省岁入部分159309.059两，岁出部分23220.64两。浙江省岁入部分统计共银430097两（此数是按照新增报部裁节外销岁额提银276300两计算的，如果按照实收一半计算，为291947两）、钱12000串、洋180余元、银元73967元、钱73197千932文；岁出部分银元31652元、银70828.937两。奉天省各署局的平余项下达到市平银1463780.149两。

黑龙江省仅善后局和户司经理的外销款项共银352212.0308734两，钱1088928吊606文，羌帖5548张3角1分5厘。广西仅厘金外销一项，能够统计的就有94940两。四川省司库杂款中外销，从财政说明书中可以统计的是137070两还要多数百两。

从这几个省份看，多数都数据不全，最为齐全的是山西省，但是还是缺少一部分。在缺少运库岁入外销和各署局岁出外销的情况下，该省岁入外销只是银就有81万多，岁出银73万多。该省清理财政局认为，该省外销规模小。所以，当时大多数行省外销的规模应该大于这个数字，比如，奉天省只是各署局的平余项下达到市平银1463780.149两。可以看出，当时行省外销规模较为庞大。

（二）财政总量有较大的增加

调查财政确数是各项改革的基础，因此，从中央各部到行省、府厅州县都进行了清查。在行省，主要以各省清理财政局为中心展开，各局遵章移行省外各署局，要求各属将光绪三十四年报告册、宣统元年季报告册等先后造报完成，各种册报最终造送到度支部，让综理全国财政的度支部对财政状况有大致的了解。

在各省都清查出大量的隐匿财政收入。比如，在甘肃省地丁银粮草束改征，

"甘省就调查所及,各项盈余和盘托出,入预算者五六十万两"①。在新疆省,以杂税为例,清理财政之前,历年以来,各属所收之数例解不过三四万金,盈余一项,各属向未列报;从宣统三年预算册起,各属报出的例解库平银131400余两,还报出各项盈余库平银196100余两。例解之数增至3倍还要多,而又让之前隐匿的盈余一项库平银196100余两浮出水面,盈余比例解之款还要多。以致该省清理财政局不无欣喜地称"所有现时收数暨三十四年收数比较,竟增至数倍。"②

由于隐匿款项被清查出来,各省财政收入都相应有所增加。比如,广西省在光绪三十四年的岁入总额是4890600两③,到宣统元年该省岁入总额为5532251.789两。④仅仅一年的时间,广西省的财政收入就增加了64万多两,这和清理财政期间展开对各省财政确数的调查,调查出之前被隐匿的外销和规费款项有重要的关系。

虽然由于人为和客观等因素,外销和规费的清查并不彻底,各省和各部仍有欺饰隐瞒,但是,通过清理财政,各省各部造送各种册报,据此清政府对全国财政有了大致的了解,并且财政规模扩大。因为清政府财政紊乱、向无统系,具体的财政收入,各方的估计数据有所不同。罗玉东认为,光绪二十六年户部岁入为9826万两。⑤据《清朝续文献通考》的数据,清政府1903年岁入为104920000两,而经过清查财政,仅各省收入合计得出的光绪三十四年和宣统元年的财政收入就分别达到2亿数千万两,宣统三年的预算案显示的收入达到3亿两。⑥这个数字,比1900年多出2亿多,比1903年多出1亿9000多万。按照正常的财政收入增比速度,是不可能出现如此急速的增长的,最为合理的解释就是通过清理财政,在各省清理出大量的外销款项,把经制外的收入纳入国

---

① 甘肃清理财政说明书 [M]//陈锋. 晚清财政说明书(4). 武汉:湖北人民出版社,2015:682.
② 新疆全省财政说明书 [M]//陈锋. 晚清财政说明书(4). 武汉:湖北人民出版社,2015:848.
③ 广西巡抚张鸣岐奏广西第三届筹办宪政情形折(宣统二年二月二十八日)[A]//故宫博物院明清档案部. 清末筹备立宪档案史料(下册). 北京:中华书局,1979:775.
④ 广西全省财政说明书 [M]//陈锋. 晚清财政说明书(8). 武汉:湖北人民出版社,2015:8.
⑤ 罗玉东. 光绪朝补救财政之方策 [J]. 中国近代经济史研究集刊,1933,1(2):216.
⑥ 刘锦藻. 清朝续文献通考(一)[M]. 影印本. 杭州:浙江古籍出版社,1988:8231-8249.

家财政体系之内。

外销清查虽然是不彻底的,但是把外销和规费问题拿到明面上进行梳理,就比之前让外销和规费仅仅存在于暗处、存在于地方的"小金库"中透明了许多,更向着理顺财政关系、明确国地财政关系前进了一步。

(三) 财政秩序得到改善,财政体系更为有序统一

对各省财政的清理,是一面清查,一面整理,因此对财政收支科目进行了更为科学化的分类。按照度支部对各省财政清查的类别要求,各省纷纷对该省的财政收支进行梳理,此时的梳理就是按照较为科学化、规范化和专业化的方式进行归类,比如,在度支部规定的岁入12项、岁出11项①的基础上,新疆省对该省岁入岁出的梳理是按照岁入6项、岁出12项进行的。特别是在岁出部分,各省大都是按照行政费、交涉费、民政费、财政费、典费、教育费、司法费、实业费、交通费、工程费等进行归类。可以看出,在度支部的要求下,各省对财政收支科目的划分已经与过去有很多不同,清理财政时期的划分更为科学化、专业化。

财政秩序得到改善,财政收支体系更为有序统一。随着清理的展开,各省根据外销和规费产生的原因,比如,收支的混乱、征收的弊端、税率的不统一等弊端,展开多方面的整顿。很多省份的衙署局所逐渐开始将包征额解的陋习改为尽征尽解,实现统收统支,实收实发,实报实销,将所有内外销名目销除,将外销款项归入内销,一定程度上改变之前杂乱无章、紊乱异常的状况。各省还统一税率、规范征收过程等,使得财政秩序得到改善,财政收支体系更为有序统一,有利于清末改革的进行。"自设监理官后,爬梳整理,渐有眉目……现各省预算册均经达部,用款名目各分门类,收支弊混遂渐清厘,将来统一财政,酌济盈虚,自不难以此为基础。"②

(四) 财政确数的调查为各种改革提供基础

财政确数的调查,对整个清理财政、财政制度改革和宪政改革都有非常重要的意义。财政确数的调查是清理财政的第一步,是宪政改革的基础,而清查财政的最终目的是实行预算、划分国地税。"清查财政是传统中国融入近代世界

---

① 度支部颁发调查各省岁出入款目单 [N]. 申报,1909-8-21 (第1张第4版).
② 宪政编查馆奏派员考察宪政事竣回京谨将各省筹备情形据实胪陈折 [N]. 政治官报,宣统二年十一月十四日,9.

的必经途径。"①

通过调查财政确数,中央对各省财政状况有了大致的了解,各省对府厅州县财政也有了一定程度的知晓。真实的财政状况是一切改革的基础,为之后预算的制定、国地税的划分、国地财政分权制度的建立确立了基础。

总之,通过清查财政,对行省和全国财政规模有了大致的了解,增加了财政收入;使得财政收支更为明确,款项的支用也更为规范,财政秩序得到改善;冗员冗费问题多有改善,吏治得到一定程度的整顿;为预算和国地税的划分提供了基础。

---

① 刘增合. 清季中央对外省的财政清查 [J]. 近代史研究, 2011 (6).

第四章

国地财政预算的制定和实施

实行预算,是现代财政制度的重要内容和标志之一,也是宪政改革的重要环节,对确立国地财政分权制度有重要的意义。清末的清理财政就是以预算的实行为关键。"宪政成立,以整理财政为最要,而整理财政必以确定全国预算决算为最要。"①

清政府传统意义上的预算并不是真正近代意义上的预算,从性质上来讲,是一种传统财政估算,从形式上来看,是一种传统的记账方式,当然它也起到了一定的财政分配的作用。但是,传统的财政估算,由于它数据的不准确、不全面,又呈现出静态的特征,因此,不能准确全面地反映整体的财政状况,特别是无法体现和调配财政在中央与地方之间的合理分配,当然更没有法律属性,已经不能适应时代和形势的发展需要。因此,向西方学习,实行近代预算制度,用立法的方式确定国家岁出岁入和地方岁出岁入,这不仅是财政制度近代转型的需要,同样对于理顺国地财政关系、最终确立国地财政分权制度有着重要的意义。

第一节　朝野对于预算的认知

到清末,引进西方的预算制度,已经成为朝野上下一致的意见;预算也是宪政的重要标志,是宪政改革的题中应有之义。

在近代,有些有识之士,比如,黄遵宪、康有为、张謇等开始援引西方的预算制度,希望能在清朝实行,改革清朝传统而不合时宜的财政制度,以此解决财政问题。舆论也加入其中,最终于朝堂之上达成共识。

---

① 度支部奏陈清理财政办法六条折[A]//故宫博物院明清档案部.清末筹备立宪档案史料(下册).北京:中华书局,1979:1019.

一、舆论报刊的积极参与

舆论报刊纷纷积极介绍西方的预算制度，为预算在中国的实行摇旗呐喊，呼吁清政府借鉴西方，尽快实行预算制度。

清末面对着财政困难的窘境，需要大力筹款，为此，就要取信于民，就要行预算之法，这是当时舆论报刊在谈及预算的时候的基本论述逻辑。比如，光绪三十二年九月二十日，《南方报》刊载的《论中国于实行立宪之前宜速预算法》① 一文认为，现在实行改革，需要财政支持，而筹款就需要取信于民，就要行预算之法。何为预算？"所谓预算者，国家预定收入、支出之大计划也"，是"示民以信用之契据也"。预算也要受到人民的监督，"授民以监督之凭证也"。该文章还谈到了行政与立法之间的关系，"发案权属于政府，定议权属于议会"。那如何实行预算？该文章谈到第一步就是要调查财政实情，"欲速行预算，必先以调查财政为第一要义。调查之法，政府宜于各省设立财政调查局，各地方绅士宜设立公产调查局，将各地方所有正供及一切纳官杂费与夫兴学、练兵、警察，凡举办各要政支用款项，无不详细调查，以为他日议决预算之预备"。除了调查财政实情，还需要"明晰各项政务之性质办法"，确定政务公费等。可以看出，该文章不仅论证了实行预算的必要性，还对如何制定预算和实施预算做了较为详细的说明。

随着财政改革越来越迫切，到清理财政前夕，舆论报刊对于预算的性质、作用、运行机制等有了更为详细而深入的论述。舆论的参与也是促成清末实行预算的重要因素之一。

二、朝堂之上关于预算的议论

出洋考察的五大臣，对于西方预算制度的介绍和引进更为系统翔实，并且更多地把预算的实行纳入宪政之下来考量。

载泽介绍了议会的监察权，注意到行政权与立法权的关系，"试举议会之权能中之一端以论之，即如有所谓监财权者，乃一国中财政上岁出岁入当有几何，政府必与议会谋之。每年以收入之数，制定预算表。以何理由而既为此支出，必报告于议会，而当得其承认"②。同时也注意到了人民的监督权力，所以要公

---

① 论中国于实行立宪之前宜速预算法 [J]. 东方杂志，1906，3 (13).
② 夏新华. 近代中国宪政历程：史料荟萃 [M]. 北京：中国政法大学出版社，2004：45.

开预算等,"各国宪法中,无不以此监财权属于议会者,职是故也"①。当然,载泽作为皇族,他更多的是想借鉴日本的君主立宪制度,强调君主的权力,大权要有君主统摄,当然紧要的是有财权,即"财政上必要紧急处分,由君主"②。

端方在出洋考察后,受到西方影响,也多次论及预算。他论证了行政与立法权的关系及公开预算的问题。"监财权者,乃一国中财政上岁出岁入当有几何,政府必与议会谋之。"另外,端方还认识到明定中央与地方权限的重要性,因此他认为在官制改革时要"定中央与地方权限……布国用及诸政务"③。希望清政府能提升户部权力,设立检察院等,以期实行预决算制度。

五大臣等主要从立宪的角度分析预算的作用,通过实行预算,达到"君民共治",最终实行宪政。当然,通过预算的实行,改变财政紊乱和困难的状况是更为直接的原因。预决算制度赋予人民明了和监督财政之权,先取信于民,从而才能更好地取之于民,解决财政困难。

三、赵炳麟的奏请

清理财政前夕在更为直接推动全面实行预算制度方面,御史赵炳麟功不可没。赵炳麟多次就预算问题上奏清廷,他详细介绍了英国、法国、日本的预算制度,认为这些国家特别是法国和日本通过实行预算制度成功整顿了财政,以此来引起清政府的重视。他还对预算的作用进行详细的说明。"有预算以为会计之初,有决算以为会计之终","岁出岁入年终布告国人,每岁国用妇孺咸晓",国民有监察之权,才能实现"国民知租税为己用,皆乐尽义务。官吏知国用有纠察,皆不敢侵蚀,所谓君民共治"④。赵炳麟还指出实行预算的具体办法,需要清廷发布谕令,由度支部遴选精通计学之人制定预算决算表;还需要分遣司员前往各省详细调查各项租税和全部行政经费,调查的原则就是"上自皇室,下至地方,钩稽综核,巨细无遗";确定会计年度。"预算、决算既定,提纲挈

---

① 夏新华. 近代中国宪政历程:史料荟萃 [M]. 北京:中国政法大学出版社,2004:45.
② 出使各国考察政治大臣载泽奏请宣布立宪密折 [A] //故宫博物院明清档案部. 清末筹备立宪档案史料(上册). 北京:中华书局,1979:174.
③ 奏请定国是以安大计折. 端忠敏公奏稿(卷六)[M]. 沈云龙. 近代中国史料丛刊(第10辑),台北:文海出版社:698,713,715.
④ 御使赵炳麟奏整理财政必先制定预算决算以资考核折 [A] //故宫博物院明清档案部. 清末筹备立宪档案史料(下册). 北京:中华书局,1979:1016-1017.

领，一目了然。然后将皇室费、中央行政费、地方行政费通盘筹算，界限分明。"① 这对于清政府下决心实行预算，起了非常直接的推动作用。

第二节 度支部对于预算的总体安排和部署

在以上各种因素的作用下，加之着实为难的财政窘境，清政府充分认识到预算的重要性和必要性，并根据财政清理的实际进展情况决定提前试办预算。

一、度支部做出提前试办预算的安排

度支部奏定清理财政办法以列款调查为入手，以分年综核为程功，以截清旧案为删除混乱之端，以酌定公费为杜绝瞻顾之路，以划分国家地方经费为清理之要领，以编订预算决算清册为清理之归宿。因此，清理财政过程中做的很多工作，诸如清查各省赋税租捐等正杂项入款和饷需薪俸经费等各项支销、彻查外销规费确定全国财政确数、划分国家行政地方行政等费都是制定预算的基础。到宣统元年下半年，各省清查财政确数的册报大都陆续造就送到度支部，度支部与政务处核议，认为各省的清理财政已经办有端倪，因此，预算决算也须提前赶办，所以把原定于宣统三年内初具规模的实行预算决算之期限提前到宣统二年内办理就绪。② 确定提前赶办的期限后，度支部饬令各省严格财政册报，并检查以前该部订定的通筹全国财政表、预算草略、会计调查表册、会订审计院试行法则合议案等，以备参核，以此作为筹议预算决算的入手办法。③

度支部还拟定了试办预算册式及例言二十二条，并附以比较表等④，通过这些，度支部明确规定了预算年度、填报的格式、款项的分类等。预算年度为每年正月初一到十二月底；预算册内要求各省先列岁入，后列岁出；岁入与岁出又各分为"经常"与"临时"两门，然后按照门、类、款、项、子目分级填注。度支部还对岁入和岁出的款项类别进行了划分，岁入部分分为8类，岁出部分划分了18类。通行在京各衙门和各省清理财政局依式填注，为提前试办预

---

① 度支部议复御史赵炳麟奏制定预算决算表事宜［M］//光绪政要（卷32）.光绪三十二年十二月.
② 议缩短预算决算之期限［N］.大公报，1909-10-20.
③ 筹议预算决算之入手办法［N］.申报，1910-03-23（第1张第4版）.
④ 刘锦藻.清朝续文献通考（卷72·国用10）［M］.影印本.杭州：浙江古籍出版社，1988：考8289.

算做好准备。

二、宣统三年预算的试办和宣统四年预算

度支部于宣统二年正月二十六日具奏提前于宣统三年试办预算。①

根据度支部的总体规划和要求,预算案的编订,具体程序为:首先,在行省,先由各衙门局所预算次年出入款项,编造清册,送各省清理财政局,由各省清理财政局汇编全省预算报告册,完成后由各省督抚核准上报度支部;在京各衙门,同样按照度支部颁定的册式分别编制次年出入款项预算报告。其次,由度支部在核准汇总各省和在京各部预算的基础上编制全国岁出岁入总预算。最后,总预算案经内阁会议政务处核议,送资政院议决。地方岁入岁出预算案,由各省咨议局议决。②

按照度支部的要求,各省和各部开始编制本省区和在京各部财政预算册。各省按照度支部的规划和要求,对岁入岁出进行划分,遵循"量入为出"的原则,以期撙节财政达到收支平衡。比如,云南省,在宣统元年就由该省清理财政局拟定了预算表式,该表区分了国家行政经费和地方行政经费,并在后面附了各衙门经费表式,颁发给各署局处所照式查填。后宣统二年三月度支部颁布册式例言,该省又要求各属按照部定式例依限赶办。随后,各署局所和府厅州县加紧赶办,忙碌异常,陆续将预算分册造送到清理财政局,由局分别审核并汇编成总册,于五月依限送部。③ 安徽省清理财政局按照部版册式拟定表式、册式,开具凡例,然后通饬各处依限照填,各处造送到局后,该局再遵式分门、分款、分项,共编成总分册二十本,咨部查核。④

宣统四年预算是在宣统三年预算试办的基础上进行的。宣统三年预算案是试办,试办的过程中出现了一些问题,比如,赤字巨大、实行的过程中出现任意追加和翻异等各种情况,所以,宣统四年预算在宣统三年预算的基础上进行了改良。宣统三年正月十四日,度支部上奏《试办全国预算的三个办法》和草

---

① 度支部寄各省监理官公函一. 度支部编. 度支部清理财政处档案(清宣统间铅印本). 北京图书馆影印室. 清末民国财政史料辑刊(第1册)[A]. 北京:北京图书馆出版社,2007:228.

② 度支部清理财政章程[A]//故宫博物院明清档案部. 清末筹备立宪档案史料(下册). 北京:中华书局,1979:1031.

③ 云贵总督李经羲奏云南第四届筹办宪政情形折(宣统二年十一月二十八日)[A]//故宫博物院明清档案部. 清末筹备立宪档案史料(下册). 北京:中华书局,1979:803.

④ 安徽巡抚朱家宝奏安徽第四届筹办宪政情形折(宣统二年八月二十六日)[A]//故宫博物院明清档案部. 清末筹备立宪档案史料(下册). 北京:中华书局,1979:784.

拟了《试办全国预算章程》，对于宣统四年预算案的编制有针对性地提出了三个办法，一为"规定行政之统系，上年为办各省预算，故以一省为统系。本年为试办全国预算，当合全国为一统系"；二为"暂分国家岁入、地方岁入"；三为"正册外另造附册……正册取量入为出主义，以保制用之均衡，附册取量出为入主义，以图行政之敏活"①。

宣统四年预算案与宣统三年预算案相比，最大的不同并且也是更为进步的有两点：一是以全国为一统系；一是分国家岁入和地方岁入。在宣统三年预算案中，最大的问题就是赤字的巨大，所以，宣统四年预算重点强调"必以收支为衡"。

预算的章程和原则的确立，为预算的制定做好准备，宣统三年预算编制成功，在一定程度上进行了实施。宣统四年预算只是编订，最终没有实施。

第三节 预算中行政层级之间的龃龉

对于预算，度支部做了详细的规定和说明。但是，章程的规定是一回事，真正的实施又是一回事。在预算的制定过程中，充满了各种龃龉，主要包括行政层级之间、行政与立法之间的冲突。

一、中央与行省之间的矛盾

在预算的制定和实施中，为了维护自身的利益，中央与各省之间矛盾纠葛不断，有在预算开始之前的敷衍、观望，到预算造报中的延迟、隐匿，还有预算制定和审查中关于核增核减问题上的分歧等。

（一）准备实行预算时，督抚敷衍、观望

度支部为实行预算而征求意见，各省督抚就开始敷衍、观望。由于上下相隔，互不信任，再加上度支部一系列的集权举动，让各省督抚对度支部的种种举措都充满疑虑。特别是之前的清查外销和规费，和盘托出、化私为公、涓滴归公之种种，让各省对度支部集权和揽利的目的进一步确认，因此，当度支部提出试办预算时，各省督抚对此却不甚积极。

度支部为了实行预算，决定向各省督抚征求意见，而"各督抚意存观望"，

---

① 度支部尚书载泽等奏试办预算拟暂行章程并主管预算备衙门事项折［A］//故宫博物院明清档案部.清末筹备立宪档案史料（下册）.北京：中华书局，1979：1045.

据报道,度支部尚书决定指出各省弊端,"以杜其口"①。在各省督抚和在京各衙门的猜疑、敷衍和暗行反对之下,预算案的编订跌跌撞撞地开始了。

(二) 编制预算时,各省延迟、隐匿

1. 预算造报的延宕和惩处

度支部是在宣统二年正月二十六日具奏提前试办预算,因此,要求各属在宣统二年三月底汇齐,于四月初一律报部。此限定日期遭到各省的延宕,一直拖延到四月,各省还是多未覆报,度支部财政处不得不通电各省督抚,进行催促。②

各省的册报纷纷出现迟延。湖南在办理宣统三年预算时,要求展限一个月。③ 东三省督抚和清理财政局接到度支部试办宣统三年预算的通饬后,虽然表示要遵照办理,并且该省已经提前试办了宣统二年省预算,有一定的基础。即使这样,东三省清理财政局还是要求展期宣统三年的预算册报。据该局称主要是因为东三省财政困难,亏款太巨,如奉天省财政旧亏已近百万,各属造送到局的预算表册大多没有遵照局式,并且多是入不抵出。为达到收支相合必须节流,要节流就必须裁汰冗员、裁节靡费等。而且吉林省财政浮靡严重,必须要大加裁节,不然难以收支为衡,然而这些裁汰裁节的措施都需要较长时间才能完成。再加上吉林和黑龙江两省的册报送到奉天省,往返都需要十多日,如果清理财政局再详加准驳,文件往返都需要时日。如此办理则肯定逾限。但如果不实施这些措施,则预算必定以入不敷出收场。所以正监理官请求度支部财政处"宽假时日,勿以定限相绳,庶几能照遵函办理"④。

鉴于各省的册报纷纷延宕,度支部不得不把期限展缓至五月底,但是各省还是大多没能依限完成。比如,吉省预算册"当试办之始,或款目不免纷繁歧出,或表册不中程式,往还驳造,稍致稽迟"⑤,一直到七月内才一律告竣。这还不包括临时发生事项需赶办的追加预算。四川省在三月奉到部颁表册,最终清理财政局据各属局送到预算草册再编成总分各册等,送到度支部的时间也是

---

① 统一财政之计划 [N]. 大公报,1909-02-17.
② 电催各省速报预算表册 [N]. 大公报,1910-05-17.
③ 江省依限造报预算之为难 [N]. 申报,1911-03-09 (第1张第4版).
④ 为预算册事致度支部财政处电(1910年3月21日) [M]//周秋光. 熊希龄集(第2册). 长沙:湖南人民出版社,2008:36.
⑤ 吉林巡抚陈昭常奏报第四届筹备宪政情形折 [N]. 政治官报,宣统二年九月十五日,折奏类,13.

七月上旬。①

度支部为了防止各省屡次延迟预算册的造报,在宣统二年八月间,会同吏部上奏了各省清理财政酌拟册报逾限处分折,对延迟预算者进行惩处。"即由臣部将各该省清理财政局造送总册逾限日期知照吏部查取职名照章分别议处,以重宪政。"② 但是,从处理的结果看,下手的力度和度支部所下的决心严重不符。像吉林省就属于逾限,按照规定,吉林省巡抚、度支使交吏部照例议处,度支使罚俸九个月,巡抚陈昭常罚俸六个月。但是,这次处罚都是公罪,当日即已奉旨着准抵消。③

宣统四年的全国预算编订中同样也出现了各省纷纷要求展限的情形,预算遭延宕的情况依旧。有宣统三年预算各省纷纷延迟的前车之鉴,所以宣统四年的预算暂行章程对编制的时限做了严格的规定,但是因为各省督抚及各部院衙门对宣统四年预算也不甚积极,所以最终还是没能挡住各省各部的迟延。宣统四年预算暂行章程规定,各省文武大小衙门局所需要编造的国家岁入、地方岁入预算报告分册和比较表,统限于二月初十日以前送到清理财政局汇总编制;各省需要编造的国家岁入预算报告册、地方岁入预算报告册和比较表都限于四月十五日以前送到度支部。④ 度支部还特别通饬各省监理官对宣统四年预算严加稽核,对抗查和蒙混的各局所衙署进行严惩,"照清理财政章程第九条申部办理,以示炯戒"⑤。即便如此频繁的督促和严格的惩处,各省册报逾限的情况仍然比比皆是,各省以各种理由请求展限。比如,黑龙江省巡抚周树模上奏要求将该省造报预算的期展限一个月。⑥ 该巡抚的理由是黑龙江省地处边远,交通又不便,文牍往还动辄累月,单是部颁条例表式送达各州县就需时日,有些偏远的州县需二月中旬才能发到,编造送局还需要时日,再加上疫情严重,交通阻隔,各属预算案送到清理财政局势必逾限,到局后再审查驳诘编辑缮写又需要多日,所以,该省巡抚请求展限一月。除去各署局所的懈怠延宕,黑龙江省巡抚的解释倒也算合乎情理。

最终,各省依期送到者寥寥无几。在京各部院衙门对预算亦是非常冷淡,

---

① 四川总督赵尔巽奏四川第四届筹办宪政情形折(宣统二年八月二十八日)[A]//故宫博物院明清档案部. 清末筹备立宪档案史料(下册). 北京:中华书局,1979:794.
② 度部尚书参处玩延预算者[N]. 申报,1911-01-01(第1张第4版).
③ 吉省预算迟延之处分[N]. 盛京时报,1911-04-29(第5版).
④ 全国预算暂行章程[N]. 广西官报,第104期,宣统三年二月二十六日,财政,511.
⑤ 通饬监理官严查财政[N]. 大公报,1911-03-07.
⑥ 江省依限造报预算之为难[N]. 申报,1911-03-09(第1张第4版).

虽然度支部屡次咨催，但仍多延迟不交，纷纷请求缓期。后度支部不得不做出妥协，要求所有咨请展限的各衙门统限于四月二十五日以前务须一律送部。①

因为各省和在京各衙署纷纷请求展限，预算案的编制进程不得不延缓。

2. 尽量多报岁出，少报岁入

督抚和各部本就对度支部存很重的戒备之心，为了维护自身的利益，也防止度支部的过分搜刮，为自己留下后路，为行省财政留下回旋余地，各省大都多报岁出，少报岁入。此种做法为监理官知晓，并电告度支部。在度支部上折奏请维持预算实行办法时称，"叠接监理官来禀，多谓于岁出则有意加多，于岁入则特从少报，此等情形各省不尽相同，而往往有所不免"②。度支部用的是"叠接"，看来此种做法还不是少数，应该是非常普遍的。这样就导致预算的准确性难以保证，严重影响预算案的制定和实施。

3. 预算制定中的核增核减

预算的编订需要基本上收支平衡，但是，在调查全国财政确数时，从各省册报的光绪三十四年和宣统元年财政总数看，各省财政不敷甚巨。因此，在编制预算的过程中，度支部就多次要求各省撙节财用，只把万不可省之岁出列入，如有不敷，各省需自行筹措。但是，即使度支部多次提醒和要求，但是，各省造送到度支部的预算案都是赤字巨大，并且错误较多，其中有不实不尽之处。所以，度支部要求各省对原有册报进行核增核减，以期收支平衡。在度支部撙节财用和核增核减的强力要求下，虽然各省督抚在一定程度上照办，但是出于实际的困难和维护自身利益的目的对度支部的要求进行了一定程度的抵制。

(1) 造册过程中的撙节财用

经过财政确数的调查，各省财政严重不敷。广西光绪三十四年出入总数，"计共岁入银四百八十九万六百余两，岁出银四百九十九万二千一百余两"③，不敷10万余两。随着各项改革的推进，宣统朝之后，各省财政不敷的情况更为严重。根据湖南巡抚奏陈，该省宣统元年，岁入共库平银826万零，而岁出共库平银649万零，另外还有地方行政经费共库平银285.5万两零。据该抚称，截

---

① 京师近事 [N]. 申报，1911-05-28（第1张第6版）.
② 度支部尚书载泽等奏维持预算实行办法折 [A] //故宫博物院明清档案部. 清末筹备立宪档案史料（下册）. 北京：中华书局，1979：1030.
③ 广西巡抚张鸣岐奏广西第三届筹办宪政情形折（宣统二年二月二十八日）[A] //故宫博物院明清档案部. 清末筹备立宪档案史料（下册）. 北京：中华书局，1979：774.

止到宣统元年六月，湖南历年积亏，"几及三百万两"①。东三省先期预算每年用款不敷达到200余万。

照这种财政状况，各省编制的预算定是以赤字收场，基本是可以确定无疑的，所以，度支部在各省造册的过程中就推出多重举措，要求各省撙节财用。对可以预期的巨大赤字，度支部非常担心，"倘将来预算报告各省皆属收不敷支，本部虽综揽财权，而内外同一为难，又将何以措手"②。因此，在制定预算时，使得财政收支达到平衡是度支部急切要达到的目的，当然如果能让各省造送的预算册收入多于支出，则更是度支部想要的结果。为达此目的，也鉴于《清理财政章程》第十七条各省款项若有不足，于每年编订预算报告册时由各该督抚商同本部设法筹措的规定，度支部具奏试办预算之时"仍守量入为出之旧法，由各省将所管出入款项通盘筹画，凡有不敷或设法筹措或实力裁节，务期收支适合为度"③。在附奏试办预算亟应先行筹措一片中，度支部更是反复申明此用意，明确知照各省以收支适合为度，并希望各省督抚共体时艰，勉顾大局，希望监理官能与该省督抚司道切实筹商预谋酌剂，以免临时贻误。④ 各省预算册还未造送，度支部就已明确量入为出的原则，各省若有不敷让其自行筹措、撙节财用。

度支部的第二个举措是拟定划一办法，电令各省将所有宣统三年以前已办之事和已有之款按照岁出岁入分别登载，并将总数列于册表末尾；然后再将宣统三年应办之事和可筹之款也按照岁出岁入分别切实筹计，同样将总数列于册表末尾；再将两个总数合计，目的就是对宣统三年所用款项和所需款项，也就是岁入和岁出有基本的了解。度支部要求各省将宣统三年以前应用之款大力裁节，务必达到收支相符，如有不敷应赶紧设法弥补；对于宣统三年应备之款应

---

① 湖南巡抚杨文鼎奏湖南第四届筹办宪政情形折（宣统二年八月二十八日）[A] //故宫博物院明清档案部. 清末筹备立宪档案史料（下册）. 北京：中华书局，1979：790.
② 度支部寄各省监理官公函一，第95. 度支部编. 度支部清理财政处档案（清宣统间铅印本），北京图书馆影印室. 清末民国财政史料辑刊（第1册）[A]. 北京：北京图书馆出版社，2007：227.
③ 度支部寄各省监理官公函一，第95. 度支部编. 度支部清理财政处档案（清宣统间铅印本），北京图书馆影印室. 清末民国财政史料辑刊（第1册）[A]. 北京：北京图书馆出版社，2007：228.
④ 度支部寄各省监理官公函一，第95. 度支部编. 度支部清理财政处档案（清宣统间铅印本），北京图书馆影印室. 清末民国财政史料辑刊（第1册）[A]. 北京：北京图书馆出版社，2007：227-228.

该如何筹措，如何撙节，要求各省在比较表内详细说明。① 希望达到极力撙节旧用又能另筹新款的目的，最终达到收支平衡。

度支部的第三个举措是指定核减。度支部把各省宣统元年的清理财政报告册进行通盘核计，把该部认为应该裁并核减的款项一一指出，然后要求各省按照该部所指定的各款切实撙节。②

各省督抚接到度支部的要求后，也在一定程度上遵照办理。山西省在办理预算期间也有核减经费、撙节财用。比如，师范学堂于宣统二年二月详明抚院，力求撙节，加之之前宣统元年年底的一次裁减，该学堂共节省常年经费银1万两有余。③ 江苏省预算不敷，随后进行裁减，有些不仅是数量的裁减，而是机构的裁撤。比如，上海水利局，有额支经费，还有由江海关拨银113余两作为常年经费不敷之款的临时补助。因为预算不敷，水利局被裁撤。④ 广东省在筹办预算时，总督就批行清理财政局，将省城和香港两处的文报局从宣统二年七月起裁撤，以节縻费。至于驻省和驻府工墨，"虽由各属捐廉发给，无关公款，然概行裁节，亦可化无用为有用"⑤。黑龙江省巡抚周树模接到度支部暂定宣统三年预算划一办法的电文后，通饬各司局处和各府厅州县赶紧造表呈复，以便汇总报部。⑥ 该抚还表示，正在积极地札饬清理财政局对款项详细查核，只要是稍涉浮滥的款项一律从严删除。⑦ 东三省督抚也要求各司道局所学堂和各府厅州县，务必认真整顿各项事务，实力撙节财用。⑧

各省清理财政局也屡次接度支部核减各省款项的电文，因此，对各属所报款项进行一定的核减。浙江省咨议局经费，包括所有议长、议员公费、川资以及书记薪资、杂费等项，据该局预算每年需银46307两零。该省清理财政局审

---

① 抚部院准度支部电咨暂定宣统三年预算划一办法缘由行清理财政局遵办文 [N]. 广西官报，第64期，宣统二年四月十四日，财政，344.
② 度支部撙节财政之通告 [N]. 大公报，1910-06-01.
③ 山西财政说明书 [M] //陈锋. 晚清财政说明书（3）. 武汉：湖北人民出版社，2015：40.
④ 江苏财政说明书 [M] //陈锋. 晚清财政说明书（5）. 武汉：湖北人民出版社，2015：312.
⑤ 广东财政说明书 [M] //陈锋. 晚清财政说明书（7）. 武汉：湖北人民出版社，2015：667.
⑥ 度支部电饬造送预算表 [N]. 盛京时报，1910-06-25（第5版）.
⑦ 电覆度支部 [N]. 盛京时报，1910-07-14（第5版）.
⑧ 撙节用款通饬 [N]. 盛京时报，1910-06-28（第5版）.

核后认为，该局经费预算太多。① 东三省清理财政局也对各省款项进行核减。如对锦新、兴凤两道各府厅州县，还有各属各税捐局进行整顿，核减了为数可观的经费。比如，把各衙门应领正杂各款和所得规费切实调查，按照事务的繁简程度划分等级，定养廉和公费表册。锦新、兴凤两道五十四府厅州县原报预算三年支款共库平银 1705577.046 两。经过以上改革，按照清理财政局规定预算三年支款数目比较，该项预算共减库平银 510103.137 两，核减幅度达到 30%。该局还将各税捐局经费规费一律归公，分等定给廉费，最终各税捐局预算共减库平银 19329.282 两。该局还对省城各司道廉费进行核减。整顿的方式是按照督抚奏定的各署局员司薪津伙食等薪膳表进行核实删减，限制一切杂费如笔墨、纸张、油烛、柴炭等的滥用。最终省城各署局暨附属各堂场处所预算核减了 309329.089 两。军政各局、处共减库平银一 126918.032 两。② 另外还针对警务进行整顿，厘订名目，裁汰浮滥，核减开支。奉天省清理财政局对预算的核减还是卓有成效的。吉林省清理财政局把预算的核减作为办理预算着手的第一步办法，该局看到奉天省清理财政局已展开对预算的核减，曾电请正监理官熊希龄来吉林会商，并要求将奉天办理核减之法详细告知，以便入手核减吉省预算。③ 吉林省清理财政局要求各署、局薪津酌定后，不准擅加。但是，吉林省清理财政局的核减有些不太妥当，遭到正监理官的驳斥。比如，该局将各署局和各属预算支款所报总数核减，其细数令其自行酌减。"查部章，预算册须将项目详列，今核减其总数，则编定报部册时，此所核减之数，试问摊于何项何目？若谓随时摊列，则预算又属空文，安能有效。"④ 该局的核减有些方面有简单粗暴之嫌。如该局拟将各署局三十四和元年支领款比较，平均十成核减三四成。这种不是建立在核实基础上的任意核减，不仅会遭到各署局的反对，并且还会妨碍政务的展开。此外，度支部还接到黑龙江等省监理官来函称，已将各省财

---

① 浙江全省财政说明书［M］//陈锋. 晚清财政说明书（5）. 武汉：湖北人民出版社，2015：720.
② 为东三省清理财政呈东三省总督文（1910 年）［M］//周秋光. 熊希龄集（第 2 册）. 长沙：湖南人民出版社，2008：252-255.
③ 电奉天财政局熊监理请来吉会商一切并先赐详电（四月十七日电）［A］. 档案号：39-4-1，吉林档案馆藏.
④ 东三省正监理官答复吉林财政局预算办法各条（1910 年）［M］//周秋光. 熊希龄集（第 2 册）. 长沙：湖南人民出版社，2008：235.

政通筹出入，指明应增应减之款，并取得一定的效果。① 度支部希望各监理官不仅将度支部指明的可节可筹之处切实查核，度支部没有指出的、有些未尽之处，监理官也可分别查核。

各省预算最终还是赤字交付度支部。度支部想尽办法要求并指导各省核减预算岁出，并不厌其烦地催促；各省督抚信誓旦旦地表示在预算造报的过程中已经极力撙节，裁节浮滥，裁汰冗员，将一切稍涉虚靡的款项全部删除；监理官也向度支部呈文表述核减卓有成效。但是，最终各省造送到度支部的预算都为赤字预算，并且赤字巨大。

（2）到部审核时的核增核减

各省预算案交到度支部审核，度支部审核后发现预算册中多有不实不尽之处，舛错甚多，并且多是赤字交付，因此，度支部要求各省核增岁入、核减岁出。面对度支部的要求，各省不仅不想按照要求核增核减，还表示如果财政遇有不敷，还将酌量追加；并请求度支部追加地方行政经费，协济行省，帮助其解决财政困难。

预算赤字巨大，度支部要求各省核减岁出、核增岁入。因为各省的预算案是以赤字交付，因此，宣统三年全国预算案亦存在巨大的赤字。

各省赤字情况严重。根据贵州省试办宣统三年预算看，该省岁出银280余万两，岁入银170余万两，出入相抵不敷百余万两。② 据浙江省清理财政局称，该省在预算试办中已经竭力撙节了，但是，无奈出款加增，而历年积存已无可挪移，"亏一百二十七万有余"③。根据新疆省试办宣统三年预算，财政的收支能否平衡，取决于各省协饷能否扫数全清，如果能，则收入尚可勉敷支数，如果不能，还是年年蒂欠，"综计不敷约在百万左右"④。协款能扫数全清的可能性很小，因此，该省预算仍是不敷甚巨。安徽省编订的预算册显示，该省"不

---

① 度支部寄各省监理官公函二. 度支部编. 度支部清理财政处档案（清宣统间铅印本）. 北京图书馆影印室. 清末民国财政史料辑刊（第1册）[A]. 北京：北京图书馆出版社，2007：232.
② 贵州省财政沿革利弊说明书[M]//陈锋. 晚清财政说明书（9）. 武汉：湖北人民出版社，2015：557.
③ 浙江全省财政说明书[M]//陈锋. 晚清财政说明书（5）. 武汉：湖北人民出版社，2015：532.
④ 新疆全省财政说明书[M]//陈锋. 晚清财政说明书（4）. 武汉：湖北人民出版社，2015：846.

敷银二百一十五万七千八百四十余两"①。云南省全年出入不敷银 250 余万两，除去 60 余万两的预备费，实不敷银 190 余万两。② 根据广西省清理财政局称：该省宣统三年预算册不敷 130 余万两，但是这个数字有可能比实际不敷还要小，因为土税、赌饷这些款项是没有定数的，因此也是不尽可恃之款，如果不能收足，则不敷之数还要增多。该省预算附册显示不敷银 80 余万两，还没有算到 130 余万两之内，所以，"然则实在不敷之数，又不止一百三十余万两已也"③。湖广总督瑞澂声称，该省度支困竭，每岁不敷银 200 余万两，这还没有算历年的积亏和新增用款。④ 奉天省宣统三年预算，经过督抚和清理财政局的多重核减后，除去地方自治范围内的收支，总共岁入库平银 16183311.591 两，岁出库平银 16121927.852 两，出入相抵，共盈余银 61383.739 两。如此看，奉天不仅没有赤字，还有盈余。实则不然，因为在岁入中包含了地方官吏自筹的新政款 666274.567 两，东三省总督锡良和清理财政局都认为这部分款项应该归入地方，不能充作国家行政经费，如此把这一部分扣除，则奉天省实则赤字 604890.828 两。但是，奉天省还有预备金 60 万两，如果除去此项，奉天处的最终赤字则是 4890.828 两。⑤ 这个数字在各省中算是比较少的。吉林省共岁入银 8440075.385 两，岁出银 9342715.977 两，收支相抵，不敷银 902640.592 两。如果把吉林省城、长春和延吉三处开埠经费亏额提出，实际不敷 568462.665 两。⑥ 黑龙江省，岁入共库平银 540 万余两，岁出共库平银 581 万余两，不敷 41 万余两。⑦

由于各省预算案多是赤字收场，所以，宣统三年全国预算，全国入款 29700 万两，而出款正册及各处要求追加款项达 37400 余万两，赤字高达 7800 余万两，以致度支部根本无法将预算总表入奏。

面对如此不敷的预算，各省督抚和度支部的态度截然相反。各省督抚纷纷

---

① 安徽巡抚朱家宝奏安徽第四届筹办宪政情形折（宣统二年八月二十六日）[A]//故宫博物院明清档案部. 清末筹备立宪档案史料（下册）. 北京：中华书局，1979：784.
② 云贵总督李经羲奏云南第四届筹办宪政情形折（宣统二年十一月二十八日）[A]//故宫博物院明清档案部. 清末筹备立宪档案史料（下册）. 北京：中华书局，1979：803.
③ 广西全省财政说明书[M]//陈锋. 晚清财政说明书（8）. 武汉：湖北人民出版社，2015：7.
④ 湖广总督瑞澂奏湖北第四届筹办宪政情形折（宣统二年八月二十八日）[A]//故宫博物院明清档案部. 清末筹备立宪档案史料（下册）. 北京：中华书局，1979：786.
⑤ 东三省总督锡良奏清理财政局编成预算册表办理情形折[N]. 政治官报，宣统二年八月二十八日，折奏类，14-15.
⑥ 抚帅会同督帅奏为吉林试办预算表册编造告竣咨部核定者[N]. 吉林官报，第二十一期，宣统二年八月十一日，章奏类，1-2.
⑦ 奏报江省预算成立[N]. 申报，1910-08-20（第1张第5版）.

199

表示这已经是实力撙节、切实删除、从严核减的结果；另外，各省财政已经是山穷水尽、筹节两穷，所以，即使预算不敷甚巨，也恳请度支部"统筹全局，力与维持"①。不仅如此，各省督抚还纷纷表示，此预算在各省已经是大加核减了，大幅度核减有可能会影响政务的展开，因此，如果将来有不敷支用或者有临时发生事件亟需用款，应请度支部酌量递加。

面对如此庞大的预算赤字，度支部也无款可筹，无计可施，只得令各省再次切实撙节，并照数核减，务必使得财政能出入相抵。这种状况，一度使得度支部尚书认为各省的积弊甚深，不然何以经度支部通饬设法筹补而各省的预算亏累还是如此之巨，并拟亲赴各省切实严参以资整顿。② 因此，为了让预算案能大致收支平衡，度支部要求各省撙节财政、务必达到收支平衡。度支部的做法是，一方面要求督抚先自行撙节造报，另一方面度支部还将各省所列支款种类详细查核，将该部认为应该撙节之处一一指出，要求各省逐一核办，并于七月初八日以前一律电覆以备核办。③

在度支部核增核减的要求下，各省纷纷开始执行，但核减之数并未能达到度支部预期的效果。在此过程中，各督抚司道纷纷表示无法核减，和度支部讨价还价，或者进行抵制。

度支部指定核增核减之处。为了避免各省推诿，也为了让各省的核增核减更有的放矢、更有针对性，也更高效，度支部对各省预算核增核减之处进行了一一指定，总体原则是议增岁入、议减岁出，达到收支相符。

针对四川省预算，度支部对其进行核增核减。核减部分包括经常门杂收入类减银2252.018两、临时门杂收入类减银1007276两，共减银1009528.018两。度支部核增项目包括经常门田赋类增银13295两，盐茶课税增银8万两，官业收入类增银12万两，共增银213295两。④

针对奉天省预算，度支部议增的主要有三项：一是税捐局票照、罚款、杂费都应该核增。二是度支部不同意该省把官吏自筹新政经费66.6万余两归入地方，该部的理由是现在国家税和地方税尚未划分，地方警务、学务同归国用，不能置于预算之外，也应该加入岁入中。三是旗署预算总表中有自为收支之款，

---

① 抚帅会同督帅奏为吉林试办预算表册编造告竣咨部核定者 [N]. 吉林官报, 第二十一期, 宣统二年八月十一日, 章奏类, 1-2.
② 泽尚书仍拟出京 [N]. 大公报, 1910-09-05.
③ 京师近事 [N]. 申报, 1910-08-11（第1张第6版）.
④ 核定四川省宣统三年岁入预算表. 转引自陈锋. 晚清财政预算的酝酿与实施 [J]. 江汉论坛, 2009（1）.

也是可以考虑的。度支部认为该省可以裁节的部分主要是巡警、审判各项岁出。

针对吉林省预算，度支部认为该省岁入可增51.7万余两，主要是田、矿、森林的扩充未可限量。而岁出拟减47万余两，主要是工程等类的开支过巨，有可核减之处。另外，度支部还指出该省预算册中的错误，因为有错误，所以有些款项无法确认，也难以指定核增核减，所以，度支部表示要待该省更正后，再行指出。

针对黑龙江省预算，度支部认为该省岁入有很大的增长空间。诸如酒税、粮税和盐务等有30余万两；还有报官业余利内的19万两。此项余利在该省预算案中划归地方，度支部非常不赞同，原因还是在国家税、地方税未分之前，"所取无非民财，所办无非官治"，因此，需要将此项归入预算岁入中。此外，度支部认为该省还有大量的收入来源，比如，未垦的荒地、林业、渔业、矿产、工艺局、电话局、库河金厂、火磨蚕业等，只要实力开发和经营，岁入增加指日可待，而度支部认为该省岁出可省的是移民费等。①

其他们省份度支部也都一一指定核增核减之处。虽然度支部严格要求各省对预算进行核增核减，各省也进行了一定程度的核减，但核减的过程充满矛盾和曲折。

在湖北省，度支部要求核增岁入、核减岁出，该省经过督抚和各主管衙署，"按切事实，再四核商，共裁节银三十八万余两，另就原有岁入款项切实厘整，约可增银二百余万"②，当然，在核增核减的同时，该省还提交了追加预算表册，请求度支部追加各省预算。

在东三省，督抚应度支部的要求进行核减。在度支部看来，东三省财政较为浮滥，需要切实核减之处甚多，比如，司法经费和各司道公费等均有漫无限制之嫌，黑龙江省司法各科单是薪公就糜费2.6万余两，龙江府地方审判厅竟需要经费3万余，另外人浮于事的现象非常严重。③ 度支部针对该省行政经费过巨的问题，规定司道公费每年不得超过4万两。④ 在度支部如此详细的要求下，东三省督抚札饬司道将各属经费认真核减。黑龙江省民政司使在警务公所和各区区官、巡官等召开会议，讨论撙节方法，最终议定把巡警、消防、探访等队

---

① 刘锦藻. 清朝续文献通考（卷68·国用6用额）[M]. 影印本. 杭州：浙江古籍出版社，1988：考8236.
② 湖广总督瑞澂奏湖北第五届筹办宪政情形折（宣统三年三月十四日）[A] //故宫博物院明清档案部. 清末筹备立宪档案史料（下册）. 北京：中华书局，1979：818.
③ 司法经费被驳 [N]. 大公报，1910-11-05.
④ 司道公费实行限制 [N]. 申报，1910-09-30（第1张后幅第3版）.

酌减四成。① 总督还要求陆军清理财政局将所有出入款项详细核算认减删减。②各属行政经费是被度支部指明需要核减之项，所以，总督大力核减各司道书记薪金。锡良自己身先士卒，身体力行，先将总督衙门中的差遣先锋委员护队等裁撤，仅留三名马戈什以资差遣，其余各项用款也一并删去。③ 还把公署参事薪水各减 50 两，将 50 两以上各员伙食撤去，撤去督幕改为公署参事或助理员。各署局佥事也一律裁撤。④ 裁减薪俸阻力很大，总督衙门率先核减。总督将行省公署经费核减 12.1 万余两；各项差役共减薪俸 12.4 万余两。另外，总督还表现将随时详查以便核减。⑤

在江苏省，度支部要求删减上海洋务局经费，巡抚等遵照度支部要求饬移会沪道，让其"分别删节，以杜滥竽，而归实用"⑥。

虽然核减的要求纷纷下发各省，但是，核减的过程却较为波折，有坚称裁无可裁的，有讨价还价的。

湖南省把度支部核减的要求下发各署，提学司表示其中有些可以照减，但是有些只能略减，不能照减。比如，中国工业学堂，预算案原列四两库平银 22523 两零，度支部要求删除银 8650 两零。提学司将该学堂经费复加核定，认为不能照减，只能量为删减，覆定预算减为四两库平银 18529 两零。⑦ 也就是最终减了 3994 两。

在江苏省宁属，为了核减岁出，度支部还要求把不必要的机构裁撤，但是，各属多不愿意裁并。江宁调查局被度支部要求分并藩司及清理财政局，"嗣经公议不归并"⑧，不同意归并，只是承诺每年裁节经费银 5000 两。

江苏省苏属不愿意遵照办理的情况比较多。比如，苏属调查局也是奉部饬全删，归并宪政筹办处。但是，考虑到核办表册仍须酌留员司，无从节省，拟

---

① 会议节减警费办法 [N]. 盛京时报，1910-11-03（第 5 版）.
② 详核陆军财政预算表 [N]. 盛京时报，1910-11-03（第 5 版）.
③ 督宪裁员减薪 [N]. 盛京时报，1910-11-20（第 5 版）.
④ 谈财政清理预算册报事复吉林度支司徐鼎康函（1910 年 10 月）[M] // 周秋光. 熊希龄集（上）. 长沙：湖南人民出版社，1996：386-387.
⑤ 东三省通信 [N]. 申报，1910-11-30（第 1 张后幅第 2 版）.
⑥ 江苏财政说明书 [M] // 陈锋. 晚清财政说明书（5）. 武汉：湖北人民出版社，2015：352.
⑦ 湖南全省财政款目说明书 [M] // 陈锋. 晚清财政说明书（6）. 武汉：湖北人民出版社，2015：652.
⑧ 江苏财政说明书 [M] // 陈锋. 晚清财政说明书（5）. 武汉：湖北人民出版社，2015：78.

请免裁。① 度支部要求将寻常操防费全裁,但是,该省认为,惟事关教练,碍难停止,请予免撤。② 驿站经费也在度支部指定的裁撤名单中,但是,该省认为驿站经费是专备传递文书之用,现在邮政局尚未普设,驿站未便尽裁,应等推广邮政之后,再行议撤。③ 在军政费中有新军开办经费,在裁减并案内是奉饬全裁,"当以警察队业经开办,详请免裁"④。在补助地方自治经费中有自治筹办处和自治研究所两项经费,也在度支部要求全部裁撤的范围内,"业经议定筹办处俟镇乡各厅州县自治成立以后,即行停办,以宣统三年为度,暂免停支,研究所改为测量苏属舆图之经费,业经该处详奉批准,自应照办,免予裁撤"⑤。省城巡警直隶巡警道管辖,款项未能宽筹,手续极为繁重,度支部要求核减2万两,"已请免予裁减"。包括镇江府与吴淞镇之巡警费,该省也认为"只能循旧支放"⑥。苏属存在很多讨价还价的情况。比如,防营饷项中有巡防营务处,度支部要求将其归并督练公所,抚院已遵办,"惟员司人等不能全裁,已请核减银二千四百两"⑦。机构归并,但是人员不能全裁。还有水师经费,度支部要求将水师经费提出另计,所有陆防费预算1.4万余两一律全裁。但是,该省"因城镇乡巡警尚未遍设,一切防护缉捕事宜,营汛亦负责任,已请查照绿营办法,先减四成,删银五千六百两"⑧。农工商务局奉部电饬减7000两,但是该局称,可以节省房租、裁一名议员、停止报费,总共只能减银1600余两⑨,

---

① 江苏财政说明书[M]//陈锋.晚清财政说明书(5).武汉:湖北人民出版社,2015:357.
② 江苏财政说明书[M]//陈锋.晚清财政说明书(5).武汉:湖北人民出版社,2015:401.
③ 江苏财政说明书[M]//陈锋.晚清财政说明书(5).武汉:湖北人民出版社,2015:402.
④ 江苏财政说明书[M]//陈锋.晚清财政说明书(5).武汉:湖北人民出版社,2015:420.
⑤ 江苏财政说明书[M]//陈锋.晚清财政说明书(5).武汉:湖北人民出版社,2015:449-450.
⑥ 江苏财政说明书[M]//陈锋.晚清财政说明书(5).武汉:湖北人民出版社,2015:432.
⑦ 江苏财政说明书[M]//陈锋.晚清财政说明书(5).武汉:湖北人民出版社,2015:391.
⑧ 江苏财政说明书[M]//陈锋.晚清财政说明书(5).武汉:湖北人民出版社,2015:397.
⑨ 江苏财政说明书[M]//陈锋.晚清财政说明书(5).武汉:湖北人民出版社,2015:404.

即度支部要求核减7000两，最终减了1600两。商品陈列所经费奉部电饬裁减3900余两，最终由农工商局酌量删节银700余两①，对度支部的要求大打折扣。

在东三省，督抚裁减薪俸和行政经费的饬令多遭到敷衍和消极对待。锡良裁减各司道书记薪金，还拟将各署局的佥事全部裁撤，但饬令下发后多日，各司道局所很多并没有造册呈报，对核减敷衍塞责。裁减行政经费一个重要的方式就是裁员减薪，但是此项举动遭到明显的抵制。如奉天省度支使齐福田就认为该局人员已经在一年以内裁汰两次，裁减比例多达70%还有余，所剩人员已经严重不敷办公之用，实在是减无可减，裁无可裁，不能遵照督抚饬令办理。②东督核阅后也只好批准。在黑龙江省，各属都以该省经费本就比其他省份少，已经拮据异常，若再行裁减恐怕不足办公为由，纷纷抵制该省巡抚和清理财政局的核减要求。比如，提学使、调查局、筹练陆军处等，纷纷坚称各处都已经极力撙节，无可再减，无法按照度支部要求的进行核减。③④⑤ 在该省甚至出现了较为严重的矛盾，比如，提法司、各学堂和清理财政局之间。提法司提交的该司预算岁出为48938两，但是，在该省宣统三年的预算案中，该司的岁出减为了26000余两。提学司对清理财政局对该司经费的删减非常不满，责问清理财政局，"不知所减何项及共减若干，并未准贵局知照，本司实难悬揣"⑥。要求清理财政局查照该司原表和局报部之表详细核对，开单示知该司，究竟减去哪些项目，共有几项，每项又是多少。该提法使对清理财政局造报过程中的核减已十分不满，更何况度支部还要求再次核减，"无从核办"便是该司使的答复。学堂经费的核减也遭遇极大阻力。各学堂监督极力反对，并表示，如果再核减就只能停办学堂。而高等巡警、南路农业和两级师范各学堂的监督则拟定

---

① 江苏财政说明书 [M] //陈锋. 晚清财政说明书（5）. 武汉：湖北人民出版社，2015：448.
② 度支司呈覆裁员之为难 [N]. 盛京时报，1910-11-16（第5版）.
③ 提学司咨请按部指驳预算单开教育费内各科科长员司书及议绅薪津银两均经奏明在案，委系极力撙节，无可裁减由（宣统二年八月四日）[A]. 档案号：45-1-89，黑龙江省档案馆藏.
④ 督抚宪札据调查局呈部驳三年预算薪水等项现在已难支持，无可再减，候饬民政司会同本局汇核办理等情饬知由（宣统二年八月二十六日）[A]. 档案号：45-1-89，黑龙江省档案馆藏.
⑤ 筹练陆军处咨奉部电指拨三年预算巡防各营增加银两实难减缩，并减银各节附送应购军装款项价目比较表请查核由（宣统二年八月十八日）[A]. 档案号：45-1-89，黑龙江省档案馆藏.
⑥ 提法司覆（宣统二年八月五日）[A]. 档案号：45-1-89，黑龙江省档案馆藏.

禀稿将清理财政局议减经费的条文一一辩驳，呈请经管长官转详巡抚核办。①

在江西省，度支部认为该省自治费所支薪工杂款太多，酌定减半。但是，该省核查后却认为，自治筹办处所列经费已经是核实开报，所以无可裁减。②该省也存在讨价还价的情况。比如，该省清理财政局经费，度支部要求删减13300余两。但是，该局认为度支部此数不合理，因为度支部这个数据是对照宣统元年的数据得出的，但是，该局在是宣统元年闰二月开办，直到五月都没有完全成立，因此，经费较少，宣统三年事项繁多，支出自然不能和元年一样。因此，该局最终节省薪水、伙食等项共银3600余两。③

总之，度支部核减各省预算过程非常波折。度支部的饬令在各省遭到一定程度的敷衍，导致赤字依然巨大，致使度支部尚书怨言极大。载泽因预算案内外行政各款亏至6000余万两，一再电饬监理官会同各督抚核减，并电调各监理官来京妥议。他还不无抱怨地说，各省尚能稍减者亦不肯实力办理，甚至以困难问题与部议驳，殊非内外通筹之道，因此，拟和枢臣会商，由部具奏请旨通饬再行核减。④度支部不得不借助于谕旨的力量。度支部要求各省核减行政经费，对此各省也是延宕拖沓，不肯照办，导致度支部无法汇核具奏预算总册。⑤

度支部为了让预算出入平衡，要求各省核增岁入、核减支出。当然，减少的岁出主要是地方行政经费等，而各省却想着减少协饷，度支部当然不会同意。如宣统二年，江西巡抚冯汝骙以该省每年入不敷出达银270余万两，以此要求减少协饷。⑥度支部害怕引起各省的效仿，拒绝了江西省巡抚减少协饷的要求。

赤字难以弥补。载泽亦是十分为难，试图加征地丁税则，但是，依然难以弥补巨大的亏空。度支部已经焦头烂额之际，各省督抚却以预算经费相差甚远为由，要求度支部协济。度支部万分为难，无奈之下奏请孝钦显皇后，最终皇后用所储内币暂为救济。⑦

---

① 各学堂对于裁减经费之意见 [N]. 盛京时报，1910-09-07（第5版）.
② 江西各项财政说明书 [M] // 陈锋. 晚清财政说明书（6）. 武汉：湖北人民出版社，2015：306.
③ 江西各项财政说明书 [M] // 陈锋. 晚清财政说明书（6）. 武汉：湖北人民出版社，2015：307.
④ 泽尚书将有封章入奏 [N]. 大公报，1910-09-07.
⑤ 电催覆报撙节行政费 [N]. 大公报，1910-09-09.
⑥ 宣统二年八月二十七日冯汝骙奏《为赣省预算，出入不敷事》. 转引自陈锋. 晚清财政预算的酝酿与实施 [J]. 江汉论坛，2009（1）.
⑦ 皇太后亲定皇室费用 [N]. 大公报，1910-11-05.

虽然过程波折，最终宣统三年预算还是在讨价还价中实现了一定程度的核增核减。但是，度支部最终交付的还是赤字预算。

在度支部的要求下，云南省在一定程度上进行了核增核减，共核减入款银232600余两，核减出款银29800余两。① 原案不敷190余万，如此办理，则最终不敷1697200余两。

甘肃省宣统三年预算案，从财政说明书中可以看到的预算核减部分，包括公支局到任经费预算银12600两，度支部要求将公支局裁撤。② 调查局经费预算银一万六千数百两，核减银2900余两。③ 学务公所经费预算银21730余两，度支部要求有闰年核减7570两，无闰年份需要核减8257两。④ 法政学堂经费共银12200两，最终核减2691两。⑤ 审判筹办处内附审判研究所，每年经费共需银10389.5两，核减银1789.5两。⑥ 督练公所暨兵备参谋教练三处常年薪、公等项共支银33700余两，度支部要求核减25056两。⑦ 陆军小学堂通共支银70800余两，度支部要求核减其额支活支，共核减32344.1两。⑧ 府厅州县杂支奉部删减三成，共银11万余两。⑨ 以上各项，无闰年份总共核减数量约195637.6两，约占原额的35.7%。

湖南省预算核增核减情况比较复杂，有多种情形。以省城各官立学堂经费为例，度支部要求核减，各学堂有些照减，有些没有如数照减，还有另外追加

---

① 云贵总督李经羲奏云南第四届筹办宪政情形折（宣统二年十一月二十八日）[A]//故宫博物院明清档案部.清末筹备立宪档案史料（下册）.北京：中华书局，1979：803.
② 甘肃清理财政说明书[M]//陈锋.晚清财政说明书（4）.武汉：湖北人民出版社，2015：600.
③ 甘肃清理财政说明书[M]//陈锋.晚清财政说明书（4）.武汉：湖北人民出版社，2015：620.
④ 甘肃清理财政说明书[M]//陈锋.晚清财政说明书（4）.武汉：湖北人民出版社，2015：621.
⑤ 甘肃清理财政说明书[M]//陈锋.晚清财政说明书（4）.武汉：湖北人民出版社，2015：622.
⑥ 甘肃清理财政说明书[M]//陈锋.晚清财政说明书（4）.武汉：湖北人民出版社，2015：624.
⑦ 甘肃清理财政说明书[M]//陈锋.晚清财政说明书（4）.武汉：湖北人民出版社，2015：628.
⑧ 甘肃清理财政说明书[M]//陈锋.晚清财政说明书（4）.武汉：湖北人民出版社，2015：628.
⑨ 甘肃清理财政说明书[M]//陈锋.晚清财政说明书（4）.武汉：湖北人民出版社，2015：750.

的情况。有些学堂按照度支部要求核减。比如，法政官校，原预算额为四两库平银 17525 两零，度支部核饬，减银 1250 两。该堂为了达到度支部的核减要求，裁减奖品省平银 1000 两，减少讲义 200 份可减省平银 300 两，共折合四两库平银 1200 两，基本达到度支部要求。① 留京学生津贴被度支部要求各省全部裁撤，"湘省亦应全数删除，覆定遵照办理"②。成德法政学堂核减修理费银 940 两零。③ 也有核减一部分，又追加一部分，但是追加没有减少的多的情况。比如，法政绅校，照原预算全年核减四分之一，但是该校要开办银行研究科，"核计教员脩金职员薪水及一切用品等，除收学膳费外，应加经费银一千七百一十七两零"④。还有一种情况，就是核减一部分，又追加一部分，但是追加比减少的还要多。比如，高等学堂核减管理员、教员薪水两项银 3530 余两，其余各项亦多减省，但是，该校要增添理科一班，"应添教员薪水及教育一切用品除收学膳费外，应加经费四两库平银四千五百六十五两零，照数追加"⑤。高等实业学堂按照度支部要求核减了 3329 余两，但是，宣统三年应办工业教员讲习所，增经费四两库平银 6912 两，又附设实习工场，增经费库平银 28173 两零，共追加了 3 万多两，覆定预算照数追加。⑥ 中等农业学堂应度支部要求核减 7913 两，后因附设农业教员讲习所，增添经费四两库平银 8653 两零。⑦ 还有优级师范学堂，度支部核饬减银 417 两零，该学堂照减如数。但是，也提出了追加的要求。因为该学堂要附设中学，应增经费银 5939 两零，覆定预算照数追加。⑧ 蒙养院兼

---

① 湖南全省财政款目说明书［M］//陈锋. 晚清财政说明书（6）. 武汉：湖北人民出版社，2015：648.
② 湖南全省财政款目说明书［M］//陈锋. 晚清财政说明书（6）. 武汉：湖北人民出版社，2015：661.
③ 湖南全省财政款目说明书［M］//陈锋. 晚清财政说明书（6）. 武汉：湖北人民出版社，2015：651.
④ 湖南全省财政款目说明书［M］//陈锋. 晚清财政说明书（6）. 武汉：湖北人民出版社，2015：648.
⑤ 湖南全省财政款目说明书［M］//陈锋. 晚清财政说明书（6）. 武汉：湖北人民出版社，2015：649.
⑥ 湖南全省财政款目说明书［M］//陈锋. 晚清财政说明书（6）. 武汉：湖北人民出版社，2015：650.
⑦ 湖南全省财政款目说明书［M］//陈锋. 晚清财政说明书（6）. 武汉：湖北人民出版社，2015：652.
⑧ 湖南全省财政款目说明书［M］//陈锋. 晚清财政说明书（6）. 武汉：湖北人民出版社，2015：649.

模范初等小学堂，预算各项略有减省，后因租赁民房再加省平银400两，照数追加。①

在湖南省军政费类中，照减的较多，追加的较少。比如，军装所经费核减了2204两。② 厅州县驿站经费核减五成。③ 滥泥站经费核减五成。④ 巡防队薪饷奉部核饬递减。⑤ 督练卫队经费，节省省平银11771两零。⑥ 选锋水师五营薪饷奉部饬核减，最终节省银3648两。⑦ 镇箪营学堂经费全数裁节。⑧ 陆军小学堂经费，照原算减银7500两。⑨ 督练公所三处经费，拟改设参议一员，裁帮办一员、提调二员、文案二员、发审二员，差遣十二员、差弁二名、卫兵十名、杂役二名，又裁伙食银448两，减为17101两零。⑩ 飞翰水师五营薪饷，遵奉部饬进行核减，全军五营，每营裁舢板一只，又每舢板裁勇一名，又将前营归并后营兼带，又将中营线勇全裁，共节省银12095两零。后中营追加教练快炮经费省平银758两零⑪。

根据江苏省宁属财政说明书，可以看出该省部分预算核减的情况⑫，如表

---

① 湖南全省财政款目说明书［M］//陈锋. 晚清财政说明书（6）. 武汉：湖北人民出版社，2015：653.
② 湖南全省财政款目说明书［M］//陈锋. 晚清财政说明书（6）. 武汉：湖北人民出版社，2015：670.
③ 湖南全省财政款目说明书［M］//陈锋. 晚清财政说明书（6）. 武汉：湖北人民出版社，2015：778.
④ 湖南全省财政款目说明书［M］//陈锋. 晚清财政说明书（6）. 武汉：湖北人民出版社，2015：781.
⑤ 湖南全省财政款目说明书［M］//陈锋. 晚清财政说明书（6）. 武汉：湖北人民出版社，2015：741.
⑥ 湖南全省财政款目说明书［M］//陈锋. 晚清财政说明书（6）. 武汉：湖北人民出版社，2015：748.
⑦ 湖南全省财政款目说明书［M］//陈锋. 晚清财政说明书（6）. 武汉：湖北人民出版社，2015：759.
⑧ 湖南全省财政款目说明书［M］//陈锋. 晚清财政说明书（6）. 武汉：湖北人民出版社，2015：761.
⑨ 湖南全省财政款目说明书［M］//陈锋. 晚清财政说明书（6）. 武汉：湖北人民出版社，2015：762.
⑩ 湖南全省财政款目说明书［M］//陈锋. 晚清财政说明书（6）. 武汉：湖北人民出版社，2015：670.
⑪ 湖南全省财政款目说明书［M］//陈锋. 晚清财政说明书（6）. 武汉：湖北人民出版社，2015：758.
⑫ 江苏财政说明书［M］//陈锋. 晚清财政说明书（5）. 武汉：湖北人民出版社，2015：4-165.

4-1 所示。

表 4-1 江苏省宁属财政预算核减情况

衙署局所款目	核减数量
两江总督衙门	70000 两
江安粮道衙门	10000 两
江南财政公所	16000 余两
南洋差轮薪饷以及煤油价值	13000 两
裕宁官银钱局员司薪费	24000 两
两江洋务局款待洋员及各项杂用	10000 两
金陵厘捐局	40000 两
江南模范监狱	9000 余两
南洋官报局	4400 余两
自治局	6000 两
江南机器制造局	100000 两
江南军械局	8000 余两
江南船坞	6200 两
宁省铁路局	7000 两
徐海两属厘金	1700 余两
徐州道经管铜沛新涸湖租	4000 两
江南图书馆	6000 两
江南巡警路工局	24000 余两
金陵关商埠局	1265.03 两
江南官电局	4400 余两
督练公所及兵备、参谋、教练三处常年经费	4000 两
南洋徐淮步队	1200 余两
南洋鱼雷营	300 余两
江宁学务公所及省视学、教育杂志用款	1200 两
两江师范学堂及附属中小学校	10000 两
高等学堂	866 两
两江法政学堂	2180 余两

续表

衙署局所款目	核减数量
暨南学堂	180两
宁属初级师范学堂	929两
粹敏第一女学堂及附属幼稚园	400两
江宁府中学堂	180两
四区小学总汇处附属艺徒学堂及高、初两小学	670余两
陆军测绘学堂	2100两
海军学堂	550余两
江宁调查局	5000两

以上各项，大约核减394720.03两。

除了以上各项，江苏省宁属认为有些款项不需要裁减。比如，江宁藩司衙门应支养廉、办公银两等，一向都是在耗羨、火工项下径行坐支，现在既已均匀定公费，所有耗、火之款都酌提归公，"此外尚无靡费，似可无须议减"①。而像皖南茶税局之前已经将巡查夫马川资、赍送公文路费等款裁节，每年可以省银2580两，因此，现在就不需要再次节省了②。

江苏省苏属预算核减情况和宁属相似，情况多样，也存在讨价还价的情况。该省遵照度支部核减要求办理的，包括外省协款之苏绅旅京学堂、协拨赈款之协济顺直鄂皖等省、操防费之陆军操防费、抚署经费之到任置办费、上海水利局临时经费、上海巡警、工艺局经费，这些款项都已经删除或者裁撤。还有由清理财政局拟定全部删除的，包括赈恤经费之各县赈款、实业费之赛会经费和军塘经费等③。

江苏省苏属巡警道衙门经费核减2000两、学务公所经费减10000两、各级审判厅经费中的司法研究所经费减银2000两、绿营饷项减银78800余两、上海水利局经费2400余两全删、官银钱局经费删银8000两、临时营缮经费之各廨宇营缮经费删银8000两、省城及各府厅州县劝学所经费裁687两余、防营饷项之

---

① 江苏财政说明书［M］//陈锋.晚清财政说明书（5）.武汉：湖北人民出版社，2015：6.

② 江苏财政说明书［M］//陈锋.晚清财政说明书（5）.武汉：湖北人民出版社，2015：64.

③ 江苏财政说明书［M］//陈锋.晚清财政说明书（5）.武汉：湖北人民出版社，2015：341-402.

巡防营务处核减银 2400 两、购买军装军火经费删银 1000 两、水师经费删银 8800 余两、农工商务局减银 1600 余两、商品陈列所经费删银 700 余两。以上部分，共核减约 126387 两。① 另外还有善举经费、上海洋务局经费、善后局放官轮修理费进行了酌量核减。②

除此之外，江苏省苏属还有不愿意遵照办理的，比如，寻常操防费、驿站经费、调查局经费、军政费之新军开办经费、补助地方自治经费之自治筹办处和自治研究所两项经费、淞镇之巡警费和荆溪县梧桐山保甲等。

从总体上看，江苏省苏属的国家行政经费开始是入不敷出，后经过补列删减等，变成盈余。根据《国家行政经费出入比较表》③，该省岁入 9660887.112 两，岁出 9971044.75 两，不敷 310157.638 两，后来度支部饬令"酌增岁入案补列新军截旷银四千四百两，裁减并案删节银三十二万九千四百五十六两八钱七分四厘，规定公费案删节十三万二千六百八十七两。又岁出门应补列京饷四万两，军谘处经费一千五百两。统计经常、临时岁入九百六十六万五千二百八十七两一钱一分二厘，岁出九百五十五万四百两八钱七分六厘。出入比较，应余银十一万四千八百八十六两二钱三分六厘"④。江苏苏属的地方行政经费开始也是不敷，经过删减，还是不敷。根据《地方行政经费出入比较表》⑤，统计岁入 303495.493 两，岁出 946408.495 两，不敷 642913.002 两，"嗣于裁减并案删节五万四千八百四两八钱九分七厘。统计经常、临时岁出八十九万一千六百三两五（钱）九分八厘，出入比较，不敷五十八万八千一百两一钱五厘。惟国家行政经费应余十一万四千八百八十六两二钱三分六厘，自应划归地方经费，作为国库补助金，实不敷四十七万三千二百二十一两八钱六分九厘"⑥。面对如此不敷的地方行政经费，清理财政局把国家行政盈余的 114886.236 两划归为地方经费，作为国库补助金。另外，该局还设想把"州厅县预算丁忙税课公费约余银

---

① 江苏财政说明书 [M] //陈锋. 晚清财政说明书（5）. 武汉：湖北人民出版社，2015：354-448.
② 江苏财政说明书 [M] //陈锋. 晚清财政说明书（5）. 武汉：湖北人民出版社，2015：434、352.
③ 江苏财政说明书 [M] //陈锋. 晚清财政说明书（5）. 武汉：湖北人民出版社，2015：252.
④ 江苏财政说明书 [M] //陈锋. 晚清财政说明书（5）. 武汉：湖北人民出版社，2015：253.
⑤ 江苏财政说明书 [M] //陈锋. 晚清财政说明书（5）. 武汉：湖北人民出版社，2015：254.
⑥ 江苏财政说明书 [M] //陈锋. 晚清财政说明书（5）. 武汉：湖北人民出版社，2015：254.

二十二三万两"定为地方附加税，补入地方行政收入，这样的话，地方经费只不敷30万余两①。

在东三省，经多方核减，预算支出还是有所减少。如奉天省交涉司减去活支款项，提学司减少了高中各学经费，提法司酌减了各级审判厅经费，劝业道酌减了森林和农业各堂场经费，核减之数共约有20余万两。②民政使将巡警、消防、探访等队酌裁四成以节经费。③锡良也将总督衙署各项经费进行核减，共计节省24万余两。监理官在度支部的饬令下也对预算进行了核减，比如，拟定统一的限制条款，限制各署局购置和消耗等费的开支；酌定各州县廉费公费各条款，作为核减标准等。吉林省最终认减之数包括认部减和随后的追减，统计共核减经费库平银277784.141两。④黑龙江省"三年预算已将各处分册核减六十余万金"，在实属无可再减的情况下，又将入款增加了73200两，出款又减75830余两，预备金、移民费和筹还旧欠减少24万两。⑤

从江西省财政说明书中，可以窥见该省预算部分核减情况（表4-2）。

表 4-2　江西省预算部分核减情况

款目	预算原额	核减数目
警察费之省城各区巡警经费	93900余两	12780余两
同寅协济	26300余两	5000余两
绿营饷项	18万数千两	61300余两
劝业公所经费	18420余两	10000两
庐山森林处	8900余两	7000余两
全省驿站经费	66996两	27378两
警务公所经费	97270余两	11430余两
高等巡警学堂经费	18300余两	3700余两
施医院经费		1500余两

---

① 江苏财政说明书［M］//陈锋.晚清财政说明书（5）.武汉：湖北人民出版社，2015：254.
② 遵饬核减预算财政款目［N］.盛京时报，1910-11-18（第5版）.
③ 会议节减警费办法［N］.盛京时报，1910-11-03（第5版）.
④ 度支部咨为覆核吉省宣统三年预算国家岁入岁出比较院之数目增减由（宣统三年十二月初三日）［A］.档案号：39-4-57，吉林省档案馆藏.
⑤ 电度支部为先将再减出入款项预备金移民费筹还旧欠银两总数奉覆并赶紧详咨以凭汇奏由（宣统二年八月十六日）［A］.档案号：45-1-89，黑龙江省档案馆藏.

续表

款目	预算原额	核减数目
调查局经费		6000余两
官银钱总分各号经费		20000两

数据来源：《江西各项财政说明书》，陈锋主编《晚清财政说明书》（6），湖北人民出版社，2015年，第297-364页。

根据表4-2可以看出，江西省调查局在制定预算时期节银6000余两，官银钱总分各号经费共裁减银20000两，施医院经费减少1500余两，这三项只能看出核减数量，总共为27500余两。除了调查局、官银钱总分各号和施医院之外，以上部分共核减138588两，预算原额大约为510086两，核减之数占原额总数比例为27.17%。

江西省还有部分遵照核减的和不愿意核减的。比如，省城学务公所及各学堂经费，最终核减的数量比度支部要求的少1000余两。① 该省清理财政局，度支部要求删减13300余两，最终议减经费3900余两。② 而该省自治费没有按照度支部要求核减。此外，清理财政局认为有些衙署在宣统元年已经裁节过经费，预算就不需要核减了，比如，江西抚署行政的各种杂费，包括内差官薪水、赍折盘费和赍奏承差津贴等。③

总之，各省抵制度支部指定的核增核减，只是一定程度上遵照办理，最终度支部具奏预算总册时赤字依然很高。根据度支部的统计，在京各署不敷银2500余万两，外省各册预算不敷3600余万两，此数不包括筹备追加的款项。经过认减，在京各部仍不敷银2480余万两，也就是说各部只核减了20余万两；外省认增岁入认减岁出之外，仍不敷银2900余万两，即外省核增核减相抵，共减少700余万两。此外，还有追加各款2000万两以上。④

在巨大财政困难的压力下，改革的措施很容易走样，也很容易激化矛盾；

---

① 江西各项财政说明书[M]//陈锋.晚清财政说明书（6）.武汉：湖北人民出版社，2015：340.
② 江西各项财政说明书[M]//陈锋.晚清财政说明书（6）.武汉：湖北人民出版社，2015：297.
③ 江西各项财政说明书[M]//陈锋.晚清财政说明书（6）.武汉：湖北人民出版社，2015：293.
④ 会议政务处会议度支部奏试办宣统三年预算请饬交资政院照章办理折[N].四川官报，第三十一册，庚戌十一月下旬，11-12.

在各方都只固守自身利益的情况下，矛盾会进一步激化，改革也很难进行。清末的预算制定就是在这样的背景下展开的。极大的财政压力让综核全国财政的度支部想在极短的时间内集中大量的财政收入，并解决各省财政赤字巨大的问题。这些都导致度支部措施失当，急于求成、追求表面的收支平衡。再加上督抚等固守自身利益，导致宣统三年预算问题很多。

度支部作为预算制度的主要推行者，面对7800万的财政赤字，该部异常急迫，如何在短时间内弥补如此巨额的亏空，如期将预算提交资政院，让宣统三年预算试办成功，这对度支部来讲是个极大的挑战。所以，度支部屡次催促各省各部核增岁入、核减岁出。而核增核减的标准到底是什么？不管是度支部的饬令，还是各省督抚及清理财政局的计划，多会出现核减几成的要求。这比较明显地显示出核减过于随意。核减多少、核增多少，都应该根据现实的需要，既不能影响政务的开展，又能最大限度地节约经费，这应该有较为精密的计算，而不能是人为地定为几成。当然，度支部核增部分也有很多想当然的成分。度支部当然希望各省能开辟利源，在短时间内弥补财政赤字，但是，利源的开辟和财富的增加并不是短时间内就能实现的，特别是度支部给各省指出的利源大都只是潜在的，比如，矿山、林业、荒地、工厂等，都需要长时间开发才能真正获得效益。正可谓远水解不了近渴，各省肯定不会轻易去认增认减。

各省财政异常艰窘的情况下，大都向度支部请款，但是，度支部出尔反尔，也会加剧中央与地方的矛盾。部章规定各省"实在应办要政款项无出可由督抚与部筹商"，各省多以此为依据，向度支部请款，但大都被驳回。比如，奉天省曾专折奏请协济，但度支部出尔反尔，对部章做出不同的解释，称此条文"不过言论上应有之层次，并非可行之事实"①，如果各省款项都入不敷出，度支部实属无可指拨。

各省督抚在造报预算时也大都给自己留有后路，或多报岁出、少报岁入，或宽筹预备金，或消解度支部的核减核增，或声明如有不敷会酌加款项，或者直接要求度支部财政支持，或者急于追加预算。总之，各省固守自身利益的意图非常明显。

最终，在各省和度支部的讨价还价中勉强制定的宣统三年预算案存在很多问题，其中暗藏了诸多矛盾，这也预示了此预算案的实施将会问题迭生，各省与度支部之间的矛盾、冲突将在所难免。清廷也意识到问题的存在，为缓和各方矛盾、减少各方抵制，使宣统三年预算能较为顺利地实施，清廷在宣统二年

---

① 奉省财政难望部款协济［N］. 申报，1910-04-11（第1张后幅第2版）.

十二月二十八日颁布预算案时就许诺"若实有窒碍难行之处，准由京外各衙门将实用不敷各款缮呈详细表册叙明确当理由，迳行具奏候旨办理"①。这也给随后预算的实施出现变数留下余地。

4. 预算实行中的翻异和追加

在行政机构之间、行政与立法机构之间的讨价还价中勉强制定的宣统三年预算案存在诸多问题，潜藏了很多矛盾，因此，在执行过程中问题频现，存在着对认增认减的翻异、在没有筹有的款的情况下频繁追加预算和减少协饷等，使得预算几有被推翻之虞。

在预算刚开始执行的时候，奉天、直隶、江苏、云南、黑龙江、安徽和山东等多个省份的督抚先后致电度支部，历数各省财政困难情形，表示各省各项事务极为复杂困难，经费也严重短缺②，以此为借口抵制预算案的执行。

看到如此不好的苗头，度支部想尽办法维持预算。该部两次奏陈维持预算办法，制定预算实行简章，还在预算实行的过程中针对具体问题制定严格的要求，但是，问题依然迭出。在预算案颁布的时候，度支部就鉴于各国通例，已经提前声明，在预算金额以外不准滥支，在预算金额之中不准流用，如果不是特别重要的事件不得轻易追加，总之，要保证出入均衡，力戒浮冒侵挪之弊。但是，预算刚开始实施就出现了问题。所以，在宣统三年正月十四日度支部奏陈维持预算实行办法，主要有四项：一是各省预算册内出入各款仍应严行查核。因为各省预算的制定中就存在瞒报的情况，并且此举也是严格预算的执行。二是各省预算款项宜通筹盈虚慎重出纳，要从整体上保持收支平衡。三是"宣统三年预算臣部与各省商定增减之款不得翻异"。在预算的制定过程中，对于度支部的核增核减，各省均在不同程度上认增认减，并于预算分册摘要内详切声明，或者随后经各督抚奏咨在案。度支部原以为既是各省自行认定，并非部臣强定，所以应该能切实执行，事后各省却针对已经认定之案借词翻异。度支部担心已定预算案内不敷之款尚苦无可筹挪，若再将原已认定者复行翻异，将无以应付。度支部亦是非常不满，认为各省积习已久，"以挥霍为固然，视公帑若私物，稍为限制则百计相尝，必令破坏，偶从宽大则觊觎投隙，甘弃成言"，这样不仅有碍财权，还贻误大局，所以警告各省，以后如果有试图更改已经认定之款的，度支部肯定是不准立案，此外，还要将各省承办人员照玩视库款例奏请议处，

---

① 论资政院预算案之无效［N］.大公报，1911-02-10.
② 预算案又生阻力［N］.大公报，1911-01-19.

以示惩儆。四是要求各省如果有追加之案应先筹有的款，否则度支部概从驳斥。① 总之，度支部要求各省严格执行宣统三年预算案，必以收支平衡为度，不准随意翻异和追加。

度支部还根据以上原则制定宣统三年预算实行简章，规定京外各衙门自宣统三年正月起凡岁入岁出款项一律遵照奏定预算案办理；各省文武大小各衙门应将收支款项按月编订报告册送清理财政局，由局按季造简明报告册送度支部；各省征收岁入，各衙门按照预算案收入定额，总以有盈无绌为度。如有特别原因以致收不足额时，应由各省设法筹抵，仍将短收理由及筹抵方法，报明度支部查核。各省遇有特别重要事件，须追加预算者，应钦遵谕旨，由各该省筹有的款，方准酌议追加等。② 总之，总体原则是"以有盈无绌为度"，各省如有不足要设法筹抵；需要追加的，一定要筹有抵款才能追加；所有余存提出另存，报部查核。度支部言语中是寄希望并且认为会有盈余的，结果，所有预算案都呈现大量赤字。所以，预算的执行就异常曲折。

度支部再一次具陈维持预算办法，是针对各省督抚联名电奏于公费问题碍难按照资政院核减之数实行之事，该部再次强调，为了避免将来"删减无多追加不已"，请旨申明本年正月具奏维持预算办法。③

除此之外，度支部还针对具体事项严格预算的执行，比如，咨行各省督抚，要求各省将一切建筑工程用款也应该列入预算，以后无论官修何项工程均须先行核计工料费用，并绘具图式咨部存案，以备将来报销时有所依据。④

但是，以上种种举措效果不明显。并且，宣统二年十二月二十八日颁布预算时候的谕旨，"叙明预算实在不敷确当理由"，成为各省的借口，"翻异"、无的款的追加、减少协饷等情况比比皆是，预算案在实施的过程中问题依然层出不穷。

（1）认增认减的执行及翻异

各省对预算的认增认减，多多少少都存在勉为其难的成分。再加上当时期限紧迫，时间仓促，各省的认增认减很多没有建立在切实查核的基础上。另外，

---

① 奏为陈明维持预算实行办法 [N].广西官报，第105期，宣统三年三月四日，财政，565-568.
② 宣统三年预算实行简章 [N].广西官报，第105期，宣统三年三月四日，财政，568-569.
③ 度支部奏请饬各省督抚切实遵照前奏维持预算办法折 [N].政治官报，宣统三年三月一日，折奏类，3-4.
④ 部咨各项建筑费须先时预定 [N].盛京时报，1911-06-16（第5版）.

<<< 第四章 国地财政预算的制定和实施

财政困难的问题依然严重,所以,当预算真正开始实行,各省虽然对之前认定之数予以践行,但是,提出异议也是在所难免。

预算案既然已经成立,各省的岁出就需要严格按照预算执行。不仅度支部设法维持预算,各省也采取措施规范预算案的实施。

为了预算的切实执行,东三省清理财政局制定宣统三年决算章程及支出预决算比较明细各表,严格款项的支销。按照度支部奏陈,各省文武大小衙门应将收支款项按月编订报告册送清理财政局由局按季造册送部。并且预算既已实行,度支部又多次声明不准超越翻异,吉林省清理财政局拟定试办宣统三年决算简章、收入决算表、支出预决算比较表、明细表等详请督抚鉴核,通饬各署局堂所从宣统三年正月起一体遵照办理,不得稍有歧异。该简章规定,现在预算成立,凡属收支款目经过以后必须造报决算以待检查,所有从前报销名目一概废除;支款决算数目按月计算,如有超过预算之外或比预算数减少的应在备考栏内详细述明理由。该简章还重申了清理财政局的权限:预算虽已定案,清理财政局办理决算,仍有检查不实不尽之权,所以各局署不得以已经预算作为借口阻挠该局查核。该章程对决算册报的期限和预期惩处做了规定:省城各署局甲月决算应于乙月十五前编送到局;主管局所虽在省城而办理决算必须等待外城各分局册报汇齐方能编造的,准展至丙月十五以前造送,至于各主管局所对于所辖各分局应订造报期限即由各处自行酌订饬遵;决算迟延的由该局详请督抚分别惩处等。① 总之,对决算范围进行界限,对收支款项的造报等都做了详细的说明,对造报期限和惩处都有严格的规定。因度支部议准不得翻异,所以一定要按照已有的预算严格执行制定决算。决算章程的制定起到了一定的作用,有利于对宣统三年预算的严格执行。如宁古塔旗务承办处为了决算册报的完成不致遭到批驳,咨请吉林全省清理财政局饬发决算表式,以便补报和造报。②

新疆清理财政局拟定了藩道各库收支章程,对预算、决算等事一并适用,此章程中也专门对预算和决算做了说明。按照章程规定,预算决算的收支簿需要在月终和年终的时候由经管官吏将本月、本年实收实支各作收支对照表,经主务长官核实后禀报巡抚查核,并移交清理财政局汇案报部。款项支出时,需要等预算表经部核准后由抚院饬知各衙门按月支给。所有的支出款项必须由经

---

① 酌拟办理决算简章 [A]. 档案号:39-4-63,吉林省档案馆藏.
② 宁古塔旗务承办处等为请发决算表式等情的咨呈文及清理财政局批(宣统三年四月十二日)[A]. 档案号:39-4-17,吉林省档案馆藏.

217

管官吏得到主务长官许可的正式支领文书才能支出，并且，所有的支款，都"不得溢出预算数目以外，但经抚院认为必要额外加支时，不在此限"①。并且，清理财政局制定的规章里面有检查的规定，分为定期检查、临时检查和特别检查。定期检查每月一次，于下月的初二或初三进行，最迟不得超过初五。临时检查由主务长官随意酌定，但每季须检查一次。特别检查由抚院派委委员进行，凡是在省各库每年至少要有三次检查，而省外各库或一年检查一次，或数年检查一次。② 这对于预算的执行来讲是个较好的约束。该局还制定了关于决算的规定。决算分为月终决算和岁终决算。月终决算表于次月初五日以前制成，岁终决算表于次年三月以前制成。决算表须由经管官吏制成以后呈由主务长官复核，后禀报抚院，并移清理财政局汇编报部。③ 还有预备费，以备预算不足及预算外的临时支出。"但预备费未用时，须于年底报明抚院，并移知清理财政局备查，不得含混。"④

度支部和各省清理财政局对预算和决算的各种规定，有利于规范预算的执行，包括收支的造报和对浮滥费用的裁减。各省在宣统三年的施政中，也一定程度上对认增认减部分进行了兑现。比如，东督锡良在宣统三年预算已经开始实施后又核减了行政经费，涉及的范围也很广，行政总费、财政费、民政费等都有裁减，总之，岁出经常门内共减库平银874029.031两；岁出临时门内共减库平银49170.403两。合计共减库平银923199.434两。⑤ 黑龙江官盐局认增之款达675852.921两。⑥

虽然各省对预算有一定的认增认减，但是，与此同时，各省对原已经认定的核增核减并没有完全做到，引起度支部的不满。如吉林省陆军小学堂经费，在各省造送的预算册内为库平银77280.503两，后被度支部核减13000两，该省电覆认减，后资政院审核，又核减20000两，最终该项预算定为40280.503两。

---

① 新疆全省财政说明书 [M] //陈锋. 晚清财政说明书（4）. 武汉：湖北人民出版社，2015：837.

② 新疆全省财政说明书 [M] //陈锋. 晚清财政说明书（4）. 武汉：湖北人民出版社，2015：838.

③ 新疆全省财政说明书 [M] //陈锋. 晚清财政说明书（4）. 武汉：湖北人民出版社，2015：840.

④ 新疆全省财政说明书 [M] //陈锋. 晚清财政说明书（4）. 武汉：湖北人民出版社，2015：835.

⑤ 遵旨核减预算行政经费并追加款折（单二件）（宣统三年四月二十一日）. 锡良. 锡清弼制军奏稿（奏稿卷七）[M]. 沈云龙. 近代中国史料丛刊（续编，第11辑）. 台北：文海出版社，1974：1329-1330.

⑥ 宣统三年岁入预算追加追减理由表 [A]. 档案号：45-1-264，黑龙江省档案馆藏.

但是根据该省清理财政局的列表,陆军小学堂仅正月一个月就已支银4483余两,这还不包括津贴,并且,正月是假期,可以想见其他月份开支会更大,照此发展,该学堂的支款不但与预算案不符,就连该省自认之数也难以保证。"预算甫经成立,如令任便开报,溃决藩篱,成何政体!"①

(2) 追加预算

预算是对来年财政收支的预先筹划,所以,预算的制定中会预留出一部分预留金,以备不时之需。即便如此,也有可能出现突发事件,所以追加预算也是在所难免。在制定宣统三年预算的一开始,度支部就曾在酌定各省试办宣统三年预算报告总册式中第二十二条规定,京外预算报告总册送部后,如果遇到意外出入,准作为追加预算,限于八月底报部核定。② 在各省将预算册报送到度支部后,度支部发现有漏填之款,在宣统二年十月通饬各省将追加造册补报一律在十月三十日前造送。但是,因为时间紧迫等,资政院已经连日集议,但各省补报之册仍然尚未送齐。度支部不得不通饬各省迅速将应加款项数目先行电报度支部,以便送资政院核议,其详细册表另案补报以备存查。③ 但是还是有些省份并未能将预算及时追加。最终当预算案经过资政院审核确立后,度支部通饬各省督抚,宣统三年所办事宜不论与预算是否相符,都不能再行增加款项④,以维持预算。

没能及时追加的款项,在实施的过程中有可能就会出现款项不敷的情况,所以,当预算开始实施后,各省又有追加预算的要求。比如,在奉天,东三省总督奏请奉天省追加预算,分别为国家岁出经常、临时两门共追加758566.11374两,地方岁出经常门内共追加76124.416两,总共追加沈平银834690.53两⑤,黑龙江省以财政困难等为由在预算实施后两次奏请追加预算。第一次总共追加岁入库平银1096000余两,追加岁出库平银1271000余两,出入

---

① 札为准部覆遵照院减该堂一切浮费数目办理由(宣统三年四月二十六日)[A]. 档案号:39-4-5,吉林省档案馆藏.
② 度支部酌定各省试办宣统三年预算报告总册式[N]. 政治官报,宣统二年二月二十日.
③ 度支部催送追加预算案[N]. 大公报,1910-11-22.
④ 限制预算外不准增款[N]. 盛京时报,1910-12-20(第2版).
⑤ 遵旨核减预算行政经费并追加款折(单二件)(宣统三年四月二十一日). 锡良. 锡清弼制军奏稿(奏稿卷七)[M]. 沈云龙. 近代中国史料丛刊(续编,第11辑). 台北:文海出版社,1974:1331-1332.

相抵不敷 111000 余两。① 第二次追加岁入共 1292542 两，追加岁出为 243284 两。②

各省在预算已经成立的情况下纷纷追加预算，并且多是没有筹有的款的预算，这不仅存在任意追加导致开支靡费的可能性和官员侵挪之弊，也使得预算难以维持收支的平衡，还增加了度支部的筹款压力，度支部当然甚为不满。有此前车之鉴，在宣统四年预算编制的过程中，度支部严格规定，"无论京外有如何为难情形不准临事呼吁，以固预算之基"③。

（3）减少洋款赔款和解协饷

在各省预算的岁出部分，洋款赔款和解协饷占有较大比重。但是，在执行的过程中，有些省份认为这部分的岁出比重过大，对于省财政来讲是极大的负担，希望减少这部分的支出。比如，江西巡抚冯汝骙认为该省预算中岁出部分的外债、赔偿金、解协款所占比重太大，"现以各省岁出岁入互相比较，所认洋款赔款协解各款，至多不过岁入十分之五，少者不及十分之三，其尤少者不及十分之二。今赣省独占十分之八，其行政经费有多至一倍者，有多至十分之五六，十分之三四者，一经比例，赣省之担负独重"④。安徽巡抚的做法和赣抚一样，认为解协饷比重过大，已经严重影响到本省的行政经费开支。⑤ 广西的情况和前两者稍有不同，该省巡抚以财政窘迫为由请求"将广西应解洋款仍前截留，海军经费一并改拨"⑥。

浙江省清理财政局也认为度支部有派拨不公平的情况，所以认为度支部应该周知各省财政状况，才能做到按照各省担负能力进行派拨。"此后各省之财力，大部宜无不知之，知之而何省力能担负，何项京饷若干，必可为适当之分

---

① （黑龙江巡抚周树模）又奏编成追加预算各表册片［N］.政治官报，宣统三年三月十二日，折奏类，8.
② 宣统三年国家岁出第二次追加总表［A］.档案号：45-1-265，黑龙江省档案馆藏.
③ 泽公对于追加预算之不满意［N］.申报，1911-08-07（第1张第6版）.
④ 赣省入不敷出请敕核明支配由［A］.档案号：03-154-7617-65，中国第一历史档案馆藏.转引自佐藤淳平.宣统年间的预算编制与各省的财政负担［J］.当代日本中国研究，2017（1）.
⑤ 皖省预算不敷情形由［A］.档案号：03-154-7516-72，中国第一历史档案馆藏.转引自佐藤淳平.宣统年间的预算编制与各省的财政负担［J］.当代日本中国研究，2017（1）.
⑥ 请将认解海军经费截留改拨由（宣统三年五月六日）［A］.档案号：03-153-7496-27，中国第一历史档案馆藏.转引自佐藤淳平.宣统年间的预算编制与各省的财政负担［J］.当代日本中国研究，2017（1）.

配而无虑其不公平。"① 从浙江清理财政局的陈述中可以看出，度支部的派拨，存在不公平的情况。该局认为如果度支部能根据各省实际的担负能力进行派拨，自然不需要度支部屡次催促，而各省应能如期拨解。

把解协饷和洋款赔款当作本省财政负担的省份很多，这些省份纷纷要求减少这部分支出。但是，因为有相同请求的省份太多，中央财政实属困难，大都驳回了此类请求，"顷岁库储奇绌，政费浩繁，省省积亏，年年增累。各督抚或请截留洋款，或请停减协饷，纷纷呼吁，文电交驰。臣等亦深知疆吏之为难，而大局所关，未敢轻言改拨"②。

度支部要求维持预算，但是各省和在京各部都从自身的利益出发，对原有预算随便改易，对度支部要求的撙节财政置若罔闻。"在京各部院职务所系，彼此各不相谋，但求尽其在我者，为极意经营之举……顾财力能否胜任，则非其所知矣……若在外各督抚，固习知筹款艰难者也，然一收一支，假乎于人，不敢信其尽实，冗事冗费处处皆是，不能必其裁。"③ 但度支部的做法也极为不妥，度支部呼吁各省维持预算，但是无形中该部也成为预算的破坏者。既然要维持预算，那全国财政收支就必须严格按照预算执行。但是，度支部为了保障京师收入，要求各省关照旧设法筹解应解在京衙门款项，不能以没有列入预算为借口而希冀免解。这已然是公然地破坏预算。而度支部的理由却是，"各省于本省岁出之款纷纷咨请追加，而于应行解京之款报解者不过十分之二，实属不成事体"④。各省任意追加确属不成体统，但是，度支部公然违背预算而固守旧例，同样是对预算的不负责任。这同时也说明当时从中央到地方对预算的认知程度普遍较低，对预算的法律属性认知不够，并且各方又都固守自身利益，不仅导致行政层级间的矛盾越来越激化，也使得宣统三年预算没有能够严格执行。总之，各省对经由资政院议决过的预算案纷纷翻异、追加、减免等，使得度支部维持预算的意图没有完全达成，也使得宣统三年预算有被推倒之虞。

---

① 浙江全省财政说明书 [M] // 陈锋. 晚清财政说明书 (5). 武汉：湖北人民出版社，2015：687.
② 会奏议复江西巡抚奏赣省入不敷出请核明支配由 [A]. 档案号：03-154-7518-033，中国第一历史档案馆藏. 转引自佐藤淳平. 宣统年间的预算编制与各省的财政负担 [J]. 当代日本中国研究，2017 (1).
③ 遵章试办宣统三年预算谨缮总表呈进并沥陈财政危迫情形折. 第一历史档案馆藏档案，军机处录副奏折，宣统二年八月二十七日度支部奏. 转引自周育民. 清王朝覆灭前财政体制的改革 [J]. 历史档案，2001 (1).
④ 京师近事 [N]. 申报，1911-07-12 (第1张第6版).

二、省与府厅州县之间的矛盾

在各省和中央之间纠葛不断的同时,各行省与府厅州县之间同样也存在诸多问题。州县财政预算册的制定纷纷延迟、错误之处甚多、抵制预算核减等。

(一) 延迟造报

各省预算册的制定需要各府厅州县提交各自的预算汇总而成,所以,当度支部要求各省提前试办宣统三年预算时,各省通饬府厅州县遵照办理。

各府厅州县的预算造报亦是非常忙碌。如开原统计处也遵照清理财政局札发的预算决算各项表册加紧填报,由于工作繁重不得不增添人手,添设书记生多名①,即便如此,但仍不敷缮写,其繁忙程度可见一斑。铁岭政界、巡警、商界和学界屡次被要求预算常年经费,并剋日报销,因此各属造具表册都异常忙碌。②

但是,由于财政困难、收支异常紊乱,还有态度上不甚积极,有很多府厅州县请求展缓册报,并且册报错误甚多,被督抚和清理财政局屡次催促和查验。奉天省彰武县在办理预算过程中要求展限,理由是宣统元年冬季月报和年报册没有造齐,对于如何编制预算岁出、岁入数目都觉得困难,所以禀请展限数月。此县的请求遭到责问,"本局能因彰武一县,贻误全省预算耶?大部能因奉天一省,贻误全国预算耶?"③ 清理财政局虽然屡次催促,但是"各属预算册到局者仅十分之四"④。

各州县衙署所造报的预算册错误疏漏甚多。如奉天省各府厅州县的册报多公私款项不分,导致预算册报混淆不堪,薪水、工食、伙食、灯油、酬应等费都没有区分公私,都是笼统开报。⑤ 由于公私款项界限不明,出入无定额,以致册报所载不实不尽之处甚多,"通商地方各府、厅、州、县,无不列有交涉费,而铁岭年竟至一千余两之多,殊属骇人闻听"⑥。在江苏苏属,各属原报警

---

① 统计处忙造财政表册 [N]. 盛京时报,1910-04-21(第5版).
② 预算之忙碌 [N]. 盛京时报,1910-04-09(第5版).
③ 彰武县造送预算恳请展限批文(1910年)[M] //周秋光. 熊希龄集(第2册). 长沙:湖南人民出版社,2008:265.
④ 为预算等事复吉林财政电(1910年5月7日)[M] //周秋光. 熊希龄集(第2册). 长沙:湖南人民出版社,2008:91.
⑤ 奉天预决算册报办法(1910年)[M] //周秋光. 熊希龄集(第2册). 长沙:湖南人民出版社,2008:231-232.
⑥ 奉天预决算册报办法(1910年)[M] //周秋光. 熊希龄集(第2册). 长沙:湖南人民出版社,2008:234.

费存在诸多舛误，所以，预算时，该省清理财政局"查照巡警道单开数目复核填报"①。

因为各衙署预算册报迟延以致延误报部期限，各省清理财政局和督抚将严重玩视宪政的各署奏参。按照章程规定，各省文武大小衙门局所自宣统二年起预算次年出入款项编造清册于二月内送清理财政局，但是在吉林，直到七月二十六日，长春府、宁安府、五常府、滨江厅、伊通州、桦甸县、磐石县、长寿县以及新设治的东宁厅、绥远州、桦川县、富锦县、饶河县、汪清县和龙县15处还未能造送到局，以致该省延误报部期限。吉局将其一并奏参，将各该员先行摘去顶戴，勒限严催造送，已交卸人员也须会同现任依限办理，而新设治的厅州县各员确实因设治之始一切未能完备，所以拟将其收支数目暂行宽免处分，只严饬将官厅费用造册呈送。② 其余各局所学堂册报迟延的也均酌量惩罚。

（二）抵制核减

各省预算都是赤字巨大，所以，度支部要求各省自行撙节。各省就要求各府厅州县认真整顿，实力撙节，核减岁出。但是，州县财政亦是竭蹶异常，因此，行省要求州县核减的饬令很多也遭到了抵制。

府厅州县预算不敷也极为严重。比如，江苏苏属：府州厅县预算，经常岁入共1943905.546两，临时岁入共1588.27两③，总共岁入为1945493.816两。岁出部分，经常岁出共2086024.186两，临时岁出12633.073两，岁出总共2098657.259两。再加上地方行政经费，其中经常岁出411927.751两，临时岁出30131.88两。因此，总的岁出为2540716.89两。④ 出入比较，不敷595225.517两。

如此不敷的财政，面对行省和清理财政局核减的要求，有些就遵办核减，但是抵制核减的情况亦大量存在。在广西，度支部要求核减教育经费，因此该省提学司最终将教育官练习所经费、教育杂志经费和游艺会经费等全部裁撤，

---

① 江苏财政说明书［M］//陈锋. 晚清财政说明书（5）. 武汉：湖北人民出版社，2015：465.

② （抚帅会同督帅）又奏为吉林各署局预算册报迟延遵章分别惩处折［N］. 吉林官报，第二十一期，宣统二年八月十一日，章奏类，2-3.

③ 江苏财政说明书［M］//陈锋. 晚清财政说明书（5）. 武汉：湖北人民出版社，2015：250.

④ 江苏财政说明书［M］//陈锋. 晚清财政说明书（5）. 武汉：湖北人民出版社，2015：254.

并把教育官练习所裁撤。① 但以财政困难、核减将窒碍政务为由反对核减经费者甚多。比如，黑龙江省瑷珲道在接到清理财政局核减的电文后复电该局，称该道边费常年薪饷、军衣川脚活支预算都是照章办理并无新增，而比较元年所增是因为开办与常年不同，所增款为卡房牛马犁具开办费 26688 两。而该道境内开销极大，各卡每月已有不敷，万难再减。② 兰西县也呈文巡抚，称无法按照巡抚札发的度支部指驳电文进行核减，该县三年预算"其余一切出款无可核减"③。呼伦道称对预算进行核减后，合计全年可省银 1260 两，但该道文牍、蒙旗等股员书支银数目万难再减。④ 虽然各处所举理由不尽相同，却都是为保障各自用款而抵制核减支出预算。

（三）追加预算

州县追加的情况也很多，并且很多是零星琐碎的，并不符合追加性质，再加上财政本已困难，追加款项又没有筹有的款，因此，多被督抚和清理财政局批驳。以滨江厅为例，该厅多次请求追加。比如，追加学务预算吉平银 10800 余两⑤，此外还追加巡警、禁烟、自治、财务处及待质所、司法队等预算。经过清理财政局查核，断定，"该厅详报之意无非既报以后，复可以任意挪移开支有据，并不问其收支之是否适合、预算之能否实行，足见取巧"⑥。因此，驳回追加请求，责令整顿。黑龙江省各属的追加也大都被督抚及清理财政局驳斥。如兴东道因添设裁改各卡，每卡建筑木垜房五间需工料银 1000 两，土房两间需工料银 120 两，所以每卡建筑费共需银 1120 两，共拟设八卡，共需银 8960 两。该道呈请督抚，但巡抚周树模认为该道各卡所需建筑及常年经费为数太多，而度

---

① 广西全省财政说明书[M]//陈锋.晚清财政说明书(8).武汉：湖北人民出版社，2015：883-884.
② 瑷珲道电边费常年薪饷军衣川脚活支预算照章并无新增，万难再减及比较增银系卡房牛马犁具开办费请饬覆查由（宣统二年八月初二日）[A].档案号：45-1-89，黑龙江省档案馆藏.
③ 督抚宪札据兰西县呈部电指驳三年预算其余一切出款无可核减，其属入款除租赋学警等捐并无他项收入，免予重造，批饬本局会核等因饬遵由（宣统二年九月一日）[A].档案号：45-1-89，黑龙江省档案馆藏.
④ 督抚宪札据呼伦道呈奉部电指驳三年预算酌拟核减文牍蒙旗等股员书支银数目并万难再减情形饬局遵办由（宣统二年九月二日）[A].档案号：45-1-89，黑龙江省档案馆藏.
⑤ 滨州厅为送厅属财务处、警学等处追加预算表册的呈文及清理财政局的批文（宣统三年四月二十五日至宣统三年九月二十八日）[A].档案号：39-4-21，吉林省档案馆藏.
⑥ 滨州厅为送厅属财务处、警学等处追加预算表册的呈文及清理财政局的批文（宣统三年四月二十五日至宣统三年九月二十八日）[A].档案号：39-4-21，吉林省档案馆藏.

支部对追加预算限制甚严,能否照准应候饬民政司会同清理财政局核议覆夺后再行饬照。[1]

在预算制定和实施的过程中,行省与府厅州县同样存在诸多龃龉,导致预算的制定和实施都困难重重。

总之,在全国预算的制定和执行中,中央、省、府厅州县都在固守自身的利益,并且对预算的认知程度较低,因此,整个过程充满了行政层级之间的讨价还价。

第四节　行政与立法的冲突

预算案制定后需要立法机关的审议和监督。在清理财政时,清政府的立法机关包括中央的资政院和地方的咨议局。作为临时议会性质的资政院和咨议局担负了审议预算的职责,但是由于种种因素,他们对预算的审议和监督遭到各级行政机构的抵制。在行政与立法之间出现了冲突。

一、行政官员抵制资政院的议决

(一) 资政院的成立和预算中的权限

按照宣统元年颁布的《资政院院章》规定,该院有议决国家岁出入预决算、税法、公债、制定法规和弹劾等事件的权限。[2] 而预算章程中也规定,全国岁入岁出总预算案需要"奏交内阁会议政务处核议后送资政院议决"。"主管预算衙门因新增特别重要事件致所管预算岁出之数不能适合于内阁会议政务处协议分配之数,另编岁出预算附册,限于六月底送度支部一并奏交会议政务处核议后送资政院议决。"[3] 以上两个章程都明确规定了资政院具有议决全国预算和追加预算的权限,但此权限在执行中遇到严峻挑战。

---

[1] 督抚宪为札据兴东道呈查该道所拟添设裁改各卡所需建筑暨常年经费为数甚巨,前准部咨限制追加候饬民政司及本局核议覆夺并所请拨一营以作屯垦守兵之处并饬筹练陆军处酌核办理等因遵照由(宣统二年十月二十七日) [A]. 档案号: 45-1-33, 黑龙江省档案馆藏.
[2] 资政院会奏续拟院章并将前奏各章改订折(附清单),宣统元年七月初八日 [A] //故宫博物院明清档案部. 清末筹备立宪档案史料(下册). 北京: 中华书局, 1979: 632.
[3] 全国预算暂行章程 [N]. 广西官报, 第104期, 宣统三年二月二十六日, 财政, 512.

(二）行政官员反对资政院核减经费

宣统三年全国预算，不敷高达 7800 余万两，后经资政院多次审查和强行削减，最后转亏为盈，盈余 346 余万两。在这个过程中，行政官员对资政院的核增核减非常不满。

资政院对预算案进行审议，认为各省预算严重不敷的主要原因是行政经费数目过大，因此，该院对各省行政经费进行了大幅度的核减。资政院此举遭到各省督抚反对，他们纷纷致电上奏称万难按照资政院增减之数实行。① 各省督抚反对的理由大致相同，手法也极为相似。

督抚们的理由无外乎两个。理由一是认为本省行政经费本就非常困难，在制定预算的时候已经极力撙节了，再次裁减万不能实行，如果强行消减，只会窒碍改革的进行。如两广总督就认为广东预算就是在撙节财用的前提下制定的，现在很多款项仍然短缺，实在没有可以缩减的了。"又值提前筹备立宪一切理财行政，无不责之疆臣，若于其应办之事项，必需之经费，又复严加束缚，任意克减，虽有智巧，何以为计。"② 东三省督抚反应极为强烈，他们在资政院还在审议阶段就已经有所行动。资政院审议的过程中，有因东三省经费过巨而核减之议，东三省督抚闻风而动。锡良立即致电军机处和宪政编查馆，表达了极大的忧虑，认为该省财政已经历三次裁节，资政院如此大幅度的核减，奉省万难承认③，吉抚也几乎同时行动，致电资政院，陈述该省财政经过清理由乱到治的过程，但是，同时指出该省财政已经极为困难，并且之前已经实力撙节。他建议资政院在了解吉林省实际情况之后再定是否核减。"如能内外相维，呵成一气，既省争执之劳，并泯从远之迹。"④ 吉抚此电虽称是在避免资政院因情形隔阂而大加裁减以致最后有碍宪政进行的恶果出现，其实也是在指责资政院并不了解吉林的实际情形，是在避免内外争执的旗号下极力维持该省的利益。

理由二是认为资政院没有和各省协商而强行核减，必然导致各省政事废弛，因此各省极为不满。"资政院核减之款虽尚未得其详，然既未与外省协商，其中必多窒碍。倘遽照此定案，将来一经宣布外省，若照案奉行，则一切政事皆将废弛，必至贻误大局。"⑤ 在行政机构和立法机构没有充分协商的情形下，资政

---

① 粤督反对资政院核减预算 [N]. 申报，1911-01-22（第 1 张第 4 版）；川鄂两督亦不认预算案 [N]. 申报，1911-01-25（第 1 张第 4 版）.
② 破坏预算案者纷纷而起 [N]. 申报，1911-02-27（第 1 张后幅第 2 版）.
③ 东督预防资政院之裁减政费 [N]. 盛京时报，1910-12-27（第 5 版）.
④ （资政院）十八日收吉林巡抚电 [N]. 政治官报，宣统二年十一月二十四日，电报类，5.
⑤ 破坏预算案者纷纷而起 [N]. 申报，1911-02-27（第 1 张后幅第 2 版）.

院就强行按照自己的臆想对各省预算案进行核减,必定很难照顾到各省的实际情况,像东三省总督锡良就认为资政院审查预算时没有和东三省协商,定会有情形隔阂之弊,资政院在未能了解该省实际情形的状况下所做出的核减无法适合该省的实际需要。① 而预算的实行最后要由各省落实,各省还要按照预算安排施政方案,所以,不符合各省实际情况的预算必定会影响各省的施政效果。

各省督抚的手法基本是先自己上奏表达不满,进而试图联衔具奏,或者联合枢臣进行反对。云贵总督李经羲等极力反对裁撤防营,表示将来会同陆军部具奏。两广总督张鸣岐是致电内阁会议政务处,对资政院表达不满。② 东三省总督锡良电请军机处和宪政编查馆先与资政院接洽,以免日后窒碍③,各省督抚试图请求枢臣合力维持。总之,各省督抚为避免资政院对行省预算核减过多采取了多方措施,或直接电商或借力相助,维持自身利益的诉求相当迫切。

各省督抚和资政院针对预算的核增核减展开讨价还价。资政院在议决宣统三年预算时确实做了大规模的核增核减。本来预算案不敷达5000余万,再加上追加预算2000余万,共不敷7000余万。但是,经过资政院的审议,原本不敷的预算盈余346.1931万两。④ 因此,资政院共核减7790.7292万两,可见核减幅度之大。所以,最终各省督抚维持预算的愿望落空,但是在该院审核的过程中,各省还是力争维持自身利益。

各省虽然不满资政院审议要求,迫于压力,还是在一定程度上认增认减,但是,对资政院的核增核减有所改易。

资政院核减吉林省预算共库平银1308579.324两。其中有专案办理的399355.86两,还有督抚司道公费等已经由度支部明确按照部定之数办理而不需要按照资政院的核减办理。除了这两种情况之外,吉省已经认减了部定核减之数,又进行了追减,已经认减库平银277784.141两,但比资政院核减之数仍少减银109406.875两。⑤ 可以看出该省对资政院的核减任务执行了一部分。另外,该省还在一定程度上抵制资政院的核增款项。比如,资政院议增吉林盐课844490两,而官运总局却称,"资政院议加之数太巨,吉省一时断难行销足额,

---

① 东督预防资政院之裁减政费[N].盛京时报,1910-12-27(第5版).
② 破坏预算案者纷纷而起[N].申报,1911-02-27(第1张后幅第2版).
③ 东督预防资政院之裁减政费[N].盛京时报,1910-12-27(第5版).
④ 刘锦藻撰.续文献通考(卷394·宪政2)[M].影印本.杭州:浙江古籍出版社,1988:考11507.
⑤ 度支部咨为覆核吉省宣统三年预算国家岁入岁出比较院та增减由(宣统三年十二月初三)[A].档案号:39-4-57,吉林省档案馆藏.

与其骤认于前,仍复缩减于后,无宁察看情形,再筹增销"①。

黑龙江省巡抚在接到资政院核定的预算后,认为资政院的核减不切实际,该省万难照此办理,进而对资政院核减的预算进行了增改。以该省宣统三年国家行政费为例,在国家行政费的岁出经常门内,资政院在原预算案的基础上共核减533591.897两,该省共追加预算310168.397两,共追减200505.894两。在岁出临时门内,资政院共核减462505.444两,该省共追加预算467063.67两,共追减266354.193两。总计,在原预算案的基础上,资政院核减之数为996097.341两,该省共追加777232.067两,共追减466860.087两,追加追减相抵仍不敷310371.98两。② 最后的结果是,该省不仅未能按照资政院要求核减996097.341两,相反还在原预算的基础上又增加了岁出预算310371.98两。

各省督抚按照资政院审议要求也进行了不同程度的核增核减。根据佐藤淳平的计算,资政院要求各省核减的岁出,占到省岁出的10%左右,而各省对于资政院的核减要求,能完成50%~60%,比如,直隶省实际完成的削减额是资政院要求的50.3%、安徽完成资政院削减要求的62.8%等。③

在资政院核减行政经费的问题上,行政官员立场基本一致,从军机处、度支部到各省督抚对资政院的核减都不太满意。如此大幅度的核减,让各省本已支绌的财政难以支撑政务的展开,使行省的财政自由度大大降低,也影响到很多官员的个人切身利益。资政院大幅度的核减,不仅是核减地方行政经费,也同样核减中央行政经费,对于综核全国财政的度支部来讲,大大增加了该部的筹款难度,也影响到了度支部等中央各部的利益。资政院的核减遭到了行政官员整体上的敷衍和抵制,这让资政院的议员们非常愤懑。

面对着即将到来的预算审议,从督抚到各部,再到枢臣,多方联动,相对成为一个利益的共同体,集体抵制资政院对预算的审议。枢臣先是不愿意交出预算案给资政院。面对行政官员的联动,议员们也试图内外联合,不惜以集体缺席的方式作为威胁,强行要求枢臣交议预算案。④ 预算案经过资政院议决后,枢臣和度支部大臣又决定暂不和资政院一起会奏预算案,而是先电询各省督抚,

---

① 函复清理财政处宣统三年盐课数目由(宣统三年五月二十三日)[A]. 档案号:39-4-20,吉林省档案馆藏.
② 宣统三年国家行政费分别留减追加折并单(宣统三年八月初十日). 周树模. 周中丞(少朴)抚江奏稿(卷四,中)[M]. 13-23、23-27.
③ 佐藤淳平. 宣统年间的预算编制与各省的财政负担[J]. 当代日本中国研究,2017(1).
④ 时评·其一[N]. 申报,1910-10-07(第1张第6版).

看他们能否承认此项预算，等得到各督抚回电之后，再以多数取决。① 可以看出此时枢臣和度支部又想借助督抚的力量抵制资政院的议决。因为督抚不同意是显而易见的。如果预算案不能会奏，就无法请旨裁夺，就无法诉诸实施。度支部想变通更改资政院审核通过的预算案，为此，度支部竟称资政院议决预算案属于试办，既然是试办，就可以略为变通更改。这引起资政院议员的不满，"立宪体制，政府提交资政院议决案件不得变更翻改，若以预算为试办而资政院议会并非试办也。况院章并无须经政府酌改条文，今政府必欲更改是削夺资政院权限也。且预算一项关系人民之担负，事体至为重大，如政府将议决预算案肆行变更，内背人民之舆论，外惹立宪国之嗤笑，实不成立宪政体"②。

在核减行政经费上，行政与立法的冲突已非常凸显，引发时评讥讽，"政府之对于资政院真无所用其反对"③。

（三）督抚抵制资政院核减各官公费

资政院对预算的审议，还有一个重要议题，就是认为应该制定统一标准裁减各官公费。各省督抚强烈抵制资政院核减各官公费，而度支部的态度则有些微妙，前后出现了变化。

在资政院审查宣统三年预算案中，有对外官公费的审查。这个问题其实是不可避免的，也是非常有必要的。因为，其一，外官公费数量巨大，甚至有多于俸廉十倍的，是资政院核减预算必然要关注的方面。其二，因为外官制改革还没启动，各省外官公费太过参差不齐，严重影响到资政院对预算的审议覆核。其三，外官公费是一个财政乱象，需要加以限制。在当时，外官在廉俸之外有公费，在公费之外有经费，漫无限制。因此，资政院专门设立预算股员会负责审查京外公费，拟定划一标准，也使得预算的审查有所依据。最终资政院拟定的外省各官每员每年公费标准为："总督：繁：二万四千两，两江、直隶、奉天；简：二万两。巡抚：繁：一万八千两；简：一万四千两。布政使：繁：一万两；简：八千两。民政使、交涉使、度支使、提法使、提学使、盐运使各六千两。各道：繁：五千两；简：四千两。各府：繁：四千两；简：三千百六两（按：应该是三千六百两）。州县照原不加修正。督抚司道各科员公费：科长月支八十两，副科长月支六十两，一等科员月支五十两，二等科员月支四十两，

---

① 预算将不能成立 [N]. 盛京时报，1911-01-20（第2版）.
② 资政院闭会后之暗潮 [N]. 申报，1911-01-23（第1张第4版）.
③ 时评 [N]. 申报，1911-01-05（第1张第6版）.

三等科员月支三十两。"① 资政院亦是按照这个标准核减外官公费，要求各省按照这个标准，只能减不能增，比这个标准多的要减，比这个标准少的也不能增。此举很快引起了行政官员极大的反对，因为公费并不是衙署的办公经费，而是官员在薪俸之外的私收入，这是切身利益的问题，特别是繁缺各督抚反对尤为激烈，如北洋、东三省等颇为反对，均纷纷电知度支部称实在不敷支用，万难实行。②

在反对资政院核减外官公费的问题上，各省督抚又一次形成联盟，彼此函电往来商讨对策。除了直隶和东三省等总督激烈反对外，两江总督和江苏巡抚等对于资政院的核减亦是非常不满。③ 吉抚陈昭常也称资政院任意删减万难承认④，要极力抗争。黑龙江巡抚周树模也致电各省督抚，认为"资政院任意删减原属万难办到，敝处已将边地困难情形切实电处请其主持"⑤。锡良也称此事"各省同一为难，诸帅想表同情"。

在各省督抚、枢臣和度支部的一致压力下，资政院议决京外各官公费一案，得到的谕旨是等待官俸章程编订的时候再实行。随后，度支部就奏维持预算折，外官公费最终是按照度支部和各省商定的预算案执行。此次争议的结果最终体现为行政官员的诉求被满足。得知此消息，锡良致电各省督抚，表示既然此次没有按照资政院的核减进行，所以就不需要各省督抚联衔上奏争取，表达了等待官俸制定后就取消公费等名目的决心，同时，也表达了另一种担心，就是宪政编查馆编订官俸制度时能否体现和维护各省的利益。公费取消是近在咫尺的，因此公费问题只是争取到短时期的利益，而官俸被确定下来将是长时间的影响。为此，锡良提议，各省督抚还是要提前向宪政编查馆表达各省的意愿⑥，避免该馆在编订官俸时因为不熟悉外省情形而有所窒碍，当然，最主要的目的是向该馆施加压力，使得督抚们的诉求能被体现和保障。

---

① 京外各官公费之标准［N］.申报，1911-02-14（第1张第4版）.
② 京师近事［N］.申报，1911-03-01（第1张第6版）.
③ 各省督部堂抚部院筹商宪政事宜来往电文·两江督部堂张电（十二月二十日到）、各省督部堂抚部院筹商宪政事宜来往电文·江苏抚部院程电（十二月二十日到）［N］.广西官报，第99期，宣统三年一月二十一日，宪政，1044.
④ 各省督部堂抚部院筹商宪政事宜来往电文·吉林抚部院陈电（十二月二十二日到）［N］.广西官报，第99期，宣统三年一月二十一日，宪政，1045-1046.
⑤ 各省督部堂抚部院筹商宪政事宜来往电文·黑龙江抚部院周电（十二月二十二日到）［N］.广西官报，第99期，宣统三年一月二十一日，宪政，1046.
⑥ 各省督部堂抚部院筹商宪政事宜电文·东三省督部堂锡电（正月二十五日到）［N］.广西官报，第102期，宣统三年二月十二日，宪政，1098.

核减外官公费问题刚刚有所缓和，仅仅一个半月的时间，各省督抚又一次联衔抗议资政院，此次是因为各省督抚认为资政院对司道以下各员公费的削减太多，影响到各省的用人和行政。此次参与的督抚非常多，规模超过一个半月前，包括锡良、陈夔龙、张人骏、瑞澂、长庚、李经羲、王人文、松寿、庞鸿书、张鸣岐、宝棻、程德全、孙宝琦、杨文鼎、丁宝铨、恩寿、陈昭常、冯汝骙、增韫、朱家宝、沈秉堃和周树模，即参与的督抚有22位之多，基本上全部督抚都参与了。他们在宣统三年二月初五日联衔抗议，电致军机处，抵制资政院核减。抵制的理由有三：其一，部定的预算已经是经过几次删减的，所以，实在是无可裁节。其二，资政院所定数目太少，核减太多，会影响到新政和吏治。其三，如此低的公费，让督抚很难招募到人才，继而影响政务的开展。督抚们为了增强说服力，还援引骆秉章、曾国藩、胡林翼等延揽贤才翊赞中兴之例，证明"兹乃靳此微糈，使督抚无从延致人才，政治必将受其影响，且与朝廷设立幕职之意亦不相符，断难迁就于前，贻误于后"。总之，"部定院减而且为必不可减之款，亦即不能强从"①。既然不认资政院的核减，各督抚的意见和上一次一样，认为各项薪费不论是外官公费，还是司道以下各员公费，都应该遵照上谕，在官俸章程没有确定以前还是按照由度支部核定的预算之数实行。此次，督抚们想借助上谕向宪政编查馆施压，谕旨能饬令宪政编查馆在编订官俸章程时考虑到各省的实际情况和意愿。

最终，在各官公费，包括外官和司道以下各员的公费问题上，督抚的抗争看似占据了上风。二月初，内阁奉旨，各省各官公费在官俸章程没有订立之前还是按照部定预算数目办理。

此决定一方面是考虑到各省官俸名目繁多且参差不齐，标准难定，还是应该等到官俸制度确立以后，才能统一标准；另一方面，也是最为重要的原因是各省督抚在极短的时间内两次联合抗争向政府施加压力，清朝中央政府不得不暂时屈从。

但是，度支部的态度慢慢发生了变化，又把此问题推上了风口浪尖。起因是度支部在二月二十三日具奏维持预算，在谈到官员公费时，认为各省督抚此次联衔奏请的只是司道以下各员的公费，并没有涉及督抚的公费问题，督抚公费"是否也已商定，均照锡良上年十二月十五日来电谓该督公费可照资政院核减之数办理，应请饬下奏明立案"。到此可以看出度支部的态度发生了变化。各

---

① 各省督部堂抚部院筹商宪政事宜电文·东三省督部堂锡电（二月初七日到）[N]. 广西官报，第104期，宣统三年二月二十六日，宪政，1118-1119.

省督抚在宣统二年十二月函电往来商讨的就是督抚等的公费问题，当时，度支部是站在督抚一边，抵制了资政院的核减，最终维持了该部核定的预算数目。现在度支部又把自己定的预算数目置之不顾，把锡良的允诺提出作为订立督抚公费的标准。锡良闻讯立即声明，度支部对于他的奏请有误会之处。① 锡良确实在资政院会议期间针对该院核减行政经费过巨的问题于宣统二年十二月初三日电商过度支部，当时，为了表达此次抵制不是为了私人利益，更多的是为了整体利益考虑，锡良称总督公费尚可照减，其余则请维持，但是没有接到度支部的回复。可以看出，这个承诺是锡良个人的行为，当时督抚们还没有函电往来进行商议达成共识。随后二月间，各省督抚联衔奏请的是司道以下各员的公费问题，也没有商讨过督抚公费的问题。锡良为了厘清这个问题，当即表示他会兑现承诺，将自己的公费从接到部文之日起，按照资政院核减之数办理。至于其他各省督抚的公费问题，与他无关，应该由各省督抚自行斟酌分别奏咨立案。

度支部此举，应该不仅仅是错把锡良个人的承诺当成各省督抚的共识，最为重要的是想借机裁减行省各官公费。度支部的态度会发生变化，主要有三个原因。第一是督抚们两次联合行动，一次是函电往来进行商议，一次是联衔具奏要挟政府，特别是后面一次督抚们还援引曾国藩和胡林翼等人的例子，这让度支部对各省督抚权力过大而导致外重内轻的局面产生担忧。所以，载泽在各省督抚联衔致军机处和度支部的电文上批了七字，"今日亦有曾胡耶"②。第二是度支部对各省公费详查后产生不满和质疑。度支部详查各省公费发现，各省预算很多并没有报齐司道公费，把知府以下公费列入预算的尤其少，度支部非常不满意，责令各省迅速补齐报部。此外，各省公费实际上情形各异，有些省份是在编送预算后奏定，有些省份是迟至宣统三年正月才报部，在这种情况下，各省督抚还能几乎全部参与，"一并列名，尤为可异"③。第三是监理官的来电加剧了度支部核减各省各官公费的决心。各省督抚抵制核减公费的理由之一就是各省财政困难，已经多次撙节，早已不敷支用，如若再行核减，将窒碍政务。但是，各省监理官给度支部呈现了另一番景象，"各省用款糜烂仍复如前，预算之案置之不顾，节省之款鲜有所闻"。因此，度支部此番发力是有意图的，那就

---

① 东督锡奏东督公费照资政院核减数目办理片［N］.四川官报，第二十三号，辛亥五月十六日，参考类，4-5.
② 京师近事［N］.申报，1911-03-27（第1张第6版）.
③ 度支部奏请饬各省督抚切实遵照前奏维持预算办法折［N］.政治官报，宣统三年三月一日，折奏类，3-4.

是核减外省各官公费，限制各省对预算的翻异，维持预算。并且，度支部也越来越认同资政院的预算案，在覆核宣统四年岁出预算时即以资政院覆核三年预算之数为准。①

从资政院的权限行使看，资政院对宣统三年预算进行了全面深入的审核，行使了财政监察权力，打破了皇权高度集中的体制，对行政权力进行监督和约束，是分权制衡的实践，为分权制度的建立提供保障。但是，资政院的权限还是受到了限制，比如，资政院不能审核皇室经费等，总之是有限的分权和制衡。

资政院虽然意识到行政与立法关系的问题，但是，从实际的操作过程中，两者的矛盾依然凸显，预算案的审议过程波折不断。中央与地方、行政与立法机构的冲突纷纷上演，导致宣统三年预算窒碍诸多。

行政与立法机构的决策出发点，多是出于自身利益的考量，因此多了冲突而少了良性的互动。面对不敷如此之巨的预算案，各方没有能够更为积极地去解决，而是只从自身的利益出发消极地去应对。度支部没有提出切实可行的增加税收的议案，各省督抚也没有拿出切实的增加收入的方法。因为资政院的核减损害到自身的利益，度支部对资政院极为不满，各省督抚公然联合抵制，军机大臣受到多方势力运动也不满资政院的议决。"各督抚所以反对者，亦自有故，非地方财政上之困难，乃官场生业上之困难。"② 当然，资政院的核减也是有问题的。第一，存在为追求数目上的收支相符而单纯为了核减而核减的情况；第二，资政院在审核预算上强行核减，没和督抚商量，没有考虑到各省的实际财政状况，存在影响行政正常运行的风险；第三，大量核减地方行政经费，不核减或者少核减国家行政经费。以上种种导致资政院对预算核减的标准不明确，核减的合理性和科学性也就值得怀疑，这也增加了行政与立法的冲突。

最终，行政官员与资政院的冲突瓦解了预算的权威性。因为预算是强行核减，这也埋下了宣统三年预算执行艰难的伏笔，导致宣统三年预算有被推翻之虞。资政院核减行政经费，从督抚到度支部及在京各部，再到枢臣，一体反对，迫于压力，最终有"如确系浮滥之款即应极力消减，若实有窒碍难行之处，准由京外各衙门将实用不敷各款缮呈详细表册叙明确当理由径行具奏候旨办理"的上谕颁发。这个谕旨把主动权又交到督抚手中，因为督抚能在一定程度上决定是否浮滥，是否窒碍难行。资政院核减各官公费，各省督抚联衔反对，政府也有所偏袒，最终又有谕旨颁下，京外各官公费标准将待编订官俸章程时候旨

---

① 部定覆核岁出预算办法［N］. 申报，1911-07-26（第1张第6版）.
② 梦幻. 闲评一［N］. 大公报，1911-01-19.

施行。以上两个谕旨很明显地偏袒了行政各员，而敷衍和消解了资政院对预算的审议。"是未定官俸以前国家之所耗已属不赀，将来官俸之定必不能查照原议可预知矣，则虽谓资政院酌定公费之议全无效力可也。"① 资政院第一次议决的预算案就这样在行政官员的反对下被各种变通办理和任意增改，预算案的权威性难以体现，资政院的立法权也难以被保障。

二、督抚抵制咨议局的议决

1909 年各省咨议局相继成立。咨议局作为临时立法机构，在预算制定中，负有监督财政和议决预决算等权。但是，在咨议局的议决预算的过程中，和行政官员有多方纠葛。

（一）咨议局的成立和权限

为了实行宪政，清廷于光绪三十三年七月发布上谕："着各省督抚均在省会速建咨议局"；于第二年七月颁布《各省咨议局章程》和《咨议局议员选举章程》，要求各省一年内成立咨议局。

各省咨议局多是按照要求，在光绪三十四年筹办，于宣统元年九月成立②，设置议长、副议长、议员、书记长、书记等员。从此，在旨在立宪的改革中，各省成立了采取舆论的机关，是"由人民间接选举而为舆论集合之机关"③。从此，地方议会有了基础。

《各省咨议局章程》规定，"咨议局为各省采取舆论之地，以指陈通省利病、

---

① 梦幻. 论资政院预算案之无效 [N]. 大公报, 1911-02-10.
② 除了浙江咨议局是于宣统元年七月开办（浙江, 720 页），东三省咨议局按照要求统一于宣统元年九月初一日成立。山西省咨议局于宣统元年九月经抚院奏明，依限开办（山西, 23 页）。甘肃省咨议局于光绪三十四年冬间奉文筹办，宣统元年九月正式成立，设议长一名，副议长二名，议员四十三名，驻防专额议员三名（甘肃, 618 页）。湖南省咨议局亦于宣统元年九月遵照馆章设立，额设议员八十二名，内议长一员，副议长两员，常驻议员十六员。另设书记长一员，书记四员（湖南, 615 页）。江苏苏属咨议局遵章于宣统元年九月成立（江苏苏属, 430 页）。江西省咨议局成立于元年九月（江西, 297 页）。山东省咨议局于宣统元年九月成立设议长一员，副议长二员，普通议员一百员，常驻议员二十员（山东, 369-370 页）。陕西省咨议局于宣统九月初一日成立，额设议长、副议长、议员共十六人，书记长、书记、司事七人，长班、杂夫等十六人（陕西, 263 页）。广东：咨议局于宣统元年九月初一日，成立（广东, 454 页）。云南咨议局亦是于光绪三十四年开始筹办，于宣统元年九月正式成立（云南, 200 页）。材料都来源于各省财政说明书。
③ 浙江全省财政说明书 [M] //陈锋. 晚清财政说明书 (5). 武汉：湖北人民出版社, 2015：720.

筹计地方治安为宗旨",而其权限包括议决本省应兴应革事件、议决岁出入预决算事件、议决税法及公债事件。① 但咨议局议决的预算事项只限于以本省地方办事用费，国家行政费不在其内。比如，浙江省咨议局在议及行政经费的时候，严格遵照部章，注意到权限问题，认为只要是于本省行政无关的经费都应该停止议决。比如，翰林经费之词林津贴和京师各学堂及各种津贴，包括大学堂经费、女子师范学堂、译学馆浙籍生津贴、浙江学堂、陆军速成学堂、法律学堂、高等实业馆，此外尚有进士馆浙籍翰林、中书津贴，部属津贴，优级师范学堂经费籍生津贴，还有各种汇费，都是在藩库或者藩库外销项下等动支。"以上各款，均经咨议局议决，以无关本省行政亦应停止，业经汇案详咨。"②

由于权限划分不明确以及利益的问题，各省咨议局在行使权力的过程中和各省督抚不可避免地出现了矛盾。

（二）咨议局整顿和监督财政遭到督抚质疑

咨议局作为地方民意机关和临时立法机关，有权调查财政积弊、提议整顿财政事宜，监督财政，这些大都在咨议局第一年开会期间有所议及，为清理财政提供有益的参考。但是，在某些方面也与督抚产生冲突。

咨议局第一年开会期间，正值各省调查财政确数之时，所以关于财政的调查、整顿就成为第一年议案中的重要内容。如湖南省咨议局非常重视革除征收弊端和整顿陋规等问题，在第一届年会时提交了《议决提出改良征收案》，指出田赋征收中存在"钱粮征收办法歧异""粮书舞弊""提粮过户"等诸多弊端，该议案据此提出了12项有针对性的改良之法，以期"事求其可行，还去其太甚"，则"于官无损，于民有益"③。整顿征收弊端、清理州县财政、整顿陋规等，这些也是督抚非常重视的问题，所以，该议案得到巡抚的肯定，并札饬藩司办理。

同湖南相似，奉天咨议局也针对清理租赋、整顿地租和限制钱帖等④，提出参考意见。奉天咨议局对该省财政弊端特别是陋规等进行了调查，查出各属

---

① 刘锦藻. 清朝续文献通考（卷394·宪政2）[M]. 影印本. 杭州：浙江古籍出版社，1988：考11437.
② 浙江全省财政说明书[M]//陈锋. 晚清财政说明书（5）. 武汉：湖北人民出版社，2015：691.
③ 议决提出改良征收案. 杨鹏程主编. 湖南咨议局文献汇编[M]. 长沙：湖南人民出版社，2010：233-235. 转引自刘龙华. 湖南咨议局与宣统三年预算案研究[D]. 湘潭：湖南科技大学，2012.
④ 奉天咨议局督抚议案标题[N]. 申报，1909-10-23（第2张第2版）.

局卡仍然有查验烦扰和书吏需索等弊病，咨议局呈案总督，总督据此札饬度支司速议整顿办法。随后该省度支司制定剔除捐税积弊章程，由督抚通饬各属局一体遵照办理。① 咨议局的议案有利于整顿税捐积弊。

江苏咨议局议决规划教育案，对其中存在的靡费过多的问题进行了审议。比如，该局认为，省垣官立各学堂庶务等职设员太多，像师范学堂管理员就多至十余人，高等学堂职员有并不到职任事还领取薪水的，总之，"设员愈多、靡费愈甚、校务愈以不举"②。再如，该局认为各学堂临时费用都可以缓办，像江苏高等学堂拟添办第三类，所需经费包括添聘教员川资、招考登报费、添置器具、更换操场及器械、旅行杂支等用款，再加上添建讲堂等费，计银13200余两。经咨议局议决，认为经费支绌，"姑从缓办"③。

浙江省咨议局认为臬司衙门的各属批解之款，如二厘房费、各项册费等，虽然年有额数，但是各属欠解甚多，因此，该局提议裁革，并得到抚院同意，通行照办，最终一律停解。④

山西省咨议局于宣统元年议决，为了免筹经费，将工艺局改为工业教员讲习所。宣统二年二月，由提学司详经巡抚批准，照议酌改。⑤

在各省咨议局第一年年会期间所提的议案中，督抚和咨议局在教育等公益性的、不涉及私人利益的方面，冲突不大，意见基本一致。但在涉及巨大省级财政利益时，两者的矛盾也会凸显。比如，厘金问题，厘金收入巨大，关系全省财政收支，湖南咨议局提出了整顿厘金的议案，被督抚否决。

湖南咨议局认为该省厘金征收之弊极为严重，为了减少需索以便利国便商，在第一届年会时提出《议决提出改厘税为统捐案》。在议案中该咨议局提出五条整顿办法，包括分别汰留局卡、重定厘金税则、杜除厘金积弊、去巡丁而储才任用、规定经费以节虚糜等。⑥ 但是，此议案遭到了牙厘总局的反对。最终巡

---

① 饬司议覆剔除税捐积弊 [N]. 盛京时报，1910-06-28（第5版）.
② 江苏财政说明书 [M] //陈锋. 晚清财政说明书（5）. 武汉：湖北人民出版社，2015：440.
③ 江苏财政说明书 [M] //陈锋. 晚清财政说明书（5）. 武汉：湖北人民出版社，2015：454.
④ 浙江全省财政说明书 [M] //陈锋. 晚清财政说明书（5）. 武汉：湖北人民出版社，2015：750.
⑤ 山西财政说明书 [M] //陈锋. 晚清财政说明书（3）. 武汉：湖北人民出版社，2015：68.
⑥ 议决提出改厘税为统捐案. 杨鹏程主编. 湖南咨议局文献汇编 [M]. 长沙：湖南人民出版社，2010：261-264. 转引自刘龙华. 湖南咨议局与宣统三年预算案研究 [D]. 湘潭：湖南科技大学，2012.

抚也害怕整顿厘金导致省级财源不保等,同意了牙厘总局的陈请,厘金仍然照旧办理,否决了咨议局的议案。

其实相对于民众来讲,各级官员利益也是相对一体的。如奉天咨议局以义州刘纪三等请议赋课规费过巨请仍还给民间以纾穷困的请求作为议决案呈请督抚,督抚却不承认还有规费的存在。①

在浙江,咨议局有议及针对革除漕粮积弊的暂行规则案。这个暂行规则案重在监督官厅,而漕粮征收中"刁民抗完、劣绅包揽等弊均未议及",所以,官厅又另提出完漕规则议案,但是,"议局不允承认,以致两格不行"②。咨议局重在监督官厅,官厅则意在约束民众,咨议局与官厅之间产生分歧。

除了在一些具体问题上产生分歧之外,咨议局和督抚也会因为权限纠结而产生矛盾。如吉林巡抚认为咨议局不能议决租赋弊端案、捐税酌减案、税契轻重案等,否则有逾限之处。③ 该巡抚认为咨议局的议案多逾越权限,为此还专门致电宪政编查馆。④ 督抚和咨议局双方在权限上有争议的还有外债问题。比如,奉天省咨议局要求监督四国借款,该局还通知吉林和黑龙江两省咨议局共同筹商,禀呈总督,"嗣后无论开办何项实业,凡属使用外债之款,恳请先将开办方法发交三省咨议局议决后再行酌核施行,以昭慎重"⑤。咨议局要求监督省公债的发行。湖南公债案更是多方参与,跌宕起伏。湖南巡抚因为省财政困难,奏请试办公债。得到度支部允诺。但是,试办公债案,巡抚直接绕开了咨议局,咨议局认为巡抚此举会导致外资渗透损害民众利益,在程序上也不合法,"抚部院未曾照章札交本局议决,未便承认"⑥。因为《各省咨议局章程》第二十一条第四项明文规定咨议局有议决本省税法及公债之权,巡抚绕开咨议局,显然是侵夺咨议局之权。所以,该省咨议局呈请资政院核办。但是,因为巡抚之前已经得到度支部的允诺,所以抵制咨议局核议,认为该项公债既是经奏准办理,就应该列入预算。最终,咨议局得到了资政院的支持,通过了湖南公债核议案。

---

① 呈请减免规费不准 [N]. 盛京时报,1911-01-25(第5版).
② 浙江全省财政说明书 [M] //陈锋. 晚清财政说明书(5). 武汉:湖北人民出版社,2015:561.
③ 咨议局呈报议事日程文并批 [N]. 吉林官报,第二十八期,宣统元年九月二十一日,公牍辑要,8-9.
④ 吉抚致宪政编查馆电 [N]. 政治官报,宣统元年九月二十三日,电报类,6.
⑤ 东三省通信 [N]. 申报,1911-06-06(第1张后幅第2版).
⑥ 复咨议局增减全省宣统三年预算总册. 杨鹏程主编. 湖南咨议局文献汇编 [M]. 长沙:湖南人民出版社,2010:704. 转引自刘龙华. 湖南咨议局与宣统三年预算案研究 [D]. 湘潭:湖南科技大学,2012.

但是巡抚杨文鼎得到了军机处的支持，最终朝廷谕旨"惟该抚未先交议，实属疏漏"，虽然认定巡抚有疏漏，但要求"仍遵旨办理"①。最终湘省公债列入宣统三年预算案，咨议局的核议无效，议长愤而辞职表示抗议。

督抚与咨议局冲突的原因除了利益相关，还有就是两者的权限不明。《咨议局章程》对咨议局和督抚权限的规定有相互冲突之处。章程规定咨议局不仅有议决和监督地方财政的一系列权力，还有监督督抚及官绅的权力，"督抚如有侵夺咨议局权限或违背法律等事，咨议局得呈请资政院核办"②。但是该章程第八章规定了督抚对咨议局的监督权，如"各省督抚有监督咨议局选举及会议之权，并于咨议局议案有裁夺施行之权"③。这就导致双方在争执时都认为是对方在越权，所以矛盾不断。

（三）预算案议决中的矛盾

在咨议局议决地方行政预算时，与各省督抚之间同样问题不断。有些督抚试图把地方行政预算绕过咨议局；有些督抚所交预算并非全案，没有岁入册，或者没有分表；咨议局审查预算时对经费进行了核减，引起督抚等的不满。

首先，有些督抚试图把地方行政预算案绕过咨议局。东三省总督就是典型的代表。为了地方预算的顺利审议，度支部曾致电各省督抚，让其先将清理财政局所存的地方行政经费底册送交咨议局，并将所有该部核增核减之款经督抚认增认减之处一并抄案汇送咨议局以备参考。东督锡良认为度支部的电文只说让咨议局参考，并无交局议决等字样，因此，还致电宪政编查馆询问。④ 其实东督是试图将地方行政预算绕过咨议局。但是宪政编查馆复电，要求把地方行政预算案交咨议局议决。

其次，对于预算案的态度，咨议局非常热心，态度极为积极，做好准备行使立法权。但是，督抚较为冷淡，迟迟不交预算案。比如，在湖南，该省咨议局在开会之前就致函清理财政局，"即请贵局抄交，或由本局派人前往抄取，统候示复，以便照办"⑤，但是，督抚迟迟不交预算案。东三省督抚同样迟迟不交

---

① 专电二 [N]. 申报, 1910-11-09 (第1张第3版).
② 刘锦藻. 清朝续文献通考（卷394·宪政2）[M]. 影印本. 杭州：浙江古籍出版社，1988：考11437.
③ 刘锦藻. 清朝续文献通考（卷394·宪政2）[M]. 影印本. 杭州：浙江古籍出版社，1988：考11438.
④ 东督与宪政编查馆来往电 [N]. 盛京时报, 1910-10-21 (第5版).
⑤ 致财政局. 杨鹏程主编. 湖南咨议局文献汇编 [M]. 长沙：湖南人民出版社，2010：598. 转引自刘龙华. 湖南咨议局与宣统三年预算案研究 [D]. 湘潭：湖南科技大学，2012.

预算案。奉天咨议局开议已久，但迟迟收不到该省预算案，咨询督抚，督抚以未奉部覆为辞坚持不交。但是，经该省咨议局调查得知，事实并不是如此。因为其他省份，诸如福建、湖北等省已交数册，为什么只有奉天省没有得到部覆？原因只能是东督不愿意交出预算案。咨议局不得不两次求助于资政院，请求资政院催促度支部和总督即日交议以免贻误。①② 经两次催促后东督才将预算案交议咨议局，但此时离咨议局闭会只有 11 天了，咨议局根本没有时间展开对预算案的审议，不得已致电资政院请求延长会期。

再次，各省咨议局对不能审议岁入一事极为不满，和督抚产生矛盾。因为宣统三年预算是试办，因此只区分了中央岁出和地方岁出，岁入部分没有进行区分。咨议局需要审议的是地方行政经费，所以，包含了中央岁入的整个岁入部分的预算册就没有提交给咨议局，咨议局对此非常不满。比如，吉林咨议局就因为该省巡抚交付的预算案没有岁入部分，也没有分表，表示难以决议。③ 他们的理由主要就是没有岁入，因此无法全面审议地方行政经费。咨议局纷纷致电资政院，请求资政院催促督抚交议预算岁入册。资政院不得不咨询度支部。度支部给出的解释就是，预算属于试办就只区分了岁出，再加上国家税地方税章程没有厘订，岁入是合并编制，没有区分国家和地方。④ 但是各省咨议局仍表示不能赞同。因为在该局看来，地方税和地方岁入是两回事，地方税虽然没有确定，但是地方岁入是确定的。各省咨议局函电往来，相互援引，联合力争，要"一致进行"。"鄂省咨议局顷接闽蜀二局来电，联合商争以便进行一致。"⑤并以"各省间预算不议岁入，则议决岁出时是否可以不问国家财政盈绌"，向督抚、度支部和资政院施加压力。为此，资政院又回复各省咨议局，做出解答，明确了宣统三年预算案岁入的决议权在资政院，不在咨议局。这次资政院没有和咨议局保持一致。

预算案交付的不完整，也不能全怪督抚。这主要是因为预算编制的准备工作不充分，预算的编制本身不完整，在岁入部分没有区分中央岁入和地方岁入。总之，咨议局审核预算全案的目的没有达成。

最后，各省咨议局在审核预算案时与督抚等发生冲突。在预算案进行审议

---

① 资政院接收各省来电 [N]. 政治官报，宣统二年九月二十八日，电报类，5-6.
② 资政院接收各省来电 [N]. 政治官报，宣统二年十月四日，电报类，5.
③ 政治官报，宣统二年九月二十二日，电报类，3.
④ 度部对于各省预算之办法 [N]. 申报，1910-11-10（第 1 张第 5 版）.
⑤ 各咨议局联商力争预算册纪要 [N]. 申报，宣统二年十月四日. 转引自佐藤淳平. 宣统年间的预算编制与各省的财政负担 [J]. 当代日本中国研究，2017（1）.

阶段，资政院致电各省咨议局对该省预算进行审议。随后各省咨议局开始了对预算案的审议。进行预算审议阶段，各省咨议局一般都停止了之前的各项议案，专案办理预算审议。有些咨议局，比如，奉天省咨议局还要求主管财政的员司到咨议局进行情况的说明，为议员的审议提供参考。但是，各省多是赤字预算，因此咨议局的核议工作非常艰巨。

面对巨额的财政赤字，各省咨议局主要是核减岁出，包括行政经费、军费支出和教育经费等，当然，最主要的是行政经费的核减。在此过程中，咨议局和以督抚为代表的行政官员有分歧。

湖南省咨议局在审核预算案岁出时对各级行政经费进行大幅度消减，引发巡抚等的不满。该局将该省国家行政经费减少了 187033.063 两；巡抚衙门的经费共减少了 5769.230 两；府厅州县衙门经费共减少 155535.762 两。[1] 该省巡抚极为不满，因为他认为咨议局的核减存在诸多问题，特别是州县行政经费的大量删减，会影响吏治和改革的进行。因此，该巡抚认为地方行政经费断难按照咨议局所议之数核减。

在对江苏预算案的审议中，该省咨议局对预算进行了删减，遭到两江总督的否定，因此双方爆发了激烈的冲突。[2] 咨议局为了表达对总督的不满，议长、副议长和议员纷纷辞职。该省咨议局的举动还得到各省咨议局的声援。最后迫使枢臣出面向两江总督施加压力，来协调立法机构和行政机构的矛盾。

面对巨大的赤字，奉天咨议局审查预算的原则是"准减不准增"，对经费进行核减。该局对学堂经费、巡警经费和各属教练所经费都进行了删减。比如，对于全省警费，共核减 346000 余元，占到原预算额的十分之一。在咨议局对预算议决后，因为核减过多，督抚又针对咨议局的核减进行了更定，有按照局议照减的，有酌加的。总之，通过咨议局的核减，将预算原案的 883933.339 两核减为 766434.618 两，总共核减了 117498.721 两。但是，督抚认为咨议局的核减过多，因此进行了核正，最终督抚确定的核正额为 819183.376 两。[3] 可以看出，虽然督抚对咨议局的核减不满，但还是对原案进行了核减，只是核减的幅度没

---

[1] 复咨议局增减全省宣统三年预算总册. 杨鹏程主编. 湖南咨议局文献汇编 [M]. 长沙：湖南人民出版社，2010：705. 转引自刘龙华. 湖南咨议局与宣统三年预算案研究 [D]. 湘潭：湖南科技大学，2012.

[2] 习振娇. 清末地方议会制度研究——以江苏咨议局为视角的考察 [M]. 上海人民出版社，2008：150.

[3] 奉天咨议局记事·奉天宣统三年预算地方行政经费核正表 [N]. 盛京时报，1911-04-07（第5版）.

有咨议局那么大。

总之，督抚和咨议局在有关财政的整顿和监督上，以及预算的审议上还是产生了一些分歧和矛盾，特别是在预算案的核减上，在有些省份双方还发生了激烈的冲突。这些都会影响到预算的准确性和权威性。

第五节　预算的评价

清理财政中制定预算由于各种因素而存在着种种问题，使得它几乎有被推翻之虞。但是，清末制定预算是财政改革的重要环节，是财政制度近代化的重要一步，因此有着重要的意义。

一、预算的缺陷

清末宣统三年预算是中国第一个近代意义上的预算，但还存在着诸多缺陷，影响到预算的实施和效果。

首先，改革是需要配套措施的，一个方面的不具备，就会影响到其他方面，特别是法律对各方权限的规定不明确，更使得问题复杂化。

因为是首次试行预算制度，清政府中央对全国的财政状况并不能做到全面了解，缺乏制定预算的依据，所以在试办预算的第一年，度支部把制定试行预算的权力下放给了各省。权力下放的过程中很多条件不成熟、不具备，"会计法、国家税地方税划分等法规尚未制定、公库尚未统一"①，导致各省的预算编制各行其是，纷乱不已，省与省不同，部与部相异。比如，关于国家行政经费和地方行政经费划分不明确，给预算的制定留下不确定性。在山西，因为预算表册中没有明确指明国家行政经费和地方行政经费的类目，该省清理财政局在填报时出现疑虑，农工商局经费该如何区划，部颁的预算册内并没有指明，"若按照前颁调查条款实业费内开，未设劝业道衙门，即列农工商务等局，则此款应作国家经常之支出"②。而满营农工传习所经费，虽为实业经费，"究属关于旗营之用款，如何区划，未经指明，兹暂作为国家补助地方之款，将来划属国

---

① 周育民. 晚清财政与社会变迁 [M]. 上海：上海人民出版社，2000：415-416.
② 山西财政说明书 [M] // 陈锋. 晚清财政说明书（3）. 武汉：湖北人民出版社，2015：67.

家与地方，应候钧部核定，以归一律"①。

这都是预算编制的配套措施没有跟上导致的。特别是法律和各种章程对各方权限的规定不明确，更使得问题复杂化，行政层级间、行政与立法间的权限之争也由此而来。

其次，预算在各级编制的过程中，错漏较多，严重影响到预算的全面性和准确性，进而影响到预算的实施。

宣统三年预算，先由州县预算册汇编成省预算册，再由省预算册汇编成全国预算册。在逐级编制的过程中，问题都很多，错误和遗漏之处比比皆是，导致审核极为困难。比如，在江苏苏属预算有误的情况比较多，被清理财政局一一指出。提学使衙门经收元和县田租银46.154两，江阴横沙田租银6200两，应该归为经常类租课中的租赋，但是，"预算误列典息"②，后被更正；而烟酒坐买捐，用外标推定法，就制造场所定额征收，属于货物税中的产地税，而预算表却列为销场捐③；牙帖捐本应该属于行为税中的登录税，而预算却列归营业捐④；此外，烧酒灶捐、苏城机捐和茧行分庄印照捐等，在预算中都有归类上的错误。⑤ 另外还有漏列的情况。比如，预算中的新军薪饷，宣统元年，善后局收有沪关拨款，但是关预算册没有开列。⑥ 江海关的员役向归税司经理，并未造送报册，其书、舍工食由关道放给，也没有细册。⑦ 苏州关的员役也没有详细报册。⑧

当然，预算编制过程中出现错漏也是有客观原因的。因为当时是第一次编订近代意义上的预算，加之之前财政实在紊乱，错漏在所难免。但是，错漏太

---

① 山西财政说明书［M］//陈锋.晚清财政说明书（3）.武汉：湖北人民出版社，2015：68.

② 江苏财政说明书［M］//陈锋.晚清财政说明书（5）.武汉：湖北人民出版社，2015：227.

③ 江苏财政说明书［M］//陈锋.晚清财政说明书（5）.武汉：湖北人民出版社，2015：228.

④ 江苏财政说明书［M］//陈锋.晚清财政说明书（5）.武汉：湖北人民出版社，2015：229.

⑤ 江苏财政说明书［M］//陈锋.晚清财政说明书（5）.武汉：湖北人民出版社，2015：229.

⑥ 江苏财政说明书［M］//陈锋.晚清财政说明书（5）.武汉：湖北人民出版社，2015：262.

⑦ 江苏财政说明书［M］//陈锋.晚清财政说明书（5）.武汉：湖北人民出版社，2015：477.

⑧ 江苏财政说明书［M］//陈锋.晚清财政说明书（5）.武汉：湖北人民出版社，2015：478.

多，不仅导致审核的困难，更会导致预算实行遇到诸多窒碍。因为有错误和疏漏的预算无法体现准确性、全面性和科学性，这样的预算案如何去实施？即使实施，过程中也会出现多种问题。

再次，因为多方欺瞒导致预算缺乏真实性。为了固守自身利益，州县编订预算册时有不实不尽之处；各省督抚出于省级利益的考虑，在编制预算时也是多方作假，"于岁出则有意多加，于岁入则待从少报"①，很多外销和规费款项仍然处于隐匿的状态，存在于预算之外，这种情况的出现，除了利益的固守之外，还由于各级行政层级之间的不信任，因此他们都会为自己的财政留下资金周转回旋的余地。因为欺饰隐匿，清末预算缺乏真实性，无法准确地反映财政的实际情况，也无法真正做到使财政在国地之间有效地分配和使用。

最后，固守自身利益，导致矛盾不断，预算的权威性受到挑战，为后面预算的实行窒碍重重埋下隐患。再加上财政困难，更为激化了各方矛盾，也使得预算很难真正实施。为了追求自身利益的最大化，中央与各省之间矛盾纠葛不断，各省与府厅州县之间同样存在着诸多问题。与此同时，行政与立法机构的冲突也不断凸显。因此，预算的制定是在各方讨价还价中完成的，预算的实施是在各种变通处理下展开的，使得预算本身缺乏权威性，隐患大量存在。还有就是财政困难的现状，更容易激化矛盾。制定预算之初，度支部就要求各省预算要有盈无绌，结果，各省预算册都是以赤字交付，全国预算赤字巨大。为了实现收支平衡，由上到下逐级要求核增岁入、核减岁出；立法机构也多方要求行政官员核减岁出，矛盾也由此产生。另外，财政确实濒临破产，也是预算难以真正实施、各种改革难以真正推行的重要原因。

总之，按照西方近代的预算制度，预算应该是在对全国财政详细周知的情况下，根据全国经济发展的需要，由政府制定，由议会审议通过。虽然之前已经展开对全国财政确数的调查，但是清政府中央对全国的财政状况还是不能做到全面了解，再加上是首次试行预算制度，无法做到以全国为一统系编制预算，所以在试办预算的第一年，度支部把制定试行预算的权力下放给了各省，由各省制定省预算，再汇编成全国预算；而各省在制定省预算时又是由各府厅州县衙署制定预算后再汇编成省预算，因此，由下至上的层层造报制定的过程中，各级的利益也就有所体现。总体来讲，就是尽量减少收入的预算，尽量扩大支出的预算，以尽可能地维持和扩充自身的利益。但在由上至下逐级审查时，就

---

① 度支部尚书载泽等奏维持预算实行办法折 [A] //故宫博物院明清档案部. 清末筹备立宪档案史料（下册）. 北京：中华书局，1979：1053.

又出现了逐级要求下级核减的要求，尽量增加下级的收入预算，尽量减少下级的支出预算。这样就在上下行政层级之间出现了相互的讨价还价、争取利益最大化的局面。此外，预算的实行需要立法机关的审定和监督。在清末，作为临时议会性质的资政院和咨议局也担负了审核预算的责任，但在当时资政院和咨议局还不甚成熟和完善，他们在审查和监督预算的时候，遭到各级行政机构的抵制，因此，在行政与立法机关之间出现相互冲突。掺杂了旧有财政积弊的宣统三年预算缺乏预算的权威性。

二、意义

（一）近代财政制度的初步建立

预算是近代财政制度的重要内容和标志，清末以西方为借鉴，在调查全国财政确数对全国财政有了大致了解的基础上制定中国历史上第一个近代意义上的国家财政预算，标志着中国从传统财政制度向近代财政制度转型的开始，为以后中国财政制度的改革奠定基础，迈出重要一步。虽然清王朝很快灭亡，清政府预算的实行对民国财政的统一和预算的制定提供了借鉴。"四年度岁入预算，应以前清宣统三年预算为标准，不得再有短绌。"① 可以看出，清政府实行的预算对民国预算的制定产生了直接的影响，也为民国时期真正分权制度的确立提供了条件。

（二）有利于调配资金，实现财政监督

预算的实行，有利于实现资金在中央与地方之间有序有效、有法可依的调配，有利于理顺中央与地方的财政关系，有利于进行财政监督，保障了资金收支的规范性、法律性和制度性，更大程度地规避官员贪腐的产生，有利于吏治的整顿。

（三）宪政的基础：为分权与制衡体制的建立奠定基础

清末实行宪政改革，需要建立分权与制衡的体制。清末预算的实行，划分为国家岁出岁入和地方岁出岁入，中央与地方的权力划分有所体现，中央与地方的制衡也逐渐形成。预算由行政机构制定，由资政院等立法机构议决。清末预算的实行过程中，立法机构会考虑到立法权限问题、程序的合法与否等问题与行政官员抗争，积极行使财政审议和监督之权。这就在一定程度上实现了财政的决策与执行的分离，也在一定程度上实现了行政与立法的相互制衡。因此，

---

① 贾士毅. 民国财政史 [M]. 上海：商务印书馆，1917：20-21.

分权与制衡的思想得到传播和实践,分权与制衡的制度开始得以逐步建立,这就奠定了立宪的基础。

(四) 国地财政分权制度的肇始

清末预算的实行,开始区分国家财政收支和皇室收支,开始区分国家财政收支和地方财政收支,用拥有法律属性的预算案明确界定了国地财政的收支范围和权限,这成为近代国地财政分权制度的开端。虽然清朝通过清理财政没有能够建立国地财政分权制度,但是,这是中国近代国地财政分权制度发端的第一步。

第五章

国地税的划分

国地财政分权制度的确立,需要建立在对财源的合理划分上。国地税的划分是有效理顺中央与地方之间财政关系的重要途径,也是近代财政制度的主要标志之一。国地税的划分在财权与事权相一致的原则下,在国家各级行政机构之间划分事权和支出范围的基础上,在各级政府之间明确税收管理权责,实现税项在中央与地方之间的合理分配。清朝实行中央集权的财政制度,所以,没有国家税和地方税的区分,因为一切税收都是国家收入。但是,军兴之后,随着财权的逐步下移,地方已经有了相对可观的税收权限,中央与地方的财政关系慢慢脱离原有的轨迹,滑向越来越无序的状态。到清末,国地财政关系已紊乱至极,因此清政府决定向西方学习,引进国家税和地方税的概念,试图分别正杂各款、划清税项,实行国地税的划分,开始了向分税制过渡的进程。国地税的划分不仅可以厘清中央与地方政府之间的收税分配关系和财政关系,还有利于全国预算的最终确立,是清理财政的重要内容,是构建国地财政分权制度的重要步骤。

但在两税划分的过程中,在本国向无成例可依循,而被认为可资借鉴的西方各国,模式又纷繁多样,无固定之模板,就导致主持两税划分的度支部没有标准,无所适从,在两税划分的时间顺序、划分标准、税项层级等方面,都存在一定的问题。没有头绪的度支部就把这个棘手的问题抛给了各省督抚、清理财政局和咨议局,让各省先自行调查、讨论标准,给度支部提供参考。度支部无意中给各方提供了表达利益诉求的平台,因此,多方力量加入国地税划分的讨论中,一时之间,热闹异常。因为,虽然各方的标准不一样,但是维护自身利益的诉求是一样的。不论中央,还是行省,抑或是府厅州县,对税收划分的预设前提都是怎样尽可能维护自身的利益,因此,不可避免地出现各方力量对税源展开争夺。

虽然龃龉不断、分歧凸显,但是,此次国地税的划分仍然是一次可贵的尝试,为以后国地税的划分、为国地财政分权制度的确立提供了有益的借鉴。

第一节　国地税划分的源起

一、官员对于国地税划分的认知

朝野上下早已认识到中央与地方权限不清而导致的非常严重的问题，所以，明定两者的权限是当务之急。像端方就认识到，清朝"因权限不清之故，各部与督抚往往两失其权"。权限不清，导致内外皆轻；权责不清，则出现相互推诿。在出洋考察受到西方财政制度的启发后，端方就奏请朝廷厘订中央与地方权限，从而"使一国机关运动灵通也"。参酌各国行政，无外乎集权和分权两种，对比之下，"中国以军机、各部统治于内，以督抚分治于外"，更多的是属于集权之制。端方认为，"以中国之幅员既长，处置诚为得当……诚宜明定职权，划分限制，以某项属之各部，虽疆吏亦必奉行，以某项属之督抚，虽部臣不能僭越"[①]。端方提出要明定中央与地方的权限，当然，财权更需要明晰。他还奏请朝廷实行政务公开和财政公开。

对国地税划分进行详细论证的是监察御史赵炳麟。在1908年，赵炳麟就奏请饬会议政务处详议租税分作两项：一是国税，备中央政府之用；二是地方税，备地方行政之用；改布政使为度支使，并限一年之内在各州县一律设立主计官，归度支使管辖，分收各州县租税，每年详细报部，国税则听部指拨，而地方税则留为该省之用，此种方法可以使得一省财政实行统一。[②] 总之，该御史的要义就是要统一省财政，划分国地税。

朝野上下对国地税划分的依据，都是源自西方财政理论，他们对照西方中央与地方明晰的财政关系，看到清朝财政危机的乱源就是财政关系的紊乱，所以，仿照西方划分国家税和地方税，明定中央与地方的财权，才是整顿财政的正途，才是解决中央与地方矛盾的关键。所以，在当时国地税的划分是必要的，是迫切的。国地税的划分成为清理财政的重要议题。

[①] 奏请改定官制以为立宪预备折. 端忠敏公奏稿（卷六）[M]. 沈云龙. 近代中国史料丛刊（第10辑），台北：文海出版社，725-726.

[②] 刘锦藻. 清朝续文献通考（卷71·国用9）[M]. 影印本. 杭州：浙江古籍出版社，1988：考8282.

二、税收急需改革

到清末，税收问题非常严重，比如，名目浩繁、税制紊乱；征收浮滥；国地财政同一税源，国地财政收支界限不明，引发税源的争夺，导致中央与地方矛盾重重等。因此，税收急需改革。

（一）名目浩繁、税制紊乱

清朝税制本就繁杂，加之军兴之后财权下移，地方自辟财源，因时因地因事随意征收，导致税制更为庞杂。这种庞杂对照西方税制来看就更为凸显。朝野上下拿着西方税制的尺子量出了清朝税制的紊乱。

清末，各省租税名目浩繁，税制紊乱。租税名目出现因征收者不同、征收时间不同、征收地点不同、用途不同等而名称各异的情况，几近"一物一税法，一事一章程"，还有名实不符的情况。另外还有重复征收，导致税外有捐、捐外有捐等问题，各属各自为政，一省之内都不能统一。总之，税目极为繁杂，税制异常紊乱，弊端因之而生。

一税多名，同税而异名的现象在各省都极为普遍。在奉天，同是就木材征税，就有木税、木植税、木植新捐之区别；而商捐一项，就有商捐、商铺捐、铺户捐等种类和名目。[①] 吉林农安县征收的坰捐按照用途分为警察坰捐、学费坰捐和自治坰捐；营业税也因用途不同而有警费营业税、学费营业税、自治营业税和司法营业税之别。[②] 在安徽因为税制复杂，同一牙帖，有帖税和帖捐之分；而同一帖税，又有司库和牙厘之异；同一帖捐，又有牙厘和筹议之殊；即使同一筹议捐，又离析出帖捐和执照捐之别。[③] 层层离析，一个税种可以有八个子目。在江苏宁属两淮盐运司，从征收的层面看，有场灶、运商、票贩、各食岸之分；"以款目而论，有课、厘、税、票本、加价、各项杂捐之别，名称至为繁琐"。[④] 而苏属同样也因征收方法不同而名目各异，丁漕税目极为烦琐，主要因为"方法之种种不同，遂致一款一名，自生障碍"[⑤]。而厘金征收方法更是

[①] 奉天全省财政说明书 [M]//陈锋. 晚清财政说明书（1）. 武汉：湖北人民出版社，2015：220-221.

[②] 朱衣点纂，郑士纯修. 民国农安县志（民国十六年）（卷六，税捐）：20-25.

[③] 安徽财政沿革利弊说明书 [M]//陈锋. 晚清财政说明书（6）. 武汉：湖北人民出版社，2015：59.

[④] 江苏财政说明书 [M]//陈锋. 晚清财政说明书（5）. 武汉：湖北人民出版社，2015：169.

[⑤] 江苏财政说明书 [M]//陈锋. 晚清财政说明书（5）. 武汉：湖北人民出版社，2015：226.

纷繁,"其条件无虑百十余种"①,厘金名目繁多的情况更为严重。因为解运的周折和烦琐,又催生出多种名目。比如,在江西,地丁起解有起运、坐支和分解各款名目,而分解又包括本色、折色、物料等项。② 在浙江,南米有解司库的,有留拨抵支的。"解司库者为减兵余米、原裁兵余米、续裁兵余米、余剩兵粮折价米、解剩兵米、零户米、折色米等款。分别留拨抵支者,为省南米、减兵拨补省南米、留兑兵米、抵给兵米、拨给舵粮米、坐拨匠粮米、拨补军孤米、月粮米等款。"③ 漕粮一项,除正漕之外,还有改漕、白粮、春耗、行粮、月粮、经费食米等,此外还有漕项包含之种种名目。④ 名目极为繁杂。根据河南省清理财政局统计,当时仅就田赋征收,"分名析目至六七十种而未有已"⑤。

就同一物品重复征税的情况也很多。在吉林重复征收的情况就很严重,商人不堪其扰。该省双城木商行头谢秀增呈文抱怨:"商行向在厅界向阳山砍伐木植,纳有林业山分一次,坐地税一次,票费一次,另名杂款一次,运至双城南泥泡子代售主纳一九抽税一次,运至哈埠销售又纳税一次,以上共计六次,如此重复,商等何以堪此!"⑥ 在安徽,单针对酒进行收税,在税厘之外又收酒单捐,最终就有厘、税、单捐各种名目。⑦ 在湖北,很多税项都是税外有捐,并且多次加捐,最终导致税轻而捐重。⑧ 该省虽然改办统捐,但是,名目依然繁多,"有统之名,无统之实"⑨。在江西针对湖课的征收,有另征的、有编入地丁内

---

① 江苏财政说明书[M]//陈锋.晚清财政说明书(5).武汉:湖北人民出版社,2015:228.
② 江西各项财政说明书[M]//陈锋.晚清财政说明书(6).武汉:湖北人民出版社,2015:113.
③ 浙江全省财政说明书[M]//陈锋.晚清财政说明书(5).武汉:湖北人民出版社,2015:553.
④ 浙江全省财政说明书[M]//陈锋.晚清财政说明书(5).武汉:湖北人民出版社,2015:562.
⑤ 河南财政说明书[M]//陈锋.晚清财政说明书(3).武汉:湖北人民出版社,2015:563.
⑥ 督抚宪示谕木税票费一律提归各分局征收并禁革再征别项杂款文[N].吉林官报,第十四期,宣统元年五月初一日,公牍辑要,7-8.
⑦ 安徽财政沿革利弊说明书[M]//陈锋.晚清财政说明书(6).武汉:湖北人民出版社,2015:82.
⑧ 湖北财政说明书[M]//陈锋.晚清财政说明书(6).武汉:湖北人民出版社,2015:393.
⑨ 湖北财政说明书[M]//陈锋.晚清财政说明书(6).武汉:湖北人民出版社,2015:396.

并征的,"正课之外另有脚耗,正课另解耗银,而脚耗亦另解耗银"①。在陕西,重征重收的问题也很严重,"一地两科"的情况很多。比如,大荔县,每屯地一亩,征收折色银一分一厘二毫零,又外还要征米、草、豆三项二升至三斗;在岐山县,卫粮每石征银二钱七分五厘,而所粮是每石征银四分四厘,另外,每亩还要另征米、草、豆三项,科则从三升至八升不等。②在广东,就同一货物征税,有税、捐、厘、饷之别。比如,鱼税之外有鱼厘和鱼饷;酒税之外有酒捐和酒甑捐;牛税之外有牛捐、牛单和屠牛捐;渡饷之外有船税、船捐和船饷。③总之,名目歧异。黑龙江省亦有重复征收的情况,比如,烧锅要纳课,而酒又有税,当商需要既纳课,又交百货一成捐。税捐并征的情况非常普遍,导致商业凋敝难以振兴。

各种税收名目在一省之内都无法统一,即使整顿,效果也不彰。在一省之内,各属局所及府厅州县针对同一物品征收而名目都不尽相同,纷杂可见一斑。江西省的猪捐,各属名目就有所不同,在贵溪称为猪牙;在安义有猪行捐和猪捐之别;在永新又有猪牙捐和出口猪捐之异;在宁都和安远名为猪仔捐;在万安称之为小猪捐;在信丰则名为本地猪捐。④该局附属的屠捐和熟肉捐,情况相似,各属也是名目不一,"有曰肉砧捐者,如上高等县;有曰肉捐者,如靖安县;而称为屠捐者,实居多数。至于新昌屠捐之外,又有熟肉捐名目,是又一种特别捐矣"⑤。各属名称相异。

考虑到各属名目实在繁多又各不相同,各省也都在不同程度上进行过整顿,但是,效果并不明显。比如,在贵州,"银则有条编、马馆、盐钞、蜡价、门摊、户口、食盐、桑丝、轻赍、岁用、额外化诲苗民认纳各银,而征粮则有本色荞,本色、折色米,又有额外化诲苗民认纳粮、本色豆粮、本色苗粮、无亩苗粮米、无亩本色秋粮米、无亩禾花米、折色米麦各项名目"⑥。后虽历经归

---

① 江西各项财政说明书[M]//陈锋. 晚清财政说明书(6). 武汉:湖北人民出版社,2015:136.
② 陕西财政说明书[M]//陈锋. 晚清财政说明书(4). 武汉:湖北人民出版社,2015:10.
③ 广东财政说明书[M]//陈锋. 晚清财政说明书(7). 武汉:湖北人民出版社,2015:8.
④ 江西各项财政说明书[M]//陈锋. 晚清财政说明书(6). 武汉:湖北人民出版社,2015:198.
⑤ 江西各项财政说明书[M]//陈锋. 晚清财政说明书(6). 武汉:湖北人民出版社,2015:198.
⑥ 贵州省财政沿革利弊说明书[M]//陈锋. 晚清财政说明书(9). 武汉:湖北人民出版社,2015:328.

并，但是款目纷繁的情况依然没有改变。以黎平府经征丁粮为例，该府报告到清理财政局，称"各司寨既不相同，一司寨内已多歧异，甚至同一征收名目而征法不同"①。可见整顿没有成效。针对厘金乱象，各省大都把厘金改为统捐，但是，统的目的并没有达到，厘金征收还是没有能够整齐划一。名为统，"而货目繁多，科则复杂。同一省而彼与此轻重互异，同一卡而钱与银征收互异。近来大宗货物若木厘，若纸张，若瓷器，若矾，若烟叶，若糖酒，若篾簟，茯苓等项，或加成，或归统捐，未能划一"②。

有很多税目属于名实不符，徒增纷扰。比如，山东省折漕早已停运，帮弁也早经裁撤，这些款项名目已同具文，但是，依然存在，只存虚名，"致烦勾稽"③。在浙江也存在同样的情况，如杂赋中之颜料、蜡、茶等折价，早已停办，但是犹存其名，乡饮酒礼也是早已不举行，而名目尚在。此外如岁贡、旗匾、廪粮、斋膳夫工食也早已停支，马价、棚厂、战船民六等，都是有名无实④，徒增纷扰。

总之，到清末，从税目上看，有税同而名异的，有有名而无实的，有重复征收的，不一而足。从各省来看，一省之内税目繁多、税制紊乱，行省之间又是千差万别，因此，这个问题在全国都非常普遍，也极为严重。"中国则地丁一项，即银米兼收，而且盐课、河工分摊既多，徭钱公费附益滋多。科则则随地各殊，名色则因时各异。至于税厘等项尤为烦猥之丛。"⑤ 几近达到"一物一税法，一事一章程"的程度。

税目繁杂的问题，度支部也有清醒的认知，对此更是痛心疾首。在分析产生这种乱象的原因时，度支部归结为三种，第一种是"逐事起例，随时定名"；第二种是沿袭旧制，"入款之中，如乡饮酒礼、乡会试经费、书院膏火之类，款已改充，名仍袭旧"；还有就纯粹是同一性质的税收没有实现名目归纳和统一，

---

① 贵州省财政沿革利弊说明书 [M] //陈锋. 晚清财政说明书（9）. 武汉：湖北人民出版社，2015：372.
② 安徽财政沿革利弊说明书 [M] //陈锋. 晚清财政说明书（6）. 武汉：湖北人民出版社，2015：70.
③ 山东财政说明书 [M] //陈锋. 晚清财政说明书（2）. 武汉：湖北人民出版社，2015：116.
④ 浙江全省财政说明书 [M] //陈锋. 晚清财政说明书（5）. 武汉：湖北人民出版社，2015：550.
⑤ 财政统计表式举要. 清理财政奏牍章程条款规则汇编（下册）[M]. 苏州：苏城毛上珍，清末铅印本：1. 转引自刘增合. 制度嫁接：西式税制与清季国地两税划分 [J]. 中山大学学报（社会科学版），2008（3）.

"如同一官吏报酬之义,而俸廉、心红、蔬菜、米折、柴薪、会费、薪水、津贴、伙食之类,性质多同,名称甚杂"①。

税目繁多,导致问题很多。其一是使得财政收支混乱,混淆岁出和岁入。因为有些款项是因事而筹款,所以在立名时就用用途来定名,比如,加征警察经费、专使经费等,此种"若永远立为征收之名目,骤阅册报,几令人不辨其为出、为入"②。其二是加剧税收的紊乱。有些税目就是因一地或者因一事而征收的,事毕而税停,但是名目还在,徒增纷扰。其三是容易滋生贪腐。税收名目纷繁复杂,"收者且不能尽言,纳者更无由指证"③,导致民众根本难以辨别有何项税目,自己需要承担何种、需要承担多少,都难以知晓,而负责征收的官员胥吏正可借机需索、抑勒、浮收、中饱,"徒为劣幕蠹书作射利之具,丛弊之薮而已"④。这就不仅增加了民众的负担,影响商贸发展,也使得贪腐丛生。

清朝税目和税制的问题,在与西方税制对比之下,更是异常明显,格外刺目。西方有国家税和地方税的划分和归类,租税制度力求单纯,"此财政之原则,亦文明各国之通例",而清朝却形成了在正收之外"尚有陋规、杂费、杂捐杂税、津贴、捐输、报效、加价等等,形成税外有税,租外加租,捐外有捐的庞杂税制"⑤。因此,整顿势在必行。度支部要求各省调查并裁减苛细杂捐杂税,"以抒民力而重宪政"⑥。

(二)征收浮滥

税收的经征问题很多,包括征收机构混乱不一、征收章程纷纭复杂、经征过程中弊端丛生、收支混乱等。

1. 征收机构混乱不一

征收机构混乱不一,导致机构林立,政出多门。在江苏省,正杂各捐没有

---

① 督院张批广东清理财政局详修正各款名目折请咨部核定缘由文[N].两广官报,第12期,宣统三年七月.转引自刘增合.制度嫁接:西式税制与清季国地两税划分[J].中山大学学报(社会科学版),2008(3).

② 督院张批广东清理财政局详修正各款名目折请咨部核定缘由文[N].两广官报,第12期,宣统三年七月.转引自刘增合.制度嫁接:西式税制与清季国地两税划分[J].中山大学学报(社会科学版),2008(3).

③ 安徽财政沿革利弊说明书[M]//陈锋.晚清财政说明书(6).武汉:湖北人民出版社,2015:9.

④ 河南财政说明书[M]//陈锋.晚清财政说明书(3).武汉:湖北人民出版社,2015:563.

⑤ 刘增合.制度嫁接:西式税制与清季国地两税划分[J].中山大学学报(社会科学版),2008(3).

⑥ 电饬各省彻查苛细杂捐[N].大公报,1910-10-02.

统一的征收机关，像营业捐、膏捐等是由厘局征收；而上海道及长、元、吴三县所收各捐是由各署征收。另外，农工商局、上海筹防局、警务公所、禁烟公所等所收各杂捐由各局所征收。各种机构自收自支，各自为政，导致政令歧出，严重窒碍财权的统一。① 在东三省税收征收机关也是毫无统系，旗署可以征收，行政衙署也可以征收。在浙江，租课有由委员征收、有由州县带收，还有由儒学征收等多种情况。② 征收机关不一，很容易导致管理权限混乱，责任不专，国家财政难以保障。

征收机构不统一，还容易导致胥吏浮收、滥征，加重人民负担。比如，各省厘金征收都是局卡林立，导致有无数的通过税，"赋课之重复，转输之阻滞，固不待言"③。在安徽仅宿松一邑，设卡稽征之处就有六所，而厘局委员与道员稽征又分立机关进行征收，机关重复自不待言。④ 局卡林立给了官员胥吏借机需索的机会，各局所就会巧立名目，诸如挂号、打号、补票、加票、叨光、加水，对通过船只需索刁难。厘税等的征收大多是包征额解，由各衙门派员榷收，照额报解之后凡是多于额定之数的基本归入私囊，因此，征收胥吏变本加厉，以肥私囊。江苏宁属厘金一项最为严重。"以长江内河设有二十余局，一局又有分卡多处，员司之侵渔，商家之偷漏，积习已深，断难一旦除尽。"⑤ 设盐卡本来是为了缉私，凡盐船过卡，有私提私，无私放行，但是，官员借机索取，"无论有私无私，竟成额提，每盐五百引多则五六十包，少则三四十包，勒提作为功盐"⑥。局卡林立，蠹国病商。

2. 税率分歧，轻重失当

在征收章程方面税率分歧，轻重失当，难以统一。奉天各种税捐款目，有些属于普通办法，有些是单行章程，有些类似于西方的附加税，有些为独立税，

---

① 江苏财政说明书［M］//陈锋. 晚清财政说明书（5）. 武汉：湖北人民出版社，2015：291.

② 浙江全省财政说明书［M］//陈锋. 晚清财政说明书（5）. 武汉：湖北人民出版社，2015：557.

③ 江苏财政说明书［M］//陈锋. 晚清财政说明书（5）. 武汉：湖北人民出版社，2015：286.

④ 安徽财政沿革利弊说明书［M］//陈锋. 晚清财政说明书（6）. 武汉：湖北人民出版社，2015：63.

⑤ 江苏财政说明书［M］//陈锋. 晚清财政说明书（5）. 武汉：湖北人民出版社，2015：33.

⑥ 江苏财政说明书［M］//陈锋. 晚清财政说明书（5）. 武汉：湖北人民出版社，2015：195.

"错杂纷纭，更仆难数"①。在直隶征收科则不一。该省《明清赋役全书》所载的各项科则，"一郡与一郡之事例不同，一邑与一邑之情形各异"②。真可谓"一事一名，一案一例"③。江西征收屠捐和熟肉捐，收捐的规则也不同，有按只来计算的，有按斤来计算的，还有按日计算的。每只的标准从五十文到三四百文不等，以日来计算的，每日由数百文至数千文不等。④ 可以看出，各属不仅名称相异，科则也不同。在甘肃丁银折收制钱，州县都各有定价，名曰个头，但是各属大小悬殊甚大，即使是一府之内，各州县都是自为风气，一县之内，又生两歧。比如，兰州府辖内，靖远县是三串二百，而渭源县则为二串三百；秦州辖内清水县是二串九百，而两当、礼县则为一串五百；甚至岷州一州之内，有三串二百和二串二百之区别；礼县一县之内又有二串一百和一串五百的巨大差异，"一属竟分两等"⑤。

3. 经征过程中弊端丛生

除了上文中谈及的胥吏利用局卡需索抑勒之外，经收过程中胥吏等贪腐的手段多种多样。在经征的过程中，很多时候民众无法直接去纳税，需要通过胥吏等代为投税，胥吏中饱非常严重。比如，在甘肃，因为该省州县辖境辽阔，地方又事繁，所以官员无法亲自征收税课，势必假手于胥吏，"统计民间岁完之数，交与官者不过十之四五，其余所入尽归偷漏"⑥。在云南同样存在胥吏中饱的情况。比如，省城牲畜、油、酒厘税等厘金杂收，原是六城厘员私派包收，每年报解之数仅仅二千余金，其余则归中饱。⑦ 胥吏不仅偷漏，还任意浮收。在新疆，田房买契向照旧例收税三分，而地方官吏私立名目，任意浮收，加征

---

① 奉天全省财政说明书 [M] //陈锋. 晚清财政说明书（1）. 武汉：湖北人民出版社，2015：129.
② 直隶财政说明书 [M] //陈锋. 晚清财政说明书（2）. 武汉：湖北人民出版社，2015：6.
③ 直隶财政说明书 [M] //陈锋. 晚清财政说明书（2）. 武汉：湖北人民出版社，2015：19.
④ 江西各项财政说明书 [M] //陈锋. 晚清财政说明书（6）. 武汉：湖北人民出版社，2015：198.
⑤ 甘肃清理财政说明书 [M] //陈锋. 晚清财政说明书（4）. 武汉：湖北人民出版社，2015：682.
⑥ 甘肃清理财政说明书 [M] //陈锋. 晚清财政说明书（4）. 武汉：湖北人民出版社，2015：734.
⑦ 云南全省财政说明书 [M] //陈锋. 晚清财政说明书（9）. 武汉：湖北人民出版社，2015：124.

税银,"不啻倍蓰"①。浙江收漕胥吏索取名目和方式更为多样,包括"样米并斛面余米、淋尖、踢斛、勒掯、浮加"②,对于国帑来讲,亏折更是不可数计。在江苏,忙、漕征收中,粮差、里书卖熟捏荒、以荒报熟,上下其手,需索不已。③ 在广东同样存在巧立名目收受私费的情况。只要是设立了一个税名,"则办公有费,挂号有费,给票有费,经征、催征有费",结果就是胥吏借此收取私费,导致"取之民者什百,归之官者什一。故多一税名即多一事端,多一事端即为公家增一浮费,为吏役开弊窦"④。税目的繁杂成为胥吏牟利的渊薮。

从征收手续上看,包征包解,弊病尤甚。此种方法虽然使得官员可以坐享其成,但是书吏等侵渔含混不胜枚举。政府把征解的过程委于包商,包商从中渔利,尽归中饱,"上取一,下取二,官取一,群奸取二,利则归下,怨则归上,害民病国,莫此为甚"⑤。

胥吏还利用一些漏洞从中渔利。由于币值、度量衡等的不统一,所以,征收过程中,胥吏就会"以钱折银,以多报少,以上色易下色,以市斗抵仓斗,以折色报本色,层层剥削"⑥。

胥吏的中饱等,最终使得陋规多于正供,私费倍于公帑;民众和商人的飞洒隐匿、影射冒充、短价投税等,偷漏情况严重,输入公家者亦不过十之六七。最终,导致征收混乱,收税减少。

4. 收支混乱

税收中还存在重收重支的问题。比如减平,就是从各项支款中扣留再作为收入,实际上就属于重收。再把减平等项支出,无异于重支。

税收的收支混乱,向无统系,导致弊病迭出。一是款项无着,财政困难,严重影响政务的展开;二是收支彼此勾连,"有同一款而分收分放者,有此局垫款而彼局认还者,既已复杂难稽,即不免日久滋弊,且出纳判为两事,综覆将

---

① 新疆全省财政说明书 [M] //陈锋. 晚清财政说明书 (4). 武汉:湖北人民出版社,2015:847.
② 浙江全省财政说明书 [M] //陈锋. 晚清财政说明书 (5). 武汉:湖北人民出版社,2015:560.
③ 江苏财政说明书 [M] //陈锋. 晚清财政说明书 (5). 武汉:湖北人民出版社,2015:98.
④ 广东财政说明书 [M] //陈锋. 晚清财政说明书 (7). 武汉:湖北人民出版社,2015:9.
⑤ 广东财政说明书 [M] //陈锋. 晚清财政说明书 (7). 武汉:湖北人民出版社,2015:228.
⑥ 甘肃清理财政说明书 [M] //陈锋. 晚清财政说明书 (4). 武汉:湖北人民出版社,2015:第703.

无施，盈亏各不相关"①。

总之，到清末，税收紊乱的情况非常严重，征收方式不一、税则不一、币制不一，还有就是陋规私费比比皆是。以福建契税征收为例，正税之外，"有加收耗银补水、帖水者，其收数自一厘至三厘不等。有加收解费者，其收数自三毫至五毫不等。又有收之以资书差办公者，谓之经费，其收数自一分至三分不等。由官收入者谓之平余，其收数自五厘、七厘至二分不等。同一契税，分为数层之征收，而实际之征收额（自五分至一钱）与上纳额（正税只纳三分）又不相一致。且民间有以银完纳者，有以洋元申缴者，有以钱折算者"②。最终，混乱的税收，不利于公帑，不利于商贸发展，不利于人民，导致财政困难。

为解决财政困难，整顿征收弊端，清政府须加大对税收的整顿。度支部要求各省革除征收积弊。该部要求各省将现行税则一律刊登报章，让商民周知，这样吏役就无法实施其舞弊手段。③ 度支部还专门针对州县地丁钱粮征收中的种种积弊致电各省督抚，要求认真革除积弊，严禁勒捐及私吞灾免等弊，以此纾解民困④；并对地丁赋税章程进行厘订，饬令监理官悉心调查行省地丁赋税办法，详细报部，以凭考核。⑤

各省清理财政局针对税收紊乱，也提出各种有益的改良之法。比如，安徽省清理财政局认为，对于地丁征收，需要改良科则，依地价定税率；因其惯例，区分国税及地方附加税等。⑥ 针对漕粮，该局认为最为紧要的就是划一币值。⑦ 湖南省清理财政局也认为应该制定币制、清丈田亩等。"先令各州县测绘地图，分别山川、河道、平畴，详注道路，以方里计之，约应得田亩若干，分里造具鱼鳞细册，田亩而清查花户，由花户而厘订赋额，依里填注，逐渐推勘，或有

---

① 端忠敏公奏稿（卷七）[M]//沈云龙. 近代中国史料丛刊（第10辑）. 台北：文海出版社，35.
② 福建全省财政说明书 [M]//陈锋. 晚清财政说明书（9）. 武汉：湖北人民出版社，2015：710.
③ 度支部饬将现行税章登报 [N]. 吉林官报，第十一期，宣统元年四月初一日，中外时事，1.
④ 电饬革除征收积弊 [N]. 大公报，1910-10-09.
⑤ 电饬谘访地丁赋税 [N]. 大公报，1910-11-04.
⑥ 安徽财政沿革利弊说明书 [M]//陈锋. 晚清财政说明书（6）. 武汉：湖北人民出版社，2015：10-11.
⑦ 安徽财政沿革利弊说明书 [M]//陈锋. 晚清财政说明书（6）. 武汉：湖北人民出版社，2015：20-21.

冀乎！"① 江西清理财政局在整顿收税时，发现现实与西例有冲突，还是照顾现实，考虑该省的实际情况。"查肉类本为日用所须品物，现今各国行此税者，惟奥大利、索逊、巴敦有此项肉类税，余则绝无仅有矣。兹各属办理各项新政需款浩繁，不得已于此项肉类税亦行抽收，竟于地方财政上占要重之地位，一时尚未能以不合学理之故，而遽行豁免，致令地方行政陷于困难也。"② 国家抽收捐税，其目的在增加国库之收入。而山东省的船捐（运河船捐），岁入2万余金，以十分之三供总分局经费，以十分之五供工巡营薪饷，以十分之二供其他杂用。收支仅足相抵，国库收入无几。其中一个重要原因就是局卡林立、员司浮冗。该省清理财政局认为必须设法整顿，酌量归并分局、裁退冗员、将工巡营之弁兵汰其老弱等。③ 浙江省监理官针对该省税收名目繁多等弊端，专门向度支部上条陈，建议将各种款名酌量裁汰。④

因为繁杂是弊窦丛生的重要原因，所以，从度支部到各省清理财政局认为，税收应该筹划简明统一的方法。

（三）国地财政同一税源

国地财政界限不明，引发税源的争夺，导致中央与地方矛盾重重。

清政府实行高度集权的财政制度，税收虽由地方经征，但是，财政的收支权力都掌控在中央手中，因此，没有国家税和地方税的区分，国地财政共享同一税源，两者界限不明，混沌一团。"各国之征收国家税、地方税，均有一定章程。我国则甲省办法与乙省异，丙局办法与丁局异。有明明国家税而留充地方之用者，有明明地方税而提作国家用者。"⑤ 加之，中国集权的体制，使得地方费范围较小。因为当时西方所谓的地方费，是指凡是郡县以下公共团体的支出都属于地方费，所以其范围很广；而"中国地方事务之大者，均官为经理，而惟绅民自办之公益事项乃属之地方费，故其范围小"⑥。更容易导致国地税混

---

① 湖南全省财政款目说明书［M］//陈锋.晚清财政说明书（6）.武汉：湖北人民出版社，2015：426.
② 江西各项财政说明书［M］//陈锋.晚清财政说明书（6）.武汉：湖北人民出版社，2015：198.
③ 山东财政说明书［M］//陈锋.晚清财政说明书（2）.武汉：湖北人民出版社，2015：170.
④ 浙江全省财政说明书［M］//陈锋.晚清财政说明书（5）.武汉：湖北人民出版社，2015：674.
⑤ 论划分国家税与地方税之标准［N］.大公报，1911-03-18.
⑥ 浙江全省财政说明书［M］//陈锋.晚清财政说明书（5）.武汉：湖北人民出版社，2015：631.

同，国家经费与地方经费有些也难以区别。

　　国家经费与地方经费支用混同的情况非常普遍。按照征收惯例，盈余本属地方附加，但又有提为国家经费的；州县地方教育，比如，典礼中的文武场屋供亿及乡饮等，还有慈善，比如，孤贫口粮等，本属地方行政，"又坐支国家税项"①。关税应为国家税，但是，在各省常关征收中，除正税之外，还会随征其他款项，比如，安徽常关会随正税征收解饭、加平、归公倾销、平钱余、充分补平公费等，来津贴办公等用。② 在江西也存在国家和地方行政支用混同的情况。比如，丁赋为国家税，"而坐支各款有国家行政性质（如廉俸），有地方行政性质（如孤贫口粮）"③。在现行制度内，地方收入中的地方直接收入仅限于就地抽捐各款，而其他收入来源，"有由国家税内支出者，有由省城官厅收入内支出者，有由地方官厅（如九江道）收入内支出者"④。各属支款在正赋内自行扣存，会导致出入牵混，正杂不分。在浙江，因为税收同源，国家行政支出和地方行政支出混同的情况也比较多。盐课税厘之杂捐，性质各殊，有国地同源的情况。比如，其中的婴捐、恤贫经费，皆由温州盐局抽收，为地方善举，本属地方税。自婴捐内三成局用提补加价，恤贫盈余亦补加价之不足而加价系作偿款、新政等用，皆属国家经费，因此，此项税收是地方税，又有国家税之性质。⑤ 厘金，包括百货厘金、丝厘金、茶厘金等，都可以离析出国家税和地方税，还有难以区分的情况，以海塘工程为例，"明为捍卫地方，而历次大工均动正帑，每年修筑经费亦多由国家机关支出。塘工捐不过借资补助而已"⑥。杂款中的各项杂收更是诸多混同。其中有属国家税之各款，包括外赋饷余、部平；属地方税之各款，如提解善举二成一款；还有属于非税之各款。⑦ 山西省也有

---

① 安徽财政沿革利弊说明书［M］//陈锋.晚清财政说明书（6）.武汉：湖北人民出版社，2015：5.
② 安徽财政沿革利弊说明书［M］//陈锋.晚清财政说明书（6）.武汉：湖北人民出版社，2015：54.
③ 江西各项财政说明书［M］//陈锋.晚清财政说明书（6）.武汉：湖北人民出版社，2015：115.
④ 江西各项财政说明书［M］//陈锋.晚清财政说明书（6）.武汉：湖北人民出版社，2015：184.
⑤ 浙江全省财政说明书［M］//陈锋.晚清财政说明书（5）.武汉：湖北人民出版社，2015：597.
⑥ 浙江全省财政说明书［M］//陈锋.晚清财政说明书（5）.武汉：湖北人民出版社，2015：631.
⑦ 浙江全省财政说明书［M］//陈锋.晚清财政说明书（5）.武汉：湖北人民出版社，2015：684.

国地财政同源的情况。该省清理财政局以藩库款项为例,认为其中"何归国家,何归地方,向亦不分",如果就一般现象进行大致的划分,"则属在藩库管理者,以国家收支为最多,属在各府厅州县管理者,以地方收支为最多"①。在广西,该省清理财政局考察之后发现,广西国税混合省税之事最多。② 有明明是国家税却拨为地方行政费者,比如,存留及盐羡项下之有孤贫口粮、书院膏火之类;有明明是省税而拨为国家行政费者,如牛捐充练兵经费赌饷充赔款之类③,比比皆是。

在国地税同源的情况下,各方的支出多是按照比例分配。在四川抵补土税一项,本销引票每斤加收三文,以二文解部,以一文留川备用。外销引票每斤加收四文,以二文解部,以一文归销盐省份,一文留川抵补土税。④

从以上可以看出,国地财政同一税源导致国地财政收支无统系,不利于财权与事权的统一,会阻碍各级政务的展开。从中央、省到州县,各级政务的展开需要财政的支撑。西方国地税的划分,就给各级政务保障了财源,国家税用于支持国家行政,地方税支持地方政务的展开。而在清朝,财税收支无统系,必然导致各项事务支出没有固定的财源,只能东挪西凑,进而影响政务。

没能划分税项致使国家岁入与地方岁入不分,严重影响到预算的制定。"国家税与地方税既未有颁布之章程,国家岁入与地方岁入亦遂无犁然之界限,或以附加税项而弥补官厅之薪公或以国家库储而筹谋地方之公益,用途既多牵混,名目复极纷繁。"⑤ 国地税没有划分,导致预算制定时,不仅行政机构和立法机构冲突不断,行政官员间意见分歧,更是让预算无法真正实现科学性和完整性,没能达到税收收入在中央与地方之间合理分配。

随着财权的逐渐下移,同一税源这种情况引发了中央与地方的税源争夺,地方开始自辟税源、自收自支,省作为"地方"性质实体,省财政"有实无名";集权式的中央财权早已是"有名无实",中央与地方在税收分配上的矛盾越来越激化,导致中央与地方矛盾越来越凸显。

---

① 山西财政说明书[M]//陈锋. 晚清财政说明书(3). 武汉:湖北人民出版社,2015:113.
② 广西全省财政说明书[M]//陈锋. 晚清财政说明书(8). 武汉:湖北人民出版社,2015:3.
③ 广西全省财政说明书[M]//陈锋. 晚清财政说明书(8). 武汉:湖北人民出版社,2015:41.
④ 四川全省财政说明书[M]//陈锋. 晚清财政说明书(4). 武汉:湖北人民出版社,2015:786.
⑤ 江抚周奏编成四年出入预算表册送部折[N]. 盛京时报,1911-05-30(第3版).

总之，清末整个税收紊乱，加之国地税同源，导致问题很多，包括收支混乱和税源争夺等。特别是值立宪之际，更应该明确中央与地方权限，固定税源，减少矛盾，保障改革的进行。"非划分国家地方税则淆混不清，不可言统一财政。"① 国地税的划分可以推动预算的顺利制定。国家税、地方税界限明确后，国家行政经费和地方行政经费才能确定。只有这样，"不惟预算内之数目不能减少，即以后推广扩充之数亦相缘以生"②。

所以，划分国家税和地方税，可以使得中央与地方财政收支界限明确，可以理顺中央与地方的财政关系，推动预算的顺利制定，也可以达到事权与财权的统一，保障各级各类政务的开展。因此，清政府下定决心推行国地税的划分，并且在《九年预备立宪逐年筹备事宜清单》做出安排和部署：1910年厘订地方税章程，度支部、各省督抚、宪政编查馆同办；1911年颁布地方税章程，度支部、税务处、各省督抚、宪政编查馆同办；厘订国家税章程，度支部、税务处、各省督抚、宪政编查馆同办。1912年颁布国家税章程，宪政编查馆、度支部、税务处同办。③ 国地税的划分由此开始。

第二节 国地税划分的标准

虽然国地税的划分非常迫切，但是具体到如何划分，诸如两税划分的标准、顺序，税收划分的层级，国地两税的关系等，度支部并没有明确的规定，因为这对于度支部来讲也是个非常棘手的问题。首先，中国向来没有实行过国地税的划分，因此标准很难确定；度支部就曾无奈地表示："中国向来入款同为民财，同归国用，历代从未区分，即汉之上计唐之上供留州，但于支出时区别用途，未尝于收入时划分税项。"④ 在一直都是相互牵连混同的情况下实行明确的划分，确定何项为国家税，何项为地方税，实属不易。其次，即使想向西方学

---

① 陕西财政说明书 [M] //陈锋. 晚清财政说明书 (4). 武汉：湖北人民出版社，2015：373.
② 甘肃清理财政说明书 [M] //陈锋. 晚清财政说明书 (4). 武汉：湖北人民出版社，2015：482.
③ 宪政编查馆资政院会奏宪法大纲暨议院法选举法要领及逐年筹备事宜折 [A] //故宫博物院明清档案部. 清末筹备立宪档案史料（上册）. 北京：中华书局，1979：61-67.
④ 抚部院准度支部咨本部具奏试办全国预算拟定暂行章程及维持预算实行办法各折钦奉谕旨缘由札清理财政局移行遵办文 [N]. 广西官报，第104期，宣统三年二月二十六日，财政，510.

习，而西方各国的情形又有所不同，国地税的划分标准也各异，想模仿都无所适从。"近今东西各国财政始有中央、地方之分，然税源各别，学说互歧，界限既未易分明，标准亦殊难确当。"① 因此在自己都没有定见的情况下，度支部虽然发起国地税的划分，但是一直没有下发划分的原则和标准等，更不消说两税划分的细则了。比较茫然的度支部就把这些问题抛给了各省督抚司道、监理官及咨议局，让其讨论。结果，各方标准不统一，各省划分的实际情况差异很大，导致纷争不已。

一、清理财政处关于国地税划分的标准

关于国地两税划分的标准，会议政务处根据赵炳麟的条陈厘订了两税税则。会议政务处提调等官是核照总理财政大臣之前议定的办法，厘订税课法则，此项税课定名厘税独立法，大体上就是列举了分用准绳，国税专备中央行政之需，地方税专备地方行政之用，两税不得混淆，以符独立之实。② 但两税具体的划分标准、层级等都没有规定，大致上是按照税收支出性质进行划分。

在划分国家税和地方税问题上，度支部在《清理财政章程》只是明定了划分的时间，但是并没有给出一个详细的标准，更不用说细则了，只是在颁行的《划分税项程序》中指出大致的原则就是"学说不一，意在折衷"③。

在没有详细而具体标准的情况下，各省该如何划分两税，这个任务落在了清理财政处身上。该处拟定了《清理财政处现行章程（办事细则、清理财政纲要）》，只是笼统地提出以"博稽学礼，参酌政情"④ 为标准。清理财政处在解释《清理财政章程》的文件中，首先否定了用内销和外销区分国家税和地方税的标准，之后指出了一个办法：就是把外销作为杂款，各省属将杂款如何筹办和支用情形据实报告；把内销区分正款和杂款，也把开支情形据实报告。"又于正款、杂款之中，分别其性质，何项向供国家行政之用，应属国家税，何项向

---

① 抚部院准度支部咨本部具奏试办全国预算拟定暂行章程及维持预算实行办法各折钦奉谕旨缘由札清理财政局移行遵办文 [N]. 广西官报，第104期，宣统三年二月二十六日，财政，510.

② 议定厘税独立法 [N]. 大公报，1909-01-04.

③ 湖南全省财政款目说明书 [M] //陈锋. 晚清财政说明书（6）. 武汉：湖北人民出版社，2015：421.

④ 度支部清理财政处. 清理财政纲要. 清理财政处现行章程（办事细则、清理财政纲要）. 宣统二年编印本，无页码. 转引自刘增合. 制度嫁接：西式税制与清季国地两税划分 [J]. 中山大学学报（社会科学版），2008（3）.

供地方行政之用，应属地方税。如此而已矣。"①　该办法有三个关键点：一是不论外销和内销，都要据实报告；二是把外销归为杂款，内销分为正款和杂款；三是所有款项按照支出分别性质，支出国家行政者为国家税，支出地方行政者为地方税。

度支部把对税项划分的讨论和任务下放给督抚、藩司和监理官等。御史赵炳麟奏请饬会议政务处详议租税分作两项，奏请将国税地方税划分两项，而统其权于度支部。这些被度支部认为是深合立宪国之通例，也是中国办事扼要之图。因此"饬各督抚先将该省出入各款委员盘查，何项应入国税，何项应入地方税详拟办法，咨明度支部分别核定，会同臣处汇拟章程，具奏请旨庶足以昭统一而免牵混"②。虽然声明了"统其权于度支部"，但具体的划分度支部还是抛给了各省督抚。到宣统二年年初，度支部又电致各省督抚，会商详订地方税章程，为宣统三年奏请颁布做好准备。③

为给划分国地税做好准备，度支部要求各省详细调查该省捐税和支用情况。各省税收杂乱，特别是厘金、统捐、统税、杂税和地方一切税捐，性质不同，办法各异，成为两税划分的巨大障碍，因此，度支部要求各省衙署转饬各属地方官和征税各局所将一切厘捐税项无论是否报部有案，都需要将开办缘由和现行章程及征收税捐细则等详细开列，装订成册；还需要将各局卡数量、员司数量，以及每年应支薪工局费数量、各局卡坐落处所等分别开单绘具图说，限三个月内办齐，送部以资查核。④　各省多按照度支部要求操作。比如，湖北，设地方税调查处，审查所属各项税捐情形，"约分四类：一、税目，二、额数，三、征收方法，四、使用目的。均令详细禀陈，以便逐加研究"⑤。

为了防止督抚阻梗，度支部制订核实办法，并且要求藩司和监理官参与其中。划分国地税为立宪之关键，督抚的态度和参与至关重要。度支部担心如果只由该部筹办，督抚会敷衍阻挠，因此，决定由该部会商政务处妥定核实办法。⑥　度支部虽然已经通行各省督抚，要他们各抒己见，但是，度支部担心督

---

① 清理财政章程讲义. 清末铅印本：7. 转引自刘增合. 制度嫁接：西式税制与清季国地两税划分 [J]. 中山大学学报（社会科学版），2008（3）.
② 刘锦藻. 清朝续文献通考（卷71·国用9）[M]. 影印本. 杭州：浙江古籍出版社，1988：考8283.
③ 电商地方税章程 [N]. 大公报，1910-03-26.
④ 咨查各省办理捐税情形 [N]. 申报，1910-09-18（第1张第4版）.
⑤ 湖广总督瑞澂奏湖北第四届筹办宪政情形折（宣统二年八月二十八日）[A] //故宫博物院明清档案部. 清末筹备立宪档案史料（下册）. 北京：中华书局，1979：787.
⑥ 京师近事 [N]. 申报，1910-06-01（第1张第5版）.

抚们的意见有隔膜,又要求藩司和监理官参与核议,达到集思广益的效果。①到宣统二年下半年,度支部还要求各省咨议局参与其中,让咨议局对两税划分的标准详细研究,分别签注,限期复部。②

度支部要求监理官切实查核两税划分事宜。两税划分的难点在于国家收支和地方收支相牵连混同之处。所以,度支部通咨各省,把以地方税办理国家行政和以国家税办理地方行政之种种情形造册送部,以备详核。③度支部尚书载泽催促各省财政监理官开列正杂各款的详细列表和国家地方各税详细列表咨送到部。④

特别是到宣统二年年末为造送表册的限期,度支部和摄政王又多次催促监理官。度支部要求清理财政局详查该省税项,列表说明何为国家税、何为地方税、何为附加税、何为特别税;把各项税收的数量以宣统三年预算之数分注其下,以便直观看到该省国家税和地方税的总数;把地方税总数与地方行政经费总数做一比较。⑤但各省的预算册有些未能划分两税,后度支部颁表让各省按照部定格式填写。摄政王也认为划分国家税和地方税是整理财政的基础,因此,专门谕饬各监理官切实察酌各省国地税划分情形,电告度支部。⑥

如此,各方都参与到国家税和地方税的划分讨论中,意见难免有分歧。

二、各省标准不一

度支部没有明确的规定,而度支部清理财政处的标准,在各省遭到了不同的解读,再加上此标准缺乏细则,和各省财政实际情况有所不同,因此可操作性比较差。此外,各省援引的西方财税理论不同,因此出现了不同的划分方案。各省标准不一,有两个体现:一是各省督抚的标准不同,二是各省清理财政局的标准不同。

(一)各省督抚的标准不同

督抚们主要是在税收层级上有分歧。有些督抚认为只分国家税和地方税,有些督抚认为应该按照行政层级分为国家税、省税、府厅州县税,有些督抚认为应该分为国家税、省税、府厅州县税、城镇乡税。这部分将在税源的争夺中

---

① 征取改税法意见 [N]. 大公报, 1911-04-01.
② 京师近事 [N]. 申报, 1910-09-22 (第1张第6版).
③ 通咨判别税款性质 [N]. 甘肃官报, 第四十八册, 宣统二年九月第四期, 19.
④ 催送划分国家地方各税清表 [N]. 大公报, 1910-06-07.
⑤ 度部厘订地方国家税之著手 [N]. 申报, 1910-12-07 (第1张第4版).
⑥ 电三 [N]. 申报, 1911-01-17 (第1张第3版).

予以详细论述。

(二) 各省清理财政局的标准不同

各省清理财政局根据《清理财政章程》和度支部的要求，调查全省税则以定兴利除弊之改良方法、区分国家行政经费和地方行政经费、区分正杂各款性质、酌议办法划分税项为分税做基础。各省清理财政局在两税划分的标准和层级上都有不同。相对于督抚，各省清理财政局对两税标准的讨论更为详细，有更多学理上的探讨。

各省清理财政局在划分时，都不同程度地表达了划分的难度。原因主要有三：一是之前从未划分过国地税，所以，国地税同源的现实导致难以确定税项；二是国外的标准不一，或者本国情形确与外国情形不同；三是税收太过紊乱。

湖南省清理财政局就表示，国地税划分标准很难确定，其主要的困扰就是"旧时款目性质繁杂"，有些性质比较明确，容易划分，但是，很多是"介乎两可"①，因此，颇费商榷。江西省清理财政局也有同样的困扰。比如，丁漕兵屯项下之杂款，从性质上划分，应该为国家税附属收入，其中有凑解京师大学堂经费、练兵经费；其余留外支销，或提充省会行政费，或留充各属行政费，因此，该局认为可作为司库及各属的收款，而不能作为国家的入款。但是，各款中大都含有国家税、地方税两种性质款项，难以划分。② 广东有护沙公局二成经费，以七成归官，三成归地方公用。③ 在直隶征收盐课，正课之外尚多杂课，有作为国家行政经费支出的，也有作为地方行政经费支出的。国家费、地方费杂出的情况下，想区划其界限，"使之截然各有攸归，良不易易"④。清理财政处的大致标准是按照支出性质划分，支用国家的属于国家税，支用地方的为地方税。但是，各省很多款项的支出是多重的，有解部的、有归行省行政经费的、有留各属支用的。因此，确实难以清晰厘订。

外国税收原则难以适用本国。比如，江西省清理财政局把口捐类比于销场税办法，加价类比于营业税办法，但是，"各国此项税收，率归于地方支用，而

---

① 湖南全省财政款目说明书 [M] //陈锋. 晚清财政说明书 (6). 武汉：湖北人民出版社，2015：421.
② 江西各项财政说明书 [M] //陈锋. 晚清财政说明书 (6). 武汉：湖北人民出版社，2015：134.
③ 广东财政说明书 [M] //陈锋. 晚清财政说明书 (7). 武汉：湖北人民出版社，2015：98.
④ 直隶财政说明书 [M] //陈锋. 晚清财政说明书 (2). 武汉：湖北人民出版社，2015：44.

此则纯系为国家凑解偿款"①。因此，该局把此项税收列为正款。

西方各国标准也不一样。比如，广东省清理财政局就认为房捐属于西方各国的家屋税，既可划归为国家税，也可归入地方税。因为德国就于1893年将家屋税自国家税中移入地方税。该局类比之后，认为"我国房捐，宜以解缴藩库者为国家税，以各州县所收留作地方公用者为地方税"②。

税收太过紊乱。这个内容在分析国地税划分的必要性时已经详细论证过。广西清理财政局称"中国财政紊乱历数千年，款目之性质，租税之统系，古未闻也"③。虽然有些夸张，但是，从一个侧面反映出清末税收紊乱的状况。

在标准难定、监理官的西方财政学理来源不同的情况下，各省清理财政局对国地税的定义和划分标准就有所不同。各省清理财政局对两税划分的意见主要体现在财政说明书中。下面以各省财政说明书为中心梳理各省清理财政局对两税的定义、标准及大致的划分情况。

1. 河南

河南省清理财政局认为税收划分的原则为："当从事实上说明，不当专从学理上讨论"④，更多地要基于既定事实。

该局认为，国家税与地方税的关系是主从关系，而不是对等关系，只有先定国家税才可谈及地方税。针对两税划分，该局不同意以报部与未报部为标准，因为报部与否只是涉及旧日收支的方法。因此，该局认为，在当时国家根本的租税法未定、租税系统未确立的情况下，想求得划分税项的适当标准，只有依据《城镇乡地方自治章程》第九十二条。该条定地方经费，指特捐、附捐二种，因此，该局主张特捐、附捐二种即可划分为地方税。除此以外之一切税项，即皆可划分为国家税。该局证之河南省实在情形，认为河南省随征各款和就地抽捐各款多为地方税。⑤

依据此标准，河南省清理财政局划分税项的情形如下：应属国家税的税项

---

① 江西各项财政说明书[M]//陈锋. 晚清财政说明书（6）. 武汉：湖北人民出版社，2015：153.
② 广东财政说明书[M]//陈锋. 晚清财政说明书（7）. 武汉：湖北人民出版社，2015：229.
③ 广西全省财政说明书[M]//陈锋. 晚清财政说明书（8）. 武汉：湖北人民出版社，2015：39.
④ 河南财政说明书[M]//陈锋. 晚清财政说明书（3）. 武汉：湖北人民出版社，2015：655.
⑤ 河南财政说明书[M]//陈锋. 晚清财政说明书（3）. 武汉：湖北人民出版社，2015：655.

包括：田赋（地、漕粮）；租课（官地租、荒地租）；盐课；契税（买契税、当契税、契尾价）；营业税（当税、牙税）；杂税（烟税、酒税）；厘税（各项厘税）；杂捐（奉文抽收各捐、斗捐、碱捐、牲口捐、铁捐、猪捐、布捐、花捐、桐油捐、花布捐）。应属地方税的税项有：属于附捐者，包括随粮征收学费、随粮征收车马费、随粮征收警费、亩捐、漕串捐、丁串捐、粮差捐、粮票捐、买契附加税、当契附加税、契尾捐、契捐、牙帖捐、附收斗捐、酒斤加价、碱斤加价；属于特捐者，包括学租、戏捐、铺捐、会捐、门捐、粮捐、行用捐、车骡捐、车票捐、煤车捐、庙捐、册书捐、粮坊折差、渡口捐、盐店捐、屠捐、丝锅捐、房捐、米车捐、民捐、商捐、产行捐、煤窑捐、花生捐、车捐、羊捐、柳条捐、油捐、膏捐、石捐、瓜子捐、柿饼捐、煤油捐、火柴捐、棉花捐、猪捐、芝麻捐、变蛋捐、差谣、规费。①

河南省清理财政局的标准和其他各省有些不同，该局认定的地方应该仅仅指的是地方自治。以租课为例，租课是河南省财政的经常收入，总称为地租，又有官地租、荒地租、善堂租、学租之区别。该局认为租课都是属于国家税的，比如，官地租、荒地租多用于军政费等，确属国家税无疑。而"他若各州县之杂租、善堂租、学租等项，有由各州县自由拨充县署办公费者，有由绅董经收拨充各善堂慈善事业者，有拨充各地方学务经费者"②，该局认为此种做法是以国税之收入，供地方行政之用，会导致性质不明，用途舛误，于财政原则大相刺谬可以改为于财政原则相违背。在其他很多清理财政局的标准中，像善堂捐、学租本就是供地方教育和慈善所用，应该归为地方税。从上面列举的划分情况看，该局还是把学租等划归为地方税。

总之，河南省清理财政局划分的地方税只是附捐、特捐，其余都是国家税；并且该局认定的地方只是地方自治的范畴。

2. 广西

关于国家税和地方税划分的标准，广西省清理财政局先是列举了各种标准，然后进行论证，得出可行的标准。第一种是以收入为划分税项的标准，其中又有三种观点：间接税宜划为国税，直接税宜划为省税；一切租税皆定为国税，而省税只收附加税；以国家资格征收者为国税，以一省资格征收者为省税。第二种是以支出为划分税项的标准，这里又有两种观点：国税系供全国之经费，

---

① 河南财政说明书［M］//陈锋. 晚清财政说明书（3）. 武汉：湖北人民出版社，2015：655-656.

② 河南财政说明书［M］//陈锋. 晚清财政说明书（3）. 武汉：湖北人民出版社，2015：566.

省税只供一省之经费；国税负担对内、对外之经费，省税只负担对内之经费。①但是，该局最终论证，认为间接税宜划为国税，直接税宜划为省税行不通；一切租税皆定为国税，而省税只收附加税，也与事实有碍。主要原因在于：从直接和间接税角度看，各国财政把地租、家屋税、财产税、营业税、所得税、使用物税、相续税、人头税、等级税，作为直接税；而关税、国产税、印纸税、交通税，作为间接税。直接税中有多项属于财产税和所得税，学者大多认为，这两种不适合归为地方税，因为地方权力有限容易导致逃税现象的产生。而地方税为附加税，在中国也难以实行。因为，中国行省规模广大，事项繁杂，"督抚行政权之广漠，既为他国所无，则所以图地方之发达、谋人民之幸福者，势不能无独立之租税"。

相比之下，以国家资格征收者为国税，以一省资格征收者为省税，这个标准虽然有些不足恃，但是，是比较合适的一种标准。看不足恃之处，主要是"行省之资格久与国家之资格相混"，致使"征收一款而国税、省税之性质寓其中者"，再加上部臣和疆臣的权限并不分明，导致国税、省税之主体不能一言断定。所以，该局认为，不能只以主体资格为依据，还要兼顾本款性质，"主体、性质俱属国家者，国税也，主体属国家而性质两近者，亦国税也。惟性质专宜于省税，则虽见诸奏案及向入奏销之专款，亦以省税待之，如烟酒加征、米谷练兵经费、杂小税、八角税等是也。省税划分之标准亦然，其有一物数税，主体各殊，则有从其多者焉，如一切盐税皆列国税；有两处分列者焉，如饷押帖费（当税）列入国税，捐款列入省税，以帖费近于营业税故也"②。

在这个标准之下，该局划分的国税分三类：一、田赋，二、税捐，三、其他收入；省税分二类：一、税捐，二、其他收入。③

在此标准下，广西清理财政局酌拟划分税项表，其中国税之部，包括田赋类：丁米、租课、土司租课；税捐类：常关税、盐税、土药税、契税、当税、牙税、矿税、酒锅油糖榨帖费；其他收入：部拨各款、协款、藉田谷价、各营截矿、减平、补色、藩道库存款生息、盐道库提款生息。省税之部，包括税捐类：统税、各属杂小税、八角税、烟酒加征、米谷练兵经费、濛江饷捐、浔州

---

① 广西全省财政说明书［M］//陈锋. 晚清财政说明书（8）. 武汉：湖北人民出版社，2015：40.

② 广西全省财政说明书［M］//陈锋. 晚清财政说明书（8）. 武汉：湖北人民出版社，2015：41.

③ 广西全省财政说明书［M］//陈锋. 晚清财政说明书（8）. 武汉：湖北人民出版社，2015：41.

南北河护商经费、长安勇饷捐、梧州番摊山铺票捐、饷押捐款、牛捐、车捐、戏捐、街灯捐、客栈牌捐；其他收入：官银行生息、富贺官矿局摊还成本、路矿垦牧专款生息、垦荒经费生息、阜成公司开垦本息、岁修纤路摊河经费生息、纤路经费生息、岁修堤岸经费生息、泗色路工专款生息、书局经费生息、积谷经费生息、善举专款生息、孤贫款生息、缉捕经费生息、防匪经费生息、剿匪经费生息、各项规费。①

广西清理财政局认为省是地方最高行政机构，根据行政层级划分租税等级，该局明确提出省税。

该局主张应该按照行政层级划分租税等级，认为当时的行政区划，包括省、道、府直隶厅、厅州县四个层级。但是，根据自治章程，地方"只有府（府之直辖地方）厅州县及城镇乡两种，而道与无直辖地方之府无闻焉，是地方团体之等级并省为三也"②。故而租税等级需要与行政等级相对应，所以，就有省税、府（有直辖地方之府）厅州县税、城镇乡税三级划分的地方税统系。

广西省清理财政局经过一番论证，认为省是地方行政机构。"省"的地位如何确立？行省是否是地方团体？这是当时讨论税收层级最关键的问题，也是最大的分歧所在。而该局从制度和事实两个方面进行了详细分析。从制度上看，省本为国家资格，"藩司之理财，臬司之提刑，皆为国家特派之员，任监督下级官厅之事。督抚仗节出使，实为政府化身，内则与各部平行，外则专制一方"。但是，从咸同之后，情况发生了变化。"各路用兵，就地筹饷，各省始有独立之财政。预备立宪，各省之事责成督、抚同办，各省始有独立之政绩。"从事实上看，省已然成为地方政府最高一级。再加上有章程为依据，《各省咨议局章程》第二十一条第一至第七项均冠以本省字样，而宪政编查馆议覆于大臣奏咨议局章程权限折中也用了同样的表述。所以，该局认为，"省为地方团体之资格始确定矣"③。

总之，该局认定的分税标准是征收主体兼顾本款性质，认为省是地方行政最高一级，明确提出省税。

---

① 广西全省财政说明书［M］//陈锋. 晚清财政说明书（8）. 武汉：湖北人民出版社，2015：41-43.

② 广西全省财政说明书［M］//陈锋. 晚清财政说明书（8）. 武汉：湖北人民出版社，2015：39.

③ 广西全省财政说明书［M］//陈锋. 晚清财政说明书（8）. 武汉：湖北人民出版社，2015：39.

3. 山西

山西省清理财政局提出的划分原则是因地制宜。该局认为外国的标准不一，各省的情况相异，很难统一标准，所以只能因地制宜，"租税制度何者应属地方，何者应属于国家，并无一定之方程矣。各视其地方之情形以为规定"①。为了平衡中央与地方的关系，该局认为可以实行"补助费学理"，由国家对因财政划分而财政不足的地方进行补助。

4. 东三省

奉天省清理财政局主张从收税主体和税项支出性质两个方面作为标准。

奉天清理财政局对国家税、省税和府厅州县税进行定义。"国家税者，供国家行政之用，以国家之权力而征收之租税。"因此，由国家独揽之事项和国家操控统治权之事项的支出都是由国家税支出，诸如军政、外交、司法、警察行政、教育行政和财务行政等，可以看出这些支出规模巨大，所以，国家税必须以大宗税源为基础，包括田赋、盐课、关税、统捐等。而"省税，供省行政之用，以地方之权力而征收之租税"。该局认为行省是地方行政最高层级，省行政则包括地方官治行政和地方自治行政。为地方官治行政之事而征收的、为全省人民所负担的税项都是省税。"府厅州县税者，供府厅州县行政之用，以地方之权力而征收之租税"，包括各地方依据特别情形而征收的杂税及特别税；还有就是各地方征收的附加税。②

该局还列举了国家税和地方税划分的标准，共有五种。第一，从数目上划分。国家和地方在行政事业上的繁简程度不同，国家事务事关大局、开支浩繁，因此，大宗收入要划为国家税，小额收入则归地方税。第二，从物品上划分。针对政府专卖、国家禁止私藏和国家所有的物品征收的税项都是国家税；而其他零细物件，各地方或有或无，情形各异，国家既不便于稽查又难于统一的税项，划为地方杂税。第三，从性质上划分。涉及国家主权、国家公证权、国家统治权的税项，比如，关税、契税、田赋等，都为国家税；其他不合于国家税、地方依情形而征收的都属于地方之特别税。第四，从税则上划分。税则确定的，都划为国家税；税则不定的，就划为地方税。第五，从系统上划分。例如木税

---

① 山西清理财政局编订. 山西财政沿革利弊说明书（第1编）. 清末铅印本：6-7. 转引自刘增合. 制度嫁接：西式税制与清季国地两税划分［J］. 中山大学学报（社会科学版），2008（3）．

② 奉天全省财政说明书［M］//陈锋. 晚清财政说明书（1）. 武汉：湖北人民出版社，2015：217-219.

269

既列为国家税，凡属木税之系统的，如木植新捐、旗属木税等都应归入国家税。①

以上述标准，奉天清理财政局对该省税项进行了初步划分。国家税包括田赋、关税、盐课、矿税、契税、统捐、牲畜税、酒税、烟税、木税、帖税、茧丝税、硝磺税、编审斗秤税、枪印税、渔业税、中江税、苇课、蔦税等；地方税之省税，包括车捐、亩捐、船税、船捐；地方税之府厅州县税，包括人力车捐、商捐、烧商捐、斗用、屠宰捐、戏捐、乐户捐、苇捐、牌底费、尺费、帖税捐、店捐、网捐、煤炸捐、茧丝捐、鱼捐、鱼摊捐、木牌捐、粮捐、粮样捐、货捐、秤用、牲畜捐、盐滩捐、香庄年捐、参捐、木柴捐、炭捐、窑捐、斧捐、渔船捐、船户浮标捐、客店捐、货床捐、牛马店用捐、脚车宿店捐、石捐、驮捐、桥捐、道捐、庙捐、房捐、户捐、公产山林捐、免演戏捐、牲畜盖戮捐、婚书捐、官渡捐、碱捐等。②

吉林清理财政局主要是从用途即支出性质上进行划分。"国家税与地方税划分之界限大要，供国家行政者曰国家税，供地方行政者曰地方税。"③

吉林清理财政局认为国地税应该以税源为主进行划分。标准有两种：一是从税项上划分，如租课、关税、土税、盐税、契纸票税等为国家税，牲畜、营业等税则为地方税。二是从税率上划分，凡是大宗入款，并且输纳都有定率的划为国家税，而附加国家正税本额征收的为附加税，可以归为地方税。④

在税收层级上，该局把税项划分为国家税、省税、府厅州县税、城镇乡税。

该局对税项的具体划分为：国家税，包括大租、陆路关税、江路关税、盐课、洋药税、土药税、山海税、烟税、酒税、木税、参药税、金税、缸窑煤税、田房契税、当课、烧锅课、牙店课、牙秤课、木行课、磨课、渔网课、斗课、煤捐、鱼秤课；地方税之省税，包括小租、盐厘、洋药捐、土药捐、斗税、烧锅杂税、牲畜税、置本七四厘捐、售货九厘捐、硝卤捐、缸捐、车捐；地方税之府厅州县税，包括晌捐、吉林府土货售价二厘捐、船捐、附加车捐、营业附加税、粮石公捐、屠捐、铺捐、戏捐、妓捐、出口货捐；地方税之城镇乡税，

---

① 奉天全省财政说明书［M］//陈锋. 晚清财政说明书（1）. 武汉：湖北人民出版社，2015：224-225.

② 奉天全省财政说明书［M］//陈锋. 晚清财政说明书（1）. 武汉：湖北人民出版社，2015：227-235.

③ 吉林全省财政说明书［M］//陈锋. 晚清财政说明书（1）. 武汉：湖北人民出版社，2015：549.

④ 吉林全省财政说明书［M］//陈锋. 晚清财政说明书（1）. 武汉：湖北人民出版社，2015：549.

包括渡捐。①

黑龙江省清理财政局大致上也是按照支出范围划分国家税和地方税，在地方税中又以征收和经管主体进行划分。税收层级上分为国家税、省税、府厅州县税、城镇乡税。该局认为，税收用于中央事业的，是为国家税。税收用于地方事业的，是为地方税。而地方税又可以离析出三个层级。其中，由司库经管的是省税；由各属就地自筹的为府厅州县税；由自治团体抽收的，为城镇乡税。②该局认为解省正税为国家税，而相应的附加税为地方税。

5. 陕西

陕西省清理财政局认为可以从抽收缘起进行划分，实则就是按照用途来区分。比如，该局认为，开征税项是为了兵饷、赔款、练兵等，这都是国家支出，是为国家税；为了教育、巡警、自治而开征的税项为地方税。③

以此为标准，该局认为，诸如厘金、差徭、盐斤加价、地丁、租课、关税、杂税等专备国家经常开支的属于国家税；像官业营运、官本生息、裁截减平、粮务羡余等，为拨补国家经费之不足的，也是国家经费，属于国家税；旧有差徭之支应兵差的，都应该属于国家税。而地方集款生息，为备充地方新政之用；旧有书院款，为备支学务之用；差徭余款采买仓粮备荒的，都为地方税。④

6. 甘肃

甘肃省清理财政局的划分标准，大致上是按照款项用途进行划分。该局认为，供国家支用之款，还有就是大宗款项、报部正款等，属于国家税。在论及国家收入和地方收入时，该局认为国家收入除了国家税外，还有税外收入；地方收入也是如此。

该局对国地税的具体划分为：地方税，包括学租附变价、房租、磨课；地方税外收入，包括实业收入、各项生息、育才馆生息、船只桥料、枢费、各属租息、各属筹捐、黄河水夫工食。国家税，包括地丁正赋、地丁耗羡、朝觐、课程、地税、年例料价、屯丁草价、匠价、丁站、农桑、药味并脚价、茜草折价、铺垫脚价、花红旗匾、屯租、厂租、贡马租、盐课、盐课加增、盐税、盐

---

① 吉林全省财政说明书［M］//陈锋. 晚清财政说明书（1）. 武汉：湖北人民出版社，2015：550.
② 黑龙江财政沿革利弊说明书［M］//陈锋. 晚清财政说明书（1）. 武汉：湖北人民出版社，2015：391.
③ 陕西财政说明书［M］//陈锋. 晚清财政说明书（4）. 武汉：湖北人民出版社，2015：373.
④ 陕西财政说明书［M］//陈锋. 晚清财政说明书（4）. 武汉：湖北人民出版社，2015：373.

税加增、盐厘、盐帖、盐帖加增、盐斤加价、商课、斗分、官本、余利秤捐、各盐统捐、茶课、茶厘、茶厘加抽、散茶捐、百货统捐、木料统捐、三原大布统捐、担头、契税、契税加增、当税、牙税、畜税、畜税加增、猪羊税、马税、架税、暗门税、药税加增、褐毯税、西税、集税、枸杞税、夷税、羊皮税；国家税外收入，包括各项变价、湖草变价、减平、减成、建旷裁节捐缴、摊帮、棚费、司法收入、满绿各营。①

7. 江苏

江苏省清理财政局的标准和其他省份有些不同，主张根据官治和自治来划分：该局和江苏巡抚的意见是一致的，理由也大致相同，认为如果划分层级太多，会加重民众负担，产生诸多窒碍。

江苏苏属两税划分的原则是因时以制宜，"未可援近世纪东西列强之成迹以相难"。"今日税制初定，非循补助之策，别无因应之方。"② 该局主张不能生硬套搬西方成例，要考虑到当时中国的情形和江苏本地的实际情况，因此，采取补助主义。

该局认为，如果按照行政层级划分四级税收，层级太多，"不特民力不能胜此数重之负担，且于征收手续亦多复杂而碍推行"。而钦定行政纲目是分了直接官治、间接官治、地方官治和地方自治四级，所以，"税法统系当先分国家、地方二级，地方税中再分官治、自治二级"③，如此，既可整齐划一，又能融洽分明，还可以减轻民众负担。

该局还讨论了国家税和地方税的征收标准。国家税标准有六项：国家租税应使人民普及负担；国家税法必使收额巨大确实；国有土地物产有非国家名义不能征收者；国家领土内之人事财产行为有应受法律之制裁或保护者；社会上无益有损之事，皆得以税法去之者；已课者增加税率，未课者增加税目，因外交军事之关系，而临时增课，事后停免者。④ 另外，还有两种情况：一是虽合于上述标准，但是又介乎国家税和地方税两者都可的情况下，如果现行税制中只有此税，则先暂定为国家税。二是不合于上述标准，但是因为制定用途的关

---

① 甘肃清理财政说明书［M］//陈锋. 晚清财政说明书（4）. 武汉：湖北人民出版社，2015：483-485.

② 江苏财政说明书［M］//陈锋. 晚清财政说明书（5）. 武汉：湖北人民出版社，2015：216.

③ 江苏财政说明书［M］//陈锋. 晚清财政说明书（5）. 武汉：湖北人民出版社，2015：216.

④ 江苏财政说明书［M］//陈锋. 晚清财政说明书（5）. 武汉：湖北人民出版社，2015：222.

系，一时骤难改变的，也暂定为国家税。① 地方税的标准，该局按照附捐和特捐两类讨论标准。第一种，就是地方税附加定率；第二种，为地方独立税，又可以分为一般税和目的税。"一般税当与国税不相抵触，目的税则有限定之用途者也。"②

按照该局划分的赋税收入之类别，国家税可以分为经常税和特别税；经常税又可分为直接税和间接税；地方税可以分为直接税和间接税；每种类别中又可以分为附加税和独立税。③ 以此为分类，江苏苏属最终划定的税项如下：

田赋中的地丁、漕粮、经常类租课中的课税都化为国家税；租课中的租赋、荒价、尾欠为国家收入。正杂各税，包括契税、牙税划归国家税。厘捐中的厘金被归并为卡捐（包括水卡捐、旱卡捐、邮政捐、船捐）、销场捐（膏捐、烟酒坐买捐）、落地捐、产地捐、带收各捐（代征他省捐项、丝商助饷）、出口捐都归为国家税。厘捐中的正、杂各捐，包括牙帖捐、烧酒灶捐、苏城机捐、茧行分庄印照捐、房捐，杂捐中的警务公所膏捐和上海沙船认捐等属于国家税。禁烟公所吸户执照费、禁烟公所土店营业牌照费，归入国家收入。④

府州厅县经征各捐，就地抽收，纯属地方税性质，且多系自治范围。现有税目有28种，包括：（一）地税：塘工捐、河工捐、清丈经费、积谷学堂捐、自治公益捐、串票捐、编折捐；（二）营业税：盐捐、典捐、灰窑捐、钱业捐、铺捐、茶社捐、肉担捐、人力车捐；（三）货物税：布捐、茧捐、烟酒捐、花袋捐、牛捐、猪捐、鱼捐、肉捐；（四）契税：育婴捐；（五）杂税：戏捐、妓捐、消防捐、路灯捐。⑤ 此外，厘捐之杂捐中的警务公所路灯捐，工农商局铁路码头捐、吴淞埠工捐等拟剔归地方自治税。洋务局石屑捐，亦可列归地方自治税。杂捐中的警务公所车驾捐、警务公所营业捐、上海筹防局进口出栈捐、香糖杂货捐、土货认捐、出口捐、棉纱认捐公所经费等，拟列归地方税。⑥

---

① 江苏财政说明书［M］//陈锋. 晚清财政说明书（5）. 武汉：湖北人民出版社，2015：222.

② 江苏财政说明书［M］//陈锋. 晚清财政说明书（5）. 武汉：湖北人民出版社，2015：223.

③ 江苏财政说明书［M］//陈锋. 晚清财政说明书（5）. 武汉：湖北人民出版社，2015：219.

④ 江苏财政说明书［M］//陈锋. 晚清财政说明书（5）. 武汉：湖北人民出版社，2015：226-229.

⑤ 江苏财政说明书［M］//陈锋. 晚清财政说明书（5）. 武汉：湖北人民出版社，2015：236-237.

⑥ 江苏财政说明书［M］//陈锋. 晚清财政说明书（5）. 武汉：湖北人民出版社，2015：229-230.

8. 江西

江西省清理财政局大致也是按照款项用途进行划分。所以，该局把丁漕、兵屯、课税各项，都划为国家税；但是，其中有因地方用款加征的，比如，捐之类，将来还是应该划归地方税。至于各属杂捐，该局认为其性质纯为地方税。①

该局划分的情况见表5-1②：

表5-1　江西省清理财政局国地税划分情况

国家税		地丁、漕粮、兵米收入、屯余收入、课税收入、统税、盐引项下收入
地方税	省会官厅地方税	滑石税、硝磺税、街捐、省城铺捐、人力车捐、牌照捐
	地方官厅地方税	庐山地租、庐山岁租

和其他省份不同的是，江西省清理财政局提出了省一级的税项问题，但是没有用"省税"这个词，而是用了"省会官厅地方税"。

9. 山东

山东省清理财政局在该省财政说明书中没有明确划分正杂款，没有明确划分国地税。该局认为，虽然部章要求划分正杂款、划分国地税，但是自从设立清理财政局清理以后，已经"无不报部之款，至正款早经报部有案，正款以外皆杂款也，似此层关系尚轻，请免声注，以省笔赘"。该局竟然认为杂款关系不大，为了省事，而没有划分正杂款项。而度支部认为，最容易出现弊端的就是杂款，需要格外注意清理。而没有划分国家税与地方税的原因是，该局认为，"兹事体重大，非预算核定后办理，殊无把握，拟请稍缓，俟分配周妥，再行项目报部"③。

10. 直隶

直隶省清理财政局的原则是不能强行按照西方理论进行。"虽然东西学说汗

---

① 江西各项财政说明书［M］//陈锋. 晚清财政说明书（6）. 武汉：湖北人民出版社，2015：112.

② 江西各项财政说明书［M］//陈锋. 晚清财政说明书（6）. 武汉：湖北人民出版社，2015：118-153.

③ 山东财政说明书［M］//陈锋. 晚清财政说明书（2）. 武汉：湖北人民出版社，2015：93.

牛充栋，理论虽长，不能实行。"①

该局认为，国家税与地方税的区别，在税源上本无确定的界限，如今需要划分，"当以经费相当之数目为断。国家经费之数多于地方经费者，则当多划若干以归诸国家税；地方经费多于国家经费者，则当多划若干以归诸地方税"②。即以国家经费和地方经费的数量为依据，此税项用于国家经费多而地方经费少的，则为国家税；税项用于地方经费多而国家经费少的，则为地方税。

该局做出的划分如下：确定为国家税的，包括田赋之正耗、田赋杂赋、解费、部饭；盐课；关税之钞关正税、木税船料、潘关正税、税单征费、旗费、海船进口费、罚款、海船津贴；当税；烧锅、缸、曲和税；获鹿铁税；印花税。确定为地方税的，包括田赋附加警费、学费；洋灰税；渔税；杂捐（包括房铺捐、车捐、船捐、戏捐、妓捐、茶捐、渔捐、晓市摊捐、码头捐等）。

但是，还有一些难以厘订的，比如，一税而有两种经费之分配的，包括盐课之杂课（两种用途）；船捐（两种用途）；海税正税（性质上为国家税，实际支用是两用）；海税盈余（从性质上为国家税，实际上多用于地方经费）；漕船捐（性质难定）；厘金（性质上为国家税，实际支用是两用）；税契（两用）；烟酒税（性质应为国家税，但是有地方临时支出）；矿税（性质应为国家税，但是有地方临时支出）；牙帖（性质应为国家税，但是有地方附加税）；斗税（性质应为国家税，但是有地方临时支出）；杂税（多为地方税，额解者皆报部，即国家税）。③ 以上种种显示该省国家税和地方税混同的情况比较多，但是该如何确定，该局也没有给出明确的划分。

11. 广东

该局对税项的划分极为细致。该局按照田赋、盐课税厘、关税、正杂各款、土药税、厘金、正杂各捐和捐输类对税项进行了分类，每一类中又分为正款和杂款，每款中又划分了国家税和地方税。广东省清理财政局在该省财政说明书中列表说明了国家税和地方税的划分。④

该局划归为国家税的税项非常多，也极为细致。

---

① 直隶财政说明书［M］//陈锋. 晚清财政说明书（2）. 武汉：湖北人民出版社，2015：4.

② 直隶财政说明书［M］//陈锋. 晚清财政说明书（2）. 武汉：湖北人民出版社，2015：4.

③ 直隶财政说明书［M］//陈锋. 晚清财政说明书（2）. 武汉：湖北人民出版社，2015：28-83.

④ 广东财政说明书［M］//陈锋. 晚清财政说明书（7）. 武汉：湖北人民出版社，2015：12-25.

田赋正款中，包括地丁正银、地丁耗银、民正米、屯正米、民屯耗米、俸食、协贴囚粮、米耗、营田谷价、奏留充公、通省充公、归公溢租、额外加增租、抚署前群房地租、英美法国地租、未入额新升钱粮、丁米粮捐、各州县收入渔课、各州县收耩谷价、三成裁兵米、二成裁兵米、续二成裁兵米、七成裁兵米、七成裁兵米料、屯租、折价省米、储仓米价、各属寄存米价、未入额新升米价、理事同知收省米、花息、沙捐、官田加租、其昌街码头租、招商局旗昌码头租、平冈地租、沙面法界地租、沙面英界地租、韬美医院地租、码头租、轮船码头租、商缴矿界官租、公用房租、将军署前群房地租、裁汰兵房租、各州县征收转解杂租；

田赋杂款中，包括米耗盈余、小书经费租息、截存杂款、碣石镇田园塘铺地租、杂项存款、加三补平、纹水、承佃、册照费、补粮、换照费、坦价、中流砥柱台东淤地租、公产房租、封存关库革书院租、黄埔扦子手房租、梧局解厂屋簰租、红庙租项、军工厂地租、武营经管地租，凡此种种都属于国家税。

盐课税厘正款中，包括场课、正饷、罗江厂税、盐厘、筹备防饷、盐斤加价、新案加价、正引筹备资本、羡盐筹备资本、配羡另筹、羡盐盈余、官办沿海各埠盈余、商办沿海各官埠盈余、各埠新增报效、下河报效、下河新增报效、潮桥加提盈余、抵拨提款、平柜盐价、仓盐余利、芦苞缉私经费、白沙缉私经费；盐课税厘杂款中，包括部饭、平头、添平、朱引奏、罚赎平头、潮桥铜斤水脚、配盐饭食拨补潮饷、配运场盐摊捐潮饷、摊捐潮饷、正耗盐价、筹补潮桥垫款本息、子盐京羡、婴盐羡、八旗菜盐羡、修造米艇、饭食充公、融引成本、积引成本、筹补引成本、节省工伙、加捐悬饷、弥补饷息、东江摊完旧商欠饷、东江贴补东莞盐饷、带完旧欠饷价息款、渔票饷、琼崖盐饷、雷属埠饷、承垦雷属盐报效、隆澳盐饷、白盐加价、三成盐价、临大价款、临全杂款、坐配盐价、仓盐价、正盐程价、溢盐程价、归商程价、加三饭食配费、赏借本、官局缴还运本、官运溢盐余利、潮桥加缴报效、缉私经费、西省津贴东省经费、西省捕费、平柜官局解河团经费、修仓费、善后经费、余盐变价充公、羡盐变价、私盐变价充公、私盐船变价充公、规费充公、罚款、安勇口粮、平柜盐饷补纹水、平柜盐饷补平、平柜局拨加价各款补平、盐厘添平、盐厘四厘局用、双恩场盐饷、采运东盐盈余、恩开新春新阳两埠按饷充公、电白县私盐罚款等，都属于国家税。

关税正款，包括洋税、洋药税厘、船钞、常税、各口正税、钦州口土药税、太平关税饷；

关税杂款，包括罚款、各口杂款、粤海关官银号单费、北海关单费、轮船牌费、华商英美照费、内地护照费、粤海关官银号纹水溢余、粤海关官银分号纹水溢余、九拱两关纹水溢余、琼州常税纹水溢余、琼州常税平余、北海关平余、江关平余、粤海关官银号平余、陈村平余、粤关洋常两税随收炭火、粤关常税随收火耗饭食、甘竹关常税随收火耗、粤关常税担头、潮关归公新杂款、粤海关挑夫承饷、茶用、太平关杂款等，都属于国家税。

正杂各款之正款，包括契税、当饷、炉饷、土炉饷、煤饷、矿税、广州府商税、新章溢税、黄江厂税、肇庆府桥羡、罗定桂税、高州府杂牛税、雷州府杂税、化州罗江关税、潮州府关税、廉州府杂税、钦州陆屋厂税、琼州府商市税、万县龙滚口税、关盐盈余、铁税、渡饷、渡船溢饷、椰税、牛税、钦州牛税、渔税、船税、地税、山坡税、各县小税、各厅州县杂税；正杂各款之杂款，包括契纸价、匿税罚款、契纸价加三补平、当饷火耗、落地税羡、落地税火耗、白蜡价、杂税零星等，都属于国家税。

土药税正款之土药统税同样属于国家税。

厘金之正款，包括百货厘金、加抽三倍烟酒厘、加抽三成烟酒茶糖厘、土丝土茶厘、潮汕厘、潮汕火车货捐、省河石厘、石围塘西南等处火车货捐、各项坐贾、铅锡行厘、各厂牛厘、江门厘、江门河口两厂化厘艇规、劝业道移解芦苞厂锑矿厘银、琼州关税司解邮包半税抵作内地；厘金之杂款，包括台炮经费、火水油台炮经费、九拱两关台炮经费、台炮经费尾数、花纱经费、台炮一五经费、补抽二成花红、簿帮费、裁撤勇粮，都属于国家税。

正杂各捐之正款，包括房捐、膏店牌费、屠捐、琼州府膏捐、阳江膏捐、轮拖渡饷、小押饷、硝磺饷；正杂各捐之杂款，包括筹抵赌饷、各属膏牌办公费，都属于国家税。

捐输之正款，包括七项常捐、旧案七项常捐、生员考职捐免验看、广东捐输、前办两粤赈捐、代部收捐免保举留省、代办顺直赈捐、代办安徽常捐、代办安徽赈捐、代办江西赈捐、代办江苏常赈捐等，都属于国家税。

该局划定的地方税从款目上看比国家税要少。

田赋正款，包括万顷沙田租、学租、清平学堂铺租、三元宫菜地租、粤秀书院产租、学海堂田租、七公祠铺租、长寿寺铺租、乐善戏院租、华林寺房租、抚署前官房租、学署前官房租、西关地租、婴田租谷价等；田赋杂款，包括东关戏院饷银、新市局移交屋租、道府杂租、各州县征收留支杂租、各教杂衙门经理租项、营仓谷价等，都属于地方税。

正杂各款之杂款中的陈港渡饷属于地方税。

正杂各捐之正款，包括房铺警费、陆段铺屋警费、满洲八旗房捐警费、汉军八旗房捐警费、牛屠警费、酒甑牌费、横水渡警费、省河各横水渡警费、船牌警费、龙导尾约绅缴警费；

正杂各捐之杂款，包括赌商缴警费、各属房铺等捐、各属屠捐报效并猪、牛、牛皮各捐、各属酒捐报效、保良公司妓捐、花楼及艳芳楼警费、保益公司妓捐、南词班警费牌费、花楼房捐警费、酒楼警费、花酒艇警费、宴花筵艇警费、各属花捐、各属渡船驳艇照费各捐、吉庆公所戏捐、佛山戏院戏捐、各戏院捐警费、同庆戏院捐警费、戏院劝业公所经费、各属戏捐庙捐警费、城隍庙捐、各属寺庙僧道各捐、各属绅商捐款、东洋马车饷、洁净警费、河南三乡水粪警费、水厕商人缴警费、各项杂捐、各属筹办巡警学务习艺所等项经费等，都属于地方税。

12. 安徽

安徽省清理财政局主张按照款项用途划分国家税和地方税。税项划分为三级：国家税、地方税、州县地方税。

按照这个标准，该局对税项的划分如下：

国家税，包括漕南折色、盐课和盐厘、茶厘、海关税、丁漕及加捐、铺房捐、酒单捐、典税领帖、米捐、木捐、田房契税、矿税、花布税、地丁正杂各赋、屯折各款、牙捐、牙税、盐厘、货厘、烟酒加税、厘金、杂粮捐、商税等。地方税包括漕杂、房捐等。州县地方税，包括牲畜税、船税等。①

该局对国家税和州县地方税的划分相对明确，但是因为地方税较为复杂，有些税项和国家税相混同，比如，房捐，该局认为其性质为地方税，然而此项税项还用于支付赔款，因此又有国家税的性质。此外，该局把田房契税加耗及附加学堂巡警等契捐和地丁倾工火耗解费等，称为地方附加税。②

13. 湖北

湖北省清理财政局大致上也是按照支用划分，支给国家行政经费的为国家税，支给地方行政支用的为地方税。在此标准下，该局对税项的划分大致如下：

国家税：地丁；漕粮；租课（除了江夏县各洲租提拨学堂经费）；盐课税厘（除了商捐学款专供学堂之用，是为正当之地方税）；茶税厘；土药税（包括土药税、营业凭照吸户牌照捐）；关税（包括常关正税、常关火耗、常关杂项、常关罚款、海关税钞）；正杂各税（包括税契、当税、牙税、印花税、烟酒糖税、

---

① 安徽财政沿革利弊说明书［M］//陈锋. 晚清财政说明书（6）. 武汉：湖北人民出版社，2015：12-89.

② 安徽财政沿革利弊说明书［M］//陈锋. 晚清财政说明书（6）. 武汉：湖北人民出版社，2015：81.

杂税）；厘金［包括百货统捐、竹木捐、土布捐、火车捐、石膏捐、筹防捐、洋油捐、船捐、丝捐统捐、牙帖捐、百货一文捐、烟酒糖捐（除了川糖捐）、各项杂收］；杂捐（质当捐、市廛捐）；官业类（各制造官局厂收入、盐务官运局收入、官矿局收入、官银钱局收入、官商合办事业官股项下利益、官业租金）；杂收类（各衙门办公经费、藩盐及度支公所杂收之解费盈余和各卫津贴、司法入款、部分经常临时官款生息、官物变价、彩票利益、罚款）。

地方税：租课之夏县各洲租；盐课税厘之商捐学款；烟酒糖捐之川糖捐；厘金之加抽煤油捐、加抽石饼捐、加抽杂粮牛皮捐、江工捐；杂捐之房铺捐、商捐、赔款改学堂捐、土费、猪市捐、车捐、钱业牌照捐、号防团防捐、轮渡捐、戏园乐户捐；杂收类之藩盐及度支公所杂收之堤工征收、经常临时官款生息（包括善举、河工、学堂、公堤、官渡各项息金）。①

另外，米谷捐、储备捐、两湖赈粜捐、藕池口米捐，四项虽同为米捐，性质需要分别厘订。杂收类之报捐各款并非税，应分别厘订。杂收类之公债，应俟国家、地方界限，酌量归两方面担任。

湖北省清理财政局对税项的划分只是按照部章，划分了国家税和地方税两个层级。

14. 湖南

在湖南财政说明书中没有体现出该省清理财政局对税项的划分，只是划分了国家收入与地方收入。

15. 贵州

贵州省清理财政局对国地税划分的原则，是税法与现实相结合，更多偏重于实际，更为务实。"须准之习惯情形；其应整顿者固多，其应裁并者亦不少。要之，边远省份难期充实，求其不减财政之入款而渐进于税法之改良。"② 总原则就是，国地税的划分要达到改良税法的目的，但是，前提是不能减少收入。比如，在讨论地丁耗银、耗米的性质时，该局认为此项类似于附加税，可以归入地方税。但是，考虑到贵州的实际情况，即丁粮数量较少，而新政繁兴，用款巨大，因此，耗银、耗米"一时尚未可更张"③，还是归为国家税，保障国家

---

① 湖北财政说明书［M］//陈锋. 晚清财政说明书（6）. 武汉：湖北人民出版社，2015：381-416.
② 贵州省财政沿革利弊说明书［M］//陈锋. 晚清财政说明书（9）. 武汉：湖北人民出版社，2015：550.
③ 贵州省财政沿革利弊说明书［M］//陈锋. 晚清财政说明书（9）. 武汉：湖北人民出版社，2015：550.

财政规模，支撑改革进行。讨论租谷性质时，认为充当官厅津贴的租谷，应归国家税，向归地方公益的租谷，应归地方税。① 该局得出这个结论有两个理由，"一准于习惯"，"一准于财政"。特别是对于各属租谷来讲，要考虑到此项收入向来是作为书院、学堂和各项善举的经费，官吏并未过问过；同时要考虑到地方学堂、巡警、善举的兴办确实需要财政支持。②

从以上可以看出，该局的划分比较务实，既考虑到学理，更关切到现实。在此原则下，对于如何改良税法，税项如何划分，该局列表进行说明，见表5-2。③

表5-2 贵州省税法改良及税项划分详情

款项	改正税法前划分性质	改正税法后 名目	划分性质
地丁	国家税	所得税	国家税
秋粮	国家税	地租	国家税
耗羡	国家税	裁	
耗米	国家税	裁	
卫田	官有土地	地租	国家税
官收租谷	国家税	官田	官有土地
绅收租谷	地方税	公田	地方公产
厘金	国家税	裁	

向归官厅收入

款项	改正税法前划分性质	改正税法后 名目	划分性质
盐行牙帖	国家税	营业税	国家税
花行牙帖	国家税	营业税	国家税
牙帖	国家税	营业税	国家税

---

① 贵州省财政沿革利弊说明书[M]//陈锋. 晚清财政说明书（9）. 武汉：湖北人民出版社，2015：551.
② 贵州省财政沿革利弊说明书[M]//陈锋. 晚清财政说明书（9）. 武汉：湖北人民出版社，2015：551.
③ 贵州省财政沿革利弊说明书[M]//陈锋. 晚清财政说明书（9）. 武汉：湖北人民出版社，2015：550-556.

续表

款项	改正税法前划分性质	改正税法后 名目	划分性质
当帖	国家税	营业税	国家税
当课	国家税	营业税	国家税
靛行捐	国家税	营业税	国家税
渔课	国家税	营业税	国家税
漆店捐	国家税	营业税	国家税
茗行捐	国家税	营业税	国家税
洋纱行捐	国家税	营业税	国家税
纸店捐	国家税	营业税	国家税
砂课	国家税	营业单行税	国家税
水银课	国家税	营业单行税	国家税
铁课	国家税	营业单行税	国家税
矿课	国家税	营业单行税	国家税
木课	国家税	木税	国家税
茶课	国家税	茶税	国家税
黄蜡课	国家税	黄蜡税	国家税
盐行捐	国家税	裁	
米行捐	国家税	裁	
桐茶油捐	国家税	消费税	国家税
清油捐	国家税	消费税	国家税
酒捐	国家税	消费税	国家税
屠案肉捐	国家税	营业税	地方特别税
牛马税	国家税	牲畜税	地方特别税
牲畜税	国家税	牲畜税	地方特别税
猪羊税	国家税	牲畜税	地方特别税
薪柴捐	国家税	裁	
斗息捐	国家税	裁	
百货捐	国家税	裁	

续表

款项	改正税法前划分性质	改正税法后	
		名目	划分性质
杂税	国家税	裁	
关税	国家税	裁	
场费	国家税	裁	

向归地方收入

款项	改正税法前划分性质	改正税法后	
		名目	划分性质
铺店捐	地方税	营业附加税	地方税
土栈捐	裁	裁	
靛行捐	地方税	营业附加税	地方税
竹木捐	地方税	营业附加税	地方税
棉花捐	地方税	营业附加税	地方税
铁炉捐	地方税	营业附加税	地方税
白布捐	地方税	营业附加税	地方税
镰捐	地方税	营业附加税	地方税
洋纱行捐	地方税	营业附加税	地方税
纸厂捐	地方税	营业附加税	地方税
戏捐	地方税	营业附加税	地方税
食盐捐	地方税	食盐税	地方特别税
米店捐	地方税	米店税	地方特别税
谷捐	地方税	谷税	地方特别税
豆捐	地方税	豆税	地方特别税
桐茶油捐	地方税	消费税	地方特别税
清油捐	地方税	消费税	地方特别税
酒捐	地方税	消费税	地方特别税
屠案肉捐	地方税	营业税	地方特别税
牛马税	地方税	牲畜税	地方特别税
牲畜税	地方税	牲畜税	地方特别税

续表

款项	改正税法前划分性质	改正税法后	
		名目	划分性质
猪羊税	地方税	牲畜税	地方特别税
木炭捐	地方税	木炭税	地方税
桐桊捐	地方税	桐桊税	地方税
柴捐	地方税	裁	
斗息	地方税	裁	
公碾捐	地方税	裁	
杂捐	地方税	裁	
摊捐	地方税	裁	
场捐	地方税	裁	
门捐	地方税	裁	
糖秤捐	地方税	裁	
秤捐	地方税	裁	
鸭捐	地方税	鸭税	地方税
船捐	地方税	营业附加税	地方税
河规	地方税	营业附加税	地方税

可以看出，该局对国地税的划分较为明晰，并且考虑到税项的改良问题，列出了改正税法后，税项的裁、并、改名等问题，还指出了税项的性质。

16. 福建

从福建财政说明书中，没有看到该省清理财政局专门对国地税划分的标准进行说明。但是，从对各税项性质说明中可以看出，该局的标准是税项的支出，用于国家经费的属于国家税，用于地方行政费的为地方税。以此为标准，该局对税项的划分，大致如下：

国家税，包括道仓本色米、绿营配给兵米、裁兵米价、九钱折价米、盐课、盐厘、溢盐课、课费、盐课加价（此为国家税，内有一半为地方行政费，又为地方税）、丘课和盐折、渔配课、挥卤课、丘船引税、牙税、厘金、落地商税之正额、茶税正项、茶厘正项、茶捐、茶厘杂款（七款验费：验照费、验箱费、验票费、找单费、验船费、小验费、补底费）、契税、盐务的官业收入、酒捐、膏捐。

地方税，包括盐课加价（内有一半为地方行政费，又为地方税）、落地商税之盈余、契尾捐、契尾料价、粤盐加价、当税、杂捐（烟叶捐、炭捐、水果捐、砖瓦捐、竹木捐、铁路随粮捐、契尾捐、米捐、谷捐、茶捐、猪捐、铺捐、戏捐、缘捐、随排捐、鱼捐、船照捐、海埕捐、膏店捐、纸箔捐、店捐、商货捐、盐船捐、锅炉捐、红柴捐、油车捐、清洁捐、代书陋规捐、官中仲钱捐、当铺捐、蛏蛤牙捐、粮串捐、盐牙捐、埠租捐、牙捐、贾捐、官渡、酒捐、布捐、鱼牙捐、膏牌捐、花炮捐、纸捐、灰捐、靛捐、牛皮捐、香菇捐、笋捐、羊捐、厘卡捐、油捐、盐帮捐、租谷捐、盐厘捐、善社捐、桥会捐、会捐、水仙花捐、碗捐、盐馆捐、煤坑捐、花轿捐、善举捐、货船捐、喜庆捐、社仓捐、商会捐、钉麻行捐、彩票捐）。其中，杂捐中的随粮捐、贾捐、铺捐、柴把出口捐、纸木捐、牙帖捐、木排捐、炮船捐也是属于地方税，但是其中有部分用于国家赔款、军饷、练兵等用，属于国家税。①

17. 江苏江北和江苏宁属

单从财政说明书中，难以看到江苏江北和江苏宁属对税项的划分。江苏江北认为没有纯地方税，说明书中只列举了河库经收收入和协款属国家税。② 在江苏宁属说明书中，只是列举淮安关所征收之税，包括大照票费等税和耗、平、罚、饭四款及各项杂款，都属于国家税。③

以上，以各省财政说明书为基础分别列举了各省对国家税和地方税划分的原则、标准和具体的划分情形。从中可以看出，各省对国地税划分有同有异。有些省份，比如，山西、贵州、广东等省，讨论比较充分，划分比较细致。而有些省份，诸如湖南、山东、直隶、江苏江北、江苏宁属等，或较为粗略、混乱，或付之阙如。

除了详细程度，各省对两税的定义和划分标准有所不同，最主要的表现为三个：一是层级的划分，二是有无省税的单独划出，三是税项归类明确与否。

首先，在税收层级上各省不尽相同，有只划分了两级的，有划分为三级的，有划分为四级的。如广西、奉天、江西三省清理财政局把税项层级分为三级。广西和奉天清理财政局按照度支部要求将税收划分为国家税和地方税，又把地

---

① 福建全省财政说明书 [M] //陈锋. 晚清财政说明书（9）. 武汉：湖北人民出版社，2015：583-784.

② 江苏财政说明书 [M] //陈锋. 晚清财政说明书（5）. 武汉：湖北人民出版社，2015：525.

③ 江苏财政说明书 [M] //陈锋. 晚清财政说明书（5）. 武汉：湖北人民出版社，2015：14.

方税分为省税和府厅州县税。江西同样是划分三级，但名称不同，为国家税、省会官厅地方税和州县地方税。而吉林和黑龙江两省清理财政局把税收层级划分为四级，在划分为国家税和地方税的基础上，把地方税又分为省税、府厅州县税和城镇乡税三级。这两个清理财政局认为，有一层级行政机构就需要一级税收。在地方行政层级中，从省到府厅州县，再到城镇乡，"莫不有应担之责任，应尽之义务"①，都应有各种税款以为挹注。出于有一行政层级就有一级税收的原则，吉林和黑龙江两省清理财政局把税收层级划分为四级，同样出于行政层级和税收层级一致的原则，广西、奉天、江西三省清理财政局是把税项层级分为三级。其他省份大都按照部章划分为国家税和地方税。

其次，有些省份的清理财政局明确地单独离析出省税。像吉林省清理财政局认为，确定省税是非常必要的，因为"省为地方之最高阶级，凡政非一府一县所能举办，而又为国家行政所不急者，皆惟省是赖。盖欲谋全省地方之发达，必有省行政之一端"②。广西省清理财政局也认同这个观点，认为省是一级行政层级，是地方最高行政层级，所以，应该有省税的确立。此外，奉天和黑龙江两省清理财政局也是明确提出省税的，江西虽然将其命名为省会官厅地方税，应该也是属于省税的性质。

最后，在税项归类明确与否方面有差异。诸如贵州、广西、奉天、吉林、广东等省，对税项的划分比较明确，但是，山东、湖南、江苏江北、江苏宁属、直隶等，对税项的划分不太明确。比如，直隶清理财政局认为，很多税项有国家行政经费和地方行政经费两种用途，因此，税收性质难以确定。该局就认为漕船捐性质难定；诸如盐课之杂课、船捐、税契等都是有两种用途的，该局也没有给出明确的划分。

从总体上看，各省对税项的划分还是有一定的相似性。其一，除了极个别省份，如直隶，既按照支出性质，又按照款项规模进行划分，导致划分标准不明确或者多重，其他多数省份是按照支出性质进行划分，即税收用于国家行政支出的为国家税，用于地方行政支出的为地方税。其二，原则大致相似，即学理和现实的结合，不能强行套用西方的财税理论，还是要和各省情况相结合，像河南、贵州、山西、直隶等，都谈到了因地制宜、因时制宜。其三，各省清理财政局在对税项进行划分的同时，也都不同程度上对税项的改良提出意见，

---

① 黑龙江财政沿革利弊说明书［M］//陈锋.晚清财政说明书（1）.武汉：湖北人民出版社，2015：392.

② 吉林全省清理财政局.拟分吉林全省税项总说明书.原表例略.

像贵州等清理财政局就指出哪些需要裁撤、哪些需要归并、哪些需要更改税名等,对税项的整顿起了一定的指导作用。

但是,我们也要看到,各省清理财政局只是在形式上对国地税进行了划分和归纳,税目繁杂、国地税同源等问题依然存在,并且,各省划分标准不一,界限模糊不明,离真正近代化的税种、税目还相差甚远。近代分税制的确立任重道远。虽然各省的标准有一定的相似性,都是按照支出性质划分,但是,由于各省情形差异太大,各省划分的税项有很大的不同。几乎每个省份都不同的税项划分,不知道最终会对度支部产生怎样的影响,提供怎样的参考。

虽然说各省清理财政局对税项划分的讨论和尝试,在当时短时间内确实很难产生很大的影响,但是长远的影响是值得肯定的。各省清理财政局根据调查的情形,造报财政说明书,提出国地税划分的标准,同时提出对税项改良的意见,还对国地税的关系、税收层级和租税承诺权等展开讨论,特别是提出兼顾学理和现实的原则等,都对以后的分税制改革,真正建立国地财政分权制度提供了有益的借鉴,产生了长远的影响。

第三节 税源的争夺

各省清理财政局按照度支部要求对国地两税划分的标准进行了讨论,并进行了初步的划分,以供度支部参考。同时,分税标准始终没能统一,各省督抚的意见又是影响分税改革成败的重要因素,因此,自身没有明确标准的度支部把标准的讨论下放给各省督抚,各省督抚主要参与了对税收层级的讨论。在此过程中,督抚们和度支部的诉求就有了冲突,因为税项的划分其实就是"权"和"利"的分配,以度支部为代表的中央想通过划分两税最大限度地保证中央的财政收入,收回部分已然失去的财权,加强和维护中央的财权和利益,而各省督抚却想在两税划分中巩固省的利益,护好固有财权和财源,为行省争取合法独立,至少是相对独立的税收保障;府厅州县的利益诉求也需要表达。从中央到行省再到府厅州县,各方都固守自身利益,导致对国地税的讨论和划分纷争不已,冲突不断。

各方争论的焦点是省税的划分问题。因为省税的划分需要从中央税收中预留出省税的位置,这会影响到中央的财政收入,同时也需要从府厅州县的税收之中划出一部分税源,这又会影响到府厅州县的财政利益。所以,当有些省份的督抚和监理官提出在地方税中单独离析出省税,确保省级财源时,激起了广泛的争论,在中央与行省、翰林院侍读与监理官、咨议局与监理官等之间展开了激烈的争论。

一、中央与行省

(一)度支部与督抚

度支部与督抚双方的意图都非常明显,并且截然相对。

度支部明确表达要通过国地税的划分保障中央财政收入,避免重蹈中央财政严重依赖地方的覆辙。为了两税的划分,度支部致函各省,其中明确表示,"若系大宗巨款,虽名义应属地方而实际仍以归诸国税为妥。盖国家财政之基础能固,虽地方财力不及尚可由国税补助之,若划归地方以后再行收归国税,事逆难行,又于舆情有拂"①。很明显,只要是大宗巨款,即使应该属于地方,也要划归国税。在利益面前,学理只能退居其次。相对之前,在清理的诸多措施上度支部对各省督抚的忌惮,这次显得比较强硬。原因就是度支部对此有切实的体会,有前车之鉴。从军兴之后,财权开始逐步下移,到清末已成难以扭转之势,导致名为全国财政之枢的度支部难以发挥枢纽的作用,难以对全国财政转移调剂。部库本是全国财赋汇集之地,到清末却部库如洗。导致的结果就是中央没有稳定的财源,中央严重依赖地方,所有一兴一革、一举一动都需要仰给于地方,度支部对此是有切肤之痛的。"中国新政创行,举凡兴学、练兵、工商、实业诸要务无一可置缓图,徒以财政未能清厘,朝廷偶一兴革,外省率以请款为辞,度支部存储无多,不得不酌量指拨,其受协之省又大都托词诿谢或减成勉应,从无有以某种进款抵某种出款之实证。是部中虽有统辖财政之专责,并无转移调剂之实权。"由此可以想见,如果款项划归地方,中央要想再收归国税,将是多么困难,"事逆难行"。度支部对此甚是担忧,"恐凡有设施无不仰给部款而收入各项又复笼统,留支日复一日,该部亦必有难于因应之时"②。为避免如此无力无助的局面再次出现,度支部定是要掌握主动权,坚决维护中央的税收权限,巩固国家财政的基础。度支部在坚决维护中央财源的同时,也必须要考虑地方税不足的问题,度支部的方法就是"补助主义"。"盖国家财政之基

---

① 度支部致各省划分国家地方税函 [N]. 大公报,1911-05-01.
② 刘锦藻. 清朝续文献通考(卷71·国用9)[M]. 影印本. 杭州:浙江古籍出版社,1988:考8282—8283.

础能固，虽地方财力不及尚可由国税补助之。"必须在中央收入得到充分保障的情况下，国家税可以补助地方。

为了维护中央的税收权限，度支部开始回收税收的立法权，对各省督抚擅自开征厘税进行了限制。清末，各省财政窘境异常，而兴办事项与日俱增，所以，各省开始擅自增加厘税，督抚实际上已经有了税收的立法权限。对此，度支部做了严格限制：各省以后所有关于地方抽捐之事都需要将所定的征收办法和征收数目详细咨报度支部，由该部核准后才可实行，各省不得擅自开办。①各省也不能对原有税则随意增加删减。度支部要统揽税收立法权的意图非常明显。

在度支部极力维护中央财源的意图下、在度支部只是要求划分国家税和地方税的情况下，各省督抚在讨论税收层级时却提出应该预留省税。这明显与度支部的意图和要求相违背。

省税是否需要单独划出并预留的关键是如何界定省的地位。"夫税项因主体发生，主体之地位不定，则税项之属甲属乙亦不能定。"② 在当时，府厅州县、城镇乡的性质是较为明了的，其中有疑义的，即"行省是否为地方团体是也"，所以，行省地位的界定成为关键。

督抚本是代表中央监督地方的官员，行省是国家政权的延伸。但是，军兴之后直到清末，行省越来越疏离于中央，成为"地方"，成为地方政权，行省作为"地方"行政实体，虽无名但有实。"咸同以来，各路用兵，就地筹饷，各省始有独立之财权；预备立宪，各省之事责成督抚同办，各省始有独立之政绩；而咨议局章程第二十一条第一至第七项均冠以'本省'字样，并参酌宪政编查馆议覆于大臣奏咨议局章程权限一折，然后，'省'为地方团体之资格始确定矣。"③ 行省作为"地方"行政实体早已经"有实"。

关于"行省"的地位界定，广西省清理财政局一是从既定事实上、一是从政府章程的用词上，做了详细的分析，最后的结论是"行省"为地方最高行政层级。此种说法正中很多督抚的下怀。

绝大部分省份的督抚也把省作为单独的行政层级看待，并且是作为地方行

---

① 政府慎重地方税［N］.大公报，1909-02-17.
② 广西全省财政说明书［M］//陈锋.晚清财政说明书（8）.武汉：湖北人民出版社，2015：39.
③ 广西全省财政说明书［M］//陈锋.晚清财政说明书（8）.武汉：湖北人民出版社，2015：39.

政的最高层级,主张有省行政层级就需要有省税,有省政就应该有省税。他们的电文往来可以充分说明这一点。各省督抚,特别是吉林巡抚陈昭常、东三省总督锡良、两广总督张鸣岐、两江总督张人骏、湖广总督瑞澂、山西巡抚宝棻、四川总督赵尔巽、滇督李经羲、贵州巡抚庞鸿书和江苏巡抚程德全等十余名封疆大吏函电往来不断,相互援引,彼此声援,固守省级财政税源的意图非常明显。

在众多主持预留省税的督抚中,吉林巡抚陈昭常的论述较具代表性。他表示,在划分国地两税时需要对省政经费预先保障,预留出省税的位置。吉抚的理由有两个:一是有一级行政层级就需要有一级税收。在该抚看来,行省制度是地方的一种特别层级,既然有省政就需要有省费,所以,预留省税是有依据的。二是该抚充分论证预留省税是非常必要的。因为如果现在只是按照度支部的要求划分出国家税和地方税,不趁着厘订税法之初就拟定三级税收名目,"恐部中规定税项仅列地方总名必无省政经费地步,彼时求之国税而国家不应,取之地方而地方不应"①。吉抚的担心是不无依据的。其一,这和度支部的担心是一样的,如果不预先保障税源,将来必定陷入无从取捨的窘境。其二,在当时,和国家对应中央、地方对应州县这种确定无疑的对应关系相比,省的地方又处于尴尬的境地,如果中央和州县都认为省不在自己税项对应的范围内,那省政的展开必定是拮据彷徨的。因此,该抚就认为此时必须预留省税。在充分论证自己的观点后,陈昭常还怕自己势单力薄,恳请由东三省总督锡良酌核主稿、各省督抚会衔致电度支部,要求税项特别是地方税由省来厘订。除了预留省税外,陈昭常还建议除了划分国家税和地方税之外,地方税再分为省税、府厅州县税和城镇乡税三级。

两广总督张鸣岐的认知和吉林巡抚陈昭常极为相似。他也认为租税的等级应该与行政区划的等级相一致。根据外官制改革方案和地方自治章程,地方行政分为省、府厅州县和城镇乡三级,有一级行政,就需要有一级税收作为支撑,一省之事由省税支办,府厅州县之事由府厅州县税支办,而城镇乡之事理应由城镇乡税支办。他认为只有如此划分才能使得行政层级界限分明,各级政务都有税源的保障,才能有利于各级政务的展开。所以,张鸣岐主张把地方税分为三级,否则"若但浑言之曰地方税,则将来所定之三级财政,界限不明,行政

---

① 各省督部堂抚部院筹商宪政事宜来往电文·吉林抚部院陈电 [N]. 广西官报, 第99期, 宣统三年一月二十一日, 宪政, 1045.

必受牵掣"①。

东三省总督锡良和陈昭常、张鸣岐有些不同,但是他也大致认可省税的存在。锡良一开始是认为没有必要把税项层级划分过细,"划分税法只能就国家税地方税两大部分着手","若急于求密于地方税中多为层折,恐事实与理论相违"②。因此,他主张应等到官制颁布以后对行政层级做出明确的规定后,再对地方税进行划分。但是,奉天清理财政局在正监理官熊希龄的主持下制定的财政说明书中对税项的划分是国家税、地方税,地方税中又划分为省税和府厅州县税。锡良并没有提出异议,并且表示"已饬清理财政局,分类列表,拟定说明书,转咨度支部在案,一经部臣厘订,自可次第实行"③。可以看出,锡良也是大致认可省税的独立。

在各省督抚电商往来的过程中,两江总督张人骏、湖广总督瑞澂、山西巡抚宝棻、四川总督赵尔巽、滇督李经羲、贵州巡抚庞鸿书等也都表达了相似的看法。

各省督抚虽然意见有稍许不同,但维护各省利益的出发点是相同的,因为坚持省税的存在就是坚守省财政相对的独立性。

督抚们函电往来,商议地方税的分级问题,引起度支部的不满。《清理财政章程》中只是规定了划分国家税和地方税,并没有规定对地方税进行分级。度支部清理财政处反对的理由是"督抚为一省之长官,即以省为其地方之区域而办其地方之事,则又何有直省、地方之别,强欲分之,徒自扰耳"④。在中央没有要求的情况下,各省督抚又额外进行分级,被认为是庸人自扰,多此一举。而各省督抚恰恰相反,他们认为是非常有必要的,这既关涉"权",也牵涉"利"。因此,各省督抚甚是积极踊跃。

度支部反对地方行政层级划分,其实最为反对的是各省以此来预留省税的

---

① 广东督帅来电(宣统二年十二月十一日). 中国社会科学院近代史研究所近代史资料编辑组. 近代史资料(总第59号)[M]. 北京:中国社会科学出版社,1985:80.
② 各省督部院堂抚部院筹商宪政事宜来往电文·东三省督部堂锡电(十二月二十一日到)[N]. 广西官报,第99期,宣统三年一月二十一日,宪政,1044.
③ 东三省总督锡良奏奉天第三年第二届筹办宪政情形折(宣统三年二月二十八日)[A]//故宫博物院明清档案部. 清末筹备立宪档案史料(下册). 北京:中华书局,1979:813-814.
④ 清理财政章程讲义. 清末铅印本:10. 转引自刘增合. 制度嫁接:西式税制与清季国地两税划分[J]. 中山大学学报(社会科学版),2008(3).

做法，因为督抚此举，固守省级利益，有分夺中央税收的嫌疑和危险，这是度支部极力要避免的，因为早已经有前车之鉴。所以，度支部强烈规定，不论现状如何，所有大宗税项只能归度支部，要先保障中央的税收，地方财力如有不足可实行财政补助的方法。①

相对于度支部害怕的前车之鉴，督抚们更害怕的是后患无穷。现在度支部已经明确规定所有大宗款项归中央，那以后地方用款将更没有保障，特别是督抚们已经体验到了清理财政给他们带来的不便，外销和规费的清查，已让各省失去了一定的财政保障，而行省向中央的请款往往多被驳回，导致行省政务的进行窒碍颇多。所以，各省督抚试图事先给行省留足税源，免得交出去容易要回来难，如果以后处处受到度支部掣肘，将后患无穷。

（二）清理财政局税项的划分遭到质疑和修改

在督抚预留省税的同时，有些清理财政局也有相同的主张，当然也引起诸多不满。

广西和东三省清理财政局等明确主张划分省税。像广西清理财政局认为地方团体既然已经分为三级，"故租税之等级不能不与之相应，曰省税，曰府（有直辖地方之府）厅州县税，曰城镇乡税，皆地方税一定之统系"②。奉天清理财政局亦认为，省是地方行政的最高区划，省行政可以分为地方官治行政与地方自治行政，为地方官治行政而征收的税收就应该归入省税；并且，省税的担负对象不仅仅是指省会，而应该是全省人民。总之，省税就是供省行政之用、以地方之权力征收的、担负于全省人民的租税。所以，按照这两个标准，该局把凡是因警务而征收的亩捐都列于省税之内，把亩捐、车捐、河防船捐等也都划归省税。③ 吉林清理财政局也认为，省是上下行政层级承转的枢纽，省税在整个税法中也是如此角色，省税"须列为地方税之第一阶级庶与部章相符"④。因此，该局将包括牲畜税、缸捐、车捐等12项税目划归省税，支撑省城行政种种机关的支出。黑龙江省清理财政局也认为一级行政就要有一级税收，而由司库经管的是省税。

---

① 度支部致各省划分国家税地方税函［N］.大公报，1911-05-01.
② 广西全省财政说明书［M］//陈锋.晚清财政说明书（8）.武汉：湖北人民出版社，2015：39-40.
③ 奉天全省财政说明书［M］//陈锋.晚清财政说明书（1）.武汉：湖北人民出版社，2015：218.
④ 吉林全省财政说明书［M］//陈锋.晚清财政说明书（1）.武汉：湖北人民出版社，2015：530.

江西省清理财政局虽然没有确定用"省税"之词,但是用的是省会官厅地方税,认为地方税应该包括省会官厅地方税和地方官厅地方税。在该省,省会官厅地方税包括滑石税、硝磺税、街捐、省城铺捐、人力车捐、牌照捐。① 并且,该局还担心省会官厅地方税的保障问题。"现在国税、地方税尚未划分,所有省会地方行政经费,大都均由库款支给。惟各属地方行政经费类,皆就地抽收,故各属有完全之地方税,而省会则仅由各署局经收数项而已。"② 也就是说,州县可以直接收税,因此地方官厅地方税是可以保障的,地方行政经费就能确保。省会的行政经费依赖于各署局,如果没有完全之地方税,仰给于人,就有无从保障之忧。

有些省份的清理财政局在税项划分中有倾向地方之嫌,有些就把属于国家税的划归为地方税,有些就是参照该省实际情况,设置国家补助费,这也是因地制宜的结果。

在甘肃,该省清理财政局虽然认为如果按照部章指定用途,契税应该属于国家性质。"无如此中积弊半在官,半在民,非本地绅民不能搜剔整顿,故划归地方,将来收数增巨,再照数于地方税内拨还国家税。"③

直隶清理财政局虽然没有明确提出省税,但是,该局考虑到地方财政实际情况,认为在某些方面应该对地方有所预留。该局认为,当时国地财政收支混乱不堪的情况下,要使得两税划分界限截然也不太现实,考虑到地方新政用款浩大而财政又困难,所以主张将盐课中"似宜将运库之收款含有地方税性质者稍留余地,以备行政不时之需"④,避免窒碍政务的展开。

奉天清理财政局在盐税问题上可以明显看出关照省情的意图。奉天国家行政支出和地方行政经费界限不明,国家税与地方税更是互相掺杂,难以分割。之前很多自治经费依靠的都是国家税,如果现在遽然划归中央,则地方事务难以进行。所以,该省清理财政局把盐务收入化为国家税,但是,"惟'斗用'向有自治二成经费,遽议裁免,于自治不免侵损,故暂仍其旧,以俟将来自治经

---

① 江西各项财政说明书[M]//陈锋. 晚清财政说明书(6). 武汉:湖北人民出版社,2015:141-142、179.
② 江西各项财政说明书[M]//陈锋. 晚清财政说明书(6). 武汉:湖北人民出版社,2015:141.
③ 甘肃清理财政说明书[M]//陈锋. 晚清财政说明书(4). 武汉:湖北人民出版社,2015:532.
④ 直隶财政说明书[M]//陈锋. 晚清财政说明书(2). 武汉:湖北人民出版社,2015:44.

费充裕,再将二成划归国家,以期事实学理两不相妨"①。

山西省清理财政局也列出了多项国家补助地方经费。比如,满城义学膏火、满营官学薪水、满营两等小学堂经费,光绪三十四年实支银3823.146两,报部核销。该局认为,各省满营学务到底是应该属于国家还是地方,既然部颁册内没有指明,"兹暂作国家补助地方之教育经费,将来如何划分,应候钩部核定"②。还有,该局认为民政费中的巡警局薪饷,应该作为国家补助地方支出之行政经费;巡警局毛瑟枪价属于国家补助地方临时支出之经费;巡警学堂薪工应作为国家补助地方经常支出之款;太原商务总会经费应作为国家补助地方经常支出之款。③

各省清理财政局对税项的划分,还是遭到了反对。比如,东三省划分省税遭到翰林院侍读世荣的奏参;清理财政局划归为地方税的税项,有些也被度支部要求改归国家税。

东三省在地方税中又离析出省税,遭到翰林院侍读世荣的奏参。世荣认为不能划分省税,列举的原因有五个。第一,在国家税和地方税之外增加省税一项,违背了永不加税的祖训。第二,宪政编查馆和度支部所奏陈的清理财政中只要求划分国家税和地方税,并没有省税,因此,东三省此举与部章严重不符。第三,省税既不属于国家税又不属于地方税,会增加不肖官吏从中舞弊的机会。第四,省税名不正言不顺,必将遭到众谤群疑,州县办事势必窒碍难行。第五,"省税之名上之则侵害国家之正供,下之则夺地方之杂款,颠倒错乱,犹治丝而棼"④。

以上五个理由,从违背祖训、违背部章、增加舞弊、窒碍行政和税项错乱等方面论证省税的"五大不可"。这五个理由,第一个和第三个站不住脚,因为省税只是从原有税项中划出一部分归为省税,并不是又单独加了一项税收,谈不上违背祖训;既然是归并原有税项,也不会存在增加舞弊的问题。第二个,部章没有规定省税,但是,度支部要求各省参与,也谈到"学说不一,意在折

---

① 奉天全省财政说明书[M]//陈锋. 晚清财政说明书(1). 武汉:湖北人民出版社,2015:85.
② 山西财政说明书[M]//陈锋. 晚清财政说明书(3). 武汉:湖北人民出版社,2015:41.
③ 山西财政说明书[M]//陈锋. 晚清财政说明书(3). 武汉:湖北人民出版社,2015:68.
④ 世侍讲请撤奉天省税[N]. 盛京时报,1910-09-30(第5版).

衷"①。第四个，省税得到多个督抚和清理财政局的认可，没有达到众谤群疑的程度；划分省税，如果能使得行省和州县权限明确，也不会存在窒碍州县行政的问题。最为紧要的应该是最后一个，即省税上会侵害国家正供，下会夺地方杂款。世荣和清理财政局最大的不同还是对省地方的界定不同。清理财政局之所以单列省税，就是因为把行省作为一级行政层级，并且是地方最高行政区划，而在世荣看来，行省依然是国家政权的延伸，不是一级单独的行政层级，无须单列一省税名目，单列会影响国家和地方利益。因此，争论的起因是对"省"定位的不同，而实际上还是利益的归属问题。

甘肃省清理财政局把一些税项划入地方税，但是，奉度支部要求又改为国家税。涉及的税项包括：

木料统捐，甘肃省清理财政局认为该款项虽然是报部正款，但是此款一直充作地方河桥之费，所以拟划入地方税，但是度支部要求将其改归国家税。② 担头，留作地方学堂、巡警等项之用，为向未报部之款，因此，该局认为此款项性质本属地方，所以拟归入地方税，但是度支部要求该归国家税。③ 牙帖，在该局看来其性质纯系地方，所以拟划归地方税，但是度支部要求改归国家税。④ 该局虽然认为当税本国家税性质，但是，考虑到甘肃省杂税均拟划归地方，当税亦杂税之一宗，且收数无多，与各省当商纳税亦不一律，故划归地方税，但是度支部要求改归国家税。⑤ 畜税、畜税加增、猪羊税、马税、架税，该局认为此项税入大半在于乡村，纯系地方性质，所以拟划入地方税，度支部不同意，要求改归国家税。⑥ 商税、商税加增、山货税，该局认为此税亦纯系地方税性质，因此划入地方税，同样遭到度支部划归国家税的要求。⑦ 暗门税，

---

① 湖南全省财政款目说明书［M］//陈锋. 晚清财政说明书（6）. 武汉：湖北人民出版社，2015：421.
② 甘肃清理财政说明书［M］//陈锋. 晚清财政说明书（4）. 武汉：湖北人民出版社，2015：522.
③ 甘肃清理财政说明书［M］//陈锋. 晚清财政说明书（4）. 武汉：湖北人民出版社，2015：526-527.
④ 甘肃清理财政说明书［M］//陈锋. 晚清财政说明书（4）. 武汉：湖北人民出版社，2015：533.
⑤ 甘肃清理财政说明书［M］//陈锋. 晚清财政说明书（4）. 武汉：湖北人民出版社，2015：532.
⑥ 甘肃清理财政说明书［M］//陈锋. 晚清财政说明书（4）. 武汉：湖北人民出版社，2015：533.
⑦ 甘肃清理财政说明书［M］//陈锋. 晚清财政说明书（4）. 武汉：湖北人民出版社，2015：533.

该局认为此税性质和征收方法,均在所收畜税、商税之内,不过是因地异名,并不是别有税项,因此,划归地方税,度支部仍要求改归国家税。①

此外还有药税,由阶州直隶州及所属文县征解司库,该局认为该税属于杂税性质,并且收数无多,所以拟化为地方税。褐毯税,该局也是认为其性质纯系地方土产,所以划入地方税。西税,因为为数不多,土货一并征收在内,所以划入地方税。集税,也被该局认为其性质纯属地方,因此划入地方税。枸杞税,因是专供县城学堂、巡警之用,所以,该局认为此项税捐性质和用途皆属地方,因此拟划归地方税。夷税,因其收数无多,被该省清理财政局划归地方税。羊皮税,因为征收范围小,只有三处征收,并且与各属商畜税名异实同,所以该局将其划入地方税。② 这几项,在该局看来,或属于系地方土产,或专供学堂、巡警支用,或属于杂税性质,或收数无多,因此应该划归地方税。但是,最终这几项都被划归为国家税。

总之,该局拟划归地方税的有19项,最终只有3种归为地方税,其他都被归为了国家税。虽然说甘肃省清理财政局的划分不无问题,但是,最终度支部将绝大部分都归入国家税,也有税源争夺的意味在其中。

在多重分歧出现后,度支部不得不再次表态,标准仍然是大宗款项只能是中央的,中央可以补充地方,但地方不能侵夺中央税源。③ 度支部厘订税项标准,要求清理财政局按照要求填报。④

度支部也承认,在当时的情形下划分税项困难很大,包括各国标准不一;我国官治未定,行政范围尚无界限,匀分政费有种种困难,法理与事实相冲突;各省情形不同。针对于此,度支部研究之后,拟定了例言、格式等印刷成本送至各省,要求按照度支部的格式办理。例言要求填注八栏,包括税目栏、解释栏(课税物件、纳税人、课税区域、完纳物件、课税期间、其他各项)、沿革栏、税则栏、课税方法、用途、收入额、按语(记载其税之宜为国家税或地方税而说明其理由)。⑤ 但是,争论仍然存在,问题仍未解决。最终呈现的结果是各省清理财政局在财政说明书中标准不一的划分结果。

---

① 甘肃清理财政说明书[M]//陈锋.晚清财政说明书(4).武汉:湖北人民出版社,2015:534.
② 甘肃清理财政说明书[M]//陈锋.晚清财政说明书(4).武汉:湖北人民出版社,2015:535-537.
③ 划分税项之大纲[N].大公报,1911-04-08.
④ 度支部厘订税项标准[N].大公报,1911-05-08.
⑤ 度支部致各省划分国家地方税函[N].大公报,1911-05-01.

国地税的划分，导致中央与行省对税收的争夺，因此在中央与行省之间产生了矛盾。本来双方是共享同一税源的，现在如何划分国地两税，标准本来就不明确，加之双方都试图保障自身的利益，"部臣势必以度支日窘，举所有似是而非者一概攘为国家税；外省亦必以用款不敷，举所有似是而非者一律列入地方税。照部臣之意，则外省必多掣肘之虞；照外省之意，则部臣必有仰屋之叹。上下相轧，内外相争"①。因此，双方的冲突在所难免。改革在"权""利"争夺的内耗中注定难以成功。

二、省与府厅州县

到清末，随着就地筹款，州县有了较为固定的财源。州县财政已经形成规模。省与府厅州县之间同样也存在着对税源的争夺。两者在之前本就是同一税源，大量用款界限不明，现在要进行划分，不可避免地会出现矛盾；特别是关于用于地方自治的税项划分上，咨议局、自治机构等都曾因税项划分问题与督抚、清理财政局等产生矛盾。并且，双方援引不同的西方税收学理而对"地方"的界定不同，更加剧了矛盾。各州县也试图截留国家款项办理地方事务，而省却严格税收立法权和征收权，争夺税收。

（一）州县财政形成

州县地方用款，在军兴之前，多仰给于官业之收入，因为用费少，所以规模尚小。但是，随着军兴之后百废待举，州县开始征收厘捐，州县财政规模随之而扩展，加之公款、公产、官业等项，州县亦有了较为固定的财源，州县财政初具规模。

及至新政，诸政待举，用款甚巨，特别是宪政改革，在地方要实现自治。地方开始兴办教育、巡警、慈善等事务，随着事项的迭兴，筹款之事也随之而来，就地筹款因之而兴，州县有了相对固定的财源。如陕西，"租有捐矣，货有捐矣，行户捐矣，呈词捐矣，绅富捐矣，房铺、脚柜、牧畜之属胥有捐矣，或甲有而乙无，或此常而彼暂，大抵各殚其地之所有尽力以赴，应教育、巡警、自治及实业之用。通省并计，岁入约不下数十万金"②。州县财政规模亦较宏大，也开始有固定财源，特别是各种杂捐，从府厅到州县杂捐各款，"均由本地

---

① 论划分国家税与地方税之标准［N］. 大公报，1911-03-18.
② 陕西财政说明书［M］//陈锋. 晚清财政说明书（4）. 武汉：湖北人民出版社，2015：147.

抽收，以资备办新政之需，向无报解司库者"①。在陕西州县杂捐中，从规模上依次为商捐、绅富、房捐、斗捐、脚柜、呈捐、炭捐、货捐等，各州县收数不定。在四川，各州县地方用款，及至清末，亦多仰给于捐税，主要是针对地方出产物品征收捐税。"如成都、嘉定各属之烟、丝、油米，资州、雅州等处之盐糖牲畜，潼川之布匹、蓝靛，龙安之木植、药材，每年收数多者千余金，少者亦数百金不等，惟征收多从其惯例，往往规则各殊，向无一定之标准。"② 根据四川省财政说明书列举，该省州县地方杂税大约有13种，包括随粮征收各费、田房契底、地方公用肉厘、食物税、谷物税、用物税（包括靛税、纸税、柴碱等税）、药材税、丝布税、牲畜税、木植税、矿产税、营业税、杂项税等。特别是食物税，主要是针对州县地方特产而征收，"成都各属产烟，犍为、富顺等属产盐，以及仁寿之粉，松潘之茶，宜宾之笋，每年售价既巨，而地方税遂因之而起"。特别是新政以后，因用款繁多，各州县亦多整饬税则，厘订收数，而食物税成为地方重要之收入。③ 州县地方杂税主要用于差徭、地方行政经费、学堂经费和警务等支出。

除了州县杂税杂捐之外，州县还有公款，由地方官绅自行筹措，成为补助地方行政开支的重要来源。比如，在四川，根据该省清理财政局罗列的四川各州县地方公款说明书，地方公款包括息款、庙会提款、捐款、帮款、存余、罚款等。其中息款收入和庙会提款最多。④

此外，州县还有一种收入，就是地方公产。主要是官有田产、房屋等，可以收取租金，作为州县行政经费和教育、警务和慈善等事务的经费，所以大致可以分为"教育上之官业、保安上之官业及慈善会之官业三项"。比如，在四川，就有由地方官绅筹款购置者，或者将无主荒地招民垦种，或建房居住者，还有就是由人民乐捐，或因事罚充者，这些田产或者房产，一般由地方绅董经收，地方官只是监督。这些收入一般比较稳定，因此，各项官业收入也成为州县地方财政的一大来源。在四川，地方公产"据三十四年所报告收入之数，多

---

① 陕西财政说明书［M］//陈锋. 晚清财政说明书（4）. 武汉：湖北人民出版社，2015：147.
② 四川全省财政说明书［M］//陈锋. 晚清财政说明书（4）. 武汉：湖北人民出版社，2015：819.
③ 四川全省财政说明书［M］//陈锋. 晚清财政说明书（4）. 武汉：湖北人民出版社，2015：819-820.
④ 四川全省财政说明书［M］//陈锋. 晚清财政说明书（4）. 武汉：湖北人民出版社，2015：822.

者或数千金，少者亦千数百金不等"①。

综上可以看出，到清末，州县有较为固定的财源，包括杂税杂捐、地方公产、公款等，州县财政大致形成。并且在划分国地税之前，也存在着税项的争夺问题，比如，在甘肃，由地方官征收者，有地丁、粮草、商畜税等。商畜税也成为地方收入大宗。在该省，商畜税有归府征收的，也有归州县征收的，还有归佐贰、佐杂征收的。他们之间就存在着税源争夺的情况，"府县同城，则府与县争收，集场、村镇则州县与佐杂争收，各处接壤之区，则此县与彼县又争收，始则互相减让以广招徕，继遂叠生衅端，竟嫌隙"②。因为利益息息相关。而在清理财政，划分国地税之时，和中央与行省之间存在税源争夺一样，行省与府厅州县之间矛盾也同样存在。

(二) 清理财政局、督抚等与咨议局的冲突

府厅州县税中较多是涉及地方自治的款项。因此，咨议局参与到税项划分的讨论中。因现实的利益和援引学理上的不同，在税项划分中咨议局与督抚、清理财政局等有分歧、有冲突。

1. 税项整顿中的分歧

度支部把地方税项性质讨论和划分的权限给了咨议局，并让咨议局对该省的地方税进行清查等。到清末清理财政之际，各省地方税与国家税久经牵混，要想划分清晰，必须对税项进行全面的调查。所以，度支部与宪政编查馆商定，要各省咨议局将全省税项中凡是关于地方税性质的税项都详细开单呈送宪政编查馆察核③，为厘订两税划分办法做准备。特别是预算提前赶办，划分国家税地方税的问题变得越来越迫切，由度支部通咨各省督抚转饬咨议局和议事董事两会，将关于地方税项调查清晰造报总数，至于详细表册统于宣统三年送呈度支部以备查核。④ 宪政编查馆对咨议局寄予厚望，颁发表格，让咨议局悉心调查关于地方的种种事宜，包括地方行政、地方财政、地方税额、地方统计、地方习惯和地方利弊。⑤

---

① 四川全省财政说明书 [M] //陈锋. 晚清财政说明书 (4). 武汉：湖北人民出版社，2015：823.
② 甘肃清理财政说明书 [M] //陈锋. 晚清财政说明书 (4). 武汉：湖北人民出版社，2015：734.
③ 地方税拟饬咨议局清理 [N]. 大公报，1909-10-11.
④ 划分税法问题之解决 [N]. 甘肃官报，第四十五册，宣统二年九月第一期，19.
⑤ 调查地方事宜之种种 [N]. 大公报，1910-04-29.

度支部也非常重视咨议局对税项划分的意见。比如，各省咨议局开会以后，多涉及地方税划分的问题，形成一些议案，所以度支部电告各监理官，把该省咨议局决议划分地方税的议案按照原议情节抄呈该部，以备核议办法。① 度支部在种种调查之后，厘订了国地税划分的草案，度支部要求各省督抚将此草案札发咨议局，让其详细研究，分别签注，以便度支部吸取意见。②

根据《各省咨议局章程》和度支部及宪政编查馆的要求，咨议局担负了调查、整顿地方税，并提供划分两税意见的任务。比如，在湖北，该省咨议局就参与了税项的讨论。该省咨议局议准各属税契归绅督收，认为这是整顿财政的重要方法之一。而对于此法，该省清理财政局却说"是否得法，尚不可知"③。

在咨议局参与整顿税法的过程中，经常出现和督抚司道意见不同的情况。比如，在江苏苏属，契税一直是由府厅州县按率征收，然后汇解藩库，都是列入奏销的，而各属为了补助善举和学堂等经费，也有在契税项下酌加若干的。该省咨议局提议，在契税中划出三分，作为公益捐。随后，由苏藩司议复附收之款，认为可以在加收扣提六厘经费内划收，但是不得另立名目，以归一律。④ 在东三省，督抚与咨议局就营业税改为附加税以充地方自治经费一案产生分歧。督抚想改营业税为附加税，该提议案被吉林省咨议局所驳，认为名目不能改，改了就与立宪大纲相违背。但督抚对咨议局的看法进行了批驳，认为改为附加税有三个好处，改名亦不与立宪大纲相违背，并且对于咨议局所分配的比例督抚也不赞同。⑤

税项整顿中还存在权限之争。比如，吉林省咨议局提议不认长农新定车捐，因为该局认为，长农定立车捐是以行政权侵犯立法权限。但是，督抚并不认同。因为，其一，此项车捐的定立是非常必要的，主要是因为警费支绌，所以改定新章，并经督抚批饬试办；其二，改定并试行新章的时间是在咨议局成立之前，

---

① 电询划分地方税之议案［N］. 大公报，1910-01-15.
② 京师近事［N］. 申报，1910-09-22（第1张第6版）.
③ 湖北财政说明书［M］//陈锋. 晚清财政说明书（6）. 武汉：湖北人民出版社，2015：393.
④ 江苏财政说明书［M］//陈锋. 晚清财政说明书（5）. 武汉：湖北人民出版社，2015：276.
⑤ 咨议局呈覆改营业税为附加税以充地方自治经费一案文并批［N］. 吉林官报，第三十二期，宣统元年十一月初一日，公牍辑要，2-4.

根本不存在侵夺立法权的问题。①

可以看出,咨议局与督抚司道之间就税项整顿及立法权限等问题有些分歧。在之后国地两税划分的过程中,咨议局与清理财政局等的冲突也很明显。

2. 咨议局与清理财政局等的争论

咨议局与清理财政局争论比较突出的就是东三省。该争论集中体现在清理财政局与咨议局关于车捐、警捐性质的界定上。上文已经分析过,奉天清理财政局把亩捐和车捐定为了省税。但是有一个现实的问题,那就是东三省的亩捐和车捐被大量地用于补助各府州县的警学诸务。因此,奉天清理财政局提议,将补助学务等的车捐暂时作为省税补助费。此提议遭到各府厅州县的反对,因为他们提议将亩捐归为地方自治。

奉天清理财政局和咨议局针对税项划分出现分歧,一个重要的原因就是两者对"地方"的界定不同。

东三省清理财政局对税项的划分,特别是单独设立省税的问题,受到正监理官熊希龄的影响很大。熊希龄曾详细分析过国地税划分的标准问题,认为两税的划分,第一,应以国家行政和地方行政为标准。第二,也可以从担负者的角度进行划分。第三,还可以从征收者的角度来划分,由度支部直接征收的可作为国税,由各省督抚征收的可以作为省税;而由地方自治团体所设立的公益事业所收的附加税之类则可以作为府州县税。② 第四,如果从用途来分,用于国家行政经费的是国家税,用于地方行政经费的是省税,用于地方自治经费的是府州县税。但必须考虑到东三省的实际情况,熊希龄等提出补助费的问题。在奉天,警、学亩捐是地方税中的大宗款项。亩捐,顾名思义,就是按亩抽捐,本属于附加税性质,但是税收规模较为庞大,其总额能达到四五百万元,甚至超过国家税十分之五六。这种现象在内地各省很难见到。从性质上划分,属于附加税性质的警务、亩捐应该是府厅州县税,但是,因为警务属于官治范围,所以奉天清理财政局把此项亩捐列归为省税。奉天清理财政局把车捐划归为省税,但是,考虑到大量的车捐用于补助各府州县学务,所以把车捐暂定为省税

---

① (督抚宪)又批咨议局提议不认长农新定车捐一案文[N].吉林官报,第三十三期,宣统元年十一月十一日,公牍辑要,14-15.
② 就奉天财政预算上度支部堂宪禀(1910年).周秋光编,熊希龄集(第2册)[M].长沙:湖南人民出版社,2008:260.

300

补助费。①

对于奉天清理财政局对车捐和警捐的划分,该省咨议局表示不能认同。咨议局主张车捐和警捐都应该属于府州县税。该局还呈书总督,指责熊希龄等的划分意见是没有根据、没有理由的,并请锡良转咨度支部进行更正。但是,熊希龄等坚持己见,对咨议局的呈书进行了逐条辩驳,特别是针对咨议局认为车捐"为地方办学而设,纯为地方收入与支出"展开了辩驳。监理官指出,车捐的征收是由财政局定铸铜制车牌或者制就执照版行各属等分别针对省内和过路车辆进行征收,因此,奉天车牌捐从性质上来讲,同于出产、销场各税,为全省统捐。并且营业车辆来往通行于全省,而并非只限于一州一县,所以要归于度支司统辖,必列为省税。咨议局称车捐是为地方办学而设,但监理官发现,车捐是由地方官按月将收支数目分别造册呈报度支司、提学司、民政司、劝业司等核销,属于官治行政经费的核销方法,所以,车捐属于省税。总之,监理官认为咨议局有四点误会,误于旧日内外之见、区域之见、官民之见和收支之见。②

监理官和咨议局产生分歧的焦点是对"地方"的定义不同。两者都在说"地方",但是,其意所指是不同的。监理官认为省是地方行政层级,省也是地方,因此,"省税与府、州、县税用之于地方行政经费,所以谋一省及各府、州、县之发达也。地方二字本包省与府、州、县而言"③。而咨议局认为地方只是府厅州县,因为咨议局援引的是日本税制。日本土地狭小,所以行政区划只有国家和府县,没有省的建制,因此,日本税制,分为国家税和地方税,而地方税之中又分府县税和市町村税。所以,咨议局就把省归为国家,把"地方"仅仅局限于府厅州县,因此被监理官嘲弄,"奈何泥于日本府、州、县之制,而引以为据,致别省于地方之外,又别府、厅、州、县于省之外也"④。对"地方"理解不同,导致分歧和争议。当然,问题也不仅仅在于此。"不如争之于

---

① 就奉天财政预算上度支部堂宪禀(1910年).周秋光编,熊希龄集(第2册)[M].长沙:湖南人民出版社,2008:260-261.
② 为车捐等事解释疑误与栾守纲上锡良书(1909年)周秋光编.熊希龄集(上)[M].长沙:湖南人民出版社,1996:291-297.
③ 为车捐等事解释疑误与栾守纲上锡良书(1909年)周秋光编.熊希龄集(上)[M].长沙:湖南人民出版社,1996:295.
④ 为车捐等事解释疑误与栾守纲上锡良书(1909年)周秋光编.熊希龄集(上)[M].长沙:湖南人民出版社,1996:295.

府、厅、州、县,遂可以将收入全权概归绅民之手。"① 行政边界的不同,也意味着税收征用权限的边界不同,实际上还是体现在利益的争夺。

(三) 督抚与州县的矛盾

督抚和州县之间的矛盾主要体现在州县截留国家款项办理地方事务而遭督抚批驳。

在国地税划分中,明确划分府厅州县税的比较少,这就导致府厅州县用款上受到限制,而各项改革的进行无不需要财政支持,所以,州县官和地方绅董等试图截留国家款项办理地方自治事业,这就引起了督抚的不满。比如,在吉林,榆树县县令禀请将木税仍归该县税局附属征收另款存储,实征实报,留为地方新政补助之费。但是,吉林巡抚不同意,认为木税现已奏准改为尽征尽解,自应归各分局征收达到整顿税收的目的,所以该县请仍归该县征收不能实行。②

因为国家税和地方税界限未清,各省都存在地方截留国家正款的情况。比如,在福建,就存在着地方绅董请求截留契尾捐作为学堂经费的情况③,在浙江也存在地方士绅截留国家正当款项兴学的举动。④

总之,行省与府厅州县在国地税的划分中也是针锋相对,其中有对西方税收理论的认知差异,更多的是出于利益的考量,进而展开对税源的争夺。

第四节　国地税划分的评价

清末进行的清理财政对国地税进行划分,是中国近代第一次试图实行分税制改革。划分国家、地方两税被认为是解决中央与地方财政权限的首选办法。虽然过程中有很多问题,最终也没有能够实施,但是,国地税划分还是存在着一定的长远意义。

---

① 为车捐等事解释疑误与栾守纲上锡良书(1909年)周秋光编.熊希龄集(上)[M].长沙:湖南人民出版社,1996:297.
② 请留木税未准[N].吉林官报,第二十期,宣统元年七月初一日,政界纪闻,2.
③ 福建全省财政说明书[M]//陈锋.晚清财政说明书(9).武汉:湖北人民出版社,2015:748.
④ 浙江全省财政说明书[M]//陈锋.晚清财政说明书(5).武汉:湖北人民出版社,2015:745.

一、存在的问题分析

（一）时间顺序

在国地税划定的时间顺序上，按照宪政编查馆在《九年预备立宪逐年筹备事宜清单》中列出的计划，是先定地方税，再定国家税。度支部在《清理财政章程》中也是先定地方税，后定国家税。这引起了多方的争论。不论从学理上来看，还是从实际的情况来看，此时间表都有很多问题。关于两税划定的时间问题，各方有不同的看法。并且这种划定的时间也给国地税的划分实践带来重重阻碍。

从实际的操作层面看，清政府分两次来划定国地税，这引来了诸多质疑。税收只有国家税和地方税两部分，不是此就是彼，一部分确定了，另一部分必然随之而确定，何以先定一部分，而另一部分待到一年后再去确定。并且，度支部的计划先定地方税，在国家税没有确定的情况下，用什么样的标准定地方税？"使当未定国家税之前而先定地方税，吾不知其所厘订者，将以何者为标准而能恰如其分也。及地方税既定之后而国家税尚未厘订，则地方税之税项，将属于何种税额也……今国家税之厘订尚待来年，则所谓地方税者，又将从何而割分之耶？"[1] 所以，该评论认为国家税和地方税应该同时举办，才可以避免相互抵触。也有主张可以先定国家税，再定地方税，比如，御使王履康就持这种观点。"因自治发达与否，必视地方经费之盈绌为衡，而地方税之若何遵行，断无不渊源于国税，故必俟国税既定后，再将地方税章程赓续厘订。"[2] 只有这样，才能于国计民生两有裨益。

王履康预想到厘订顺序的问题会导致种种纠葛，事实上也正是如此，之后的税项划分冲突明显。参照西方税制，地方税很大部分是国家税的附加税，如果国家税都没有确定，如何确定因之而产生的附加税性质的地方税？即使是独立税性质的地方税也要考虑到和国家税是否冲突的问题。所以，清政府中央确立的两税划分时间顺序并没有能更好地推动税项的划分，反而是增加了问题的复杂性。

先定地方税后定国家税遭到质疑，并且在实践过程中问题迭出，加之中国赋税名目纷歧、性质复杂的现实问题，度支部表示，要"酌量时势所宜，兼采

---

[1] 论地方税与国家税不当分年厘订［N］.大公报，1910-09-11.
[2] 宣统政纪（卷38）［M］.15-16.

各国规制",并需要事先与各督抚详加商酌,不能过于急躁。最终,度支部接受了王履康的奏陈,于宣统二年八月初二日具奏,做出修正变通,国地税同时厘订,并确定宣统二年为调查国家税、地方税年限,宣统三年为厘订年限,宣统四年同时颁布。① 最终奉旨依议。

(二) 划分标准

在两税划分标准上,度支部只是粗浅地区分了国家行政经费和地方行政经费,"国家行政经费系指俸廉、军饷、解京各款以及洋款、协款等项,地方行政经费系指教育、警察、实业等项"②。划分的原则和标准都不明确。因为标准不明确,度支部又把讨论的权限下放给了各省,最终在税收划分标准上各省意见不一,歧出较多,争论激烈。

度支部要求各省在财政清查时将各种税项"何项应属国家税,何项应属地方税,分别性质,酌拟办法,编订详细说明书,送部候核"③。按照度支部的要求,各省清理财政局制定了税项划分标准,在各省的财政说明书中可以体现出来。但是,由于各省实际情况不同,财政清理官员们所援引的西方财税理论不同,各省的标准也有所不同,有以征收主体为标准划分的,有以支出用途来区分的,有以直接税和间接税来划分的,有以地方税附属国家税的。各行政层级在两税划分中的表现更多是在固守自身利益,从而导致中央与行省、省与府厅州县之间财源的争夺。

即使后来,中央出台了税法大纲,但是,问题依然凸显。税法大纲规定:(一) 国家税内应分国家行政提用,并皇室御用两项。(二) 地方税内分地方行政用款,略以督抚司道、县治分定等级。(三) 地方税有应列为地方自治用款者,亦在其内。(四) 国家、地方两税均有特别一项,专供军饷、军功之需。(五) 额定课税中有特别一项,专为军事、临时之用。(六) 通国厘捐,分别划入税额以内。(七) 编订税务专律,以资遵守。④

该大纲虽然在一定程度上明确了国家税和地方税的范围,即以行政支出为

---

① 护院魏准度支部咨本部具奏拟定国家税地方税章程同年厘定颁布推行一折奉旨依议缘由分行司局遵办文(附件一)[N]. 广西官报,第89期,宣统二年十月十二日,财政,456.
② 度支部清理财政章程[A]//故宫博物院明清档案部. 清末筹备立宪档案史料(下册). 北京:中华书局,1979:1030.
③ 度支部清理财政章程[A]//故宫博物院明清档案部. 清末筹备立宪档案史料(下册). 北京:中华书局,1979:1030.
④ 划定税法大纲已定[N]. 大公报,1911-07-20.

依据，支用国家行政和皇室经费的就是国家税，支用地方行政经费的就是地方税；并且对地方行政层级进行了划分，对比之前分明了许多。但是，仍然太过简略，无法很好地解决中央与地方在税项划分中的冲突。并且，随后清政府的统治已经岌岌可危，所以，国地税的划分也就被迫中止。

（三）官制改革的滞后影响到税制的划分

在两税划分中，关于地方税的分级问题引起各省督抚的热议，这固然是由于各省督抚对省级财权的坚守和对分权的顾忌，以及西方及日本官制的影响，但是，行政改革的滞后是一个非常重要的原因。在讨论和划分税项时，官制改革特别是外官制改革的方案仍未能确定，所以，行政层级的不确定也为各省督抚在税收层级的划分上留下了争议。两广总督张鸣岐、吉林巡抚陈昭常、浙江巡抚增韫、两江总督张人骏等都认为地方税应该分为三级，即省税、府厅州县税和城镇乡税，因为有一级行政机构就应有一级税收。但是，也有督抚比如，江苏巡抚程德全等认为地方税可暂不分级，可以分官治和自治两种。东三省总督锡良一语点中要害，"俟官制颁布后"，税项划分才能"较有节次"①。即因为官制还没颁布，现在的税项分级缺乏依据。最后，度支部否定了将地方税分级的意见，给出的原因也是官制改革方案仍然没有确定，行政范围也没能明晰划分，"求与法理相符，又觉事实有碍"②。

（四）国地税的划分没有实现财权与事权的统一

财权划分的重要原则应该是财权与事权的相一致。但是，度支部在国地两税划分中有集权之意，有揽利之嫌，把大宗收入都纳入国家税，所以，较少顾及地方财权是否能有效地应对地方政务的进行，导致地方官员的不满。"国家既许地方之自治，未有不予以自治之权力者，既予以自治之权力，未有不许其有独立之财产者。使以为地方团体虽有自治之权，而其财政之权仍属之于国家，是无异于欲求个人之生活，而不许其有经济行为也。"③ 最终事权与财权仍未能相一致，这也是各方矛盾加剧的重要原因之一。

综上说明，作为两税划分的制定者和执行者，他们的具体素质、对制度的认知差异、制定者和执行者之间的关系等都成为推动或制约制度变革的因素。

---

① 各省督部堂抚部院筹商宪政事宜来往电文·东三省督部堂锡电（十二月二十一日到）[N]. 广西官报，第99期，宣统三年一月二十一日，宪政，1044.
② 度支部致各省划分国家税地方税函[N]. 大公报，1911-05-01.
③ 无财政权之地方团体[N]. 大公报，1908-05-07.

度支部作为制定者，确有失当之处，没有制定明确的标准，没有承担起应担负的责任。各省清理财政局和督抚们作为执行者，他们的认知和目的也会影响到两税划分的实施。

当然，两税最终没能实现明确的划分，也有客观原因，比如，现实税收的混乱，国家与地方行政界限的不清晰，西方财税理论的多样化，也让两税划分难以落实。湖南省清理财政局就认为："惟旧时款目性质复杂，固有确然可分而无庸疑义者，亦有介乎两可而颇费商榷者。前奉部颁《划分税项程序》，学说不一，意在折衷。"① 在这种情况下，该局只能是遵照度支部意旨进行了逐款拟议，但是划分是否得当，只能等候度支部审核。各省如此，中央亦是如此，度支部尚书载泽要求财政处司员在一个月之内将各省国家税和地方税列表划分，引发司员抱怨，他们认为，中国租税向来没有统系，各省表册又纷乱不已，尚且不知道从何着手，难以如期完成任务。②

总之，分税制改革在"权""利"争夺的内耗中注定失败。在各方都固守自身利益的情况下，矛盾冲突不可避免。中央及度支部想通过两税的划分确保中央税源，加强和巩固中央的财权；而地方也想在税项划分巩固自身的利益，因此，从中央到行省到府厅州县，展开了对税源的争夺，使得问题复杂化。最终，矛盾重重之下，国地税划分最终没能完成。

二、意义

清末清理财政进行国家税和地方税的划分，虽然最终没有能够成功，但是，还是给历史留下了长远的意义和有益的借鉴。

（一）需要为地方财政提供制度保障和稳定财源

清朝实行中央集权的财政管理体制，其税收向无国家税和地方税之分，虽然税收的征收是由地方来完成，但在名义上都是国家收入。随着晚清时期整个局势的改变，特别是各种改革的进行，地方实际上成为改革的直接推动者和承担者。"各省关系国家行政经费，如海陆军各项，无一非责之各省督抚"，"并九年筹备种种新政各经费，无一非责之督抚"，"是中央集权而四方负责任也"。但是，清政府的财政制度和财政现状已经无法保障各项政务的开展。"天下事安有

---

① 湖南全省财政款目说明书［M］//陈锋. 晚清财政说明书（6）. 武汉：湖北人民出版社，2015：421.
② 京师近事［N］. 申报，1911-01-06（第1张第7版）.

权不之属，而能负责任者乎？"① 事权与财权严重不一，成为影响改革的重要因素。极为脆弱的地方财政也难以支撑改革的进行。"费笔墨之事业可以提前，费钱之事业不能提前，形式上之修改可以赶办，实际上之修改不能赶办"，原因即"经费困难""人才安在""法律安在"②。

所以，地方才会在经制之外寻找新的财政保障，这是外销产生的重要原因，这也是事权要求与之相适应的财权的必然要求。"疆臣身膺重寄，用人行政，在在需财，若于财政毫无特权，则庶政皆无从展布。"③ 正是此种认识，也是清廷进行国地财政分权改革的重要原因。

国地税的划分，在中央来讲，首先是为了保障中央的财源，但是，在此基础上，也用制度把中央与地方的财政界限进行了明确，让地方财政有了制度性的保障，有了稳定的财政来源，"国税，即为国家行政之用；地税，即为地方行政之用"，有利于地方政务的进行。此举也让之前经制外的财政纳入制度之中，有利于加强对财政的监督，防止地方势力的过分膨胀和贪腐的产生。

（二）在省内统一税收标准，有一定的意义和作用

为了划分两税，各省都不同程度地针对税收进行整顿，包括税收机关的归并、税章的改良和规范经征过程等，各省清理财政局也对税收的问题提出整改意见，使得税收有了一定程度的改善，并且提高税收收入。对州县财政的整顿，也加强了行省对州县的掌控，有利于省级财政的统一。

为了清理财政，划分国地税，各省都对税收进行了整顿，取得了一定的效果。据新疆清理财政局调查得知，该省田房契税征收紊乱，官吏私立名目，弊窦丛生。从清理财政开始后，特别是从宣统元年之后，按照度支部要求加征田房典买契税，经征越来越规范，成立经征总局，由藩署刊发契尾，并将"从前典买各契，一律造册更正，而地方官亦不得任意浮收，而以多报少及大头小尾等弊，悉予禁革净尽"④。湖北在宣统元年对统捐局卡进行归并，并委派专员驻

---

① 袁树勋. 署两广总督袁树勋奏中央集权宜先有责任政府及监察机关折［N］. 东方杂志，第7年第7期，宣统二年七月.
② 清末筹备立宪档案史料补遗［J］. 历史档案，1993-3.
③ 会议政务处覆奏度支部清理财政办法折（光绪三十四年十二月初十日）［A］//故宫博物院明清档案部. 清末筹备立宪档案史料（下册）. 北京：中华书局，1979：1024.
④ 新疆全省财政说明书［M］//陈锋. 晚清财政说明书（4）. 武汉：湖北人民出版社，2015：847.

收。经过整顿,"收数稍有起色"①。在四川,四川总督对税务进行改革,针对田房契税的弊端进行整顿。税契改由委员经收,"于是国家岁入骤增,方经征之设,定有契税章程"②。针对地方官兼办税务积弊甚多,该总督于宣统元年将各关税务事项改归经征分局办理或者专门委员办理。其中夔关事务较烦,还专派道员接办。税务统由藩司考核,"税务日有起色"③。

在国地税划分的过程中,各省清理财政局分别就本省税收状况提出了众多改良办法,也具有重要的借鉴意义。江苏省清理财政局指陈该省田赋征收紊乱不堪的弊病,给出的改良办法为:首先要调查户籍、清丈田亩,周知田亩实数;其次,采取地价法、等级法、差增法等方法,更正科则,规定统一之制④,还有一些具体措施,包括厘订名称、划一货币、改定机关、辅助登记等。⑤ 广西省财政清理局对田赋、盐税、土药税等各种税项,调查其历史沿革,不仅指陈弊病,还进行实际的整顿,在州县制定统一的征收标准,改变各自为政的混乱局面,也有利于剔除经征过程中的贪墨行为。奉天省清理财政局提出国家税与地方税划分时的改良办法,包括税项、税则、税目、经征过程、单位等八条,具体为划一税项、更定税则、改正税目、裁革规费、改良经征、划一单位等⑥,有利于改良税收秩序,规范征收规则,也有利于吏治的整顿。吉林省清理财政局根据吉林省的实际情况,提出两税划分的改良方法⑦,该局认为税项的划分不能只是盲目遵从部章和西方成例,也要考虑行省的实际情况。

在国地税划分的过程中,各省清理财政局对两税进行的调查和初步的划分,以及提供的关于两税划分的标准、改良的措施、对租税承诺权、国地税的关系

---

① 湖北财政说明书 [M] //陈锋. 晚清财政说明书 (6). 武汉:湖北人民出版社,2015:396.

② 四川全省财政说明书 [M] //陈锋. 晚清财政说明书 (4). 武汉:湖北人民出版社,2015:799.

③ 四川全省财政说明书 [M] //陈锋. 晚清财政说明书 (4). 武汉:湖北人民出版社,2015:795.

④ 江苏财政说明书 [M] //陈锋. 晚清财政说明书 (5). 武汉:湖北人民出版社,2015:268.

⑤ 江苏财政说明书 [M] //陈锋. 晚清财政说明书 (5). 武汉:湖北人民出版社,2015:268-269.

⑥ 奉天全省财政说明书 [M] //陈锋. 晚清财政说明书 (1). 武汉:湖北人民出版社,2015:220-223.

⑦ 吉林全省财政说明书 [M] //陈锋. 晚清财政说明书 (1). 武汉:湖北人民出版社,2015:529-530.

等的讨论都对此后分税制的改革提供了很好的借鉴。各省对税收进行清理，整顿税收机构、改良税章、规范经征等，有利于税目和税率的合理化，征收过程的规范化，最终使得税收增加，税收秩序更为井然。

（三）国地税的划分，明定财政权限，是国地财政分权制度最为核心的内容

清末财政的乱源就是中央与地方财政关系的紊乱，两者关系紊乱的原因就是两者权限的不明确。因此，划分国家税和地方税不仅能合理配置中央与地方之间的财政资源，更是厘清中央与地方财政权限的重要手段。虽然最终由于种种原因，中央与地方的财政关系仍然没有理顺，中央与地方的矛盾也没有能够消解，但是，清末清理财政中的国地税的划分是中国分税制改革的开端，也是国地财政分权制度建立的关键性一步。

结　语

清末财政困难和财政紊乱的源头就是中央与地方的财政关系紊乱，如何理顺国地财政关系，清理财政给出的方案是借鉴西方，明确国家行政经费和地方行政经费，明确中央与地方经费使用的界限和范围；制定预算，实现财政收入在国家和地方之间的合理分配；划分国家税和地方税，实现税源在中央与地方之间的划分。总之，就是要明确中央与地方的权与责，把权力理顺，让权力受到法律的制约，使得分权制度化，既保障中央的财权，又使得地方财权合法化，受到法律和制度的保障，使得事权和财权统一，真正使财政有效地支撑政务的展开。因此，清理财政从集权财政制度向分权财政制度转轨的连接点，是关键的第一步。因为是新旧制度的转轨，没有成例可循，再加上各种主客观的原因，此次改革只是踏出了新旧制度转轨的第一步，并没有真正实现制度的根本革新。其中的利弊得失非常具有借鉴意义。

一、教训

此次改革并没有完全实现改革者的意图，从这个意义上，改革没有成功。此次改革又是一次从集权到分权的改革，其中的教训值得吸取。

（一）集权与分权关系的处理

清末进行全方位改革的情况下，度支部的集权本身是有必要的，但是，如何缓和集权和早已存在的地方分权的关系，对于清政府来讲是一个极大的挑战；在清政府试图集权之际，又要开展以分权制衡为主要特征的宪政改革，宪政改革又让集权失去了正当性。如何处理集权和分权的关系，清政府没有破解这样一个难题。

到清末，财政异常艰窘而混乱不堪，各方都把问题的焦点集中在财权的不统一导致的混乱，乱而生弊，乱而生困。因此，清廷一直试图改变财权下移混乱的局面，但是效果不彰。直到宪政改革，清廷开始借鉴西方，自此有了新的方式，也让清廷看到了新的希望。所以，特别是载泽担任度支部尚书以后，就有了一系列措施，主要的诉求就是集中财权，清理财政是比较集中的体现。

度支部进行清理财政一个非常重要的原因就是要在一定程度上规复旧制，重拾中央的财权。度支部从成立开始到清理财政有一系列的集权举措。该部成立之后，实行科层管理，实现更为科学化、专业化的管理，并且，开始逐渐收回财权。特别是在开始清理财政前后，有一系列的措施，比如，收回造币权、发行纸币权、藩司权力集中、统一省级财政机构进行垂直管理、印花税垂直管理、统一契税税率、盐务管理等，最强有力的集中表现就是清理财政。

度支部集权的意图也毫无讳言，在该部奏陈清理财政办法六条的奏折中就直接明言，清理财政的要求就是统一和分明。为此，该部集中着力于六个方面，包括："外债之借还宜归臣部经理。在京各衙门所筹款项，宜归臣部管理。各省官银号，宜由臣部随时稽核。各省关涉财政之事，宜随时咨部以便考核。直省官制未改以期，各省藩司宜由臣部直接考核。造报逾限，宜实行惩处。"① 可以看出，度支部是要总揽财政大权，对外债、款项等加强管理，对财政事宜和主管财政官员加强考核等。

但是，在清理财政的过程中，度支部的集权遭到了挑战。首先，外销和规费的清查遇到抵制、敷衍和隐匿，并且是逐级都存在这个问题，行省对中央隐匿，府厅州县对行省隐匿，使得最终度支部也难以了解全国外销和规费的真实情况，即使是被度支部直辖管理的各省清理财政局在编制财政说明书中也没有标明哪些是外销，外销和规费数量的统计更是无从谈起，只有极个别的省份在个别方面给出了具体的数值，多数省份都是笼统造报。这一方面说明各省清理财政局工作不力，另一方面也说明行省各署局和各府厅州县存在故意隐匿和含混的情况，因为各省清理财政局是根据各处的册报总汇而成。其次，在预算的制定和实施中，同样存在故意隐匿的情况，各署局都尽量多报岁出而少报岁入，隐匿收入；在预算的核增核减中，又都同时存在逐级抵制的情况；在预算的实施过程中，任意推翻之前的认增认减，任意追加。最后，在国地税的划分中，又存在对税源的争夺。凡此种种，都使得清理财政的效果受到影响，度支部的集权自然也难以实现。度支部尚书多次请辞，"近因各省督抚反对预算，各部各

---

① 度支部奏陈清理财政办法六条折（光绪三十四年十一月二十八日）［A］//故宫博物院明清档案部.清末筹备立宪档案史料（下册）.北京：中华书局，1979：1018.

督抚又纷纷自由借债"①。对财权统一失去信心，载泽因此拟奏请开去度支部尚书之职。虽然载泽请辞不无向清廷中枢施压之嫌，但是，这也可以说明清理财政的困难程度，也表明度支部的集权措施没有收到预想的效果。

度支部的集权意图遭遇了各省对已有利益的固守。在中央财权流失、财政日益窘迫，以及清末进行全方位改革的情况下，度支部的集权本身是有必要的；但是，由于权力失衡已久的历史渊源，在地方利益已经固化、利益集团已经形成的情况下，大规模全方位的集权，必然会遭到强力的抵制。特别是度支部有些时候是为了集权而集权，一味强硬集权，没有考虑到是否会掣肘行省和府厅州县的政务办理，激化了矛盾，增强了离心力。而各省和府厅州县因为固守自身利益对于度支部的集权也存在盲目抵制的情况，只是从自身的角度出发，没有考虑到整个改革的大局。最终，虽然度支部收回了一些权力，但是，由于集权与分权的关系没有处理好，多方的利益诉求导致矛盾的激化，最终还是由于各方的敷衍和抵制，消解了改革的成效。另外，在清政府试图集权之际，又要开展以分权制衡为主要特征的宪政改革，如何处理集权和分权的关系，对于清政府来讲，是一个难以破解的题目。

总之，在清政府权威丧失、权力下移的情况下进行向近代政治体制转型的改革，适当的集权是非常必要的，但度支部集权的方式有待商榷，特别是在地方已经拥有一定的财权、已经形成利益集团的情况下，哪些权力需要集中，哪些权力需要下放，要有所区分，不能一味集中，有些权力的集中可以统筹规划，有些权力的下放可以增强下层的活力。清廷一味暴风骤雨式的集权适得其反，不仅没有实现有效的集权，反而加剧了矛盾。

(二) 分权改革的时机

改革的时机非常重要，非常时期因为问题太多，环境复杂，改革的措施有可能走样，面临的困难太多，改革很难进行；清政府的分权改革在当时是必要的，从结果上看也是促进了历史的发展，但是，由于清末积重难返，矛盾重重，已经错失了改革的最佳时期，因此，改革也很难成功。

清末由于问题太多，一切都处于非常态下，给分权改革带来极大的阻碍，比如，财政困难就是一个沉重的包袱，一直成为清理财政和分权改革的一个负累。首先，财政的困难让改革各项决策目的过于短视。解决财政困难是进行清

---

① 泽公将废然返矣 [N]. 申报，1911-04-11 (第1张第4版).

理财政的重要原因之一,因此,度支部的很多举措都会考虑到解决财政困难这个最为急迫的任务,就会存在追求表面上的财政收支平衡的问题。这个问题在预算的制定中体现最为明显,宣统三年预算造报到部,赤字巨大,度支部让各方自行撙节之外,还亲自指定各省应减应增之处,让各省遵照办理。但是,度支部对各省财政并不是真正了解,度支部指定的数目存在一定的任意性,会有按照比例删减的情况,这种删减的标准非常值得怀疑,存在为了追求预算表面上的收支平衡而罔顾各省实际情况之嫌。并且,度支部的核增核减也没有考虑到施政重点和长远规划。预算不仅仅是实现财政在中央和地方之间的分配,还要体现出各级政府施政的重点,还要保障长远的发展。而在宣统三年预算的核减过程中,度支部的核减没有体现出对于施政重点和教育、实业等长远发展事项的政策倾斜。度支部的核减看不出其施政的重点,也分不清其对事情轻重缓急的判断,更多是体现出一味追求收支平衡而全方位核减。在度支部的核减要求下,各省核减预算,最终从支出占比的情况看,教育和实业的投入是非常靠后的。比如,奉天岁出的各项占比,依次为军饷、民政、行政、财政、教育、司法、实业;吉林岁出各项的排名依次为军政、民政、财政、工程、行政、教育、实业。[①] 对教育、实业等的预算投入比例小,将会影响各省长远的发展。

其次,财政困难让各方的矛盾更为激化。正是因为从中央到地方财政一体艰窘,因此,中央要求各省把小金库打开,让外销和规费和盘托出化私为公,尽量把岁入归入中央,由中央统一筹划;制定预算时中央尽量多核减地方的财政支出,但是对中央财政支出的核减幅度相对要小;在国地税的划分中,中央要求大宗款项不论什么性质都划归国家税。相对应地,地方因为财政困难,用款本已捉襟见肘,因此极力隐匿外销和规费,从而保障地方用款的自由度;在预算中抵制度支部的核增核减,并且不断地追加预算;在国地税的划分中,预留省税等,在一定程度上都是因为财政困难,部臣搜刮疆臣,疆臣请款部臣。

清政府的改革在当时虽然促进了历史的发展,但是,由于积重难返,矛盾重重,已经错失了改革的最佳时期。萧功秦认为清末新政的历史进程实际上"正是权威危机、改革综合征与制度主义的激进变革心态这三种因素相互激荡,并进而引发的日益深化的危机的历史过程"[②]。此时留给改革的回旋余地太小,

---

① 刘锦藻. 清朝续文献通考(卷68·国用6用额)[M]. 影印本. 杭州:浙江古籍出版社,1988:考8235-8236.
② 萧功秦. 危机中的变革——清末现代化进程中的激进与保守,123-125. 转引自果鸿孝. 论清末政府在经济上除弊兴利的主要之举[J]. 中国社会经济史研究,1991(3).

因此，改革极为艰难，稍有不慎就会满盘皆输。比如，纷乱的分权状态形成已久，再用集权的方式把纷乱的分权状态纳入制度的轨道，制定分权制度，困难可想而知。

（三）如何兼顾改革的轻重缓急和系统性

如前所述，清末改革的环境已经相当险恶，在改革错失最佳时机的情况下，改革的快慢和进程问题就至关重要。正如亨廷顿所说，"对于卷入现代化进程而又面临严峻考验和纷争的发展中国家而言，最有效的改革方式就是将费边式策略同闪击式策略结合起来，改革者应该隐藏改革的终极目标，把一个个问题分割开来，一个时间只推行一项改革，而在解决每一个问题时又尽可能快地促使其成功"①。但是，清末改革环境的险恶、改革外部压力的陡增，让改革者的心态是急迫的，因此改革的措施是齐头并进的。这种全方位的改革，其一很难处理改革措施的轻重缓急；其二导致矛盾的交叉叠织，阻碍改革进行；其三导致财政压力巨大，这是财政分权制度最终没有实现的重要原因之一。

既要重视改革的轻重缓急，也要注意改革的系统性问题，财政制度的改革需要配套措施，但是，这个问题始终困扰着清末的清理财政和分权制度的建立。比如，行政改革的滞后，导致预算层级的问题不能很好解决、导致税收层级争论不已、导致公费确立窒碍重重、导致严重的贪腐问题，使得财政改革的成果大打折扣。更为重要的是，财政分权制度的建立依赖于政治上分权制度的确立，而宪政的实施波折不断，使得需要依此建立的财政分权制度也难以真正建立起来。

（四）改革者的合法性、权威和能力

清末进行分权的改革者其的合法性遭到质疑。清政府的改革明显落后于西方国家，当西方国家通过中央集权建成具有强大的财政和军事动员能力的现代民族国家时，开始对外侵略扩张，清政府成为被侵略者；当清政府试图像之前的西方一样通过中央集权建立现代民族国家时，西方的民主潮流，使得清政府的集权意图变得失去合法性。随着时代的发展，清政府不得不引进西方民主制度，但是，此时有必要的集权也被认为是专制，不合理的集权方式更让清政府难逃脱集权专制的罪名，这使得清政府用集权的方式实现分权改革面对的压力极大。另外，在实施宪政的过程中，由于清廷的主观集权的动机和缺乏分权意

---

① ［美］塞缪尔·亨廷顿. 文明的冲突与世界秩序的重建［M］. 周琪，等译. 北京：新华出版社，2010：165.

识,一定程度上限制资政院和咨议局等立法机构的权限,让参政议政人员的参与渠道被不同程度地堵塞,很多省份出现了议长、议员辞职的情况,也使得清政府无法扩大统治的基础盘,合法性受到质疑。再加上清政府的腐败,也降低了其合法性。此时,革命的合法性越来越得到体现,也使得清政府改革的合法性被削弱。

清政府作为改革者,权威的缺失也会影响到改革的进行。地方势力坐大,使得中央权势下移,地方权势上升,清政府作为改革者权威被削弱;清政府作为当时的合法政府无法抵御外侮,也降低了其统治的权威性。

从改革者的能力和见识上也有些欠缺。从咸同之际,清朝的改革多是以地方督抚为首的地方势力作为主要的推动力量,从洋务运动到《江楚会奏变法三折》推动的新政改革,地方实力派很大程度上影响着改革的推行。慈禧和光绪相继去世后,少壮亲贵开始掌权,他们成为改革的推动者,他们的权威、能力、见识、魄力等,成为影响改革成败的重要因素。比如,以载泽为首的度支部,它的政策和策略会影响到清理财政的效果。改革涉及权和利的纠葛,是对权力和利益的再调整,极为复杂而艰难,需要改革者有应对的能力和见识。度支部虽有意借鉴西方构建新的财政制度,但是集权在一定程度上压倒了对西方制度的借鉴,再加上财政困难的压力,使得度支部等向西方的学习表现得更为功利,只是把预算、国地税等的划分作为集权的手段和解决中央财政困难的具体措施,更多地体现为一种改革的策略。这种策略性的选择,首先,导致度支部难以着意到制度的建设上,更多是针对具体问题寻找解决之策;其次,导致度支部的改革措施新旧杂糅,从而也容易致使新旧失范,让各省无所适从,也让改革措施难以落实到位。另外,度支部具体的改革策略方面也存在一些问题。度支部没有处理好集权和分权的关系问题,面对既得利益者的阻挠没有更为行之有效的化解方式,最终矛盾凸显并交叉出现,枢臣与部臣、部臣与部臣、部臣与疆臣、疆臣与州县官员、部臣与议员、疆臣与议员等,矛盾冲突不断,分化了改革的力量,增强了离心力。

(五)缺乏"分权"意识

随着时代的发展变化,特别是国内高涨的革命浪潮,清政府不得不进行宪政改革。但是,此时从中央到地方空有立宪意愿、制度雏形,没有分权和制衡的意识,再加上利益上的纠葛,使得本该是良性互动的相互制约,变成了恶性的政治纷争,使得清理财政变成了各方争权夺利的舞台。

度支部虽然多次表示清理财政绝不是要搜刮各省，只是为了预算，更多是为了借此打消各省的顾虑，实际上度支部集权的意图始终没有改变。"不为搜括之谋，更无吹求之念，既往之弊，不加追咎，查出之款，仍可存留。"① "此次清理各省财政为试办预算起见，原非望于各省有所取盈。"② 虽然有此种表态，但是度支部一系列的集权措施，让度支部集权的意图显露无遗，也让各省督抚对度支部的许诺产生怀疑。

相对于中央的过分集权，督抚和府厅州县官员固守利益、争夺财权的做法也极为不妥。他们仅仅是从自身的利益出发，没有考虑到全局的整体利益，没有依从于客观的实际。在外销和规费的清查中、在预算的制定中，各种抵制、敷衍和欺瞒，让改革难以顺利展开。

由于对立法权的忽视，行政机构多次出现与立法机构的冲突。在预算制定中体现最为明显，行政官员抵制资政院审议预算，抵制资政院核减经费和各官公费；在省内，督抚们对咨议局参与预算的审核和对预算的核减也多方阻挠，致使各省议员纷纷辞职抗议。在多方讨价还价之下，最终在宣统三年的预算中存在省汇报之数、度支部核减之数、资政院修正之数。由于各方都固守自身利益等，预算形同虚设。

在改革中有矛盾出现是极为正常的，但是，需要通过良性的协商来化解矛盾，解决问题。但是，各方都仅仅关注自身利益，缺少必要的权力让渡，协商中真正的妥协少而争权夺利的成分多，最终导致看似有商议，协商却难有成效，最后显现出的就是各种矛盾冲突的叠加，结果就是部臣告病，疆臣开缺，议员辞职，改革难行，政事荒废。

面对清理财政过程中各方不能同心协力的情况和财政着实困难的现状，甘肃省清理财政局就提出应该外内一体筹划，如若不然，改革只能是激发事变，或者宪政改革将前功尽弃。"今宪政期迫，百端待举，内而部院各有职任，外而司道各顾考成，分道扬镳，励精图治，鸡口牛后，积成无米之炊。若不通盘筹划，预为经久之计，不急之费有加无已，待至民穷财尽，搜刮无术，徒唤奈何。

---

① 度支部奏拟清理财政章程折（光绪三十四年十二月初一日）[A]//故宫博物院明清档案部.清末筹备立宪档案史料（下册）.北京：中华书局，1979：1021.

② 度支部奏财用窘绌举办新政宜力求撙节折[N].四川官报，第二十六期，己酉九月上旬，奏议，2-4.

不激生事变,即废弃前功耳!"①

国地财政分权是宪政改革的重要环节,宪政体制要求分权和制衡,预算和国地税划分都是分权的表现。分权制度的建立需要分权意识,但是,此时不论是中央还是地方督抚都缺乏分权意识,加之各省固守自身利益,此外还缺乏必要的权力让渡和制度化的协商机制,致使各方失去基本的信任,协商的基础变得薄弱,最终导致在整个清理财政过程中,不论是财权确数的调查、预算的制定和实施还是国地税的划分,行政层级之间矛盾不断,行政与立法机构之间充满龃龉,使得本该有的良性互动很难达成,意存观望、推诿、敷衍、反对、抵制等词语经常出现在报刊描述清理财政的报道和评论中。时论把此作为亡国的征兆:"度支部拼命向各督抚要钱,各部院拼命向各督抚要钱,其有钱没钱不顾也。各部院又拼命向度支部要钱,各督抚又拼命向度支部要钱,其有钱没钱亦不顾也。要到了钱可以逞各自之挥霍,事固甚快。但不知度支部为何国之度支部,各部院为何国之部院,各督抚为何国之督抚。度支部所得之钱为何国之钱,部院督抚所得之钱又何国之钱。呜呼,同室操戈、兄弟给臂,在一家为败兆,在一国则为亡征!"②

总之,缺乏分权意识,缺乏妥协精神,使得分权制度的建立困难重重。另外,改革是对"权"和"利"的调整,因此会遇到既得利益者的阻挠;改革也是新思想的产物,又会遇到守旧思想和守旧势力的反对。清末的宪政改革,具体到清理财政、国地财政分权的改革,交织着新旧思想之争,交织着各方利益之争,多重矛盾层叠累加,导致分权制度的建立步履维艰。

二、意义

尽管清理财政由于种种原因而存在各种问题,最终国地财政分权制度也没能确立,但是,在全国范围内进行了将近四年的清理财政还是取得了一定的成效,具有重要的意义和长远的影响。从直接的影响看,通过清查一定程度上了解财政实情;近代财政制度的因素得以出现;有利于新政宪政的进行。从更为长远的角度看,财政说明书中提出各种兴利除弊的建议,比如,关注各省长远发展的问题、制度建设的问题、经济财政对国家安全的影响等,不仅对于改善

---

① 甘肃清理财政说明书 [M] //陈锋. 晚清财政说明书(4). 武汉:湖北人民出版社,2015:568.

② 闲评 [N]. 大公报,1910-09-12.

财政乱象有重要的意义,对长远的发展更有借鉴意义。此次清理财政对以后财政改革的理路,包括集权原则、制度先例等,都有极大的示范效应,也在一定程度上跨出了国地财政分权制度的第一步,形成了财政分权的趋势。

(一) 了解财政实情、增加财政收入

各省的财政清理,虽然由于存在有意隐匿的情况,最终对财政状况的了解也只是大致上的,但是,这毕竟是全国范围内的一次全面的大规模的清查,查出一部分隐匿的外销和规费,使得财政收入有所增加,有利于了解财政实情。

监理官们和各省清理财政局对此还是颇为肯定。黑龙江省副监理官称该省"旦夕爬罗,稍稍见眉目。岁入自来号称九十万,经此次清厘乃达六百万"①。监理官此言虽有炫耀之意,但是,也基本符合事实。光绪三十四年,黑龙江岁入银933256两有零,中钱4855040串有零,羌钱102803元有零,金沙306两有零。② 而到宣统元年,该省岁入银4379533.193两。③ 该省宣统三年预算岁入共库平银540万余两。④ 可以看出,该监理官所言不虚,经过清理财政,黑龙江省的财政收入增加了,并且幅度很大。在安徽,荒额4万余顷,"据最近调查,其中隐垦熟田约居其半"⑤。该省通过清理财政,查出大规模的隐匿地亩。陕西省清理财政局更是对清查的效果津津乐道,"自清查库款案成,如家珍可数,观编中所载曙然已"⑥。广东省清理财政局也极力肯定了该省清理财政的成效,认为从册报的规范到外销的清查等都有巨大的改善。"年余以来,每季出入有报,岁出入总数有报,预算有报。既已和盘托出,而无外销、融销之名,而各州县当实行公费,以后亦当涓滴归公,纤私不遗。全省内外厘然分明,清理财政之效于是乎大著。"⑦ 福建省清理财政局也认为清理财政让财政得到多方改善。首先,收支井然,反映真实的财政状况。"自有季报册籍送部,亦惟搜罗万有,悉

---

① 甘鹏云. 覆饶竹荪(己酉). 潜庐续稿(卷十一)[M]. 10. 沈云龙. 近代中国史料丛刊(正编,第97辑). 台北:文海出版社,1973.
② 刘锦藻. 清朝续文献通考(卷67·国用5用额)[M]. 影印本. 杭州:浙江古籍出版社,1988:考8233.
③ 刘锦藻. 清朝续文献通考(卷68·国用6用额)[M]. 影印本. 杭州:浙江古籍出版社,1988:考8235.
④ 奏报江省预算成立[N]. 申报,1910-08-20(第1张第5版).
⑤ 安徽财政沿革利弊说明书[M]//陈锋. 晚清财政说明书(6). 武汉:湖北人民出版社,2015:7.
⑥ 陕西财政说明书[M]//陈锋. 晚清财政说明书(4). 武汉:湖北人民出版社,2015:373.
⑦ 广东财政说明书[M]//陈锋. 晚清财政说明书(7). 武汉:湖北人民出版社,2015:7.

数登载，虽不免复见之病，然收支井然，则亦纪实之举也。"其次，改良收支。该局在试办预算时，为了力求真确，把虚收和重收等款目又详细加以核删，让收支款目明晰。最后，增加财政收入。"始以各署局平余、盈余及各属平余、规费二款增益之，而后杂款一类在岁入中亦成巨款。"①"二款增益之"说明查出一些隐匿之款。各省清理财政局总体上肯定了清理财政的成效。

此外，宪政编查馆也从整体上肯定了监理官清查各省财政的效果，"各省财政，纷乱无纪，自设监理官后，爬梳整理，渐有眉目"②。

各省清理财政局的描述虽然不免有溢美之词，宪政编查馆的夸赞也不无邀功之意，但是，也可以从一定程度上体现出清理财政对于规范册报、改善收支、增加财政收入等方面的积极作用。

（二）近代财政制度的因素出现，有利于国地财政分权

借鉴西方进行的清理财政使得近代财政制度的因素得以出现：财务行政机关的组织和管理趋于专业和统一、预算制度的确立、审计制度的萌芽、改良收支簿记向现代的会计制度的转变等。总之，使得财政权和行政权相分离，使得征收权、管理权和用财权相分离。

首先，各行政层级设立了专门的财政机关，实现财政权和行政权相分离，财政机关的专门化，在一定程度上改变了以往政出多门的弊端，有利于财务行政的独立，也有利于财政管理的有序和统一。

在清理财政过程中，度支部要求各省财政权统归藩司，让藩司成为专管财政的机构。各省还归并了一些财政局所从而成立统一的财政公所，专管财政。比如，江苏宁属将江南筹防、金陵支应和江南筹款等局归并，改设财政局，后改为财政公所。江西省也是将原有的税务局、赈捐局和田赋、税契等局，一律裁撤，事务归并布政公所办理。"查滇省财政，自匀定司道公费，成立财政公所后，化私为公，统散于一，渐已秩然就绪。"③ 专门化的财政机构的成立使得财政管理相对统一，财政秩序得到有效改善。在州县也纷纷成立统一的财政机构，诸如财务处、财政局等，专门负责财政的征收和管理，有利于州县财政的统一

---

① 福建全省财政说明书［M］//陈锋.晚清财政说明书（9）.武汉：湖北人民出版社，2015：795.
② 宪政编查馆大臣奕劻等奏报各省筹办宪政情形折（宣统二年十一月十三日）［A］//故宫博物院明清档案部.清末筹备立宪档案史料（下册）.北京：中华书局，1979：798.
③ 云南全省财政说明书［M］//陈锋.晚清财政说明书（9）.武汉：湖北人民出版社，2015：5.

和有效运行。比如,吉林省宾州厅为了改变以往收支假手于各股承书导致财政漫无稽考、收支管理权分散的局面,于宣统元年二月设立财政局,作为全厅财政总机关,经理全厅出入款项。① 该机构主要负责征收捐租,并规范各属支用款项等,这些措施都有利于财政收支的管理和应用。吉林省农安县也是为了改善财权歧出的弊端而于光绪三十三年五月设立财务局统一财权②,在清理财政期间更名为财政处。最终实现由财政局负责收支,由乡绅负责查账,由知县主持准否发放,三者相互维系,彼此不能侵越,实现收支管理、财政监督、财政分配权相分离。

从中央到地方的这些财政机构都实行分科治事,有利于近代财政科层管理体制的确立。由度支部统一要求,藩司和财政公所都是实行分科治事。虽然规章要求设置3科,而各省的设置从6科到13科都有,但是,都实现了分科治事。像广西设立财政公所,分设5科,包括总务、主计、库藏、编核和理财5科,科下又分设股。各省在成立专门的财政机构的同时,将旧有书吏等一概裁汰,设置科长、科员、书记等员。州县财政机构也进行了改革。比如,吉林省宾州厅财务处就分设收捐股、会计兼庶务股、文牍兼统计股,各司其职。书吏等员不再是行政官员自行招募的人员,这些人的薪资也被纳入正式的财政预算中,如此改革就改变了过去财政管理的私人性质,有利于近代财政科层管理体制的确立。

总之,从中央到州县纷纷设立专门的财政机关,将财政行政管理机构从行政衙署中分离出来,有利于财务行政的独立和有序统一。这些财政机构实行分科治事,有利于近代财政科层管理体制的确立。

其次,清理财政,实行预算制度,使得清政府财政收支具有计划性,也保障了施政经费的来源,财政收入在中央和地方之间能更为合理地分配,有利于国地财政分权的实现。

清理财政过程中,制定了宣统三年预算,并且得以实施。实行预算之前,财政收支混乱,各项支出往往辗转腾挪,导致经费经常处于尚未筹有的款的无着状态,这样不仅导致收支的混乱,账目不清,也容易窒碍政务。预算的制定,首先是由各府厅州县和各署局所根据自身的收支情况做出预算,然后汇总到行

---

① 宾州厅禀请设立财政局拟订章程并批 [N]. 吉林官报,第八期,宣统元年三月初一,公牍辑要,2-5.

② 农安县禀请筹备各项宪政事宜由并批 [N]. 吉林官报,第三十一期,宣统元年十月二十一日,公牍辑要,6.

省，由督抚权衡行省的实际情况做出收支的预算，最后由度支部统一汇总审核，由资政院审议通过，交由清廷颁布实施。因此，预算起到了提前规划财政收支的作用，并且，让财政收支更趋于合理，也保障了施政经费的来源。这在一定程度上改善了之前收支辗转腾挪的弊病。预算也有利于财政收入在中央和地方之间合理分配。预算已经预先规定了中央和地方款项的收支，也在一定程度上改善了中央与地方之间因为争夺财政收入而产生的矛盾。另外，预算制定后，在年度末还需要决算，因此在实施的过程中，章程规定各署经费的支用都需要严格按照预算执行。为了宣统三年预算能够严格执行，度支部曾多次声明维护预算的执行；各省也是声明原则、制定决算册式等，严格款项的支用。"此后所支经费，一依预算项目而行，不得溢于预算范围之外。果有事实确为必需而预算未能及料之处，准其声报情形。"① 新疆清理财政局也严格规定，"支出各款，不得溢出预算数目以外"②。预算的实行也有利于规范款项的支用，防止任意开支、用款浮滥的情况。

再次，清理财政中开始实行一定的财政监督，对财政滥支等有所制约，并使得财务公开化、明晰化，是财政审计制度的初步萌芽。

清末财政紊乱的一个非常重要的原因就是没有财政监督。在清理财政的过程中，有些省份开始注重对财政的监督和检查，有些还专门设立了会计检查处等负责机构。比如，在东三省，监理官熊希龄呈请督抚在督抚公署设立会计检查处，作为专门的财政监督机构，形成对财政的司法监督。③ 熊希龄等还拟设立东三省财政审计处，检查各署局堂所的收支报告册。该处可以派检查官前往各署局堂所检查，主要检查各署局堂所的册报的真实性、合法性，是否浮滥、是否符合预算、是否实用实销、是否符合簿记，等等。④ 在东三省，财政监督和审查不仅仅停留在提议的层面，还得到一定程度的实施，很多机构设置了审查员。如宾州厅在财政局和随后成立的财务处中设立财政检查员审计出入用款，进行财政监督，还借助绅民的力量对财政进行监督，作会计报告书榜示城乡，

---

① 为酌议清理财政办法与栾守纲呈度支部文（1909年10月29日）[M]//周秋光. 熊希龄集（上）. 长沙：湖南人民出版社，1996：272.

② 新疆全省财政说明书[M]//陈锋. 晚清财政说明书（4）. 武汉：湖北人民出版社，2015：837.

③ 东三省奉天清理财政局关于编定预算之提议案（1909年）[M]//周秋光. 熊希龄集（第1册）. 长沙：湖南人民出版社，2008：633.

④ 东三省财政审计处暂行章程（1909年）[M]//周秋光. 熊希龄集（第1册）. 长沙：湖南人民出版社，2008：676-680.

"庶支收皆有准章，得悉出入盈虚之确数"①。加强财务的监督和公开。在新疆，该省清理财政局也制定了严格的检查制度。检查的事项包括检察簿记之记载和检察现存之确数。检查还是非常严格的，比如，检查簿记，首先需要逐页核算，然后再把三种簿记相互对比，将核实结果记载。从检查时间上看，分为定期检查、临时检查和特别检查。定期检查需要每月一次；临时检查由主务长官随意酌定，但每季须有一次；而特别检查由抚院派委委员进行，要求凡是在省各库每年至少须有三次检查，省外各库或一年检查一次，或数年检查一次。对发现的弊端之处严格惩处。比如，查出经管官吏有侵吞挪借等弊端，检查委员需要禀明主务长官，或直接禀抚院和清理财政局进行查罚。并且，后面的检查委员还需要对上一次的检查委员查核的结果进行核实监督。② 总之，在清理财政的过程中，有些省份成立了专门的财政监督机构，或者委派专门的财政检查人员对各署局的财政收支情况进行监督，并且还有借助绅民和咨议局的力量进行监督，使得财政审计制度有了初步的萌芽。

最后，清理财政过程中，通过改良收支簿记等，加强财政收支的管理，有利于向现代的会计制度的转变。

收支簿记的改良不仅仅是册式的改变，而是记账方式的变化，有利于从传统的簿记方式向现代的会计制度转变。在各省清理财政局清查财政的过程中发现，各省财政纷乱的一个很重要的原因是各署的簿据混乱不堪，导致收支混淆，完全是一笔糊涂账，无法得到财政确数。因此，各省清理财政局开始改良各省的财政收支簿记。比如，在东三省，在监理官熊希龄等人的主持下，清理财政局制定并颁布了多种新式财政簿记，诸如银钱收支流水簿、分类簿、总结簿、存储物品编号簿、供用物品存查簿、消耗物品出纳簿、邮费电费簿、物品请领单、经费请领单等各项簿表，要求东三省各属局从宣统二年起一律按照清理财政局颁布的簿记填报。③ 在新疆，该省清理财政局做了多项收支簿的改良。该局制定的收支簿记分为总簿、分簿和流水簿三项。其中总簿又分为两种，包括收入总簿和支出总簿。而分簿则分为18种，包括收入协饷簿、收入粮草簿、收

---

① 宾州厅禀请设立财政局拟订章程并批 [N]. 吉林官报，第八期，宣统元年三月初一日，公牍辑要，2-5.
② 新疆全省财政说明书 [M] //陈锋. 晚清财政说明书（4）. 武汉：湖北人民出版社，2015：838-839.
③ 为酌改奉省各税务局办法及规定廉公各经费咨财政局文（1909年）[M] //周秋光. 熊希龄集（第1册）. 长沙：湖南人民出版社，2008：675.

入统税簿、收入杂税簿印花税附之、收入杂款簿邮电收入附之、收入官业款簿、支出行政经费簿、支出交涉经费簿、支出民政经费簿、支出财政经费簿、支出典礼经费簿、支出教育经费簿、支出司法经费簿、支出军政经费簿、支出实业经费簿、支出交通经费簿、支出工程经费簿和支出官业费簿。而流水簿又分为两种，包括收入流水簿和支出流水簿①，簿记分类非常详细。该局还要求各属局严格簿记的使用，比如，所有簿记均须用本管长官印信铃盖骑缝、不得新旧掺用、年终和月终需将各种收支对照表禀报抚院查核并移交清理财政局汇案报部。② 另外，该局针对学堂有专门的收支簿。各署学堂收支簿分为两类，货币收支簿类和物品出入簿类。其中货币收支簿类又分为总簿、分簿和收支流水簿；而物品出入簿类，则包括消耗物品购入簿、消耗物品付出簿和存储物品编号簿。③ 该局对款项的收入和支出的记载都有详细的规定。河南省清理财政局针对契税、车马、仓谷三款，数量巨大，关系重要，但是各属情形歧异的情况，颁发了统一的表式，进行专款调查④，以期得到清查的实效。陕西省清理财政局也认为，改良收支的最主要方法就是改良簿记。按照部章规定，簿记需要有流水簿、支出流水簿、收入总簿、支出总簿等。该局在部章规定之外，又有所改良。比如，该局拟定"每款各自为簿，簿首列某款之目，说明案由，次列总数，次及某某处之分数无额者列上年之数，然后及于本年，按旬而录之"⑤。该局认为，如此办理，刚开始是比较繁难，但是，长此以往将案卷了然，特别是款项的收支情况将一目了然，避免牵混，易于检查。流水簿，要以日为经，以款为纬；而分款簿，则以款为经，以旬为纬；总簿也是以款为经，而以月之数为纬。"流水簿至一旬，分别某某款，三堂期之数结，总而登之分款簿。分款至一月，分别某某款，三旬之数结总，而登之总簿。总簿则综诸类与费，而登之

---

① 新疆全省财政说明书［M］//陈锋. 晚清财政说明书（4）. 武汉：湖北人民出版社，2015：832.
② 新疆全省财政说明书［M］//陈锋. 晚清财政说明书（4）. 武汉：湖北人民出版社，2015：833.
③ 新疆全省财政说明书［M］//陈锋. 晚清财政说明书（4）. 武汉：湖北人民出版社，2015：867.
④ 河南财政说明书［M］//陈锋. 晚清财政说明书（3）. 武汉：湖北人民出版社，2015：519.
⑤ 陕西财政说明书［M］//陈锋. 晚清财政说明书（4）. 武汉：湖北人民出版社，2015：373.

出入对照表。"① 该局还对表、册、票等的格式做了详细的规定，比如，表需要分上、下两区，上区开列收入，下区开列支出，在收之前要列旧管，在支之末需附实在等，以求详细而明晰。陕西省清理财政局还提议应该设有会计法，作为根本上解决报销款项杂糅混乱的情况的依据。②

(三) 为改革提供财政支持、为宪政改革提供分权基础

清理财政过程中，预算的制定和实施、国家税的划分，开始了财政分权制度的构建，这符合立宪的原则，也为分权制衡的宪政政体的建立做好铺垫。另外，通过清理财政，不论是隐匿收入的查出，还是制定预算合理分配收支等，都有利于新政和宪政改革的进行。

有了财政支持，有了相对固定的收入来源，地方新政和宪政改革的多项举措得以展开。像吉林省农安县就创办了统计处、审判厅、选举事务所、教育会、添设宣讲所、简易识字学塾、戒烟会、农业试验场、农业学堂、贫民习艺所等，兴革之事甚多，必然需款也极为浩繁，综计此部分的岁入不到40万吊，而局所开支将近60万吊，虽然竭蹶不已，但是不至于亏累，因为就是该县清理财政，清查出的收入足可以弥补此项20万吊的不敷。清理财政为新政和宪政改革提供了财政保障。

总之，外销和规费的清查，查出隐匿的收入，增加了财政收入；通过私费化私为公，酌定公费，也保障了各衙署的办公经费；通过预算的制定和实施，很大程度上实现财政收入的合理分配；划分国地税，为各行政层级提供了较为固定的税源；财政机构的改革提供了较为规范的组织机构保障和较为有序的财政秩序。凡此种种，都有利于为改革提供经费来源，保障各项政务的有序展开。当然，财政上的分权也有利于政治分权改革的进行。

(四) 为经济财政的长远发展提供对策

各省清理财政局按照部章规定，为了达到兴利除弊的目的，在清理财政的过程中编订各省财政说明书，分析财政的沿革利弊，并提出改良之策，这有利于经济和财政的长远发展。

很多省份的清理财政局在编制财政说明书的时候，在凡例里已经明确说明，

---

① 陕西财政说明书 [M] //陈锋. 晚清财政说明书 (4). 武汉：湖北人民出版社，2015：374.

② 江苏财政说明书 [M] //陈锋. 晚清财政说明书 (5). 武汉：湖北人民出版社，2015：303.

凡是关于财政利弊性质，"靡不搜求考证，酌拟办法，呈候鉴核"①，考证沿革利弊，为改革提供借鉴。从各省财政说明书中可以看出，提出的改良主张涉及很多方面，并且，有些具有较为长远的影响。

第一，清理财政局注意到经济财政对于国家安全的重要性。

有些省份的清理财政局注意到关税的重要性，即关税对本国产品保护的问题。安徽省清理财政局认识到我国关税不能自主，须和外国协定关税，这样就导致我国产品失去竞争力，难以和各国竞争。该局主张要挽回利益，改用国定税率，加重进口税，以此保护本国工商；并且要减轻出口税，鼓励我国商品出口。② 当然，这些目标的实现必须建立在收回海关主权的基础上，至少是要任用中国人取代在海关任职的外国人。山东省清理财政局也主张针对厘金，特别是针对洋税，实行加税。③ 新疆省清理财政局也意识到税捐的内外不一，导致利益受损。在新疆，统税征收中，"俄商不税，仅税华商"④，不仅导致华商吃亏甚巨，还催生偷漏和包揽等弊。该局对此十分担忧。直隶清理财政局也注意到关税的问题，就是输入和输出在税率上没有区别，无法起到保护本国工商业发展的作用。我国关税针对洋货的税率相比于日本是非常低的，并且是固定的。因此，该局主张要内外有别，要让关税真正起到保护本国工商发展的作用，并且，根据物品不同，税率也可以出现浮动，比如，对于奢侈品就可以提高税率，而对于原料品则可以稍微降低。⑤ 该局还主张在关税征收上收回用人权限。"各国税关之组织，必以本国人为税司者，良以税关为重要之财源，权操外人，实非良策耳。今我国税关，外人盘踞已久，未易更张，实为根本之障碍，必俟权自我操，而后他种办法可言改良耳。"⑥ 这个主要寄希望于税务学堂办有成效，培养大量的人才。各局都希望改变内外关税一致、海关由外国人把持的现状，

---

① 安徽财政沿革利弊说明书［M］//陈锋. 晚清财政说明书（6）. 武汉：湖北人民出版社，2015：3.
② 安徽财政沿革利弊说明书［M］//陈锋. 晚清财政说明书（6）. 武汉：湖北人民出版社，2015：53.
③ 山东财政说明书［M］//陈锋. 晚清财政说明书（2）. 武汉：湖北人民出版社，2015：153.
④ 新疆全省财政说明书［M］//陈锋. 晚清财政说明书（4）. 武汉：湖北人民出版社，2015：888.
⑤ 直隶财政说明书［M］//陈锋. 晚清财政说明书（2）. 武汉：湖北人民出版社，2015：58-59.
⑥ 直隶财政说明书［M］//陈锋. 晚清财政说明书（2）. 武汉：湖北人民出版社，2015：59.

收回主权,让海关真正起到保护本国利益的作用。

边疆省份的清理财政局还注意到边疆的稳定问题,包括新疆、东沙和西沙等地。甘肃省地处边陲,屯田和垦务非常重要。该省清理财政局认为,屯田和垦务,"其宗旨不外以土养民,以民充兵,以兵守土;其目的不外以民就土,以土生财,以财行政,而尤以蒙安番顺、边疆永奠为归宿"。如此,则既可以拓展疆土,保卫边防,人民也可以安居乐业,"疆圉有磐石之安,小民有谋生之乐"①。新疆省清理财政局也注意到边疆垦荒的问题,认为是当务之急。在新疆,垦熟之地不过十分之一,而旷土荒田很多,这对边疆稳定是不利的,再加上豪强兼并,问题严峻。该局主张"将北路田亩逐一清丈,以杜隐匿,并设法筹款,开渠引水,随处垦荒"②,方足以利国利民。考虑到地处边陲,又与多国接壤,交涉纷繁,该局认为应该增加各署公费,由公家津贴③,才能保障官员实力从公,从而维护国家安全和利益。在广东,该省也注重对东沙岛和西沙岛的主权问题,加以勘测和开发。两广总督张人骏于宣统元年派人筹议收回被日本商人经营物业的中国东沙岛。随后,善后局派员随同道员前往东沙岛勘估,接收以后,还派委了驻岛司事等予以经管。④ 同样在宣统元年,该总督还派员到西沙岛查勘,并派委藩、运两司暨调补高雷阳道王秉恩和补用道李哲浚设局筹办开发西沙岛的事宜,后改归劝业道会同善后局办理。为此还支付了购备运岛各物和局中应用器具暨员绅薪夫、伙食、书役工食等费用洋银 5426.81 两。⑤ 这些建议和措施对于维护边防和海防安全有着重要而长远的影响。

第二,各省清理财政局主张应该立足实际、着眼长远。各省应该立足本省实际,因地制宜,着眼长远,一是要改良土货、振兴实业,开发利源,才是长久之计;二是着眼于教育等长远事业。

在财政困难之际,各省清理财政局认为长久之计应该是因地制宜,改良土

---

① 甘肃清理财政说明书[M]//陈锋. 晚清财政说明书(4). 武汉:湖北人民出版社,2015:765.
② 新疆全省财政说明书[M]//陈锋. 晚清财政说明书(4). 武汉:湖北人民出版社,2015:845.
③ 新疆全省财政说明书[M]//陈锋. 晚清财政说明书(4). 武汉:湖北人民出版社,2015:862.
④ 广东财政说明书[M]//陈锋. 晚清财政说明书(7). 武汉:湖北人民出版社,2015:656.
⑤ 广东财政说明书[M]//陈锋. 晚清财政说明书(7). 武汉:湖北人民出版社,2015:656-657.

货、振兴实业，开发利源，包括农、林、牧、矿、石油、煤、渔、铁路，等等。甘肃省清理财政局注重根据本地的实际，因地制宜，改良土货，这些都是具有长远意义的。该局认为甘肃省的财政收入增加，一方面要巩固已有利源，比如，牧政、农政、矿政等，当然，也可以开辟新的利源，比如，盐利等，只要经营得力，也可以成为重要的新生利源。①山东省清理财政局也注意到根据该省的实际情况加以改良进而增加收入。比如，牲畜税，该省多地有牲畜养殖，比如，济宁、金乡、嘉祥、鱼台等处养牛比较普遍，东昌茌平、博平等地产骡，曹县等养殖驴，养羊则更为普遍，并且有着丰厚的产出。该局主张加以改良，"济以人工，厚集资本，多设牧场，加意养畜，则肥大蕃息当十百倍于前，国家税额亦必达于巨数，况牛羊之利至广至丰，尤易致富，牛乳为中外人所嗜，即使倒毙，筋骨皮角无一弃材。羊毛则可织毯绒，诚能讲求收取剪剔之法，设置围场以孳生于前，制造物品以行销于后，则创兴大利，有不难操券而获者矣"②。该省还是种植大省，应该针对农特产品进行改良，可以增加地方和国家的收入。比如，枣捐，前因收数无多而停办，但是，根据该省清理财政局调查得知，东昌和武定等地产枣，并且有销路。因此，该局认为应该加以改良，"得人而理，决不至收额不旺"，可以使之成为地方税的重要组成部分。该省登州等地产茶，并且品质纯厚，但是，当地人不懂烹制蒸晒的方法，导致出品不佳，销路阻滞。该局希望"有人提倡而整理之"，使得茶叶得以改良，国家税也可以得到增加。③陕西省清理财政局认为中国财力之困，原因在于实业不兴，因此，该局认为应该着重发展实业，根据该省情况，"蚕桑一端尤关切要，始基既立，即大业可恢，勿拥虚名，庶收实效"④。陕西省清理财政局认识到石油是一大利源，销路广大，但是，由于我国没有大力开发，外油大量进入中国，而陕西省有此资源，所以亟需开拓。开发石油是一项大工程，因此该局主张应该先由国家全

---

① 甘肃清理财政说明书［M］//陈锋. 晚清财政说明书（4）. 武汉：湖北人民出版社，2015：377.

② 山东财政说明书［M］//陈锋. 晚清财政说明书（2）. 武汉：湖北人民出版社，2015：160.

③ 山东财政说明书［M］//陈锋. 晚清财政说明书（2）. 武汉：湖北人民出版社，2015：168.

④ 陕西财政说明书［M］//陈锋. 晚清财政说明书（4）. 武汉：湖北人民出版社，2015：362.

力主持,由陕西及各省分别附股,可以"以保土地而握利权"①。湖南省清理财政局比较注重利源的开辟。比如,要想让盐畅销,需要"认真提炼,讲求色味"②。该局还特别提到矿务,认为值此库藏久竭、罗掘为难的情况下,矿产是可以大量开发的利源。为了开发矿产,需要"多筑轨路以使其交通;广兴工艺以浚其销场;培养专才以改良其办法;核节浮费以厚殖其赢利"③。大力开发矿产,既可以增加财政收入,又可以杜绝外人的觊觎。贵州省清理财政局从长远考虑,立足于本省实际,认为该省应该注重农矿。在实业方面,该省有丰富的矿产、煤、木植,需要大力开发;在农业方面需要整顿和奖励,特别是切实筹措销路等。另外,该省的长远发展更依赖于交通的发展。"为黔省谋久远,端在实业,为实业谋发达,端在铁路。"所以,该局认为应自下游沿河为起点,扩充路政,为实业发展提供畅通的销路;还有轻便铁道需要谋划。④ 相对于节流,开源才是更为长远的解决财政困难的方法,各省清理财政局的改良意见为各省财政经济的长远发展进行了谋划。

有些清理财政局还关注到教育经费的投入问题,认为应该为长久考虑,扩大教育经费,加大育人规模。浙江省清理财政局认为教育普及是治国要政,是谋国家发达的重要基础。而教育的兴办需要国家和各团体共同承担。特别是地方团体兴办教育往往会由于经费不继而中断或者受到阻碍,所以,该局认为,国家应该设法补助,如此才"于教育前途及国家经济大有裨益"⑤。广东省清理财政局的改良之策,认为不能过分撙节,更重要的是开源,才是长久之计,要开源首要在育人。要富国必须振兴实业,在农、工、商业上都需要振兴,而振兴就需要人才。"振兴之道,育才为先。"⑥ 因此,设立各种学堂培养人才,比如,实业各学堂等。其他诸如农事试验场、工艺厂、陈列所、林业试验场、工

---

① 陕西财政说明书 [M] //陈锋. 晚清财政说明书 (4). 武汉:湖北人民出版社,2015:365.
② 湖南全省财政款目说明书 [M] //陈锋. 晚清财政说明书 (6). 武汉:湖北人民出版社,2015:429.
③ 湖南全省财政款目说明书 [M] //陈锋. 晚清财政说明书 (6). 武汉:湖北人民出版社,2015:431.
④ 贵州省财政沿革利弊说明书 [M] //陈锋. 晚清财政说明书 (9). 武汉:湖北人民出版社,2015:558.
⑤ 浙江全省财政说明书 [M] //陈锋. 晚清财政说明书 (5). 武汉:湖北人民出版社,2015:746.
⑥ 广东财政说明书 [M] //陈锋. 晚清财政说明书 (7). 武汉:湖北人民出版社,2015:662.

艺局、工业研究所、工艺传习所、商品劝工陈列所等也先后筹设，为农、工、商业的振兴培养人才，为振兴教育和实业打下基础。

第三，各省清理财政局注重财政制度的建设问题。

各省清理财政局还注重改良收支，包括改良收税票式、规范收支过程等。甘肃省清理财政局认为所有库局和各州县征收印票，应该仿照统捐的票式，一律改用四联，由藩署印发，"一留该县或该州厅存查，一给纳户收执，一给甲首比销，一赍清理财政局备核"①。针对原有填票和给票过程的小费等陋规，该局认为一律删除是不切实际的，应该酌定规则，酌定数目，然后详禀立案，并刊印票内，让众人周知，这样票式统一、数目酌定，"在上者可随时稽查，在下者皆知其所遵守"②，可以防止额外的需索。江西省清理财政局认为，从改良收支的角度，应该将兵米并入漕粮项内，作为正赋征收；将屯余中的兵饷、屯丁和存留、漕运、裁官等名目一并删除，"统名之曰屯粮"。这样既可以循名责实，将种种名目删除，达到删繁就简之效，也达到改良收支的效果。③

有些清理财政局还提议税务机关专门化。像广东省清理财政局就针对财务行政不独立、收税假手于胥吏的问题提出改良之策，"分行政与收税为两机关，收税之中又当分稽征与收解为两机关。行政机关藩司为上级，州县为下级。收税机关稽征为一部，佐治员及自治员任之。收解为一部，国家支库任之，或地方银行代任之"④。如此则税务机关实现了独立和专门化，权责明确。直隶省清理财政局针对征收无专司的问题，提出设立专门的税务机关，以专责成。该局主张借鉴日本实现财政权和行政权相分离，设立专门的财务机构。负责租税之事务的可以分为两个机关，一个负责税务行政，一个负责实际征收，改变假手书吏差役进行征收的积习。⑤

有些清理财政局主张财务公开和稽查。比如，在直隶，针对州县财政征收

---

① 甘肃清理财政说明书［M］//陈锋.晚清财政说明书（4）.武汉：湖北人民出版社，2015：759.
② 甘肃清理财政说明书［M］//陈锋.晚清财政说明书（4）.武汉：湖北人民出版社，2015：759.
③ 江西各项财政说明书［M］//陈锋.晚清财政说明书（6）.武汉：湖北人民出版社，2015：126、128.
④ 广东财政说明书［M］//陈锋.晚清财政说明书（7）.武汉：湖北人民出版社，2015：269.
⑤ 直隶财政说明书［M］//陈锋.晚清财政说明书（2）.武汉：湖北人民出版社，2015：24.

无统一机关、无划一章程、收款未公布和无稽查之法等弊,该省清理财政局认为应该实行财务公开和稽查制度。特别是预算已经实施,咨议局已经成立,应该发挥咨议局监督本省财政的职权,也能让民众知晓财政状况,避免经征中饱,可达到上下开诚布公的效果。此外,需要稽查之法防止弊端滋生。地方长官需要随时稽查,地方绅士和咨议局等也应该发挥稽查的作用。① 财务公开和稽查有利于防止弊端的出现,并且可以达到开诚布公、取信于民的效果。

　　有些省份的清理财政局还注意到对人民财产的保护问题。比如,浙江省清理财政局就注意到此问题。该局认为,不论是国家经费还是地方经费,纳税者都是人民,所以,想谋求财政出入相敷,必须让民力充足,民力的充足需要振兴实业,而要振兴实业,"最要者为制定保护个人财产之法律"②。

　　第四,各省清理财政局在具体的财政问题,比如,币值、田赋、厘金等问题上都提出了改良之法。

　　多数清理财政局都认识到币值不统一带来的弊端,因此,主张统一币值,统一造币权。比如,广东省清理财政局关注到造币权统一的问题。相对于东西各国造币权为国家所有的情况,清政府早已失去了统一的造币权,各省都设有铸币厂,并且重量不一,不能相互通行,严重窒碍了商贸的进行,加之各省为了追求余利而肆意滥造,导致私铸伪币横行。该局认为应该改良币值,划一币值,统一造币权,"不能汲汲以余利为计"③。

　　厘金问题非常凸显,因此,各省清理财政局都有整顿厘捐的措施。厘捐是大宗入款,陕西省清理财政局针对厘捐,提出改良之策,比如,挽回利权、裁并局卡、明定界域、平减税则、查抽直捷、添员用众等④,以期减少需索、规范征收,增加收入。福建省清理财政局也看到厘金的弊端,取于民者多,而收于国者少,上下相蒙,最终导致民困而国穷。该局分析,认为原因主要有税率不

---

① 直隶财政说明书[M]//陈锋.晚清财政说明书(2).武汉:湖北人民出版社,2015:83.
② 浙江全省财政说明书[M]//陈锋.晚清财政说明书(5).武汉:湖北人民出版社,2015:532.
③ 广东财政说明书[M]//陈锋.晚清财政说明书(7).武汉:湖北人民出版社,2015:276.
④ 陕西财政说明书[M]//陈锋.晚清财政说明书(4).武汉:湖北人民出版社,2015:145.

能确定、币制不能划一、征收不能核实等,因此,该局主张要废除厘金。① 直隶清理财政局在分析厘金之弊时,认为主要有税率不定之弊、课税重复之弊、征税费多之弊和漏税难防之弊。② 认为不论是从条约上、税法上还是财政上都应该裁撤厘金,加税裁厘。安徽省清理财政局还针对盐税、茶课、厘金等分析了弊端,也提供了改良方法,诸如改良科则、归并经征机构、减少需索、划一币值、惩戒贪墨等,以期便商利国。③

地丁漕粮是收入大宗,各省清理财政局着力甚多。贵州省清理财政局本着"不探其本源,无以知积弊,不除其弊,无以图改良"的初衷,对丁粮、租税等进行详细调查,发现积弊并给出改良之策。比如,该局调查发现,丁粮征收,积弊甚深,包括科则不同,不能普及平等,绅与民不同,民与民不同,民与苗不同,苗与苗又不同,名目分歧,各司、寨、里收法不同;各属经征丁粮假手书差导致肆意浮收等弊;折征、实纳向无一致,"米、谷、布、蛋、麻、棉,实物也,而折征银钱;丁银、地银也,而改征米谷。折银钱矣,改米谷矣,所折之银,又有再折钱者;已改之米,又有再折银者";赋税征收之方法无信用,规费等浮收甚多。④ 最终导致"出于民者十,入于库者三四,而入于官吏、书差者六七,浮收过于正供,加征何殊加赋?"针对种种弊端,该局给出的改良之策,包括"田亩须切实清丈以清赋源而增加收入""征收宜准一定之货币以革折改陋规而定标准""确定租税以革混淆而划分性质""征收宜委任地方自治团体,以除需索浮收而劝输纳""暂拟随征公费以限制浮收而化私为公"⑤。在安徽省清理财政局编订的地丁和漕粮二编中,可以看到钱价和洋价的伸缩,可以明晰各属征解的盈亏,"为改良征收、匀定公费之计划"⑥。在广东,地丁、米石两项的弊端主要集中体现在:浮收之弊、民间不知税则之弊、书差侵蚀之弊、

---

① 福建全省财政说明书[M]//陈锋. 晚清财政说明书(9). 武汉:湖北人民出版社,2015:649.
② 直隶财政说明书[M]//陈锋. 晚清财政说明书(2). 武汉:湖北人民出版社,2015:65.
③ 安徽财政沿革利弊说明书[M]//陈锋. 晚清财政说明书(6). 武汉:湖北人民出版社,2015:36、41、74.
④ 贵州省财政沿革利弊说明书[M]//陈锋. 晚清财政说明书(1). 武汉:湖北人民出版社,2015:426-429.
⑤ 贵州省财政沿革利弊说明书[M]//陈锋. 晚清财政说明书(1). 武汉:湖北人民出版社,2015:432-435.
⑥ 安徽财政沿革利弊说明书[M]//陈锋. 晚清财政说明书(6). 武汉:湖北人民出版社,2015:3.

粮差婪索之弊、粮户无稽之弊等。针对此种情况，广东省清理财政局认为应该优给州县公费、裁节靡费、核定书吏名额酌给薪资、裁粮差而任里正和确定税率改良串票等。① 直隶省清理财政局指出各省田赋之弊的通病，包括欺隐、粮地不符、科则不公、银价不时、征收无专司、征收无章程、例案无宣布等。② 基于此，也给出相应的改良之法。

总之，各省财政说明书为财政改革提供有益的对策。首先，建议非常全面，比如，广东省清理财政局认为该省财政比较普遍的弊端包括衡制不一之弊、币制紊乱之弊、税捐名目纷歧之弊、各项饷捐包商之弊、收税机关未归统一之弊、公私界限不清之弊、州县虚额赔解之弊、款目纠葛之弊等③，如若设法改良，入手方法也必然是从以上方面着手。其次，还有些建议涉及各省长远发展的问题，非常中肯有见地，比如，实业的振兴、教育的投入等。再次，有些涉及制度的建设，比如，成立专门的财政和税收机构，实现财务公开制度和稽查制度等。最后，有些还从国家安全的角度出发，比如，关税、边防和海防建设等。因此，各省财政说明书不仅为当时除弊兴利的改革提供建议，也为各省经济财政的长远发展和国家长治久安提供有益的方案。

（五）国地财政分权制度的肇始

清末清理财政就是在旧有财政制度已经无法适应新的形势发展且被破坏而规复无望的情况下学习西方，从而构建新的财政分权制度。所以，清理财政是新旧财政制度转轨的连接点，是财政制度从集权向分权转轨的关键第一步。虽然清朝很快就灭亡了，这种分权制度的建设由此中止，但是，清理财政还是产生了长远的影响，为民国财政改革提供了理路、制度先例，奠定了分权趋势，为以后财政分权制度的真正确立打下了基础。

由于辛亥革命的破坏性和颠覆性有限，从机构到人员很大程度上保留了清末的样态，比如，清理财政处帮办陈锦涛出任民国初期的财政总长，清理财政处总办章宗元曾任民国初期的财政次长等，东三省正监理官熊希龄也出任过民国时期的财政总长；很多省的行政长官也是清朝原来的官员。民国成立后，在

---

① 广东财政说明书［M］//陈锋.晚清财政说明书（7）.武汉：湖北人民出版社，2015：55-59.
② 直隶财政说明书［M］//陈锋.晚清财政说明书（2）.武汉：湖北人民出版社，2015：18.
③ 广东财政说明书［M］//陈锋.晚清财政说明书（7）.武汉：湖北人民出版社，2015：7-11.

财政方面的改革很大程度上受到清末清理财政的影响。首先，改革的理路总体上就是在集权原则下，调查财政、实行预算、划分国地税，从而建立分权制度，清末清理财政中没有完成的工作在民国成立后，相继在各地继续开展，改革的方式也较为相似。北洋政府成立后，也进行了财政方面的清理，包括公产清理等，进而进行预算和国地税划分等。财政改革的理路是沿袭了清末的清理财政。

其次，清末清理财政为民国财政改革提供制度先例，诸如预算决算制度、国地税的划分等。在清末预算和两税划分的基础上，民初继续完善预算，实现了国地两税的划分。虽然种种因素导致宣统三年预算存在多种问题，但是，民国初年的预算案多是以宣统三年预算案为蓝本而制定的，在清末的基础上，民国时期的预算制度越来越完善。在国地税的划分上，民国初年也是承袭了清末对两税的划分。北洋政府财政部制定了《国家地方政费标准》，对国家支出和地方支出做了区分，以此为基础于1913年订立《国家地方税草案》，此草案将大宗的款项都划为国家税，和清政府的做法如出一辙。

最后，清末清理财政为以后奠定了财政分权的趋势，为近代财政分权制度的确立打下基础。清末清理财政，实行预算，划分国地两税，成立资政院和咨议局，有了分权制衡的思想和实践，成立专门的财务机构承载中央和地方财权的划分，财政收入通过预算实现在中央与地方之间的分配，国家税和地方税的划分是为了实现在国家与地方之间较为固定财源的划分。因此，清末清理财政标志着财政分权的开始，民国时期这个分权制度被沿用，分权趋势逐渐明确。在预算方面，北洋政府在清末的基础上进一步发展并完善了分级预算管理制度，建立起中央、省、县三级财政体制。在国地税划分方面，在清末清理财政中对中央与地方间的财政关系进行初步划定后，北洋政府和南京国民政府通过一系列的法令进一步明确了国家税和地方税的划分标准，确立了税收层级为中央、省、县三级，并颁布税法，对三级的财权与事权进行了详细的规定，对财源进行了划分。中国的财政制度朝着国地财政分权的方向继续发展。清末清理财政为近代财政分权制度的确立奠定了基础。

参考文献

(一) 档案及档案资料选编

黑龙江省档案馆. 黑龙江全省清理财政局（全宗号：旧字 045）.

吉林省档案馆. 吉林全省清理财政局全宗（全宗号：39）.

故宫博物院明清档案部. 清末预备立宪档案史料［A］. 北京：中华书局，1979.

吉林省档案馆，吉林省社会科学院历史所. 清代吉林档案史料选编（上谕奏折）［A］. 长春：吉林省社会科学院历史所出版社，1981.

(二) 报刊及资料集

《申报》

《大公报》

《盛京时报》

《吉林官报》

《北洋官报》

《甘肃官报》

《四川官报》

《广西官报》

《东方杂志》

《政治官报》

徐世昌. 东三省政略［M］. 宣统三年.

朱寿朋. 光绪朝东华录［M］. 北京：中华书局，1958.

徐世昌. 退耕堂政书［M］//沈云龙. 近代中国史料丛刊（正编，第 23 辑）. 台北：文海出版社，1968.

周树模. 周中丞（少朴）抚江奏稿 [M] //沈云龙. 近代中国史料丛刊（正编，第19辑）. 台北：文海出版社，1968.

赵炳麟. 赵柏岩集 [M] //沈云龙. 近代中国史料丛刊（正编，第31辑）. 台北：文海出版社，1969.

甘鹏云. 潜庐随笔 [M] //沈云龙. 近代中国史料丛刊（正编，第97辑）. 台北：文海出版社，1973.

锡良. 锡清弼制军奏稿 [M] //沈云龙. 近代中国史料丛刊（续编，第11辑）. 台北：文海出版社，1974.

沈桐生辑. 光绪政要 [M]. 台北：文海出版社，1985.

宣统政纪 [M] //沈云龙. 近代中国史料丛刊（3编，第18辑）. 台北：文海出版社，1985.

刘锦藻. 清朝续文献通考 [M]. 影印本. 杭州：浙江古籍出版社，1988.

周秋光. 熊希龄集（上）[M]. 长沙：湖南人民出版社，1996.

北京图书馆出版社影印室. 清末民国财政史料辑刊 [A]. 北京：北京图书馆出版社，2007.

度支部编. 度支部清理财政处档案（清宣统间铅印本）[M] //北京图书馆影印室. 清末民国财政史料辑刊（第1册）. 北京：北京图书馆出版社，2007.

中央财经大学图书馆辑. 清末民初财政史料辑刊补编 [A]. 北京：国家图书馆出版社，2008.

周秋光. 熊希龄集 [M]. 长沙：湖南人民出版社，2008.

陈锋主. 晚清财政说明书 [M]. 武汉：湖北人民出版社，2015.

（三）专著

贾士毅. 民国财政史 [M]. 上海：商务印书馆，1917.

胡钧. 中国财政史讲义 [M]. 上海：商务印书馆，1920.

何烈. 清咸同时期的财政 [M]. 台北：台北"国立"编译馆，1981.

苏云峰. 中国现代化的区域研究（湖北省：1860—1916）[M]. 台北："中央研究院"近代史研究所，1981.

戴鸿慈. 出使九国日记 [M]. 陈四益，校点. 长沙：湖南人民出版社，1982.

张玉法. 中国现代化的区域研究（山东省：1860—1916）[M]. 台北："中

央研究院"近代史研究所，1982.

张朋园. 中国现代化的区域研究（湖南省：1860—1916）[M]. 台北："中央研究院"近代史研究所，1983.

王树槐. 中国现代化的区域研究（江苏省：1860—1916）[M]. 台北："中央研究院"近代史研究所，1984.

左治生. 中国财政历史资料选编（第10辑）[M]. 北京：中国财政经济出版社，1988.

刘克祥. 清代通史（第10卷）[M]. 沈阳：辽宁人民出版社，1993.

[美] 罗兹曼. 中国的现代化 [M]. 国家社会科学基金"比较现代化"课题组. 南京：江苏人民出版社，1995.

邓绍辉. 晚清财政与中国近代化 [M]. 成都：四川人民出版社，1998.

萧功秦. 危机中的变革：清末现代化进程中的激进与保守 [M]. 上海：上海三联书店，1999.

周育民. 晚清财政与社会变迁 [M]. 上海：上海人民出版社，2000.

周志初. 晚清财政经济研究 [M]. 济南：齐鲁书社，2002.

瞿同祖. 清代地方政府 [M]. 范忠信，等译. 北京：法律出版社，2003.

刘伟. 晚清督抚政治——中央与地方关系研究 [M]. 武汉：湖北教育出版社，2003.

[日] 滨下武志. 中国近代经济史研究：清末海关财政与通商口岸市场圈 [M]. 高淑娟，孙彬，译. 南京：江苏人民出版社，2006.

项怀诚，陈光炎. 中国财政通史（清代卷）[M]. 北京：中国财政经济出版社，2006.

刁振娇. 清末地方议会制度研究——以江苏咨议局为视角的考察 [M]. 上海：上海人民出版社，2008.

[日] 岩井茂树. 中国近代史财政研究 [M]. 付勇，译. 北京：社会科学文献出版社，2011.

刘增合. "财"与"政"：清季财政改制研究 [M]. 北京：生活·读书·新知三联书店，2014.

（四）论文及论文集

罗玉东. 光绪朝补救财政之方策 [J]. 中国近代经济史研究集刊，1933，1

(2).

沈乃正. 清末之督抚集权, 中央集权, 与"同署办公" [J]. 社会科学, 1937 (2).

彭雨新. 清末中央与各省财政关系 [J]. 社会科学杂志, 1947, 9 (1).

何烈. 清代厘金制度的历史背景 [J]. 大陆杂志, 1970, 40 (2).

王树槐. 庚子地方赔款 [J]. "中央研究院"近代史研究所集刊, 1972 (3).

彭雨新. 辛亥革命前夕清王朝财政的崩溃 [C] //中华书局编辑部. 辛亥革命论文集. 北京: 中华书局, 1981.

刘广京. 晚清督抚权力问题商榷 [C] //"中华文化复兴运动推行委员会". 中国近代现代史论集 (第6编). 台北: 台湾商务印书馆, 1985.

张朋园. 预备立宪的现代性 [C] //"中华文化复兴运动推行委员会"主编. 中国近代现代史论集 (第16编) [C]. 台北: 台湾商务印书馆, 1986 (1).

魏光奇. 清代后期中央集权财政体制的瓦解 [J]. 近代史研究, 1986 (1).

中国第一历史档案馆. 唐绍仪出使日欧八国考察财政史料 [J]. 历史档案, 1990 (2).

果鸿孝. 论清末政府在经济上除弊兴利的主要之举 [J]. 中国社会经济史研究, 1991 (3).

张神根. 清末国家财政、地方财政划分评析 [J]. 史学月刊, 1996 (1).

何汉威. 从清末刚毅、铁良南巡看中央与地方财政的关系 [J]. "中央研究院"历史语言研究所集刊 (第68本第1分册), 1997.

陈锋. 清代中央财政与地方财政的调整 [J]. 历史研究, 1997 (5).

魏光奇. 直隶地方自治中的县财政 [J]. 近代史研究, 1998 (1).

沈晓敏, 清末浙江谘议局与行政官厅的关系——以谘议局议案为中心 [J]. 近代史研究, 1998 (2).

刘伟. 晚清"就地筹款"的演变与影响 [J]. 华中师范大学学报 (人文社会科学版), 2000 (2).

周育民. 清王朝覆灭前财政体制的改革 [J]. 历史档案, 2001 (1).

邓绍辉. 咸同时期中央与地方财政关系的演变 [J]. 史学月刊, 2001 (3).

何汉威. 清季中央与各省财政关系的反思 [J]. "中央研究院"历史语言研究所集刊 (第72本第3分册), 2001.

周志初. 清末财政若干问题简论 [J]. 江海学刊, 2002 (6).

陈锋.20世纪的晚清财政史研究［J］.近代史研究,2004（1）.

郭军芳.清末清理财政看近代财政体制的萌芽［D］.杭州:浙江大学,2005.

申学锋.清代中央与地方财政关系的演变［J］.地方财政研究,2005（9）.

王海明.清代奏销制度浅析［J］.安徽文学（下半月）,2008（2）.

刘增合.制度嫁接:西式税制与清季国地两税划分［J］.中山大学学报,2008（3）.

付志宇,章启辉.清末政府税收政策调整探析［J］.宁夏社会科学,2008（5）.

刘增合.由脱序到整合:清末外省财政机构的变动［J］.近代史研究,2008（5）.

陈锋.晚清财政预算的酝酿与实施［J］.江汉论坛,2009（1）.

刘增合.地方游离于中央:晚清"地方财政"形态与意识疏证——兼评陈锋教授《清代财政政策与货币政策研究》［J］.中国社会经济史研究,2009（1）.

李琼秀.清末广西财政清理初探——基于《广西省财政说明书》的研究［J］.大众商务,2010（7）.

关晓红.晚清局所与清末政体变革［J］.近代史研究,2011（5）.

刘增合.清季中央对外省的财政清查［J］.近代史研究,2011（6）.

刘龙华.湖南咨议局与宣统三年预算案研究［D］.湘潭:湖南科技大学,2012.

郭芳芳.清末新政时期新疆财政研究［D］.兰州大学,2012.

李细珠.晚清地方督抚权力问题再研究——兼论清末"内外皆轻"权力格局的形成［J］.清史研究,2012（3）.

刘显琨.清末江苏苏属清理财政——基于《苏属财政说明书》的研究［D］.上海:上海师范大学,2013.

刘增合.光宣之交清理财政前夕的设局与派官［J］.广东社会科学,2014（2）.

牛桂晓.浅谈清末的清理财政局制度［J］.黑龙江史志,2014（19）.

［日］佐藤淳平.宣统年间的预算编制与各省的财政负担［J］.当代日本中国研究（第六辑）,2017（1）.

杨猛. 求新"与"谋权":试论载泽与清末财政改革[J]. 北京社会科学, 2015 (12).

刘凤云. 清代督抚在清理"钱粮亏空"中的权力、责任与利益[J]. 中国人民大学学报, 2016 (2).

吴园林. 清末的财政集权与经济改革——以新政为中心的考察[J]. 西部学刊, 2016 (2).

刘增合. 纾困与破局:清末财政监理制度研究[J]. 历史研究, 2016 (4).

李佳欣、陈勇. 清末财政改制的历史经验及意义[J]. 皖西学院学报, 2017 (12).

后 记

本书是国家社科基金项目"清末清理财政与国地财政分权制度研究"的结项成果,在此感谢课题组王海、徐建、曾友谊、胡纯、徐克歌等老师的帮助。

清末清理财政是中国近代第一次真正意义上从制度建设的层面试图实现国地财政的分权,是财政制度从集权到分权的关键第一步;此次改革不仅对权力和利益进行再分配,也交织着新思想和旧思想的博弈,充斥着新制度和旧制度的杂糅碰撞。因此,清末清理财政非常值得深入研究。

本书希望能在一定程度上提高对清理财政研究的深入程度,因此从横向和纵向两个维度展开研究,围绕着清末清理财政的主要内容展开,包括清理财政的背景、清理财政的机构、财政确数的调查、预算的制定、国地税的划分等,从横向的面上详细论述了清末清理财政一步步展开的过程;从纵向性分析从中央、行省到府厅州县在清理财政过程中的作为和它们之间的关系。总之,期待更为全面、立体和动态地呈现清理财政和国地财政的分权。本书较为突出的是对府厅州县清理财政中的能动性进行了呈现和分析,包括对府厅州县在外销和规费的清查、预算的制定和国地税划分中的表现和能动性进行了充分的探讨,对于清理财政中府厅州县与行省之间的关系进行了细致的探究。

本书虽然尽可能地呈现和分析府厅州县的财政规模和状况,特别是对于外销和规费的情况进行了详细的分析,对府厅州县在清理财政过程中的能动性有较多的论述,但是,由于史料的限制,本书主要的史料来源是清理财政过程中形成的各省财政说明书、当时的报纸杂志资料,还有部分地区的地方志材料,特别是对于地方志材料的收集略显不足,再加上府厅州县财政资料缺乏的现状,导致对府厅州县外销的评估是以一个省份为例进行的估算,难以确切;对于府厅州县在预算制定和国地税划分中的作为和表现及其和行省之间的关系分析还是略显单薄。因此,府厅州县外销和规费的研究还需要在广泛收集史料的情况下深入展开；府厅州县预算的制定，是如何制定的、基于怎样的基础和目的、在制定的过程中和行省之间的关系等也需要深入研究；府厅州县在国地税划分中的作为和角色，以及在其中产生的影响，同样是需要深入研究的问题。现在对清末州县财政研究的瓶颈就是资料的缺乏，因此，对府厅州县财政史料的收集、整理和出版也亟需展开。